Herbert Schäfer

Poltergeister und Professoren

Über den Zustand der Parapsychologie

Ich gehöre der skeptischen Generation an
und widme daher
dieses Buch
dem skeptischen Menschen

Herbert Schäfer

Poltergeister und Professoren

Über den Zustand der Parapsychologie

Fachschriftenverlag Dr. jur. H. Schäfer, Bremen

CIP-Titelaufnahme der Deutschen Bibliothek

Schäfer, Herbert:
Poltergeister und Professoren: über den Zustand der Parapsychologie/Herbert Schäfer. – Bremen: Fachschr.-Verl.
ISBN 3-925730-18-4

Gesamtherstellung: Kessler Verlagsdruckerei, Bobingen

Umschlaggestaltung:
durch H. Schäfer unter freundlichst gestatteter Verwendung eines Kopfmotivs, das der Graphiker Eduard Böhm, München, entwarf.

Inhaltsverzeichnis

Vorwort

Auf allen Kanälen der Fernsehsender in Deutschland wurden noch nie so viele Okkultthemen mehr positiv als kritisch behandelt, wie während der vergangenen fünf Jahre. Wie nie zuvor bringen Zeitungen, Zeitschriften, bunte Blätter und Magazine leichthin schnelle Berichte über weinende Marienstatuen, schwebende Patres, stigmatisierte Beterinnen oder für andere Schichten Spuk- und Poltergeistgrusicals, Erzählungen von Erlebnisberichten mit Fliegenden Untertassen und Grünen Männchen, Interviews mit Geister- und Zukunftssehern und Traumdeutern. Das tägliche Horoskop gibt es heute, morgen und sicherlich übermorgen, und die Astrologen in den Großstädten werden mit fetten Honoraren Millionäre, die im verborgenen blühen, aber zum gesellschaftlichen Dekorum gern eingesetzt werden. Die Wahrsager und Hellseher aller Schattierungen und Macharten sind – vor allem in den Großstädten – etabliert, Runenturner halten ihre Zirkel, „old age“ wird zum „new age“ und die Esoteriker aller Länder vereinigen sich.

In den Volkshochschulen begeistern Kurse für den Umgang mit der Wünschelrute die biederen Magiegläubigen, während die anspruchsvolleren nach den Filmberichten über die brasilianischen und philippinischen Geisteroperateure lechzen, die mit „bloßen Händen den Körper öffnen und den Krebs narbenlos entfernen“, so sagt man. Kirchenkreise bieten Kurse für Tarot und remystifizieren am alten Ende das, was Bultmann gefegt und bereinigt glaubte. Das sprechende Buchstabenbrett und das Gläserrücken verursachen in der warmen Wohnstube und im geselligen Kreis Schauergefühle und bieten spiritistische Brücken zum Jenseits. Goethe, Stalin und die Oma können gerufen werden. Auf Nebenkriegsschauplätzen tarnen sich verwandte Denkweisen hinter pseudorationalistischen Erwägungen („Biokost gegen Verstrahlungen“) und treffen sich Frauen zu Hexentreffen neuer Art, und an Wiedergeburt glauben inzwischen wohl die meisten Bundesbürger. Irgendetwas muß doch zwischen Himmel und Erde los und dann zu verorten sein, wenn Fernheiler im Fernsehen Furore machen dürfen, wo einst Bruno Gröning noch zu Fuß mit Stanniolkugeln handeln mußte. Magische Heiler und Spruchheiler haben Konjunktur und sammeln ihre gebefreudigen Anhänger.

Geisterstimmen werden aus dem Wellensalat alter Geräte herausgefilter und als Stimmen Verstorbener verstanden, während verschwommene Videobilder tote Verwandte zeigen, wunderschöne Beispiele für Überreichweiten von Fama und Faselhans.

Die alten Religionen tauschen sich vor unseren Augen aus, aber sie bröckeln um so mehr, je näher und bekannter sie sind. Die Entmythologisierung der Hochreligionen führt zu leeren Gotteshäusern und zu Verlegenheitschristen en masse. Gleichzeitig pilzen die lebenslustaushöhlenden diffusen Ängste und die Unsicherheiten unterschiedlichster Art. Neue Glaubensgemeinschaften, Sekten, Geldschneideeinrichtungen und Selbstopferungsinstitutionen entstehen statt dessen. Suggestive Beeinflussungen verbreiten sich bis in den Alltagsbetrug hinein, der in der Form der scheinrationalen Options- und Anlagebetrügereien temporär Ersatzhoffnungen anbietet: die Börse als Okkulthof.

Die Verführung der Suchenden wird üblich, so daß am Ende niemand mehr jemandem trauen kann. Promotoren und Nutznießer organisieren solche Bewegungen mit Salbungsstimme und Augenaufschlag. Sie benutzen dabei alte Modelle.

Der Incognito-Faktor psi, der von Parapsychologen erfunden und nun als Pseudonym in multipler Weise verwendet wird, bietet den magisch gehandhabten Übergang vom Diesseits ins Abseits. Psi spielt nach den parapsychologischen Organisationslehren eine Schlüsselrolle, die von Bender, dem Schlüsselbewahrer, vor allem mit Hilfe von Spuk- und Poltergeistfällen hochstilisiert und lebhaft ausgestattet wurde. Die neueren Parapsychologen bezeichnen sich gern als Vertreter einer transpersonalen Psychologie – aber am psi werdet Ihr sie erkennen. Psi ist die Kraft eines Mangels, einer fehlenden Begabung, wie der Leser dieses Buches verwundert feststellen wird.

Bender und psi sind eine Betrachtung wert. Deshalb wurde dieses Buch wider den okkulten Zeitgeist geschrieben. Die Geistfreunde werden mir dies nie verzeihen.

Das Buch wäre dreifach so umfangreich geworden, wäre das in den vergangenen 40 Jahren angefallene Material auch nur annähernd ausgewertet und verarbeitet worden. Deshalb mußte ausgewählt und exemplarisch beschrieben werden. Nicht einmal alle Spukfälle, über die originäres Material vorliegt, konnten hier vorgeführt werden. Die meisten Aufsätze von Bender mußten daher unerwähnt bleiben. Die okkulte Literatur bildet solche maletristischen Faltengebirge, daß sie nicht einmal zu beschreiben sind in dieser Bender-Story.

Vielmehr wurde anhand der Typizitäten von Poltergeistfällen die Spukpsychologie herausgearbeitet und die Psychologie der Psichologen, weil sich vor diesem Hinter- und Untergrund am ehesten die okkult bedingten Verwerfungen unserer Gesellschaft verdeutlichen lassen.

Das Buch schreibt ein Kriminalist, der als Rechtsanwalt seit seiner Pensionierung mit sechzig Jahren aus besonderer Freude die Opfer von Betrügern vertritt, um für diese psychologisch und wirtschaftlich zu retten, was zu retten ist. Vom Wirtschaftsbetrug aus ist es nicht weit zum Okkultbetrug in seinen listigen Variationen und seinen scheinbar ehrenhaften Tarnformen.

So ist das Buch als eine Art kriminalistisches Resumé entstanden. Der Bericht über den Zustand der Parapsychologie wäre nicht zustandegekommen, hätten nicht alle Beteiligten, allen voran in vorbildlicher, freimütiger Weise der „Poltergeist aus Bremen – Vahr" in die Verwertung ihrer Angaben und Daten eingewilligt. Herrn Dr. Wolf Wimmer, Vorsitzender Richter in Mannheim, danke ich für die zahllosen Hinweise, Anregungen und Einzelunterstützungen.

Beim Schreiben dieses Beitrages zur Geistes- und Wissenschaftsgeschichte der Gegenwart haben mich stille Helfer mit Verve unterstützt: Frau Jutta Malla, seit über ein Jahrzehnt meine treue Sekretärin, als schreibgewaltige Redakteurin, und Herr Thomas Dziubinski, Student, Computerfachmann und mitdenkender PC-Schreiber. Ihnen danke ich für jene Hilfe, ohne die ein solches Buch nicht entstehen kann.

Herrn Eduard Böhm, München, danke ich für sein Einverständnis in die Verwendung des von ihm gezeichneten Bildmotivs auf der Titelseite.

Dem Leser wünsche ich Neugier, Freude, Überraschungen und Empörung beim Lesen, Unruhe, Einsichten, Hoffnungen, Lichtblicke und gute Vorsätze beim Nacharbeiten und Nachdenken, allein oder mit anderen, handfeste Anregungen für die Vorsicht im Alltag und Wegbahnung anstatt Wegbannung.

Dr. jur. Herbert Schäfer

I. Die Renaissance des Aberglaubens

1. Die Kritik an der Parapsychologie

Gelegentlich meiner Untersuchungen zum Aberglauben der Gegenwart stieß ich in den fünfziger Jahren bei der breit angelegten Material- und Informationssammlung auf Spuk- und Poltergeistfälle. Das Material dieser Fälle stammte z.T. aus der Literatur und bestand infolgedessen aus älteren Fällen. Hinzu kamen einige relativ junge Nachkriegsfälle. Diese Fälle waren für die Okkulttäter-Untersuchungen[1)] seinerzeit nur insoweit interessant, als sie eine hexenabergläubische Erklärung erfahren hatten. Als ich das Buch „Der Okkulttäter (Hexenbanner, magischer Heiler, Erdentstrahler)[2)] schrieb, hatte ich eine spezielle Darstellung solcher „Phänomene“ vorgesehen. Diese Untersuchung sollte unter besonderer Berücksichtigung jener Personen erfolgen, welche für das Entstehen der Spuk-Fama und die überproportionale publizistische Aufblähung solcher naiver Deliktkomplexe ursächlich wurden. Die Spukfälle, die aus kriminalistischer Sicht als Sachbeschädigungen, grober Unfug u.ä. einzustufen sind, wurden unter dem Einfluß örtlichen Aberglaubens mit parapsychologischer Einsegnung zu jenen okkultliteraturfähigen Geschichten aufgewertet, welche dann als eine Sammlung von Scheinproblemen abseitige Überlegungen auslösten. Ich begann daher so nebenbei mit der Sammlung von Spuk- bzw. Poltergeistfällen. Einige dieser Fälle konnte ich nachträglich klären bzw. deren Aufklärung veranlassen.

Schon während der frühen Materialsammlung für meine Dissertation war ich auf die eigentümliche und zwielichtige Bedeutung der Parapsychologie in der Bundesrepublik und auf die Rolle ihres prominentesten Vertreters Professor Hans Helmut Bender, Freiburg, gestoßen. Da sich meine ursprüngliche Okkulttäteruntersuchung überwiegend auf einen okkultgrundierten Primitivtätertyp konzentrierte, konnte ich – so meinte ich damals – die Parapsychologie und die damit im Zusammenhang zu sehenden Probleme und Personen weitgehend ignorieren. Unter Berücksichtigung ihres hohen Grades an unwissenschaftlicher Methodik wurde die Parapsychologie in einer langen Fußnote abgetan[3)].

Ich schrieb keß und keck, wie man mit 32 Jahren so formuliert:

Es erübrigt sich, hier auf den „wissenschaftlichen“ Okkultismus und die Parapsychologie einzugehen, die beide trotz heftigster Proteste ihrer prominentesten Vertreter dem Aberglauben und nicht dem Rationalismus und den Naturwissenschaften zugerechnet werden dürfen. Die Berechtigung zu solch herber Kritik am Okkultismus ergibt sich noch nicht aus der angestrebten „positiven Kritik des Aberglaubens“, wie sie Bender fordert, oder aus der Zielsetzung der Okkultisten und Parapsychologen, die Hellsehen, Telepathie, Spuk usw. untersuchen und „klären“ wollen. Die Berechtigung hierzu ergibt sich vielmehr aus der Arbeitsweise und der geistigen Einstellung der Okkultbefangenen beider Richtungen. Hellwig sagte einmal in „Okkultismus und Verbrechen“ (S.15):

> „Der Okkultismus unterscheidet sich vom Aberglauben grundsätzlich nicht seinem Inhalt nach, sondern nur nach seiner Methode. Der Aberglaube als solcher tritt im allgemeinen nur als Glaube auf. Er macht nicht den Anspruch, wissenschaftlich zu sein. Dagegen will der Okkultismus, so sehr er auch mit Glaubensdingen verquickt ist, grundsätzlich doch zum Gebiet der Wissenschaft gehören.“

Gleiches gilt für die Parapsychologie, wie sich der Okkultismus heute vornehmlich bezeichnet. Altes träges Seelengut des Aberglaubens (Zucker, Psychologie des Aberglaubens, S.293), subjektive Wahrnehmungen und Erlebnisse sollen hier objektiviert werden. Es sei hier an das Wort von Bumke erinnert, der schrieb: „Das Wort Parapsychologie ist gut gewählt, denn die Parapsychologie greift immer daneben: in der Problemstellung, der Methode und vor allem in der Kritik“ (Bumke, Lehrbuch der Geisteskrankheiten, S.123).

Wie recht Bumke hat, weiß derjenige, der das Beispiel Rhine’s kennt. Wer die Entwicklung dieses amerikanischen Parapsychologen und seine Arbeitsweise überprüft, wie es Pfleiderer getan hat (siehe: Münchner Medizinische Wochenschrift, 27/1957 S.1002ff.), dem wird bewußt, wie sehr es Rhine letzten Endes – durchaus gutgläubig weil befangen – auf den Beweis einer vorgefaßten Meinung, eines Glaubens ankommt – und geschehe dies auch auf Kosten der naturwissenschaftlichen Exaktheit und Wahrheit.

Gleiches gilt für die Arbeitsmethoden des deutschen Parapsychologen Bender in Freiburg/Br., wie sich beim Nacharbeiten seiner Spukfälle und den Vorführungen seines Starhellsehers Croisett immer wieder ergibt. Selbst hier, wo sich der Aberglaube naturwissenschaftlich geriert, dient er der Befriedigung irrationaler Neigungen im Menschen. (Zitatende)

Nachdem ich auf diese Weise die Parapsychologie kurz kritisiert und also gemeint hatte, die Parapsychologie und die Arbeitsmethoden des deutschen Parapsychologen Bender seien dem Aberglauben zuzurechnen, hatte ich offenbar, ohne es zu ahnen, Bender den Krieg erklärt. Anscheinend geriet jeder in ein Freund-Feind-Verhältnis, der es wagte, gegen den parapsychologischen Stachel zu löcken. Auf diese Weise wurde ich aus der Ferne mit Bender bekannt.

Bender protestierte heftigst[4)] gegen die Fußnote im „Okkulttäter". Er schien über alle Maßen durch diese Fußnote in Zorn geraten zu sein.

Warum reagierte Bender derart entrüstet? Hatte ich ihm so hart Unrecht getan?

Das in der Figur des Okkulttäters deutlich werdende Problem der Abgrenzung zwischen Irrtum und Täuschung hat mich seither immer wieder beschäftigt. Über das von Hans von Hentig bunt und faszinierend beschriebene Bild des Betrügers[5)] vor allem in den einfachen bis raffinierten, aber doch traditionellen Betrugsformen hinaus, stieß ich bei der Suche nach dieser Trennstelle auf die Täterpersönlichkeit des Wirtschafts- und Weiße-Kragen-Kriminellen[6)]. Das sind jene Täter, die sich mit Hilfe eines Jahrzehnte hindurch aufgebauten vordergründigen Ansehens eine täuschende Respektabilität verschafft haben. Diese unterscheiden sich wesentlich vom volkstümlichen Bild des Neppers, Schleppers, Bauernfängers. Und ich fand immer wieder Varianten des Typs Okkulttäter, zu dem u.U. auch Vertreter der Parapsychologie zu rechnen sind, wie es sich herausstellte.

Die nur scheinbar intellektuelle Überlegenheit, die psychologisch überzeugende Geschmeidigkeit des Betrügers, der geschickter, dreister, raffinierter ist als seine Opfer, erinnerten mich immer wieder an die Parapsychologen und an politische Ideenführer. Das Verhalten der gutgläubigen Okkultbetrugsopfer, die am „Leitseil einer Schwäche" (Hans von Hentig), oft mehrstufig getarnt, langfristig angelegt, planvoll, mittelbar und mit Unterstellungen, unbewiesenen, selbstsicher vorgetragenen Behauptungen über Jahre hinweg verführt wurden, kam mir bekannt vor. Immerhin hatte ich bis 1945 die massensuggestiv täuschende Verführung unter einem mystischen Heilzeichen selbst miterlebt. Vielleicht stammt mein vorsichtiges Mißtrauen gegen Emotionen und Suggestionen jeglicher Art aus dieser Zeit.

Die geschickte Einkleidung der vollmundig als wahr verkündeten Täuschungen in Halb- und Kleinwahrheiten, das politische Steuern oder Ausnützen von Täuschungen, das Einbauen von Täuschungen als scheinbare Beweismethode, die Dreistigkeit der Verzerrungs- und Verzierungsurheber in der Presse, das Schaumwerk theatralischer Auftritte in Wort und Bild, und immer wieder die direkte, offene hohnlächelnde Täuschung, mit nachweisbaren Lügen durchsetzt: auf diese bunte Mischung stieß ich dann auch im politischen Alltag der Nach-Barschel-Phase bei meinen Untersuchungen zur Kieler Affäre[7)]. Ein wahrscheinlich psychopathologisch-abnormer Reporter mit einem absolut gebrochenen Verhältnis zur Wahrheit stand als „Pfeiffer von Kiel“ im Mittelpunkt. Die Mehrzahl der Zeitungen glaubte ihm und vergrößerte seine Lügen ins politisch Unermeßliche, bis schließlich die „Schubladenaffäre“ (1993/94) nach und nach andere Wahrheiten ans Licht brachte.

Verwirrt wird das Bild des öffentlichen Lügners immer dann, wenn pathologische, aber einigermaßen intelligente Täuscher auftreten, oft ausgezeichnet durch eine „milde Geisteskrankheit“ (als Restzustand einer durchgemachten Schizophrenie oder als Vorboten künftiger Verschlimmerungen) oder durch Borderline-Symptome, auffällig in geringem Maße durch Seltsamkeiten in Ideen, Sprache und Verhalten, Sonderlinge also.

Jeder Kriminologe weiß, wie schwierig es ist, zwischen Wahrheit und Lüge zu unterscheiden, und wie gefährlich es ist, darüber öffentlich zu berichten. Soll eine betrügerische Polit-Kriminalität öffentlich ausgeleuchtet werden, so werden in der Regel neben Machtinteressen auch wirtschaftliche Hintergründe berührt. Das macht für den Entlarver die Abwehr der offen auftretenden Lügner so schwierig.

Geradezu hasardös wird jeder kritische Sachvortrag, wenn er auf Unwahrheiten mit Lügencharakter in der Wissenschaft hinweisen will. Dies gilt vor allem dann, wenn der Kritiker Falsches korrigieren möchte, das von einem Wissenschaftler mit „ehrlicher Überzeugung“ vorgetragen wird. Besonders die Gefolgsleute des „ehrlichen Forschers“, auch die Epigonen, die durch die falschen Inhalte Befangene werden, werden mit Verve zum Gegenangriff übergehen.

Die sogenannte „Wissenschaftskriminalität“ (Prokop) zeigt diese für den Berichterstatter schwierige Mischung. Ist der im Mittelpunkt stehende, weil durch unorthodoxe Methoden auffällig gewordene Wissenschaftler durch den öffentlichen Beifall geschützt, so kann die Frage „Lügt er oder irrt er?“ öffentlich kaum mehr gestellt werden.

2. Das Ergebnis langfristiger Beobachtungen

Es ist daher begreiflich, daß ich mit aller Gründlichkeit – auch um kein Unrecht zu tun – rund vierzig Jahre gewartet habe, um die hier aufgeworfenen Fragen für Bender beantworten zu können. Die Antwort auf diese Fragen sollte auch modellhaft Aufschluß geben über die Parapsychologie, wie sie seit über 50 Jahren prototypisch von Bender vertreten wurde.

Nicht so sehr die allgemeine Okkultwelle ließ während dieser Jahrzehnte aufmerken. Die Beschäftigung mit dem Thema „Poltergeist“ wurde vielmehr immer wieder durch die missionierenden Aufdringlichkeiten erzwungen, mit denen Bender solche Spukfälle als telekinetische Phänomene öffentlich durch Vorträge und Publikationen popularisierte. Bender propagierte den Begriff „psi“[8)] als Sammelbegriff für eine neue Kraft, wie er sie sich am Rande seines eigenen Beobachtungsvermögens vorstellte.

Was mich während dieser Zeit vom kriminalistischen und kriminologischen Standpunkt aus an Bender faszinierte, war seine augenscheinliche dickhäutige Unverfrorenheit und unkritische Dreistigkeit, mit der er die verrücktesten Hypothesen wie Tatsachen vertrat. Gleichzeitig versuchte er seine Kritiker nieder zu machen. Vor allem das, was Bender unter den Begriff „Spuk“ subsumierte, lieferte ihm ein schier endloses Untersuchungsthema, in welchem er insbesondere die Telekinese, d.h. die Fernbewegung von Gegenständen durch psi, zu begründen versuchte. Er konnte das in seinem Geschäft wie kein zweiter. Das machte ihn zum prototypischen Parapsychologen, der seine Führungsrolle und die eigene Bedeutung hoch einschätzte.

Hinzu kommt noch eine weitere Beobachtung. Der großbürgerliche Parapsychologe Bender versuchte offenbar zeitlebens, sich mit Hilfe der Parapsychologie eine urreligiöse Sehnsucht zu erfüllen. Zugleich verband er dieses Streben mit einem gehörigen, von ihm immer wieder neu bewirkten Übermaß an missionierender Öffentlichkeitsarbeit zugunsten der Parapsychologie. Er suchte den von ihm wie von einigen anderen „zwischen Himmel und Erde" vermuteten „Faktor psi" als neue paraphysikalische Größe zu popularisieren, um sie religionspsychologisch als Faden am wehenden Mantel Gottes mit naturwissenschaftlichen Methoden beweisen zu können. Das machte ihn in den Augen jener so sympathisch, die sich mit parapsychologischer Mystik befassen. Diese unbekannte Kraft vermutete er, der Nichtphysiker, vor allem dort, wo Steine flogen, Tassen zertrümmert wurden oder Runkelrüben wanderten usw.

Dieser Aufgabe widmete er sich mit voller Hingabe und Leidenschaft und mit spielerischer Begeisterung. Er suchte und fand die „Phänomene" überall. Bei seinem Suchen und Erzählen produzierte er selbstständig die Probleme, deren Lösung er dann versuchte. Er erklärte die für ihn seltsamen Ereignisse, die er mit kindlicher Märchengläubigkeit als abnorm, seltsam und wunderbar ansah, von den fehlerhaften Beobachtungen her, obwohl eine auflösende Erklärung doch nur aus ihm selbst, aus seinem psychischen Bestand hätte kommen können, ... wenn ihm die möglich gewesen wäre.

Aus der Sicht der beobachtenden Dritten verhielt sich Bender über Jahrzehnte hindurch eigenartig, auffällig und ohne Rücksicht auf seinen eigenen Ruf, wenn es um die größere Ehre der Parapsychologie ging. Diesem hohen Ziele zuliebe sah er manche Dinge anders als andere Menschen. Bei seinen Schilderungen hielt er sich an seine Wahrheit, auch wenn Außenstehende und Ketzer ihm vorwarfen, er habe wichtige Tatsachen verschwiegen oder falsch dargestellt.

Am Ende seines Lebens hatte er zwar ein Bundesverdienstkreuz für die Parapsychologie vorzuweisen, aber seine schwarmgeistigen fellow travellers, die Beifall klatschenden Gläubigen und seine Epigonen konnten auf keine verläßlichen Erkenntnisse zurückgreifen. Es wird seinen Verehrern inzwischen deutlich, wie sehr die an sich schon mit Subjektivismen arbeitende und überflüssige Parapsychologie durch Bender belastet und verdorben wurde.

Seine Nachfolger sind seither vorsichtiger geworden. Sie vermeiden daher diesen Wüstungsbegriff und sprechen lieber von einer „transpersonalen Psychologie“ dort, wo sie „in occultibus“ denselben Glauben hegen und pflegen und die gleiche Gemenglage von Scheinproblemen und Täuschungen vorfinden, wie der bedauernswerte Bender.

Bender hat wiederholt den Eindruck erweckt, er habe eindeutig objektive Unrichtigkeiten und Unwahrheiten wider jede Logik und Vernunft und entgegen jeder anderslautenden Beweisbarkeit behauptet. Wenn er ein anderes Bild der Wirklichkeit (z.B. durch das Unterdrücken von objektiv auf der Hand liegenden wesentlichen und aktenkundigen Tatsachen oder schon in der Auswahl der für ihn und aus seiner Sicht „richtigen“ Tatsachen) produzierte, log er gleichwohl nicht. Dann näherte er sich nämlich s e i n e r Wahrheit und der Sicht der Dinge, wie e r sie sah, und wie sie seiner Überzeugung nach sein mußten. Er konnte daher insoweit und in allen Fragen der Parapsychologie weder täuschen noch lügen: er sagte die Wahrheit – die Wahrheit der Parapsychologie, seine Wahrheit. Er war stets voll optimistischer Hoffnung bei der Suche nach psi, voll strahlender Gewißheit und suggestiver Überzeugungskraft bei allem, was er vortrug. Selbst bei Verbreitung des größten Unsinns blieb dem Beobachter immer die Vermutung: der Mann glaubt das, was er sagt.

Eingestimmte Menschen mit gleicher, ähnlicher oder angepaßter Seelenlage erhielten durch Bender eine Chance, diese eine Wahrheit zu erkennen und ihm in dieser Sichtweise zu folgen. Ihm, dem selbsternannten Bannerträger der Parapsychologie, konnten alle folgen, die wie er imstande waren, die „verborgene Welt“, das Numinosum, das Unerklärliche, Unfaßbare zu erahnen. Dem Suchen nach diesem urreligiösen Erleben widmete Bender sein ganzes Leben. Die Weite und Breite seiner Okkupation und Obsession machte ihn, den Suchenden, gelegentlich zum glücklichen Seher in den wenigen Sekunden, in denen er sich psi nahefühlte.

Ich hatte seit 1955 beim Nachprüfen von Benders Arbeiten, Arbeitsmethoden und beim Lesen seiner bis dahin spärlichen, von Stereotypien erfüllten Veröffentlichungen wiederholt den Eindruck einer permanenten Scheinwelt. Soweit er als Psichologe wirkte, hat er die Wirklichkeit in der Untersuchung der Spukfälle nahezu immer verfehlt. Er, der in der Oberprima schon sein erstes Referat über Geisterbotschaften zu halten wagte[9], hat nicht getäuscht. Mit einem gewinnenden Wesen[10] und einer Begeisterung, die zu überzeugen wußte[11], mit dem scheinbar unwiderstehlichem Charme[12] des gebildeten Großstädters, mit einer Formulierungsfähigkeit, die es ihm ermöglichte, auch unvorbereitet exzellente Referate zu halten, erzählte er für ihn wahrhaftige Märchen in die Augen einer gläubigen und glaubensbereiten Gemeinde hinein. Er glaubte offenbar blauäugig an seine Geschichten, wie ein liebenswürdiges, ehrliches Kind aus einer Poltergeistgeschichte, das zudem noch in der magischen Phase seiner Entwicklung stehen geblieben war. Da er stets neue Bestätigungen für die Richtigkeit seines Denkansatzes benötigte, war er immer wieder auf der Suche nach neuen Märchenerlebnissen und Gruselanregungen. So fuhr er von Spukort zu Spukort. Er schien der Mann zu sein, der auszog, das Fürchten zu verlernen.

Ich habe mich zu Benders Veröffentlichungen nur einmal – und dann noch zurückhaltend – geäußert. Da ging es um die Darstellung des „Spuks“ in der Neuen Vahr/Bremen durch Bender. Diese Geschichte zeigt insgesamt in prachtvoller Weise die Typizität des Umgangs der Parapsychologen mit jenem Schabernack durch Jugendliche, den sie für Spuk halten. Später mußte ich erkennen, daß Spukfälle die Möglichkeit fördern, als Parapsychologe bei einem Psychiater, der für abergläubisch gehalten werden kann, mit einer Dissertation über „Spuk“ zum „Dr. med.“ zu promovieren.

Ich hätte nach Benders Tod (7.5.1991; Bender wurde 84 Jahre alt) nichts mehr über den scheinwissenschaftlichen Hokus Pokus vom „magischen Hügel“ auf der Eichhalde geschrieben, wäre da nicht im Sommer 1993 die intelligent aufgemachte, mit Bender sympathisierende, liebevoll getönte Lebensgeschichte Benders von Elmar R. Gruber erschienen. Die elegante Darstellung der Benderschen Arbeiten durch den sich offenbar vom Spukglauben nicht distanzierenden Verfasser könnte erkennbar zur Enkulturation der Parapsychologie beitragen, zumal sie konjunkturell der derzeitigen, immer höher steigenden Okkultbedürfniswelle entspricht.

Die Fülle der internen Details in diesem Buch (die auf Bender als Informationsquelle schließen lassen), könnte zur lesenswerten Grundlage für die organisatorische Entwicklung der Parapsychologen zu einer Art Sekte in der städtischen Bürgerschicht werden. Das Buch könnte zur Vergesellschaftung der okkulten Hydrokultur schlechthin beitragen und könnte in den Kreisen jener insgeheim verzweifelt Hoffenden das Beweisbuch für die künftige subkulturelle Seligsprechung des Alten von der Halde werden. Wohlwollend und geschmeidig werden zahlreiche wesentliche Informationen über Bender verschwiegen. Bedeutende Akzente werden mehr von einem Jünger, als von einem Kritiker gesetzt. Eine Art Gegendarstellung und Ergänzung ist daher geboten. Es wurde notwendig, nicht nur eine früher einmal angedachte Anti-Dissertation zu Benders Dissertation über den Bremer Poltergeistfall zu veröffentlichen, sondern auch korrigierende Ergänzungen zu Benders Biographie zu bringen. Diese Ergänzung wird insbesondere Benders prototypischen Umgang mit Spuk- und Poltergeistfällen beleuchten und schließlich einen Zustandsbericht über die Parapsychologie ermöglichen.

II. Die Erwartungen

1. Die Rolle der Parapsychologen

Die Parapsychologie spielt inmitten der etablierten Naturwissenschaften eine seltsame, zweifelhafte Rolle. Als jüngstes Kind der seit 1875 durch Einrichtung eines Lehrstuhls in Deutschland anerkannten Psychologie bemüht sie sich seit vielen Jahren um Anerkennung für sich und für die von ihr behaupteten Phänomene durch die älteren Zweige der Naturwissenschaften, der sie sich mit einer verzweifelten Hoffnung zugehörig fühlen möchte. Sie ringt auch, teilweise organisiert in Vereinen, Gruppierungen und Interessenvertretungen sowie in kleinen Zirkeln um gesellschaftliche Anerkennung und Zustimmung durch die breiteste Öffentlichkeit. Sie erreichte dadurch immerhin zahlreiche unterstützende Aussagen durch nichtinformierte, gläubige Parteigänger. Diese mögen zwar auf ihren jeweiligen wissenschaftlichen Fachgebieten Kapazitäten sein, aber von dem, was sie an der Parapsychologie loben, haben sie keine oder doch nur laienhafte Vorstellungen.

Auffällig geworden durch „unorthodoxe Methoden" bemüht sich die dünne Front der aktiven Parapsychologen vom Rutengänger über den Hellseher bis zum Spukbanner und Spiritisten – angeführt von wenigen akademisch Gebildeten – subjektive Wahrnehmung zu objektivieren. Sie versucht, wie die viel gelästerte exakte Schulwissenschaft kritisch anmerkt, „altes, träges Seelengut des Aberglaubens" (Zucker) naturwissenschaftlich eingekleidet auf kleinen Umwegen populär und hoffähig zu machen. Sie hat dabei beträchtliche Publikumserfolge erzielt. Die öffentlichen Akklamationen durch die Wundergläubigen motivieren in gleicher Weise zu neuen, tollkühnen Phantasien und Behauptungen wie die verdeckten Untertreibungen durch Sympathisanten unter den Naturwissenschaftlern.

Die Zeit des Aberglaubens in den hergebrachten Formen schien in den fünfziger Jahren bemessen zu sein. Heute erleben wir jedoch entgegen allen optimistischen Prognosen jener Jahre auf dem Lande eine Neubelebung des Hexenaberglaubens, dessen Wurzeln sich noch unendlich lange lebensfähig erweisen werden. Das Allensbacher Institut erfuhr schon 1967 bei einer Umfrage, daß acht Prozent der Deutschen an die Existenz von Hexen glauben. 49 Prozent freuen sich bei einer Begegnung mit dem Kaminkehrer

(„Das bringt Glück"). 63 Prozent glauben an Glücks- und Pechsträhnen in ihrem Leben. 12 Prozent erklärten, schon selbst einen „Spuk" erlebt zu haben, weitere sechs Prozent glaubten an die Existenz von „Spuk"! Seither haben sich diese Prozentsätze vergrößert, insbesondere hat die Zahl der Astrologie-Anhänger zugenommen.

Auch ohne endgültigen wissenschaftlichen Beweis glaubt fast jeder fünfte Deutsche an die Existenz der unbekannten Flugobjekte. In der Gruppe der Sechzehn- bis Neunundzwanzigjährigen sei sogar fast jeder Dritte davon überzeugt, daß es Ufos wirklich gibt. Nur acht Prozent der über Sechzigjährigen glauben an die unbekannten Flieger aus dem All. Fast die Hälfte der Teilnehmer an einer Untersuchung einer Allensbach-Umfrage rechnet damit, daß eines Tages wirklich ein Vertreter der außerirdischen Lebewesen wie vom „Raumschiff Enterprise" auf die Erde kommen könnte. 78 Prozent gaben an, der Gedanke beunruhige sie nicht. (Allensbach, 1993).

Bausinger meinte zu dieser Entwicklung:

> „Die List der Unvernunft (d.h. des Aberglaubens; d.Verf.) liegt in ihrer unverschämten Anpassungsbereitschaft. Während eifrige Folkloristen immer noch zur Spurensicherung auf den touristisch überlaufenen Blocksbergen auffordern, sind die Hexen schon längst unter uns. Die kühle und klare Luft der Technik, so hatte man geglaubt, werde die letzten Sumpfpflanzen des Aberglaubens zum Absterben bringen – aber in Wirklichkeit hat sich deren Organismus längst auf die neue Atmosphäre eingestellt. Ortega y Gasset hat die Magie einmal als Vorstufe der Technik bezeichnet; inzwischen ist deutlich geworden, daß sie zumindest Rückfälle in „magisches" Verhalten nahelegt. Gewiß entzaubert die Technik vieles. Wo elektrisches Licht brennt, fühlen sich die Gespenster nicht mehr wohl und sie haben sich dann auch konsequenterweise zurückgezogen. Aber auf der anderen Seite gibt es immer wieder Vorfälle, bei denen technisches Denken unmittelbar in magisches Denken umschlägt und zwar gerade, weil bei uns der Umgang mit technischen Dingen und Vorrichtungen selbstverständlich geworden ist... Aberglauben ist auch nicht nur ein Ausdruck des Mangels, rationalen Unvermögens. Er kann Zeichen eines Überschusses sein, Entfaltung persönlicher Kräfte, die sich nicht in ihrer unpersönlichen Umgebung verzehren lassen wollen"[13].

Der Aberglaube der Zukunft ist in einer hochindustrialisierten Gesellschaft vor allem in technisch-wissenschaftlicher Einkleidung aussichtsreich und überlebensfähig. Der mystische Ufonen-Aberglaube von den fliegenden

Untertassen, die Pseudowissenschaft der Uraltreligion Astrologie mit den verwirrenden täglichen Zeitungsrezepturen in astrologischen Selbstbedienungsapotheken, angefüllt mit spirituellen Tranquilizern, die Paraphysik der Erdentstrahler, wie sie von dem Heilpraktiker Dr.jur.Köhnlechner in der Bild-Zeitung vertreten wurde, und das als „banale Schaubudenschlager" (Conrad) gebrandmarkte Herumreichen von Paragnosten durch den Parapsychologen Bender auf öffentlichen Veranstaltungen oder das Auftreten von bärtigen Fernheilern im Fernsehen: das sind die okkulten Anziehungspunkte, deren Organisation und Gestaltung gesellschaftliches Ansehen, öffentliches Aufsehen, Subventionen, wirtschaftlichen Gewinn und Erbschaften jetzt und in Zukunft sichern.

Auch das öffentliche Hinaustrompeten von Spuk- und Poltergeistphänomenen, wie sie der Parapsychologe einschätzt, ist als eine wiederbelebte Sonderform des okkulten Rummels zu nennen. Gerade diese Fälle lassen sich mit Hilfe von Radio, Fernsehen und Film finanziell einträglich gut ausschlachten, sobald sie auf den Markt getrieben werden. Selbst die dünnen Beine wackeliger Dreiviertel-Lehrstühle lassen sich mit dem Leim solcher Publicity aus schauderhaften Spukfällen für einige Zeit festigen. „Der Aberglaube heute lebt im Konkubinat mit der Wissenschaft" (Bausinger).

Der Parapsychologe Bender erkannte diese Tendenzen von früh auf und förderte sie, indem er forderte:

> Was nottut ist eine „positive Kritik des Aberglaubens" als Grundlage einer wirkungsvollen Aufklärung und Verhütung von Schäden, eine Bereitschaft, vorurteilsfrei die nicht sanktionierten Randphänomene unserer Erfahrung zu untersuchen, Gesichertes zuzugeben und phantastischen Vorstellungen und Erwartungen entgegenzutreten ... So wird das „Okkulte" in einem Raum der Besonnenheit aufgenommen: unser Wissen vom Menschen wird erweitert und zugleich wird deutlich, daß die praktische Anwendung der unkontrollierbaren parapsychologischen Fähigkeiten mit den größten Gefahren verbunden ist. Auch die Parapsychologie sagt: „Hände weg von der Wahrsagerei", aber sie weiß mehr um die tiefer liegenden Erfahrungen als die unentwegten „Entlarver", die nur Schwindel und Betrug zu sehen vermögen.

Was die „positive Kritik des Aberglaubens" in einem „Raum der Besonnenheit" in praxi freilich bedeutet, zeigen die Erfahrungen mit Okkultisten aller

Art im Einzelfall, insbesondere bei der Untersuchung der Poltergeist- und Spukfälle.

Man würde den Anhängern der Parapsychologie und ihren dynamischsten Vertretern Unrecht antun, würde hinter ihrem Streben nach Publicity lediglich der daraus resultierende wirtschaftliche Gewinn auf Kosten kritikloser Leichtgläubiger oder Subventionen zahlender offiziöser Stellen als Ziel vermutet. Die Parapsychologie sucht vielmehr zugleich missionierend ihre Selbstbestätigung in der öffentlichen Anerkennung, von ewigen Minderwertigkeitskomplexen geplagt, sucht Rechtfertigung für die Richtigkeit ihrer abseitigen Wege und ihrer seltsamen Methoden durch den Beifall des breiten Publikums, der dann allerdings, wenn er reichlich eintrifft, nicht dem als angeblich naturwissenschaftlich gewonnenen Untersuchungsergebnis gilt, sondern der Befriedigung mythischer Bedürfnisse der insoweit nicht differenziert lebenden Menschen.

Der Weg der Parapsychologie liegt – wie die Vorsilbe „Para-" erkennen läßt – n e b e n dem der naturwissenschaftlichen Psychologie. Die Parapsychologie geht vom nichtphysikalischen Wirken der Psyche aus (Rhine, Jordan) und meint, die parapsychischen Phänomene ständen gänzlich außerhalb der Naturwissenschaft und könnten mit eigentlichen naturwissenschaftlichen Mitteln nicht angegangen werden (Hartlaub, Amadou). Aber sie setzt immerhin voraus, daß es solche „ungewöhnlichen Erscheinungen mit bemerkenswerter Gleichförmigkeit" (Bender) gibt. Wer sich in die Publikationen der Parapsychologen vertieft, erkennt bald, daß von dieser Voraussetzung mit inniger Unumstößlichkeit und „fester Überzeugung" ausgegangen wird. Diese subjektive Gewißheit der Parapsychologen wird allen ihren Überlegungen ungesichert vorausgeschickt.

Es sind also nicht nur die unorthodoxen, ja wissenschaftsfeindlichen Untersuchungsmethoden der Parapsychologen, welche die Angriffe der übrigen Wissenschaftler provozieren, sondern diese irrealen, letztlich glaubens-mäßig bedingten Vorgaben, welche die Konflikte mit anderen Wissenschaften auslösen: da meldet die Physik ihre Bedenken gegen mangelnde Kausalbeziehungen an, da führt die Medizin Körperveränderungen auf Autosuggestion zurück, da verweist die Psychologie auf eine Reihe von Phänomenen im Bereich seelischer Traumata, da wehrt sich die Theologie schließlich gegen eine Sinnentfremdung ihrer aus dem transzendentalen und religiösen Zusammenhang erklärten Wundererscheinungen.

2. Die technifizierte Theologie

Bei näherer Betrachtung weist die Parapsychologie einen religiösen Bezug auf, der mehr oder minder offen im Lebensweg ihrer Hauptvertreter aufscheint. Der amerikanische Parapsychologe Rhine, der durch seine Untersuchungen (Erraten von Kartenzeichen auf „telepathischem“ Wege, Beeinflussung des Falles von Gegenständen durch menschliche Gedanken, also „Telekinese“) bekannt und wegen der eigenwilligen Gestaltung von Versuchsreihen und Statistiken heftig angegriffen werden konnte, hatte ursprünglich die Absicht, Geistlicher zu werden. Er immatrikulierte sich an einer Hochschule, die von Presbyterianern unterstützt wurde. Später schrieb er: „Als ich mit der Ausbildung fertig war, besaß ich keine religiöse Überzeugung mehr, die irgendjemanden zu predigen sich gelohnt hätte“. Rhine wurde zum führenden Parapsychologen.

Seine Entwicklung scheint symptomatisch zu sein für die Entwicklung manches Intellektuellen der Gegenwart: entweder bleibt er einer traditionellen Religion verbunden oder er jagt einem politisch-utopischen Religionsersatz nach. Oder aber er versucht, den innerlichen Riß zwischen seiner menschlich eingewurzelten Neigung zum Irrationalismus und zum magisch-mystischen Erleben einerseits und der naturwissenschaftlichen Ausbildung und Prägung andererseits durch einen naturwissenschaftlichen Beweis des Irrationalen (oder was er jeweils dafür hält) zu kitten. Einem vorwissenschaftlichen Bedürfnis wird mittels Anwendung scheinbar wissenschaftlicher Methoden entsprochen. Das Numinosum soll physikalisch, psychologisch, mathematisch, statistisch nachgewiesen werden.

Dieses latente Bedürfnis gibt selbst den Vertretern extrem gelagerter parapsychologischer Theorien dann noch ein gutes Gefühl, wenn nicht sogar ein gutes Gewissen, wenn sie ihre Hypothesen als bewiesene oder feststehende Tatsachen stereotyp über Jahrzehnte hinweg als wissenschaftlich bewiesen ausgeben und darauf vertrauen, daß allein schon durch die Bildung neuer Begriffe immer etwas hängen bleibt und daß sie eine neue Wirklichkeit bilden. Selbst die Gegner der Parapsychologie müssen deren Wortschatz übernehmen, denn wie sonst sollte dargelegt werden, daß die Parapsychologen sich irren, weil sie so schrecklich befangen sind?

Bender bezog sich gern auf Carl Gustav Jung, der hinter den Erscheinungen dieser Welt einen zentralen psychisch-physischen Urgrund vermutete. Danach wären Geist und Materie nicht getrennt; die „Telekinese" wäre wahrscheinlicher als bisher gesehen. Bei anderer Gelegenheit (vor der Österreichischen Gesellschaft für Parapsychologie am 15.5.1977 in Wien) meinte Bender:

> „Immer mehr wird aufgrund unserer (d.i. der Parapsychologen; d.Verf.) Forschungen klar, daß ein göttliches Prinzip hinter den Erscheinungen unserer Welt anzunehmen ist."

Diese ehrfürchtige Annäherung an Gott mag wie ein defensiver taktischer Trick der immer mehr ins Abseits forschenden Parapsychologie scheinen. Dieser „Trick" aber macht sie im öffentlichen Ansehen weniger angreifbar, so mögen ihre Lehrer meinen. Tatsächlich nähern sie sich mit einem solchen Bekenntnis ihrem eigentlichen Ursprung, in dem sie unbelästigt durch Theologen und nicht mehr angegriffen durch Naturwissenschaftler dann ruhig existieren dürfen. Auch Arthur Koestler[14)] hofft – nachdem er befürchtet hat, der Okkultismus werde immer naturwissenschaftlicher und die Wissenschaft immer okkulter -, „die Vereinigung von Psi und Physik werde eines Tages ermöglichen, durch ein Schlüsselloch in die Ewigkeit gucken zu dürfen". Der Versuch der rationalen Erklärung des Irrationalen, des unfaßbaren Numinosum, Gottes schlechthin, schimmert auch durch die Antwort des Stuttgarter Kirchenrates Hutten, der sagte, ihm sei die Parapsychologie eine Hilfe gewesen, den Graben, den das „Wunder für die Kinder des technischen Zeitalters nun einmal darstelle, zu überspringen". Ähnliches meinte 1971 der Freiburger Alttestamentler Deissler auf einer Tagung „Zur Problematik der Parapsychologie", als er Benders Behauptungen gegen Bultmanns Entmythologisierungsbemühungen einzusetzen versuchte: „Die Parapsychologie widerspricht denen, die biblische Wunder als reinen Mythos auslegen wollen." Allerdings, so setzte er als Theologe hinzu, die Parapsychologie müsse auch berücksichtigen, daß das Wunder auch ein Zeichen Gottes sein könne.

Die exakten Naturwissenschaften (und mit ihnen die Kriminalistik) erklären die sogenannten parapsychologischen Phänomene als normal und natürlich auf herkömmlich-natürlichem Wege. Sie untersuchen z.B. in Spukfällen, in deren Verlauf Butter angebissen, Steine, Zündkerzen, Holzstücke und Kohlen geworfen, alte Leute gefoppt, Scheiben zerstört und Kleider beschädigt werden, zuerst das Verhalten der Personen, die in der Umgebung solcher Ereignisse leben, die vor allem davon betroffen sind und die besonders im Mittelpunkt stehen. Bei richtigem, rechtzeitigem und falladäquatem Vorgehen werden in solchen Fällen stets die zugrundeliegenden, menschlichen, vorsätzlichen, rechtswidrigen Handlungen festgestellt und bewiesen, die in der Regel durch Kinder und pubertierende Jugendliche begangen werden.

Die Parapsychologie dagegen steht – so wird aus ihren Berichten immer wieder „mit bemerkenswerter Gleichförmigkeit" deutlich – fassungslos und betroffen vor diesen „seltsamen Phänomenen", die im Grunde nichts anderes sind, als scheinbar motivlose (Straf-)Taten. Sie nimmt alsbald unkritisch und monoman zur kühnen Behauptung Zuflucht, daß „in der Pubertät mediale Kräfte frei werden", welche „telekinetisch" und ohne Wissen und Wollen der betreffenden Minderjährigen Gegenstände (auch zentnerschwere Aktenschränke!) bewegen sowie Ent- und Rematerialisationen bewirken können.

Die Parapsychologie entspricht einem Bedürfnis unserer Epoche. Das „Vakuum in der Seele" (Toynbee) der Menschen unserer kränkelnden Hochkultur kann nicht durch die Verehrung des „Götzen Lebensstandard" (Neumeister) ausgefüllt werden. Es bleibt selbst durch die Partizipation am Traditionschristentum inmitten einer rational orientierten Umwelt unbefriedigt. Wie die abstrakte Malerei als der kleine dämonische Zwerg bezeichnet wird, dem man – nach Gehlen – in jedem Haus eine Tür offen halten muß, so spielt die Parapsychologie die Rolle des Gnoms der Naturwissenschaft. Wer an Gnome glaubt, soll dabei bleiben. Der Gnom hat seine Existenzberechtigung als Substitut für jene, die den – nicht erst seit Kopernikus – zwischen Denken und Erleben aufgerissenen Zwiespalt mittels „naturwissenschaftlicher Mystik" aufzufüllen versuchen.

Diese Art der sich naturwissenschaftlich einschmuggelnden Parapsychologie bahnt, ohne dies selbst zu erkennen, durch eine Synthese zwischen dem menschlichen Hang zum Irrationalen im weitesten Sinne und dem rationaltechnischen Operieren einen scheinbaren Ausweg aus dieser Zweiteilung.

Für dessen Entstehung soll allein der Rationalismus die Schuld tragen. Dessen Tore sollen (nach Bender) aufgebrochen werden! In Wirklichkeit aber pflastert die Parapsychologie nur die alten Wege der vorreligiösen Magier mit pseudowissenschaftlichem Schotter weichester Konsistenz. Sie ist ein wichtiger Teil einer breiten, irrationalen Zeitströmung, die bis zur Flucht in politische Utopien und Paradiese, in den Anarchismus, in das Nirwana der Drogensucht reicht und zahlreiche neue Sekten begünstigt. Der chaotische Verlassenheitszustand der Menschen wird gerade in der Verbreitung und der nahezu kritiklosen gesellschaftlichen Akzeptanz des parapsychologischen Gedankenguts sichtbar.

3. Der Zweifel an der Parapsychologie

Wolf D.Grosse schreibt 1971 zur Situation der Parapsychologie unter der Überschrift „Widrigkeiten und kein Ende" zutreffend und nahe der Wahrheit:

> „Der Zweifel ist ständiger Begleiter der parapsychologischen Forschung: Er steckt in dem objektiven Prüfungsansatz, er steckt aber auch in der ungläubigen Umwelt. Da muß mit der Zufallstatistik gerungen werden, da stellt sich die Notwendigkeit objektiver und anerkannter Zeugen dringlich ein, denn jedes Tonband und jeder Film unterliegt dem Verdacht einer möglichen Manipulation; da beschwören verlorengegangene Fähigkeiten des Mediums Zweifel an der Zuverlässigkeit früherer Ergebnisse herauf, denn das Experiment erweist sich als nicht wiederholbar. Alle diese Widrigkeiten im Beweisverfahren haben Professor Bender zu einem Kämpfer gegen den Zweifel gemacht; daß man ihn nicht auch im Verdacht hat, mitlerweile selbst in seinen Prüfungsansätzen dem Zweifel gegenüber nachlässig geworden zu sein, verdankt er allein seiner persönlichen Integrität"[15].

Die Parapsychologie bietet von der selbstgestellten Aufgabe und von der Grundbefindlichkeit ihrer Vertreter her eine ständige große Versuchung zur Manipulation und zu Fremd- und Selbsttäuschungen. Die Geschichte des Okkultismus und der neueren Parapsychologie ist voll der Berichte über die Entlarvung von Medien, über die Aufdeckung ihrer Tricks, über die „Irrtümer" in den Publikationen der Parapsychologen. Vom Verdacht der Täuschungen bleiben dann auch die Parapsychologen nicht verschont. Dann paßt es in das Erwartungsbild der Ungläubigen, wenn von einem Parapsychologen ein akademischer Grad unerlaubterweise geführt wird.

Benders Selbstbewußtsein, ja Anmaßung, wurde durch die Kritiker (Bender: „Die halten uns nur von der Arbeit ab!") solcher Normabweichungen nicht sehr berührt. Bender sagte von sich, er sei „vielleicht der Hirte der Parapsychologie". Er war sicherlich der prominenteste deutsche Parapsychologe. Anhänger und Gegner bezeichnen ihn heute noch als Pionier und Vorkämpfer der Parapsychologie, aber auch als PSI-Papst oder kritisch als „Hans Dampf in allen okkulten Gassen" (Podach), als Okkultforscher, Spukforscher, Geisterjäger, Geisterprofessor, Zauberlehrlingsmeister, Papst der deutschen Parapsychologie, als primus inter paras u.ä. Die papaesken Attribute und Admirationen scheinen zu überwiegen, verehrende Grundelemente sind eingeschlossen. In einem Nachruf auf Bender heißt es, Bender sei „Pionier im Land der Seele" gewesen, ein „Kammerjäger des Übersinnlichen".

Bender drängte stets danach, die parapsychologischen Lehren anwendbar und nützlich zu machen. Das konnte er vor allem dann, wenn er seine Erkenntnisse als Gutachter in Strafprozessen vortragen durfte. Aus Benders Berufs- und Laufbahngeschichte geht hervor, daß er bevorzugt Okkultfahndern telepathische Fähigkeiten attestierte und sie vom Vorwurf der bewußten Täuschung zu entlasten versuchte. So bescheinigte er am 29.11.57 vor einem Schöffengericht im Rheinland dem einundsechzigjährigen „Astraltelepathen" E. telepathische Qualifikationen „in nicht geringem Umfang". Der bis 1957 achtmal wegen Betruges und übler Nachrede verhaftete Mann, der seit 1918 als Betrüger bekannt war, hatte nach eigenen Angaben die telepathische Veranlagung, die sich vom achten Lebensjahr an zeigte, von seiner Urgroßmutter geerbt. Nach dem Zweiten Weltkrieg trat er gegen Entgelt als Hellseher (bei der Suche nach vermißten Soldaten) oder Okkultfahnder (bei der Fahndung nach Diebesgut und Dieben) auf. Er bezeichnete bestimmte Personen als die jeweiligen Täter und wurde deshalb wegen Beleidigung und übler Nachrede , aber – bedingt durch das Bendersche Gutachten – nicht wegen Betruges verurteilt.

Die Bonner Rechtsmediziner Elbel und Prokop, die sich voller Zorn gegen das ihrer Ansicht nach unsinnige Gutachten von Bender wandten, hielten erfolglos dagegen. Die Richter meinten, wenn schon ein Gutachter wie Bender Telepathie für möglich halte, so dürfe auch der Angeklagte davon ausgehen, daß er sein Wissen telepathisch gebildet habe. Deshalb täusche er nicht (im Sinne des Betrugsvorwurfs), sondern es sei ihm nicht zu widerlegen, daß er das, was er (inhaltlich richtig oder falsch) über die Täterschaft angeblicher Diebe behauptet hatte, für wahr und richtig gehalten habe.

Der Verurteilte gab in einem der gegen ihn gerichteten zahllosen Ermittlungsverfahren an, er sei in ca. 30.000 Fällen tätig geworden. Die Kriminalpolizei, die ihn wiederholt nach Diebstählen eingesetzt hatte, entschuldigte ihn mehrfach. Er sei charakterlich nicht als kriminell zu beurteilen, sondern stamme aus guter Familie. Er sei durch den Zuspruch von weither derart „mit Arbeit überlastet", daß es bei ihm leicht zu Fehlangaben kommen könne.

Als Bender in der Verwaltungsstreitsache des angeblichen medialen Lebensberaters und „Handschriftendeuters auf parapsychologischer Grundlage" O. gegen die Stadt Mannheim von dem 43 Jahre alten O. als Sachverständiger genannt wurde, erhob das Polizeipräsidium Mannheim dagegen Bedenken. Bender habe nicht nur in einer großen Anzahl von Zeitschriften, Abhandlungen und Vorträgen immer wieder zu erkennen gegeben, daß er an Spuk, Telepathie, Hellseherei und sonstige okkulte Erscheinungen glaube. Er sei „Betreuer des Klägers, dessen Laufbahn als Handschriftendeuter er eingeleitet" habe. Bender sei daher befangen. Bender schrieb, O., der ein anständiger hilfsbereiter Mensch sei, habe „zweifellos mediale Fähigkeiten". Dafür sei ein eindeutiger Nachweis erbracht worden. Zur selben Ansicht kam ein Privatdozent Dr.A.Mayer, der meinte, es müsse bei O. „eine echte hellsehende Begabung angenommen" werden. Trotzdem verfolgte die Kriminalpolizei diesen „Sensitiven" wegen unbefugter Ausübung der Heilkunde und Betruges in zahllosen Fällen, zumal Prof.Dr.Rudolf, Heidelberg, als vom Verwaltungsgerichtshof beigezogener Sachverständiger feststellte, ein Beweis für die Befähigung des O. zu außersinnlichen Wahrnehmungen sei nicht erbracht. Die polizeirechtliche Verbotsverfügung gegen O. blieb bestehen.

Als 1956 vor dem AG Überlingen der erheblich vorbestrafte Artist Gr. als medialer Lebensberater wegen Betruges angeklagt war, stellte Bender mit Schreiben vom 29.7.55 an die StA.Konstanz „paranormale Fähigkeiten" bei Gr. fest.

Der bereits wegen Betruges verurteilte 54 Jahre alte Hellseher und medialer Lebensberater A.z.N., der (u.a.) 1955 wegen Betruges in Tateinheit mit unbefugter Ausübung der Heilkunde belangt wurde, hatte nach eigenen Angaben im fünften Lebensjahr seine Begabung entdeckt. Er war auch als Okkultfahnder (nach Morden, Raubüberfällen und Diebstählen) tätig. Nach eigenen Angaben hatte er schon bis 1947 12.000 – 14.000 Leute beraten. Im November 1952 bestätigte Bender ihm in einem der zahlreichen Strafverfahren, daß er „zweifellos über telepathische Fähigkeiten verfüge". Er sei „seinen Angaben gegenüber zwar kritiklos, aber stets guten Glaubens". Durch solche Gutachten half Bender vordergründig manchem durch beide Ohren gebrannten Betrüger. Er sicherte dadurch zugleich aber auch sein parapsychologisches Vorfeld und demonstrierte die Existenz von Telepathie, Hellsehen etc.

4. Das Ende der Okkultfahndung?

Bender, der sich freute, wenn er mit einem selbsternannten Kriminaltelepathen experimentieren konnte, entwickelte sich zur Dauerstütze für unechte Okkulttäter, wenn diesen Betrug vorgeworfen wurde. Er bewirkte dadurch Freisprüche bzw. Verfahrenseinstellungen gegen Personen, denen die in Fragen der Verdachtschöpfung wesentlich erfahrenere Kriminalpolizei die vorgeworfenen Betrügereien zutraute.

Das ging so lange weiter, bis der Bundesgerichtshof über die Verwendung von Hellsehern und die Validität parapsychologischer Gutachten (die Gutachten Benders eingeschlossen) zu entscheiden hatte. Der BGH befand 1978, daß alles, was von der Parapsychologie stamme, als Beweismittel zu verwerfen sei, weil es sich als Beweismittel nicht eigne. Jeder, der als Sachverständiger in diesem Bereich auftrete, könne in Strafverfahren zurückgewiesen werden[16)].

In dem beim Schwurgericht Heilbronn angelaufenen Verfahren gegen Kurt Seifert wegen Mordes hatte die Verteidigung den Beweisantrag gestellt, eine namentlich benannte Hellseherin, als Sachverständige zu der Frage zu hören, ob in diesem Prozeß (ohne Leiche!) die Ermordete, eine vierundzwanzigjährige Frau, noch lebe und wo sie sich ggf. jetzt aufhalte; für den Fall des Todes: wo sich die Leiche befinde und daß nicht der Angeklagte diese Frau getötet habe.

Zur Vorbereitung der Entscheidung über diesen Antrag sollte der Parapsychologe Bender als Sachverständiger dazu gehört werden, daß die benannte Hellseherin die Gabe der Telepathie und des Hellsehens besitze und insbesondere in der Lage sei, den Aufenthalt eines verschollenen Menschen oder im Fall seines Todes den Fundort seiner Leiche mitzuteilen.

Beide Anträge hat das Schwurgericht mit der Begründung abgelehnt, diese Beweise seien völlig unzureichend. Die Entscheidung des Schwurgerichts wurde durch die Revision als Verstoß gegen § 244 Abs.2, 3, 4 StPO gerügt. Diese Rüge, so stellte der erste Strafsenat fest, sei unbegründet.

Im einzelnen führte der BGH aus:

> „Die Aufgabe des gerichtlichen Sachverständigen besteht vornehmlich darin, aus seinem eigenen besonderen Fachwissen dem Richter die zur Beurteilung eines bestimmten Sachverhalts erforderlichen Erfahrungssätze, die dieser nicht selbst kennt, zu vermitteln (BGHSt 3, 27, 28; 9, 292, 293; Eb.Schmidt StPO Vorbem. 7 vor § 72); dabei ist der Tatrichter den Gesetzen des Denkens und der Erfahrung unterstellt; es gibt wissenschaftliche Erkenntnisse, denen eine unbedingte, jeden Gegenbeweis mit anderen Mitteln ausschließende Beweiskraft zukommt und die der Tatrichter als richtig hinnehmen muß, auch wenn er ihre Grundlagen im einzelnen nicht selbst erschöpfend nachprüfen kann (BGHSt 10, 208, 211, 6, 70, 5, 34; vergl. auch BGHSt 21, 157, 159).
>
> Zu diesen gesicherten wissenschaftlichen Erkenntnissen, die dem Sachverständigen zugänglich sind, gehört die Parapsychologie nicht. Auch die Veröffentlichungen des von der Verteidigung benannten Inhabers des Lehrstuhls für Parapsychologie an der Universität Freiburg, Prof. Bender, vermögen daran nichts zu ändern, daß zumindest im Bereich der Strafrechtswissenschaft und der Kriminologie – worauf es hier allein anzukommen hat – die Ergebnisse der Parapsychologie nicht als naturwissenschaftlich gesicherte Erkenntnisse anerkannt werden können (vgl. die Besprechung von Bender, Unser sechster Sinn, durch Wimmer in ZStrW 85, 964, 967, wonach die von Bender geschilderten Methoden letztlich einer glaubensbefangenen Haltung entspringen und nichts mit Naturwissenschaft zu tun haben). Auch wenn man nicht so weit geht, die Parapsychologie für wissenschaftsfeindlich zu halten (Prokop – Göhler, Forensische Medizin 3.Auflage,

S.703; vgl. auch Prokop, Naturwissenschaft contra Parapsychologie, Arch-Krim Bd.154 (1974, S.100 f), so gilt jedenfalls im Bereich des Strafverfahrens immer noch die Regel, daß die hier in Rede stehenden Kräfte nicht beweisbar sind, sondern lediglich dem Glauben oder Aberglauben, der Vorstellung oder dem Wahne angehören und daher, als nicht in der wissenschaftlichen Erkenntnis und Erfahrung des Lebens begründet, vom Richter nicht als Quelle realer Wirkungen anerkannt werden können (RGSt 33, 321, 323).

Zu Recht hat daher der Tatrichter die von der Verteidigung angebotenen parapsychologischen Sachverständigen als völlig ungeeignete Beweismittel angesehen (im Ergebnis ebenso Wimmer, NJW 1976, 1131, 1133 m. zahlr. Nachw.; Krause, Festschrift für Karl Peters (1974), S.323, 328)."

Damit wurde das Urteil des Schwurgerichts Heilbronn bestätigt, durch das der Angeklagte wegen Totschlags zu 14 Jahren Freiheitsentzug verurteilt worden war.
Die Parapsychologen, ihre Fronde und Pfründefreunde versuchten, ihre markigen Unterstützungssprüche und Ablenkungsmanöver (Marke „Haltet den Dieb") auch gegen den BGH auszudehnen.

So schrieb Richard Kaufmann: „Warum diese Wissenschaft verfolgen, ihre Akademiker abqualifizieren, die Parapsychologie als ein Mittelding zwischen Satanskult und Volksbetrug darstellen ...? Es gibt nur eine Antwort darauf: der Antiokkultismus, der sich gerade in Deutschland mit allen Zeichen neurotischer Intoleranz breitmacht, ist in seinem Kernbereich nichts weiter als die pervertierte Form des alten Okkultismus. Während man in England spukhafte, okkulte und unerklärliche Geschehnisse mit einem Achselzucken und einem „such things just happen" hinnimmt und es jedem überläßt, sie zu glauben oder es nicht zu tun, marschiert bei uns die Front der Antiokkultisten bereits wieder mit einer Geschlossenheit, die sie zuletzt (ein recht seltsames Phänomen) in den Jahren zwischen 1933 und 1945 zeigte. Es gibt zu denken. An irgendeinem Punkt, so scheint es, muß dem Deutschen gestattet sein, intolerant zu sein"[17].

III. Aberglaube und Kriminalität

1. Was am grünen Holze geschieht...

Wenn auch die Unverwendbarkeit parapsychologisch gewonnener Informationen für eine exakte Wahrheitsfindung und korrekte, gerichtsverwertbare Beweisführung dem Kriminalisten schon seit Jahrzehnten bekannt ist, so haben doch offenbar Polizei- und Kriminalbeamte nicht immer und überall auf die Hilfen von Okkultfahndern verzichtet. Die lebensgeschichtlich mitgebrachten individuellen okkulten Neigungen des einzelnen Ermittlungsbeamten können das überstülpte Fachwissen durchschlagen und dann seltsame Blüten treiben. Es wird also nicht auszuschließen sein, daß auch in Zukunft Einflüsse prominenter, missionierender Parapsychologen den kriminalistischen Sachverstand mit allen Nachteilen für die Wahrheitsfindung irritieren können. Trotzdem gibt es nur wenige Ausnahmefälle, in denen abergläubisch befangene Polizeibeamte auftreten und dann die gleichen Mißweisungen erzielen, wie die Parapsychologen bei ihren Untersuchungen.

Im Spukfall H. bei Th. fielen am 19.7.1948 um 19.00 Uhr die ersten Steine auf ein Anwesen. Die kleinen Feldsteine, die der Bauer aufhob, sowie die nachfolgenden Steinwürfe zerschlugen während der nächsten Zeit zahllose Fensterscheiben und Geschirr im Küchenschrank dieses bäuerlichen Anwesens. Es wurde nicht etwa ein zwölfjähriger, zu Besuch weilender Neffe der Tat verdächtigt, sondern der Teufel. Die Steine fühlten sich nämlich warm an, was bei dem gut katholischen Bauern die Gedankenkette „Wärme-Feuer-Hölle-Teufel“ auslöste. Die Familie drehte durch. Beten half nichts. Es wurden Horrorgeschichten weitererzählt.
Nachdem Gendarmeriebeamte mit der Untersuchung beauftragt worden waren, weil die rätselhaften Steinwürfe die Bevölkerung sehr beunruhigten, flogen auch in ihrer Gegenwart Steine. Der leitende Gendarmeriebeamte begann seine Ermittlungen, indem er sich bei Betreten des Spukhauses bekreuzigte.

Als im August 1993 der eineinhalbjährige Tobias Hofmann in Bamberg verschwunden war, bestand der Verdacht der Entführung durch Unbekannte. Die Zeitungen berichteten darüber und der Fall erregte die Öffentlichkeit sehr stark. Es meldeten sich etwa 30 Okkultfahnder (Hellseher, Pendler u.ä.) mit eigens erstellten Hinweisen über den Aufenthaltsort des Kindes. Ein Hellseher suchte vom gemieteten Flugzeug aus über der Stadt und bezeichnete den angeblichen Fundort der Leiche.

Die Bamberger Polizei gab an, die Sonderkommission gehe auch einigen von Hellsehern und Pendlern eingehenden Hinweisen nach. Trotz grundsätzlicher Bedenken gegen Okkultfahnder galten die Hinweise „aber doch als Fahndungshilfe im besonderen Sinn". Dieser „besondere Sinn" markiert einen Tiefstand in der Kriminalistik, einen Rückfall in magische Fahndungsmethoden. Die Aufklärung des Kindermordes durch die Eltern erfolgte mit normalen kriminalistischen Methoden.

Es kommt selten vor, daß allein aufgrund von Angaben von Okkultfahndern (Rutengängern, Pendlern, Telepathen usw.) strafprozessuale Maßnahmen gegen Personen eingeleitet werden. Als in der Nacht vom 6. bis 7. August 1962 die Riemenschneidermadonna „Sankt Maria im Weingarten" in Volkach entwendet worden war, machten etliche ungerufene Okkultfahnder der zuständigen Polizeidienststelle die üblichen wirren Angaben.

Aufgrund der scheinbar detaillierten Angaben und einer Personenbeschreibung durch den Hamburger Hellseher Milo Renelt, die dieser in Begleitung von Journalisten vortrug, wurde in Schweinfurt ein Fuhrunternehmer durch herbeigerufene Landpolizeibeamte „ermittelt". Es wurde („nach einer kurzen Beratung" der Polizeibeamten untereinander) bei ihm erfolglos durchsucht. Das Madonnenbild wurde später gegen hohes „Lösegeld" von privater Seite den richtigen Einbrechern abgekauft.

Nach spektakulären Straftaten (z.B. Diebstahl der Hohenzollern-Juwelen, in prominenten, aufsehenerregenden Vermißtenfällen, nach Morden an Kindern, bei Entführungen etc.) melden sich „Okkultfahnder" (eine definitorische Untergruppe der Okkulttäter) und bieten ihre eigentümliche Hilfe an. Diese Okkultfahnder haben dann im Traum oder im wachen Zustand mittels „Telepathie", durch Ruten- oder Pendelschlag (etwa über einer Landkarte brütend und pendelnd) oder durch andere im Volksaberglauben tief verwurzelte Suchmethoden den Fund- und Lageort der gesuchten Sache oder der versteckten Person oder Leiche ermittelt. Dies behaupten sie jedenfalls mit subjektiver Gewißheit. Je höher die ausgelobte Summe und je größer die Publicity des Falles, umso zahlreicher und hektischer fließen solche Hinweise.

Der Kriminalist legt solche Hinweise in die „Spurenakte IV", welche die sinnlosen Hinweise von Geistesgestörten enthalten oder die inhaltslosen, wichtigtuerischen Angaben prominenter Personen. Wenn zusätzliches (oft politisches) Einflußgefälle die Hinweise begleitet und sie mit einer ihnen von der Sache her nicht zustehenden Bedeutung versieht, werden solche „Spuren" wie andere Spurenhinweise verfolgt. Dies ist mehr ein Akt der Notwehr gegenüber aufdringlichen und nicht zu vermeidenden Berichtspflichten („Vorsicht! Heißläufer!") als eine ernstzunehmende kriminalistische Maßnahme. Zuweilen werden Okkultfahnder durch Eigenpropaganda in der Öffentlichkeit bekannt, wenn sie mit angeblichen Fahndungserfolgen prahlen. Dummfahnder sind da etwas zurückhaltender. Die Kombination von beiden ist nicht selten.

Die illustrierte Wochenzeitschrift „Stern" berichtete in ihrer Nummer 48 vom 17.11.1977 unter der Überschrift „Ein Hellseher fahndet mit" über eine offiziöse Inanspruchnahme eines bekannten Okkultfahnders, nämlich des 68-jährigen Holländers Croiset im Zusammenhang mit der Entführung des Arbeitgeber-Präsidenten Dr.Schleyer.

Die Abteilung Terroristenbekämpfung des Bundeskriminalamtes (damals mit Sitz in Bad Godesberg) bestimmte nach der Entführung Schleyers zusammen mit dem Generalbundesanwalt die weiteren Ermittlungsmaßnahmen. Der Anstoß zur Befragung eines Hellsehers kam – schwergewichtig durch Herkunft und Dienstrang des Hinweisgebers – von einem leitenden Regierungsdirektor aus dem Bereich eines anderen Ministeriums.

Der Hinweisgeber befaßte sich schon seit Jahren mit der Parapsychologie und war mit dem Parapsychologen Bender vertraut. Von ihm wurde die Befragung des dem Hinweisgeber persönlich bekannten Croiset empfohlen. Dem Einfluß des sympathischen, wohlwollenden und intelligenten leitenden Beamten konnten sich die Ermittler nicht entziehen. Daher fuhr der als Berater des Bundeskriminalamtes mitarbeitende Münchner Dipl.-Psychologe Wolfgang Salewski („Ich bin Freiburger und daher der Parapsychologie sehr gewogen") mit einem Kriminalbeamten des BKA als Fahrer und dem Hinweisgeber nach Holland zu Croiset. Salewski hatte sich als ehemaliger Industrieberater Verdienste bei der Untersuchung der Psychologie der Geiselnahme und bei der Erarbeitung adäquater polizeilicher Verhaltensweisen in diesen Fällen erworben.

Salewski registrierte die Angaben des sich in den üblichen visionären, subjektiven Verschwommenheiten haltenden Paragnosten. Dieser beschäftigte sich mit einer von Salewski mitgebrachten Karte von Köln und behauptete auf einen bestimmten Stadtteil von Köln bezogen, dort spüre er etwas, dort möge man nachsehen. Er gab mit der von seinen „Platzexperimenten" her bekannten scheinexakten Präzision Hinweise, die diffus genug waren, um auf zahllose ähnliche Orte am Stadtrand jeder Großstadt zutreffen zu können: Er beschrieb eine Bushaltestelle mit einem Fahrgasthäuschen und einer Holzbank dabei. Natürlich wurde beides im angegebenen Stadtteil gefunden! Es folgte eine zweite Fahrt zu Croiset, die noch weniger Ergebnisse brachte.

Es sind sich heute noch nicht alle Leute darüber einig, ob die verschwommenen Angaben von Croiset nützlich, sachdienlich oder annähernd zutreffend waren oder ob sie lediglich dem üblichen Hellseher-Bla-Bla entsprachen, das die Köpfe der hoffenden Abergläubischen verwirrt. Es bleibt ein erhebliches Unbehagen darüber bestehen, daß derartige Irrationalismen, wenn sie zeitlich richtig plaziert und ausgestattet werden, strafprozessuale Ermittlungen beeinflussen können und daß das Bundeskriminalamt sein Prestige an einem Hellseher lädierte.

Salewski hat einige Zeit später in Ratzeburg gegenüber „Stern"-Reportern Angaben zu seiner Auslandsmission gemacht. Er beruft sich heute allerdings bei schriftlichen Anfragen, welche zur Erhellung der dubiosen Nonsenstaktiken ambulanter Leihkriminalisten mit Amateurstatus führen könnten, auf seine dem Bundeskriminalamt gegenüber bestehende Schweigepflicht. Es ist ihm aber zuzustimmen, wenn er in einem „Stern"-Interview zur Lage der Terroristenbekämpfung[18)] empfiehlt, in der Bekämpfung des Terrorismus sei schon ein Anfang gemacht worden, „wenn wir aufhören, uns ganz toll zu finden und uns stattdessen öfter zu fragen, was wir eigentlich falsch machen und wo unsere Schwächen liegen".

Die Parapsychologie als Quelle unbrauchbarer kriminaltaktischer Methoden gehört nicht zu den Heimspielen der Kriminalpolizei und dies selbst dann nicht, wenn – wie in anderen Fällen geschehen – ein Staatssekretär einen

Pendler empfiehlt, mit dessen wirren Reden sich hochbezahlte Kriminalisten dann tagelang abgeben müssen.

2. Beispiele für Benderismus

Daß die Welt betrogen werden will, und daß die Menschen in ihren liebgewonnenen Irrtümern lieber beharren, als sich bessere Erkenntnisse unbequemer Art aufdrängen zu lassen, ist eine alte Tatsache. Der ehemalige Hotelier und Phantastika-Produzent Däniken schrieb angeblich in der Strafhaft das erste bunte Buch über die Leute von anderen Sternen, die uns die Kultur brachten – und inzwischen sollen von seinen Büchern über 41 Millionen Exemplare verkauft worden sein. In der Okkultliteratur steckt das große Geschäft. Wer an dem Hochpeitschen der Okkultwelle mitarbeitet, vermag gut zu existieren.

Vor einigen Jahren schrieb ein „tibetanischer Mönch" ein Buch, in dem er über sein „Stirnauge" berichtete und über seine Flüge über den Himalaja[19]. Das Buch wurde auch ins Deutsche übersetzt und von einem deutschen Großverlag herausgebracht. Einige Zeit später stellte sich heraus, daß der phantasievolle Verfasser ein arbeitsloser englischer Klempnergeselle war, dessen Geld vor Eingang des Autorenhonorars nicht einmal mehr zur Bezahlung des Lötzinns gereicht hätte.

Die Öffentlichkeit, die Gesellschaft, die Kultur der Industrienationen überhaupt, ist reif für solche Geschichten, die begierig aufgenommen und alsbald geglaubt werden. Unsere Kultur ist reif für eine Unzahl sektiererischer Variationen, Schaufensterkirchen und Religionsgemische, ähnlich reif wie das alte Rom, als sich dort die exotische Vielgötterei einschlich.

Die immer wieder aufflammenden Diskussionen um den „Wahrheitsgehalt der Astrologie" (von Bender vor mehr als 30 Jahren in einer durch die Deutsche Forschungsgemeinschaft finanziell geförderten Untersuchung behandelt) zeigen denselben Erkenntnisstand an, der souverän an der Frage vorbeisehen läßt: „Warum kommt es den Astrologen allein auf den Augenblick der Geburt des schon in seinen Erbanlagen festgelegten Menschen an, wenn doch der Augenblick der Zeugung für das künftige Schicksal dieses Menschen entscheidend ist?“ Viele Sparten hat der Aberglaube und Millionen abergläubischer Anhänger. Selbst der Hexenaberglaube ist in unseren Tagen nach wie vor aktiv. Dafür zeugt erneut ein 1977 erschienenes lesenswertes Buch des evangelischen Pastors Ebermut Rudolph mit dem Titel „Die geheimnisvollen Ärzte. Von Gesundbetern und Spruchheilern“[20]. Das Buch enthält wertvolle und interessante volkskundliche Informationen, insbesondere über den ländlichen Aberglauben der Gegenwart im Alpengebiet, aber auch wertvolle Informationen über diejenigen, die sich mit der Untersuchung des Aberglaubens befassen und über deren Arbeitsmethoden.

Der gewiß nicht leichte Einstieg in die Subkultur des volkstümlichen Medizinokkultismus ist Rudolph dank seines Einfühlungsvermögens, seiner Vertrautheit mit der Materie und wohl auch infolge des Vertrauens, das man ihm als einem in der Krankenhausseelsorge tätigen protestantischen Priester entgegenbrachte, leicht gelungen. Er hat insgesamt 300 ländliche Spruch- und Gebetsheiler zwischen 1971 und 1975 aufgesucht und zum Teil photographiert. Freilich fällt unangenehm auf, daß die hoffnungsvoll und materialreich ansetzenden Erhebungen trotz der sich anbietenden Informationsfülle weithin an der Oberfläche der Tatsachenerfassung stehen bleiben. Stark subjektiv an der kosmischen Allverbundenheit und dem symbiotischen Lebensgefühl des ländlichen Aberglaubens beteiligt und über die suggestiven Glaubens-“Kräfte“ erfreut, verliert Rudolph in einer für Okkultbefangene typischen Weise den kritischen Blick, wenn ihm tradierte Zweithandmagie nach Trödlerart vertraulich als wahr und richtig zugetragen wird. So berichtet er auf Seite 185: „Über das Handtuchmelken liegen mir über die noch sehr zahlreichen Schilderungen „vom Hörensagen“ hinaus, die man besonders bei der älteren Generation antrifft, immerhin fünf Augenzeugenberichte vor, zum Teil von ehemaligen Soldaten, die es in ihrer Einheit während des Krieges in Frankreich oder Rußland erlebt haben wollen.“ Zur Erklärung für die unwissenden Rationalisten: Durch das „Melken“ – Nachahmung der Melkbewegung an einem hängenden Handtuch – kann die Hexe eine hunderte Kilometer weit entfernte Kuh oder auch die Kuh des Nachbarhauses leermelken und ihren eigenen Milchtopf füllen. Das Handtuchmelken ist ein lebendiges Kernstück des Hexenaberglaubens. Ich habe versucht, in einem Briefwechsel mit ihm die Zeugen zu erfahren, auf deren Angaben er sich stützen konnte, weil es sich um zuverlässige Ehrenmänner handelte: es war mir nicht möglich, nur eine einzige Anschrift zu erfahren.

Dieses schöne Beispiel, in dem nur einer der zahlreichen Bären brummt, die man dem fahrlässigvertrauensseligen Forscher aufgebunden hat, ist ihm zugleich eine wertvolle Information für die Parapsychologie, der er positiv gegenübersteht. Diese könnte, wie er meint, durch das Handtuchmelken den Beweis einer telekinetischen Bewegung von Materie (Milch) durch den Geist (den magischen Willen des Zauberers) führen.

Es gibt bei ihm noch mehr phantastische Berichte hinter den sieben Bergen von Subjektivismus. Okkulte Schillerei mit Stallnähe mag dem latenten Irrationalismus des deutschen Urgemüts entsprechen, bringt aber den Volkskundlern, den Psychiatern und Kriminalisten eigentlich nur das, was sie seit langem wissen: daß nämlich die Wahrscheinlichkeit des Irrtums von Zeugen, Mitteilern und vertraulichen Mittlern bei allen Untersuchungen von Sachverhalten zu berücksichtigen ist, ganz zu schweigen von der Möglichkeit der bewußten Täuschung oder des Irrtums bei der Aufnahme der Information. Rudolph ist somit eines der typischen, bedauernswerten Opfer der volkstümlichen Formen der Parapsychologie. Er ist Adept des Benderismus, jener nach dem Freiburger Parapsychologen Bender genannten Arbeitsmethode der Parapsychologie, die sich durch Voreingenommenheit, Naivität und oberflächliche Beweisführung von anderen wissenschaftlichen Arbeitsmethoden unterscheidet.

Auf diesem Hintergrund sind seine Angaben zu sehen wie: „Schwarze Hunde als Spukphänomene mit roten Augen und gelegentlich rot leuchtendem Schlund treten heute nur noch gelegentlich in Erscheinung". Es ist bei ihm die Rede von paraphysikalischen „mentalen Kräften", die „reale natürliche Kräfte" seien und davon, daß „okkulte Behaftungen eine Realität darstellen können" oder daß mit Hilfe von psi „die Psychokopisten die Schmerzen ihrer Konsultanten vorausspüren" oder daß „es sich um tatsächliche Erfahrungen zu handeln scheint, daß man anderen Menschen Schmerzen schicken oder anwünschen könne, dies (d.h. die Schmerzen) aber durch einen weißen Gegenzauber an den Verursacher zurückgeben kann". Die Hexerei wird hier als reales Phänomen unserer Tage durch einen studierten Mann bestätigt.

Wenn man dann noch liest, daß eine Gesundbeterin ihm sagt, der Leberkrebs sei am schwierigsten zu behandeln, während man am Magenkrebs noch lange etwas machen könne, so wird bei manchem trotz aller verdänikten Zeitläufe ein gewisser rationaler Schauder ausgelöst werden. Der Ansicht ist allerdings zuzustimmen, daß das volkstümliche Spruchheilerwesen in absehbarer Zeit nicht völlig zum Erliegen kommen wird. Der Hexenglaube, der mit der Gesundbeterei eng verbunden ist, wird sich weiterhin ausbreiten, auch dank der mittelbar förderlichen Argumentationen aus der Produktion der Parapsychologen. Hinzukommt, daß die zunehmende Irrationalisierung in politischen, weltanschaulichen, naturwissenschaftlichen Bereichen dafür spricht, daß nostalgisches Verlangen die körperlich Kranken und seelisch Vereinsamten aus der „einsamen Masse" eher „zurück zur Natur" des Kräuterweibleins im Moor treiben wird als in die sterilanonymen Kliniken, in denen unnahbare Chefärzte wie die Erzengel dominieren, das Krankengut umsetzen und bei Visiten das Problem der Levitation für sich persönlich zu lösen scheinen.

3. Die Freiheit zum Aberglauben

Die Ansicht, daß es verborgene, in die wissenschaftliche Systematik nicht einzugliedernde Tatsachen der Natur und des Seelenlebens gebe, die mit unbekannten Kräften und Ursachen verknüpft und häufig an besonders ausgestattete Personen – sogenannte Medien – gebunden seien, wird herkömmlich als „Okkultismus", als die Lehre vom Verborgenen bezeichnet. Dieser Begriff umfaßt in der älteren Bedeutung alle magischen Geheimwissenschaften, wobei Wissenschaft nicht im modernen Sinne zu verstehen ist. Neuerdings wird der „Okkultismus" durch die jüngere „Parapsychologie" ergänzt und zugleich neu bewertet.

Die Parapsychologie befaßt sich mit der Erforschung der vom Okkultismus behaupteten Phänomene, mit der Untersuchung von Spuk, Telekinese, Telepathie, Präkognition und anderer in den Okkultismus eingebetteter Vorkommnisse. An dieser Nahtstelle zwischen Glauben und Aberglauben, zwischen Irrtum und Fürwahrhalten, Selbsttäuschung und Fremdtäuschung gerät der aktive Okkultist, der missionierende Parapsychologe unwillkürlich in den Verdacht zu täuschen, d.h. sich kriminell zu verhalten. Nach den Erfahrungen der Kriminalistik sind Parapsychologen und Okkultisten eher in die Gruppe der unbewußt täuschenden, echten Okkulttäter einzureihen.

Ihre Handlungen sind oft zur Alltagskriminalität zu zählen. Der Begriff „Kriminalität" meint die Gesamtheit aller bekannt gewordenen und verdeckt gebliebenen Straftaten, also jener für strafbar erklärten, weil von der Gemeinschaft der Rechtsgenossen nicht akzeptierten, sozialwidrigen und als strafwürdig eingeschätzten menschlichen Handlungen. Kriminalität als soziales Phänomen bedeutet aber nicht nur eine bloße Addition und Akkumulation von einzelnen Straftaten zu einer größeren Quantität. Sie bezeichnet die durch die Anhäufung von Straftaten entstandene gesellschaftliche Gesamtlage, die eine neue soziale Qualität mit einem antisozialen Kernbereich bildet.

Im vorgelagerten Umfeld des kriminellen Kernbereiches sind die straflosen, weil sozial minderschädlichen oder unschädlichen, wenn auch vom Durchschnittsverhalten abweichenden Verhaltensweisen anzutreffen. Dieser Toleranzkreis ist in einer liberalen Gesellschaft weit gezogen. Er schließt auch eigentümliche, seltsame, abstruse, obskure, ja selbst psychopathische und okkulte Denk- und Handlungsweisen in die soziale Akzeptanz oder doch Toleranz ein. In diesem Umfeld berühren sich gewissermaßen auf neutralem Boden Elemente der Kriminalität und des Okkultismus. Hier kann jedermann grundsätzlich tun und lassen, was er mag, ohne in die Gefahr strafrechtlicher Ahndung zu geraten. Der in okkulter Befangenheit Eingesponnene mag an die Wirkung und die Wahrnehmung naturgesetzlich unerklärter Kräfte glauben, die nicht in der Religionslehre begründet sind. Und er mag unbeanstandet nach dieser Überzeugung handeln, so lange er nicht Rechte anderer verletzt. Diese Freiheit stützt sich auf Verfassungsnormen wie die Freiheit der Religionsausübung, die Freiheit der wissenschaftlichen Forschung, das Recht auf Meinungsfreiheit etc.

Allerdings stößt der Betrachter der okkulten Szene in diesem Umfeld des Strafrechts auf Schwierigkeiten in der Abgrenzung zwischen rationaler, religiöser und abergläubischer Auffassung. Sicherlich läßt sich der rational lebende Mensch, so es ihn gibt, vom glaubenden Menschen leicht durch die Art seiner analytisch-logischen Weltbetrachtung abgrenzen, welche nur das Wissen durch den Beweis gelten läßt. Der Glaube dagegen läßt die Welt nicht durch die Ratio, durch das Wissen erkennen, sondern aufgrund subjektiver Überzeugungen. Der Glaube des religiösen wie des abergläubischen Menschen lebt gleichermaßen vom Gefühl, vom Empfinden, vom „Wissen um die Dinge“.

In den Bereich der religiösen Überzeugung fällt die Gewißheit von der objektiven Gottverbundenheit des Menschen, die subjektive Bejahung dieser Tatsache durch den Menschen und die Ausdrucksform, die sich der Mensch in Kult, Dogma und Sittlichkeit für sein Verhältnis zu Gott schafft. Die Gewißheit der Gottverbundenheit entsteht aus einem gefühlsmäßigen Erleben eines außerrationalen Allgefühls.

Der Abergläubische dagegen erlebt und handelt trotz scheinbarer Gleichartigkeit seiner Überzeugung nicht religiös, sondern magisch. Nach Frazer, der den Unterschied zwischen magischem und religiösen Erleben schon vor fast 100 Jahren aufzeigte, möchte der religiöse Mensch die höheren Mächte durch Selbstunterwerfung gewinnen und versöhnen, während der magisch Handelnde diese Mächte zu einem bestimmten Handeln oder Unterlassen zwingen möchte. Und ein weiterer Unterschied: der Magier sucht im Zauber die persönliche Macht, der Priester erstrebt göttliche Hilfe und Gnade. (Diese Unterscheidung schließt nicht aus, daß auch der Priester magisch handeln kann, z.B. im Exorzismus.)

Diese Unterscheidung bedeutet für die magisch-okkulte Aktivität im Umfeld des Strafrechts: Jedermann darf an Elfen, Gnome, Zwerge, Wassermänner, Hexen und psi glauben und zu ihrer Vertreibung oder Benutzung Amulette aufhängen, Bannsprüche murmeln, Zeichen schreiben, Analogiezauber ausüben. Jedermann darf sein Leben astrologischen Ratschlägen unterwerfen, darf sich nach alten Weissagungen und nach individuellen Hellseherempfehlungen richten, darf schwarze Katzen, böse Zahlen und schielende Personen vermeiden, darf auf die Landung fliegender Untertassen mit ihren lichtblonden, universalsprachigen Engeln warten und die Mythologien der Völker verdäniken. Jedermann darf sich vor den Krebs erzeugenden Wasseradern und krankheitserregenden Erdstrahlen fürchten und sich dagegen mit technischem Firlefanz „abschirmen“, darf eine Roßkastanie oder die Gröningsche Stanniolkugel gegen Rheuma, Maul- und Klauenseuche und andere Krankheiten in der Hosentasche tragen, darf den Teufel austreiben, darf Spuk- und Poltergeister vermuten, suchen, beweisen und bannen. Jedermann darf sein Leben abergläubisch grundieren, darf sich abseits der rational gewonnenen physikalischen, chemischen, technischen, biologischen Erkenntnisse oder abseits des religiösen Lebens bewegen.

Dieser alltägliche Kleinokkultismus des Durchschnittsbürgers kann jedoch dann in sozialwidriges Verhalten umkippen, wenn er die Rechte anderer Personen verletzt. Nicht weit von dieser Sozialwidrigkeitsgrenze beginnt in der Regel auch die Grenze der Strafbarkeit. Musterbeispiele liefert der Hexenglaube. Der Bauer in Oberschwaben, in Dithmarschen oder in der Lüneburger Heide, der sich vor einer unbekannten Macht fürchtet, welche seiner Ansicht nach bewirkt, daß die Kühe keine Milch geben oder verkalben, daß die Schweine nicht fett werden oder die Hühner keine Eier legen, der mag und darf – rein rechtlich gesehen – an Hexeneinfluß oder an Erdstrahlen glauben. Er mag mit Hilfe eines Hexenbanners oder eines Erdentstrahlers die „bösen Einflüsse" vertreiben wollen: er handelt magisch, abergläubisch. Angemerkt sei, daß die sogenannten Erdstrahlen eine Teilrolle des alten bösen aus Babylon stammenden Teufels übernommen haben, der auch „unten in der Hölle" sitzt und den guten Menschen oben übel gesonnen ist.

Hexenbanner und Erdentstrahler treten in solchen Fällen als bezahlte Magier auf. Der Aberglaube des Bauern selbst bleibt straflos. Wie dieser Bauer werden immer wieder zahlreiche Bürger von magischen Heilern, Hellsehern, Astrologen, Spukbannern usw. betrogen. Daß von solchen kriminellen Handlungen folgenschwere Wirkungen ausgehen, ist tagtäglich nachzuweisen: das Hexenbannen löst in der Regel die schlimmsten Verfolgungen unschuldiger Frauen als Hexen aus; das Erdentstrahlen führt zur Verschleppung von Krankheiten, die der studierte Mediziner noch rechtzeitig hätte angehen können.

4. Scheindefinitionen

Die Okkultkriminalität beginnt also erst dort, wo der Handelnde aufgrund abergläubischer Motive die Rechte anderer in strafbarer Weise verletzt. Ein deliktsträchtiger Handlungskomplex sei beispielhaft angeführt, weil er wiederholt Gegenstand eifriger, wenn auch erheiternder parapsychologischer Bemühungen wurde, die freilich mehr zur Verdunkelung, als zur Aufhellung der Sachverhalte beitrugen: die Spuk- und Poltergeistfälle.

Bender unterschied zwischen dem personengebundenen und dem ortsgebundenen „Spuk". Diese definitorische Unterscheidung bedeutet eine Scheinwirklichkeit. Sie schafft kraft Definition eine suggestive Vorstellung, als sei der „Spuk“ bereits eine Tatsache. Der Begriff des ortsgebundenen „Spuks“ läßt an die „Geister von densölben, die in den Gewölben hausen“ (Karl Valentin über die Ritter von Grünwald), denken. Der ortsgebundene „Spuk“ taucht in Lokalsagen auf. Die „Weiße Frau“ von Schloß X wird gelegentlich in die touristenwirksame Werbung eingebaut. Neuerdings tauchen märchenähnliche Gerüchte als neue Varianten der Gespenstergeschichten auf, wie „die schwarze Anhalterin“ u.ä.[21)].

Der personengebundene „Spuk“, ein Lieblingsbild von Bender, produziert alle Jahre mal wieder erhebliche Unruhe in der Bevölkerung. Bender suchte in ihm die medialen psi-Kräfte, die nach seiner Meinung in der Pubertät frei wurden.

In den Spukerscheinungen, an deren Existenz er im Prinzip nie zweifelte, enthüllten sich seiner Ansicht nach verdrängte Aggressionen, sexuelle Spannungen und ähnliche Formen gestörten Gleichgewichts unter Verwendung des „unbewußt agierenden“ Mediums. Die medialen Kräfte dieses „nicht vorsätzlich handelnden“ Mediums wären demnach geeignet, unsäglichen Unfug anzurichten und Sachbeschädigungen zu begehen, Wäsche aus den Schränken zu werfen, Nachttopfinhalte über die Betten zu leeren, Wurst, Äpfel, Butter und andere Lebensmittel anzubeißen, Kleider, Schuhe, Matratzen, Mäntel usw. zu zerschneiden, zu zerreißen, Kot ins Kinderbett zu legen, Heiligenbilder mit Tomatenmark zu beschmieren. Sie wären imstande Sachen zu verstecken und an anderen Orten auftauchen zu lassen, Zettel mit unflätigen Worten und Beschimpfungen zu schreiben, Klopf-, Kratz, Schabe-, Reiß- und Poltergeräusche zu verursachen, Personen durch Schnitte oder Würfe zu verletzen. Sie wären verantwortlich für das Losbinden von Vieh, das Öffnen eines Hühnerstalls zur Unzeit, für das Herumfliegen kleiner Dinge wie Steine, Zündkerzen, Äpfel, Nägel, Aschenbecher, Wassergläser, Tintenfässer oder für das Verschieben von Möbelstücken, das Herausziehen von Schubladen, das Schwingen von Bildern sowie das Pendeln und Zerstören von Lampen und Glühbirnen bis hin zum Anwählen der Zeitansage der Post per Telefon. Diese Kräfte können nach Bender offenbar in den Wänden und Fußböden klopfen, können Steine übers Dach und in Küchenschränke fliegen lassen, wo sie Porzellan zerschlagen. Es können Wasserhähne gelöst und Türen ausgehängt werden. Es lassen sich Seite um Seite mit der Beschreibung des Durcheinanders anführen, den ein solcher „Spuk“ oder „Poltergeist“ anzurichten vermag.

Der Beobachter fragt sich, warum solche Ereignisse überhaupt mit „Spuk" bezeichnet werden müssen, bzw. warum Schabernackzeugen überhaupt die Existenz eines sogenannten Poltergeistes vermuten müssen. Es gibt keinen einzigen Grund, solchen pittoresken Unfug mit „Spuk" zu bezeichnen und phantasievoll eine unbekannte Kraft (psi) der Erklärung wegen zu erfinden. Seit Galilei gilt die Regel, erst dann unbekannte Kräfte anzunehmen, wenn die Ereignisse nicht auf bekannte Kräfte zurückzuführen sind. In allen während der letzten fünfzig Jahre bekannt gewordenen Spukfällen wäre es erforderlich und (wie die aufgeklärten Spukfälle zeigen) sicherlich auch nützlich gewesen, unter Beachtung der eigenen Irrtumsmöglichkeiten und Beobachtungsgrenzen zuerst den natürlichen Ursachen nachzugehen. Die Parapsychologen waren bisher dazu grundsätzlich nicht imstande.

Am meisten vorgewagt in den Bereich des „Spuks" hat sich Bender. Er hat sich mit dem „Spuk", der nach Sexauer immer noch das Sorgenkind der Parapsychologie ist, mit diesem „erregendsten und heikelsten Phänomenen", am intensivsten befaßt.

Die Parapsychologie erklärt diese Fälle paraphysikalisch, indem sie behauptet, die Fortbewegung von Materie durch die unbekannte magische Größe „psi" sei möglich.

Die Psychokinese war damit erfunden. Danach kann nicht nur der Glaube Berge versetzen, sondern auch der Gedanke den Fall von Würfeln und Kugeln im Labor und den Flug von Äpfeln , Steinen, die Bewegung von Bildern, Schränken und Kleiderhaken im Alltag verursachen bzw. beeinflussen. Das Unbewußte vermag noch mehr zu leisten: Durch korrespondierende Ausrichtung der Atomgitter von zwei Gegenständen sei es möglich, daß diese sich gegenseitig durchdringen. Eine Zündkerze könnte demnach (durch mediale Geisteskraft bewegt) ihren Platz in der Reparaturkiste verlassen, aufsteigen, eine Zimmerwand durchdringen und auf der anderen Seite herunterfallen. Bender hat anläßlich des „Spuks" in Neudorf 1951 darüber in einer illustrierten Zeitschrift theoretisiert, ohne auf Widerspruch zu stoßen. Neben die Parapsychologie tritt die von deren Vertretern entwickelte Paraphysik, die uns auch bei den Erdentstrahlern begegnet.

Poltergeistfälle zeichnen sich durch eine Häufung schabernackartiger Ereignisse aus. Und immer ist eine pubertierende Person in der Nähe solcher

„Phänomene". Von ihr behaupten die Parapsychologen, sie sei das unwissentliche Medium, das solche materiellen Bewegungen auslöse. Der grobe Unfug, die Sachbeschädigungen, die als geringfügige Delikte hinter solchen Geistermanifestationen zu erkennen sind, wären an sich keiner kriminalistischen Anstrengung wert, wenn nicht durch die dann falsch und übertrieben dargestellten Ereignisse eine erhebliche Unruhe in den betroffenen Familien und deren Nachbarschaft ausgelöst würde, so daß sogar psychische Epidemien möglich werden.

Die Personen der nächsten Umgebung deuten die Ereignisse je nach okkulter Orientierung auch als durch „Arme Seelen" verursacht oder als „Hexenbann". Die durch die Poltergeistgerüchte produzierten Gedankenabfälle bieten den besten Nährboden für pseudowissenschaftliche Publikationen und diese wiederum die idealen Voraussetzungen für ein einträgliches Wirken von Okkulttätern aller Schattierungen sowie den Anstoß zur Nachahmung durch gleichgestimmte Poltergeister.

Poltergeistfälle sind mit relativ schlichten kriminalistischen Ansätzen aufzuklären. Wo die Aufklärung erfolglos blieb, zeigt sich bei der Nacharbeitung des Falles, daß der Ermittlungsansatz falsch war, daß die Ermittlungsorgane selbst abergläubisch und befangen oder daß Parapsychologen verantwortlich an der „Fallaufklärung" beteiligt waren. In allen geklärten Fällen dagegen lassen sich stets pubertierende Kinder und Jugendliche, (in Ausnahmefällen auch ältere Debile) als vorsätzlich handelnde Täter ermitteln.

Poltergeistfälle sind relativ selten, obwohl die Parapsychologen sie als Arbeits- und Übungsfeld benötigen. Die gewagtesten Theorien werden an ihnen entwickelt. Die Vorgeschichte solchen „Spuks", die Motive der Poltergeistkinder, das ermunternde Verhalten der nächsten Umgebung und die Rolle der Presse, die einen „Spuk" erst „macht", bleiben regelmäßig bei der Beschreibung des „Spuks" unberücksichtigt.

In diesen Poltergeistfällen zeigt sich eine interessante sozialpsychologische Konstellation: Okkulttäter aller Schattierungen (und dazu gehören die schalkhaften Poltergeistkinder genauso wie die okkultisierenden Parapsychologen) wären ohne die Abergläubischen resonanz- und brotlose Künstler. Für das Entstehen eines Poltergeistfalles ist ein abergläubischer Partner notwendig, ein prädisponiertes Opfer, oft ein sich affektiv aufschaukelndes Kollektiv, das in der Regel selbst unbewußt und ohne Einsicht in die Zusammenhänge den Anstoß zur Tat gibt und den Okkultaktivisten erst die tragende Rolle zuweist. Das in durchschnittlichen Straffällen leicht zu durchschauende und sozialpsychologisch zu sortierende Täter-Opfer-Verhältnis wird in diesen Fällen verwirrt.

Das zu schützende Opfer „stiftet“ zur Straftat an und wirkt an ihr mit. Es schützt den Täter durch Schweigen und Lügen und ist selten zur Anzeige oder Aussage bereit. Hinzu kommen tatsächliche Beweisschwierigkeiten, welche sich aus der okkulten Symbiose, aus den ungeschriebenen subkulturellen Regeln der Abergläubischen und aus ihrer Befangenheit ergeben.

Schließlich tauchen noch rechtliche Schwierigkeiten auf. Liegt etwa ein Betrug vor, wenn z.B. ein Hexenbanner selbst fest davon überzeugt ist, daß es a) Hexen gibt, b) das fragliche Anwesen verhext ist und c) er den Hexenbann brechen kann? Wie will man beweisen, daß dieser Aberglaube beim Hexenbanner nicht vorliegt? Der Betrug setzt die Lüge voraus, d.h. die Täuschung des anderen wider bessere eigene Einsicht. Was ist zu sagen, wenn Astrologen, wenn Hellseher behaupten, sie könnten die Zukunft erschauen oder berechnen? Was ist gegen falsch berichtende Parapsychologen zu tun? Wer weiß, ob sie subjektiv falsch berichten? Wenn sich nachweisen läßt, daß von eigenen Normen, Vorgaben, Behauptungen vorsätzlich und täuschend abgewichen wurde, kann mit diesem Binnenmaß die objektive Unrichtigkeit und damit die subjektive Unwahrheit Lüge und deshalb Teilhandlung eines Betruges sein.

Die sensationslüsterne Berichterstattung der Medien trägt erhebliche Verantwortung an der Ausbreitung des Aberglaubens. An der Popularisierung der verschiedenen Frühstücksirrationalismen betätigen sich Massenmedien und nachahmend weite Kreise der Bevölkerung. Dadurch wird eine eigentümlich getönte Grundstimmung gruseliger Erwartungsbereitschaft erzeugt und verbreitet, welche die Bürger affektiv und suggestiv ansprechbar macht für okkulte Teillagen und Kleinlagen. Wenn auch der tief in den dörflichen Traditionen wurzelnde Hexenaberglauben in den Städten als Aberglauben verpönt ist und dort als Zeichen geistiger Rückständigkeit angesehen wird, so hat sich andererseits doch die moderne Sage von den fliegenden Untertassen, den UFO (Unidentified Flying Objects), auch unter den Großstädtern verbreitet und eigene Glaubensgemeinschaften begründet.

5. Die Verwirrung im Täter-Opfer-Verhältnis

Breitflächig sickern aus den alten Quellzonen der Angst vor der Zukunft, der Angst vor dem Bösen, der Krankheit, dem Tod, dem finanziellen Verlust und der Liebesnot, die okkulten Denkweisen in den Alltag der mehrmoraligen Menschen des Industriezeitalters. Der Hilfe, Rat und Gesundheit suchende verzweifelte halbinformierte Bürger unserer Tage ist der mehr oder minder freiwillige und gut zahlende Kunde von Kurpfuschern, Hellsehern, Astrologen, Pendlern oder Spukbannern. Der parapsychologisch aufbereitete Abergläubische wird zum anstiftenden, provozierenden, suggestiblen Opfer und suggerierenden Tatbeteiligten zugleich. Ohne seine aktive Beteiligung gäbe es manche Formen des Aberglaubens nicht mehr. Oft vermag der Außenstehende nicht zu erkennen, wer Täter oder Opfer ist.

Für eine solche Verwirrung des kriminologischen Täter-Opfer-Verhältnisses und für den dann zu kurz geratenen Arm der Gerechtigkeit mit Hilfe des groben Strafrechts ist der Fall einer angeblich vom Teufel besessenen Krankenschwester beispielhaft:

Die dreißigjährige Frau bezichtigte sich (1941) in einem Lazarett in Trier gegenüber dem damals 47 Jahre alten Jesuitenpater Rodewyk[22)] verschiedener Sakrilegien (z.B. der Hostienschändung). Durch den Pater kam sie auf den Gedanken, möglicherweise vom Teufel besessen zu sein. Der Pater wurde durch den zuständigen Bischof von Trier, Franz Josef Bornewasser, als Exorzist bestellt. Er war in dieser Eigenschaft bis 1946 tätig. Von 1942 bis 1950 wurde die Krankenschwester durch einen beauftragten Arzt (Dr.G.) betreut. Ab 1950 versorgte sie ein anderer praktischer Arzt. Wegen ihrer nach dem Kriege festgestellten Rauschgiftabhängigkeit befand sie sich wiederholt zur Entziehung in verschiedenen Nervenheilanstalten. Sie wurde mehrfach durch Psychiater begutachtet[23)]. 1951 verstarb sie nach der unbeobachteten Einnahme einer zu großen Dosis des Beruhigungsmittels Nervophyl.

Aus ihrer Umgebung wurde berichtet, daß sie von sieben Teufeln besessen sei, darunter von den Geistern Judas, Barabas, Belzebub und Kain. Unter deren Einfluß, so erzählten ihre Anhänger, sah sie Teufelsfratzen, hörte Stimmen, zerstörte, beschimpfte, besudelte sie geweihte Gegenstände, Embleme und Muttergottesbilder, konnte geweihte und ungeweihte Gegenstände unterscheiden, fremde Sprachen verstehen, Voraussagen machen. Durch die Teufel veranlaßt, brachte sie sich Verletzungen bei (nämlich nach und nach insgesamt 90 Schnitte von einem bis zu 18 cm Länge und bis zu 2,5 cm Tiefe). Sie biß, kratzte, stach, schnitt und schlug Personen ihrer Umgebung, die sie anschrie und anspuckte. Sie empfand und zeigte Striemen von Peitschenhieben, erlitt Brandmale usw.

In einem Bericht ihrer Freunde über sie heißt es:

> „Jeder Teufel hatte eine ganz bestimmte Körperstelle, an der er sich besonders festgesetzt hatte und von wo aus sein Ausfahren begann. Er kann in der Lunge sitzen, auch im Kopf oder im Magen, meist aber sitzt er irgendwo im Bauch. Sobald das Ausfahren beginnt, setzen krampfartige Zuckungen ein, die weiter zum Halse emporsteigen. Es beginnt ein furchtbares Würgen mit grausamer Atemnot. Dieses Ringen konnte ganze Stunden dauern. Danach sagte der Teufel den ihm aufgetragenen Satz. Es folgten noch ein paar Zuckungen und die Krankenschwester fiel wie tot zusammen. Nach einem tiefen Schlaf von etwa einer viertel Stunde wachte sie wieder auf und fühlte sich sichtlich erleichtert."

Aufschlußreicher sind die Tatsachen, welche ihr Freundeskreis verschwieg. Es wurde übersehen, daß die Gutachten der Psychiater die Kranke als primitive, geltungssüchtige, gefühlsschwache und gefühlsunechte, hysterische Psychopatin mit Morphiumsucht bezeichneten, deren masochistische neurotische Neigungen augenscheinlich seien.

Nach jeder Entziehungskur kehrte diese Frau unglücklicherweise nach Trier in den Kreis ihrer Verehrer zurück, an deren Spitze eine Caritasschwester stand, die fest von ihrer Besessenheit überzeugt war.

Später schrieb die Medizinerin Dorothea Wolff in ihrer Dissertation über diesen Besessenheitsfall[24]:

> „Fassen wir die Besessenheit als psychische Störung auf, müssen wir das bei dem Glauben an die Besessenheit nicht ebenso tun? Gehören nicht beide untrennbar zusammen? Kann es eine Besessenheit geben ohne eine gläubige Umgebung, für die die Besessenheit unbezweifelbare Realität ist?

So wie Spukerscheinungen stets nur dort auftreten, wo nahestehende Menschen an die materielle Existenz von Geistern glauben, wie prophetische Aussagen nur dort gemacht und entsprechend aufgenommen und geglaubt werden, wo Menschen auf Propheten warten, wie Diktatoren nur dort aufsteigen, wo eine Masse bereit ist, sich dem Willen des Diktators unterzuordnen, so wird der Teufel auch nur dort in einen Menschen fahren können, wo Menschen bereit sind, den Teufel als materialisierte, physische Wirksamkeit anzuerkennen.

Das Phänomen der Besessenheit ist also kein individuelles Psychisma, das allein vom Kranken aus auflösbar ist, sondern es ist ein kollektives, massenpsychologisches Phänomen. Der Besessene und seine gläubige Umgebung bilden zusammen ein Ganzes, sind voneinander nicht zu lösen. Sie passen zusammen wie nachgemachte Schlüssel in dasselbe Schloß.

Auch die gläubige Umgebung nimmt an der Besessenheit teil, ist kaum weniger besessen, als der Besessene selbst. Sie sind alle zusammen mindestens Kandidaten der Besessenheit, bilden zusammen eine archaisch reagierende Matrix, aus der jederzeit die erwarteten Phänomene hervorwachsen können. Die wunderbaren Phänomene wiederum bestärken die kollektive Gläubigkeit und schwächen die Kritik, auf diese Weise den Boden für neue Wunder bereitend.

Ohne ihr gläubiges Publikum wäre die Schwester nie zu dem geworden, was sie tatsächlich wurde. Sie erhielt ihre eigentliche Gestaltung erst durch die Gestaltungskraft des Publikums. Ihre Besessenheit durch sieben Teufel ist nicht die Produktion ihrer eigenen Phantasie, sondern die Produktion jenes archaischen Kollektivs, das sich im Krankenhaus langsam um diese Patientin als Kristallisationspunkt gebildet hatte“.

Der Fall der teufelsbesessenen Krankenschwester in Trier zeigt die maßlose Verwirrung, die entsteht, wenn magische Praktiken trotz fortschreitender Entmythologisierung der Religionen reaktiviert werden, wenn der Teufel im heutigen Alltag lebendig wird, der erst seit der 2. babylonischen Gefangenschaft – 686 v. Chr. – im religiösen Leben der Juden auftritt und von dort als Zutat in das Christentum übernommen wurde. Es können keine Zweifel daran bestehen, daß der Exorzismus eine dem Gedanken des Christentums fremde magische Handlung ist. Hier soll Gott durch den Kenner des richtigen Bannspruches gezwungen werden, contra Teufel als Gegengeist aktiv zu werden. Zeit und Ort bestimmt der Exorzist, der Magier.

An dieser Stelle zeigt sich die Schwierigkeit, einen sozialwidrigen Okkultkomplex unter strafrechtliche Tatbestände zu subsumieren. Zweifellos dachte und handelte der Freundeskreis der Hysterica magisch und war durch kein psychiatrisches Gutachten von seinem Glauben abzubringen. So wie es ein induziertes Irresein gibt, dem geistig Gesunde im symbiotischen Verbund unterliegen können, so ist eine Induktion auch bei anderen psychiatrisch relevanten psychischen Anomalitäten (wie z.B. der Hysterie) vorstellbar. In der so entstehenden sozialpsychiatrischen Gemenglage ist es dann schwierig festzustellen, ob der anführende „Meister“ oder die sich aufschaukelnde Gefolgschaft sich primär abnorm verhalten. Der Freundeskreis der Hysterica durfte sich gleichzeitig in seiner Enklave geborgen fühlen: Die grundrechtlich garantierte Freiheit der Religionsausübung entzog diesen Sachverhalt der strafrechtlichen Würdigung. Tatsächlich richteten sich die Ermittlungen nur gegen die beiden Ärzte, welche über eine lange Zeit hinweg der Kranken Betäubungsmittel verschrieben haben sollten.

Jedem kriminellen Akt geht ein geistigseelischer Vorgang und eine unter Umständen lange Motivationskette und eine Inkubationsphase voraus. Diese Regel gilt auch für die Okkultkriminalität, jenen gefürchteten Abkömmling des Okkultismus, der die Angstschatten jagt, die er selbst erzeugt.

Johannes Groß schrieb am 2.1.1975 in der FAZ warnend:

> „Einer vagabundierenden Glaubensbereitschaft, der die überlieferten Wahrheiten abhanden kamen, erscheint selbst absurdeste Gläubigkeit, die Rechtfertigung erbarmungsloser Untaten, achtungswürdig; sie trifft zunehmend auf mehr Verständnis, als die Kühle der Vernunft, die Skepsis der Rationalität. Goethes Zynismus, daß Aberglauben immer noch besser sei als Unglaube, ist jetzt Gewißheit vieler Wohlmeinenden. Unübersehbar ist der mächtig sich rührende Obskurantismus, der die rationalen Zivilisationen des Westens mit Heilslehren und Kulten überschwemmt, allerlei Übersinnliches feilbietet und selbst in Tempeln der Wissenschaft aus Propheten redet“.

Gemeint ist auch der weitverbreitete, ebenso gefährliche politische Irrationalismus und Aberglauben, der sich immer mehr in Gewalttaten äußert.

Die Lust am Irrationalen wird immer beliebter und „moderner". Manche Parawissenschaft schwimmt zur Zeit mit dem Faktor psi auf dem Rücklauf der großen rationalistischen Welle zu uralten Ufern. In den sechziger Jahren noch öffentlich gebrandmarkte parapsychologische Okkulttheaterstücke werden nunmehr im Fernsehen als Ergebnisse wissenschaftlicher Forschung angeboten. Die Zahl der akademisch gebildeten Förderer der Parapsychologie wird immer größer. Ihr wird mit einer selbstaufschaukelnden Hochachtung begegnet. Die Parapsychologie hat sich um diese Entwicklung und an ihr verdient gemacht. Ein liberales Strafrecht, das sich inzwischen ganz anderen Großlagen (der organisierten Kriminalität z.B.) und falschen Göttern (Drogen) gegenübersieht, steht dem geistesgeschichtlichen Rückmarsch in die Steinzeit verwirrt, fassungslos und relativ uninteressiert gegenüber. Es wird – wenn es seine Fassung eines Tages wiedergefunden haben sollte – hoffentlich nicht mit Steinzeitmethoden reagieren.

IV. Fliegende Steine als Spukindikatoren

1. Ein Betreuungsproblem wird gelöst

Um den Leser an das Schema der Poltergeistfälle zu gewöhnen, werden einige klassische Fälle geschildert, an deren Verwirrung Bender nicht beteiligt war. Diese Fälle lassen die „Täter-Opfer"-Konstellationen beispielhaft erkennen.

Da lebte 1951 in dem oberbayerischen Dorf Schalchen bei Traunstein eine 68 Jahre alte gelähmte Frau zusammen mit ihrer fünfzehnjährigen Enkelin in einem Nebenhaus einer Gastwirtschaft. Ihr vor kurzem verstorbener Mann war Bauarbeiter gewesen. Die alte Frau hatte nur noch einen Wunsch: in diesem Nebenhaus wohnen bleiben zu können, in welchem ihr Mann gestorben war. Die bei ihr wohnende Enkelin war ein lediges Kind ihrer Tochter, welche inzwischen geheiratet und in dieser Ehe zwei Kinder hatte. Die Enkelin hatte bis zu ihrem fünften Lebensjahr bei ihrer Stiefgroßmutter – der Mutter des Ehemannes – gewohnt und war dann von den leiblichen Großeltern übernommen worden. Am Wohnort der Großeltern ging sie zur Schule. Nach einigen Jahren galt sie als verlogen und diebisch. Sie stahl angeblich Eier, Butter, Semmeln, brachte Lebensmittel zu einer anderen Familie, verkaufte sie dort und kaufte sich für den Erlös Süßigkeiten. Auch machte sie „Schulden" bei Geschäftsleuten. Sie schwänzte wiederholt die Schule und lief zehnmal aus dem großelterlichen Haushalt weg und „obwohl sie (durch ihre Mutter) stark geprügelt wurde, half das nichts!"

> Im September 1951 fehlten plötzlich in der Geldtasche der Großmutter 10 DM. Die Mutter hatte sofort das Mädchen in Verdacht. Das Mädchen wies jeden Verdacht energisch zurück mit den Worten: „Der Teufel darf auf Stelzen kommen, wenn ich das Geld habe!" Die Mutter gab später an, sie sei über das Gerede der Tochter entsetzt gewesen; sie habe gebetet und zwei Messen für den Hl. Antonius lesen lassen, „damit der Teufel keinen Einfluß auf meine Tochter" bekomme.
>
> Noch am selben Abend fielen in der Wohnung der Großmutter die ersten Steine. Sie sah einen Zusammenhang zwischen dem lästerlichen Ausspruch der Tochter und fragte sie daher, ob sie sich denn nicht fürchte. Das Mädchen lachte seine Mutter nur aus.

Am 28.9. lief das Mädchen weg und kam erst am 4.10. zurück. Während seiner Abwesenheit flogen keine Steine, wohl aber sofort wieder nach der Rückkehr in die Wohnung.

Die Steinwürfe wurden im Dorf bekannt. Nachdem die Zeitungen darüber berichtet hatten, wurde die allgemeine Aufregung noch größer. So schrieb noch am 23.10. eine Münchner Zeitung über den „Spuk im Chiemgau", es hätten dort „erhitzte Steine von der Decke und aus den Wänden zu fliegen begonnen" und hätten „zu jeder Tages- und Nachtzeit in der Stube getanzt". Ein Schabernack der dort wohnenden Enkelin liege nicht vor, wie dies ursprünglich vermutet worden sei.

Mit der bei Parapsychologen anzutreffenden Akribie wurde über diesen Fall auch von Dr. Moufang in dessen Buch „Magier, Mächte und Mysterien" (S.168) berichtet. Zehn Tage lang habe dort immer wieder ein „Steinregen" eingesetzt. Moufang erwähnt allerdings auch, das Mädchen sei später „gerichtlich verwarnt" worden.

Der „Spuk" sprach sich schnell herum. Ein Spuk mußte es sein, denn es ist in der Bevölkerung seit unvordenklichen Zeiten – auch dank der Bestätigungen durch die Parapsychologen – bekannt, daß „fliegende Steine" eine übernatürliche Ursache haben, d.h. einen Spukvorgang anzeigen. Zahlreiche Personen reisten von auswärts an, um das Spukhaus wenigstens von außen zu sehen. Einige Besucher glaubten sogar den Teufel erblickt zu haben. Etliche Steine hätten sich „heiß" angefühlt. Die Landpolizei wurde auf die Ereignisse aufmerksam und nahm ex officio die Ermittlungen auf.

Das Atypische dieses Falles war: auch in Gegenwart des ermittelnden Polizeibeamten fielen im Haus Steine, deren Herkunft sich der Polizeibeamte zunächst nicht erklären konnte. Sie stammten aber ihrer Beschaffenheit nach aus der Umgebung des Hauses. Bemerkenswert war, daß die gelähmte Großmutter, die Mutter und die fünfzehnjährige Enkelin im Haus Hüte trugen, um nicht durch Steinwürfe am Kopf verletzt zu werden, wie sie angaben.

Trotz der Steinwürfe wollte die alte Frau nicht aus dem Haus weichen. Erst als der „Steinregen" vierzehn Tage angedauert hatte, gab sie nach und willigte in die Auflösung ihres Haushaltes und den Umzug in einen anderen Ort ein, wo sie im Haushalt eines Sohnes Aufnahme fand.

Die Polizeibeamten hatten von allem Anfang an die Ansicht vertreten, daß nur die Fünfzehnjährige den „Spuk“ verursacht haben konnte. Sie sagten ihr das auf den Kopf zu. Das Mädchen weinte und beteuerte hartnäckig, es habe nichts mit den Steinwürfen zu tun. Es konnte sich darauf berufen, daß Steine auch in seiner Abwesenheit „geflogen“ seien. Die Mutter, die Großmutter und Nachbarn bestätigten diese Aussage.

Dann aber wurden drei kleinere Nebenbeobachtungen im Laufe der Ermittlungen bekannt, die von Bedeutung sein konnten. Eine Frau hatte das Mädchen beobachtet, als es abends Steine beim Haus aufsammelte, die – wie es auf die Frage der Nachbarin erklärte – zum Zustopfen von Mäuselöchern bestimmt waren. Eine andere Nachbarin beobachtete das Mädchen nachmittags beim Steinesammeln und machte ihm Vorhalt, worauf das Mädchen weinend weglief. Und ein Mann eines örtlichen Unternehmens hatte das Mädchen bei einer verdächtigen Bewegung beobachtet und zwar gerade dann, als ein Stein fiel.

So boten sich genügend Anhaltspunkte für eine erneute Vernehmung des Mädchen. Im geduldigen Gespräch kam nach einigem Zögern folgendes Geständnis: Seit dem zehnten Lebensjahr mußte die Enkelin den großmütterlichen Haushalt versorgen. Sie führte, wie ermittelt werden konnte, „ein freudloses Dasein, fühlte sich zurückgesetzt und kannte nicht die Freuden anderer Kinder“. Deshalb lief das Mädchen wiederholt fort und versuchte immer wieder an Süßigkeiten zu kommen. Die Mutter, welche sich auch um die Großmutter gekümmert hatte, wollte nach dem Tod des Großvaters unbedingt erreichen, daß die alte Frau ihren Haushalt aufgeben und zu ihrem Sohn in einem anderen Ort ziehen sollte, weil die Betreuung der gelähmten Frau zu schwierig wurde. Diesen Gedanken griff die Enkelin auf, weil sie sich vom Wegzug der Großmutter auch ein Ende ihrer Arbeitsüberlastung versprach. Nach Beendigung der Volksschule hatte sie nämlich eine Lehre als hauswirtschaftliches Lehrmädchen (bei freier Unterkunft und Verpflegung und einem Taschengeld von 10 DM monatlich) begonnen und sollte sich nebenbei noch um den Haushalt der Großmutter weiterhin kümmern.

Nunmehr wollte sie die Entscheidung herbeiführen und die Großmutter aus dem Hause graulen. Sie legte vor dem Haus gesammelte Steine auf die Wanduhr und auf die Vorhangleiste. Die Steine kippten von dort bei den leisesten Vibrationen im Haus herunter. Dazu genügte schon das Zuschlagen einer Tür, das Zuziehen des Vorhangs, ja selbst die Bewegung der Großmutter im Bett. Die Steine fielen also auch dann, wenn die Enkelin nicht im Zimmer anwesend war. Die Großmutter erzählte den Nachbarsleuten vom „Steinregen“. In deren Gegenwart fielen weitere Steine, als sie den „Spuk“ besichtigen wollten.

Die Enkelin präparierte die Wohnung vor allem für die Nacht: zu den Steinen auf der Wanduhr und auf der Vorhangleiste kamen noch Steine auf den Küchenschrank und in die obere Türspalte. Die Großmutter erschrak jedesmal furchtbar, wenn Steine fielen. Sie ließ sich zum Schutz gegen die Steinwürfe ein Tuch über den Kopf legen. Als der erste Polizeibeamte die Wohnung betrat, war diese gerade voll präpariert. Es fielen daher in seiner Gegenwart Steine, obwohl niemand anwesend war, der sie geworfen haben konnte. Beim Besuch einer Nachbarin klemmte das Mädchen rasch einen Stein in die Türspalte, der dann wie vorgesehen herunterfiel. Die Nachbarin war sehr beeindruckt. Schließlich hatte das Mädchen sein Ziel erreicht. Der Spuk wurde der Großmutter zu viel. Sie zog bald aus. Die Steinwürfe endeten mit dem Geständnis des Mädchens vor der Polizei.

Es ist anzunehmen, daß dieses Mädchen, von dem es heißt „Man sieht ihm deutlich an, daß ihm die Fürsorge und die Liebe fehlt“, die erlittenen Erziehungs- und Sozialisationsdefizite später ausgleichen konnte. Wenn es auch anfangs hieß, es sei „ziemlich verwahrlost im Äußeren“ und „jeder Tadel rinnt von ihm ab“, so wurde doch deutlich, daß es „im Grunde seines Wesens gutmütig, willig und dankbar für jedes Verständnis war, so daß eine freundliche Aufmunterung bei ihm mehr erreichen konnte, als ein Vorwurf“.

Ein Fall also für den Pädagogen, Jugendpsychologen, nur hilfsweise für den Kriminalisten, auf keinen Fall ein Anlaß für ein parapsychologisches Theater. Ein schriftstellerisch tätiger Parapsychologe bestand nach der Fallaufklärung und dem Geständnis des Mädchen weiterhin darauf, daß dies ein echter Spuk gewesen war. Er meinte, das „angebliche Geständnis des Mädchen muß daher auf irrige Gründe zurückzuführen sein, da die Polizei davon überzeugt ist, daß derartiges unbedingt auf Unfug zurückgeführt werden muß. Das aber ist ein wissenschaftlicher Irrtum“. Es ist schwierig, einen Abergläubischen in seiner Ansicht zu erschüttern. Es ist völlig aussichtslos, einen Parapsychologen von Irrtum oder von Unsinn seiner Meinung zu überzeugen.

2. Poltergeist zur Erntezeit

Dem Ausbruch von Sachbeschädigungen (Vandalismen) als scheinbar motivlose Straftaten gehen – unerkannt durch die Umgebung – Inkubationsphasen sozialpsychologischer Konflikte voraus. Diese Konflikte bleiben auch nach der Wahrnehmung der ersten Zerstörungen verdeckt. Sie werden durch die vordergründigen Sachschäden noch eher jeder Entdeckungschance entzogen. An die Stelle der nicht entdeckten Konflikte tritt die Ausdeutung der in ihren Wirkungen sichtbaren Geschehnisse als Handlungen durch unheimliche weil verborgene Dritteinflüsse. Die Furcht vor der motivlosen Aktion sucht sich ein mythisches, mystisches, okkultes, in das Panorama des Aberglaubens einpassendes Erklärungsbild. So war der Ablauf folgender Ereignisse vorgezeichnet:

> Der 61 Jahre alte Bauer R. bewirtschaftete mit seiner 55 Jahre Jahre alten Ehefrau ein Bauernanwesen bei Pirmasens. Auf dem Hof half mit eine ledige Schwester des Bauern, die Haustochter, ca. 40 Jahre alt. Der Sohn war 26 Jahre alt und Volksschullehrer; die ledige Tochter, 21 Jahre und half den Eltern in der Landwirtschaft. Zum Haushalt gehörte noch die 83 Jahre alte Schwiegermutter. Wegen der schlechten Ernährungslage vor der Währungsreform (1948) wohnten und arbeiteten auf dem Hof der Witwe J., deren Mutter eine Schwester der Frau, eine verheiratete R. ist, sowie das einzige Kind der Witwe, der zwölfjährige W.J. Ferner hielten sich auf dem Hof zumindest zur Zeit der unten beschriebenen Vorkommnisse ein Vermessungsinspektor, 34 Jahre, dessen ebenfalls dort mitarbeitende und durch Lebensmittel entlohnte Frau, eine geborene B., und deren sechsjähriger Sohn auf, sowie bei gelegentlichen Aushilfen die ledige Hauptlehrerin I., deren Tante die Frau R., geborene G., ist. Von der Familie wird gesagt, sie sei „nervlich belastet". Der Vater des Bauern sei ein Trinker gewesen, ein lediger Bruder habe zeitweilig in einer Nervenheilanstalt gelebt, ein zweiter Bruder gelte als „Idiot", ein dritter habe Selbstmord durch Erhängen begangen und eine Schwester sei als Schwachsinnige verstorben.
>
> Die Hauptlehrerin I., angeblich eine ehemalige Franziskanerschwester, wird als „eigenartige Dame" beschrieben, deren Schwester geisteskrank verstorben sei. Die Familie hatte also einen „eigenartigen Hintergrund". Ähnliche Bedingungen lassen sich in der Konstellation anderer spukbefallener Familien ebenfalls feststellen. Der Vermessungsinspektor hielt sich nur so lange dort auf, bis er nach der Entnazifizierung wieder eingestellt wurde.

Das Anwesen R. bestand aus Wohnhaus, Futterküche und Stall (alles unter einem Dach), dem Stallgebäude und einem einzelnen stehenden Schuppen. Hier traten im Juli 1948 „Spuk"-Phänomene auf, über die relativ genaue Aufzeichnungen vorliegen, so daß Einzelheiten geschildert werden können, auch wenn diese Einzelheiten von nicht ganz zuverlässigen Zeugen berichtet wurden und Wesentliches übersehen lassen.

Am Montag, den 19.7.1948, gegen 19.00 Uhr, fielen im Garten und auf den Schuppen sowie in den Hof auf der Nordseite des Hauses und auch auf den angrenzenden sogenannten Scherenweg zahlreiche Steine, deren Herkunft unbekannt war.

Am Dienstag, den 20.7.48, gegen 09.00 Uhr, prasselten Steinwürfe gegen die nördliche Hauswand. Zwei Scheiben eines Fensters wurden zerworfen. Kurz darauf flogen Steine gegen die westliche Hauswand: dort wurde eine Fensterscheibe zertrümmert. Zwischen 11.00 und 12.00 Uhr flog der Schwester des Bauern auf dem Hof ein Stein an den Kopf, ohne sie zu verletzen. Gegen 16.00 Uhr flog ein Stein gegen ein Stallfenster auf der Ostseite des Hauses. Der Bauer und W. standen unmittelbar bei dem Fenster. Nach der Beschreibung des Bauern kam der Stein mit großer Wucht an, machte an der Fensterscheibe ein schneidendes Geräusch und fiel nach innen. „Dann erst fiel die Scheibe zusammen", berichtete der Bauer. Um 18.30 Uhr des gleichen Tages wurde der sechsjährige T. durch einen Steinwurf am Kopf leicht verletzt. Als Angehörige der Familie R. vom Feld kamen, wurden sie in der Nähe des Hauses mit vielen Steinen beworfen, ohne daß jemand getroffen wurde. Einem Mann, der zufällig den gleichen Weg hatte, flog ein Stein gegen die Milchkanne. Alle Anwesenden waren erstaunt und erschrocken. Niemand hatte den Steinwerfer gesehen.

Am Mittag, zwischen 12.30 und 13.30 Uhr, seien ununterbrochen Steinwürfe aus verschiedenen Richtungen gegen das Haus geschlagen, wissen die daheim gebliebenen Familienangehörigen später zu berichten. Dabei wurden weitere Fensterscheiben zertrümmert. Gegen 17.30 Uhr hörten die Steinwürfe auf.

Zwei Tage später, am Mittwoch, den 21.7.1948, dauerten die Steinwürfe von 09.00 bis 17.30 Uhr fast ununterbrochen an. Die Steine fielen aus verschiedenen Richtungen. Um 13.30 Uhr wollte der Bauer mit Hilfe seines Neffen W. im Hinterhof zwischen Wohnhaus und Schuppen einspannen, um aufs Feld zu fahren, als in diesem Augenblick so viele Steine regneten, daß beide ins Haus flüchten mußten. Die Feldarbeit unterblieb an diesem Tage.

Gegen 16.00 Uhr saß der Bauer mit seinen Familienangehörigen am Küchentisch, als ein großer Kieselstein – nach Meinung der Anwesenden durch das schrägoffene Küchenfenster-Oberlicht – in die Küche flog, auf den Küchentisch fiel, dort „einen Augenblick ganz komisch" liegen blieb und dann auf den Boden rollte. Der Bauer ging schnell zum Fenster und riß es auf, um es vor Schaden bei weiteren Steinwürfen zu bewahren. Außerdem schaute er rasch aus dem Fenster, sah aber niemand. Daraufhin eilte er ums Haus, um nach dem Steinwerfer zu suchen. Die Familie war sich zu dieser Zeit noch nicht einig darüber, ob natürliche oder übernatürliche Ursachen für die „fliegenden" Steine vermutet werden sollten. Auch hinter dem Haus war niemand zu entdecken. Kaum war der Bauer in die Küche zurückgekehrt, als ein faustgroßer Stein und zwei kleinere Steine bei verschlossenem Fenster, aber offenem Oberlicht, drei Scheiben des Küchenschrankes und einige Stücke des im Küchenschrank stehenden Porzellans zerschlugen. Die Anwesenden waren wiederum der Ansicht, die Steine seien nur durch das offene Oberlicht in den Raum geflogen. „Fast im gleichen Augenblick", so wurde später berichtet, flogen von Norden her Steine durch die Oberlichter der Haustür und zerschlugen dort die Scheiben. Daß die Steine von Süden her durch die Küchenoberlichter geflogen sein mußten, verwunderte die Familie sehr, standen doch vor dem Küchenfenster dicht belaubte Zwetschenbäume. Man hörte nicht, wie die Steine durch diese dichte Blätterwand streiften.

Gegen 16.45 Uhr stand der verblüffte Bauer auf der Westseite des Hauses und beobachtete bei freier Sicht gegen Haus und rückwärtiges Gelände, daß plötzlich eine Scheibe des Stallfensters zerknallte, ohne daß vorher ein Steinwurf beobachtet werden konnte. Der Stein befand sich später im Innern des Stalles. Als der Bauer vor der Nordseite seines Hauses stand, flog dort ein Stück weicher, fauler Mauerputz, blieb „ganz komisch an der Fensterbank der Futterküche kleben" und fiel dann herunter, so konnte der Bauer später berichten. Um 17.30 Uhr hörten die Steinwürfe auf. Insgesamt waren bis zu diesem Zeitpunkt 21 Fensterscheiben und drei Scheiben des Küchenschrankes zertrümmert.

Vormittags hatte Frau A.B. ihren Enkel W. bei ihrem Schwager R. zwischen 10.00 und 11.00 Uhr abgeholt und ging in ihre Wohnung, einem Einfamilienhaus in H. Um 11.30 Uhr kehrte der Großvater des Jungen mit selbstgesammelten Brombeeren aus dem Wald zurück. Er schüttete die Beeren auf den Küchentisch und lud seinen Enkel zum

Probieren ein. Er war mit dem Enkel allein in der Küche. Der Großvater drehte sich einen Augenblick weg, als eine handvoll Steine gegen die Lampe prasselte und diese völlig zerschlug. Geworfen wurden Kieselsteine verschiedener Größe. Die Fenster waren in diesem Augenblick geschlossen. Die Aufregung der beiden alten Leute war beträchtlich. Der Großvater schloß sofort die Läden an den Fenstern, aber bald darauf flogen Kieselsteine von der Südseite her gegen die Glasverkleidung des Treppenvorbaus und zertrümmerten eine Scheibe, beschädigten eine zweite. Nachdem sämtliche Läden geschlossen und die Fenster so gesichert wurden, begaben sich Großvater und Enkel in den Keller. Kaum waren sie dort angekommen, flogen Kieselsteine verschiedener Größe gegen die beiden Kellerfenster an der Ostseite des Hauses und zerschlugen das Glas. Der Großvater war der unerschütterlichen Meinung, die Steine seien von außen gegen die Scheiben geflogen.

Geworfen wurden verschiedene Materialien in kleiner, handlicher Form: Kieselsteine, Sandsteine, die teilweise feucht und mit kleinem Moos bewachsen waren, Ziegelstückchen, Koksbrocken, Schlackenstückchen, Mauerputz, Lehmstückchen und Stücke von verschiedenem Steinmaterial aus der Umgebung des Hauses.

Die Folgen der Steinwürfe waren verblüffend: der ganze Ort geriet in Aufruhr. Die Bauernfamilie war völlig durcheinander: die Großmutter verließ das Haus, die Bäuerin schlief im Bett, während sich der Bauer in der Stube einquartierte. Eine Lösung für das Rätsel der Steinwürfe, eine Erlösung von der Furcht vor den geheimnisvollen Kräften, die immer mehr hier am Werk gesehen wurden, wurde nicht gefunden.

Ursprünglich vermutete der Bauer, irgendjemand spiele ihm einen Schabernack. Es fiel auch ein Verdacht auf den Neffen W., der aber immer wieder beteuerte, er werfe die Steine nicht. Er konnte jeden gegen ihn gerichteten Verdacht zerstreuen, obwohl allen auffiel, daß die Steine nur dann und dort flogen, wo er anwesend oder in der Nähe war.

Im Dorf wurden übersinnliche Ursachen für möglich gehalten. Das Gespräch über solche Dinge lag in der Luft, weil kurze Zeit zuvor in der Nähe eine Marienerscheinung erhebliches Aufsehen bewirkt hatte, die erst nach energischem Einschreiten der kirchlichen Behörden im Jahre 1950 ihr offizielles Ende fand, nachdem der Pfarrer versetzt worden war.

Nachdem die Umfragen des Bauern in der Nachbarschaft und das Beobachten von Schulkindern erfolglos geblieben waren, nachdem auch die Vermutung, es könne etwa ein abgewiesener „Hamsterer“ aus Rache Steine geworfen haben, angesichts der Hartnäckigkeit des unsichtbaren Steinewerfers hinfällig geworden war, blieb nur noch die Erklärung durch das Übersinnliche. Die Familie hielt sich an allgemeine Begriffe wie: „Das geht nicht mit rechten Dingen zu“, ohne konkret auf Teufels- oder Hexenwerk zu verweisen. Auch später ließen sich solche Deutungen nicht mehr feststellen. Verschiedene Kreise vermuteten magnetische, hypnotische oder unerforschte Naturkräfte, nahmen auch spiritistische Zusammenhänge an, sprachen von Geistertaten und munkelten davon, die Vorfahren der Familie seien an einem Mord an einem Mönch beteiligt gewesen und hätten in diesem Zusammenhang einen Goldtransport vom Kloster Stürzelbronn im Elsaß abgefangen. Der Mönch sei dort ermordet worden, wo sich bei H. an einem Felsen im Wald der ledigen Zenta Roos aus F. bei Pirmasens die Gottesmutter wiederholt gezeigt habe. Aus dieser letzten Deutung ergab sich eine unmittelbare Verbindung in der Phantasie der Leute zwischen den Marienerscheinungen und den Spukvorkommnissen. Über die Verbreitung dieser Deutung war allerdings nach zehn Jahren – zum Zeitpunkt meiner Ermittlungen – nichts Genaues mehr zu erfahren.

Der sechsjährige T. wurde durch Steinwurf leicht verletzt. Auch die Schwester, der Bauer, die ledige Haustochter K., wurden einmal getroffen, sowie die zur Untersuchung herbeigerufenen Gendarmen. Trotz aller übersinnlichen Deutungen war nämlich der Bauer soweit nüchtern geblieben, daß er am Dienstag die Gendarmerie aus T. kommen ließ. Die Untersuchungen wurden durchgeführt durch die Gend.Beamten Fl. (Kreisgend.-Chef), U. und H.

Zunächst wurde das spukbefallene Haus, die nähere, dann die weitere Umgebung abgesucht. Als die Gendarmen dort nichts fanden, vermutete man, die Steine seien von Lausbuben aus größerer Entfernung mittels eines Schleuderverfahrens unbekannter Art auf das Anwesen geschleudert worden. Man untersuchte ohne Ergebnis die Gärten der nächsten Häuser, anschließend das 250 Meter weit zu überblickende Wiesenland hinter dem Spuk-Anwesen. Man berichtete einige Tage später, nachdem die Ereignisse eine unerwartete dramatische Zuspitzung erfahren hatten.

Im Bericht der Gendarmen hieß es: „Nach den gemachten Wahrnehmungen können die Steine nur in einem Schleuderverfahren und zwar nicht im direkten Beschuß, sondern nur aus einer größeren, unbegrenzbaren Entfernung abgeschnellt worden sein, nachdem diese in hohem Bogen gegen das Anwesen niedergegangen sind“.

Über die Flugbahn des Steines, der das Geschirr im Küchenschrank zerschlug, mutmaßten sie: „Die Steine müssen aus gerader Richtung gekommen sein, da sonst der dem Fenster gegenüber stehende Küchenschrank nicht getroffen worden sein könnte. Der Stein muß auf der inneren Fensterbank niedergegangen oder auf den Tisch aufgeschlagen und in die 1,2 Meter über den Erdboden gelegene Scheibe des Glasschrankes geprallt sein“.

Die Schleuder-Hypothese wurde von der Gendarmerie offiziell vertreten und auch dann noch beibehalten, als sich die weitere Vermutung, zum Schleudern könnten die zwischen H. und T. auf einem Sportplatz abgestellten Beutegeschütze benutzt worden sein, nicht beweisen ließ. Die Entfernung zwischen Sportplatz und Spukhaus beträgt 1,5 Kilometer (!).

Mit Sicherheit glaubten die Gendarmen konstatieren zu dürfen: „Die dort wohnhaften Personen kommen für eine solche Handlungsweise nicht in Betracht“.

Allerdings waren die polizeilichen Ermittlungen möglicherweise durch eine gewisse Befangenheit des leitenden Gendarmen gehemmt. Der Kreisgend.-Chef war nämlich nicht nur von der Echtheit der Marienerscheinung überzeugt, sondern er schlug auch bei Betreten des Spukhauses das Kreuzzeichen, offensichtlich zur Abwehr gegen die von ihm vermuteten bösen Mächte, die hier am Werk sein konnten. Auch bekreuzigte er sich mehrmals, als in seiner Gegenwart Steine geworfen wurden. Das geschah, als der Gendarm U. den Jungen W. über seine Beobachtungen befragte. Die Bevölkerung erzählt, die Gendarmerie sei nach einem Steinregen flüchtig gegangen. Die Ursache des Steinregens konnte also nicht geklärt werden. Die Ermittlungen wurden über den Mittwoch hinaus nicht mehr fortgesetzt, da die letzten Steine gegen 17.30 Uhr am Mittwoch geworfen und die Tage darauf keine Beobachtungen mehr gemacht wurden.

Die Spukereignisse sollten sich dann dramatisch zuspitzen, nachdem in den Gesprächen einmal die Assoziation „warme Steine-Feuer-Hölle-Teufel“ hergestellt worden war.

Am 26.7.49 arbeitete die Familie beim Einbringen der Ernte auf dem Feld. Zu Hause waren geblieben die Bäuerin K.R., deren alte Mutter K.G., die Lehrerin I. und der dreizehnjährige W. Die Bäuerin und die Lehrerin schüttelten und klaubten zwischen Schuppen und Wohnhaus (5 Meter vom Schuppen entfernt) Pflaumen. Wo sich die alte Mutter und der Junge zu dieser Zeit befanden, ließ sich später nicht mehr feststellen. Damals wurde nicht darauf geachtet. Brandgeruch wurde von den beiden Frauen nicht wahrgenommen. Auch der Bauer hatte nichts Verdachterregendes bemerkt, als er gegen 12.45 Uhr nach dem Mittagessen und vor der Ausfahrt aufs Feld den Schuppen nochmals betreten hatte.

Die beiden Frauen gingen aus dem Pflaumenbaumbestand heraus in die Küche und saßen dort einige Minuten plaudernd zusammen. Dort wurden sie aufgeschreckt durch die Warnrufe des Dienstmädchen eines in der Nähe wohnenden Schuhfabrikanten. Als sie um das Haus herumliefen und zum Schuppen schauten, stand dieser bereits in hellen Flammen. Die Nachbarn halfen bergen, was geborgen werden konnte. Der Schuppen mit einer Größe von 10 x 6 x 5 Meter mit dem Heu des Jahres 1948, vier Stallhasen und anderen Dingen brannte nieder. Die Feuerwehr von Th. und P. und die Werksfeuerwehr einer Schuhfabrik verhinderten das Übergreifen des Brandes auf die Wohngebäude.

Während der anschließenden polizeilichen Ermittlungen wurden die Großmutter G. und der Junge W. nicht vernommen. Es wurde daher auch nicht festgehalten, daß – wie der Junge nach zehn Jahren behauptete – er den Brand zuerst entdeckt habe und daß er zuerst ins Haus gelaufen und seine Tante, die Bäuerin, verständigt habe. Er will auch beobachtet haben, daß der Schuppen plötzlich an allen Ecken zugleich brannte, daß sich das Feuer explosionsartig ausbreitete. Er meinte später, es müßte wohl jemand etwas leicht Brennbares in den Schuppen geschüttet haben.

Die Gendarmerie vermutete fahrlässige, wenn nicht vorsätzliche Brandstiftung. Man berichtete in der Meldung über den Brandfall auch über die „mysteriösen Steinwürfe“ in den Tagen vor dem Brand, führte aber in beiden Fällen die Ermittlungen nicht weiter. Untersuchungen nach Brandbeschleunigern wurden nicht veranlaßt. Die Brandursache blieb ungeklärt.

Mehr als ein Jahr später, im September 1949, ereigneten sich nochmals „mysteriöse Steinwürfe“. Die Großmutter des W., die Frau

A.B., hatte zusammen mit dem Jungen in ihrem kleinen Privatwald in der Nähe von H. mit dem Holzaufbereiten begonnen, als plötzlich ein Steinregen auf den Jungen niederging. Verletzt wurde er nicht. Die Großmutter hatte immer schon gesagt, wer hinter den Steinwürfen stehe, habe es auf den Jungen abgesehen, schützte ihr Enkelkind, indem sie es mit der Schürze abdeckte. Nachdem der Steinregen nachgelassen hatte, schrie der Junge plötzlich entsetzt auf, deutete in den Wald und schrie: „Siehst du den Mann dort hinter dem Baum? Eben schießt er auf mich!“ Die sehr erschrockene Frau konnte aber keinen Menschen im ganzen Wald entdecken. Sie sammelte die Steine in ihre Schürze und machte sich zusammen mit W. auf den Heimweg. Am nächsten Tag nahm der Großvater den Jungen mit in den Wald. Wiederum ging ein Steinregen auf das „verängstigte Kind“ nieder. Wiederum erblickte der Junge hinter einem Baum einen Mann in drohender Haltung. Diesen Mann will der Großvater nun aber auch gesehen und erkannt haben. Der Alte drohte jenem Mann mit erhobener Axt und überschüttete ihn mit Drohungen und Schimpfnamen. Aber seltsam: je mehr sich der Alte erregte, je mehr er drohte und schimpfte, um so heftiger flogen die Steine von irgendwoher auf sie zu. Das war das letzte Ereignis des „Poltergeist“-Falles in H.

Der Fall wurde in der Sammlung von Dr.theol. Koch, Mannheim[25)], als okkultes Ereignis ohne Ortsangaben veröffentlicht. Im Schülerbogen des Jungen wurde bemerkt: „Die Mutter ist um das Wohl des einzigen Kindes sehr besorgt. Sie verwöhnt ihn sehr“. Und weiter heißt es: „Charaktereigenschaften: pünktlich, ordentlich, gute Umgangsformen, die aber nur auf häusliche Gewöhnung beruhen ... Bleibt immer bei der Wahrheit“. Seine Verstandesanlagen werden als „mittelmäßig“ bewertet.

Das „spukauslösende Medium“ arbeitete später als Schuhmacher in der Schuhfabrik einer kleinen Stadt, in der er auch wieder mit seiner Mutter lebte.

Ich besuchte ihn nach Jahren und versuchte ihn zu den „Spuk“-Vorgängen zu befragen. Er erzählte über die Vorgänge mit großem Eifer. Dieser Eifer zeichnete auch seine Mutter aus. Während seine Mutter berichtete, beobachtete er aus den Augenwinkeln heraus die Zuhörer und welche Wirkung der Bericht auf sie hat. Er legte größten Wert auf die Herausstellung folgender Angaben: daß die Steine zur gleichen Zeit aus verschiedenen Richtungen auf das Haus flogen und daß Steine auch in dem Augenblick flogen, als er vor

dem Gendarmen U. stand und von diesem vernommen wurde. Dadurch wollte er vermutlich einen gegen ihn gerichteten Verdacht ausschalten. Er mußte aber zugeben, daß die Steine immer nur dort fielen, wo er sich befand. Bei ihm unangenehmen, weil der Wahrheit nahekommenden Fragen wurde er rot, schluckte und schaute verlegen. Seine gesprächige Mutter, die auf ihren Sohn sichtlich sehr stolz ist und an seinen Lippen voller Bewunderung hängt, half ihm meist durch ihre Geschwätzigkeit.
Auf der anderen Seite schadete sie ihm unbewußt. So schilderte sie, wie er 1958 im Zorn eine Katze auf den Boden geworfen habe, nachdem diese „unter den Schrank gemacht" hatte, so daß dem Tier die Wirbelsäule brach. Da der Junge im gleichen Gespräch vorher seine Tierliebe beteuert hatte, war ihm diese Angabe der Mutter sichtlich unangenehm. Er schwächte sie dadurch ab, daß er sagte, die Katze sei ihm nur aus der Hand gefallen und dabei seien die Rückenwirbel gebrochen, so daß die Katze einging.

Die Mutter glaubte stets fest an die übersinnlichen Zusammenhänge im damaligen Geschehen. Erst „seien es mehrere gewesen, später war es nur noch einer". Offenbar deutet sie damit einen zauberischen, hexerischen Einfluß an. Der Sohn wollte offenbar auch nach Jahren seine Mutter nicht enttäuschen und sich bei ihr nicht blamieren. Er behauptete, er habe den Mann aus dem Wald später einmal in der Werkstatt seines Großvaters wiedererkannt und habe dies dem Großvater gesagt. Der habe den Mann beschimpft und gesagt, er würde ihn verprügeln, wenn er nicht selbst zu krank dafür wäre. Dieser Mann habe seither nicht mehr gegrüßt. Vermutlich wird er als der Hexer angesehen. Sein Name wurde nicht preisgegeben.

Die geschilderten Zusammenhänge lassen den mutmaßlichen Täter der Sachbeschädigungen durch Steinwürfe wie auch der vorsätzlichen Brandstiftung erkennen. Es wird auch erkennbar, aus welchen Gründen dieser „klassische" Poltergeistfall (wie manche andere ähnliche Fälle) nicht aufgeklärt wurde.

3. Der Opaschreck im Odenwald

Die Vorgeschichte begann um 1920[26)]: Damals erkrankten in einem Bauernhof einige Schweine. Ein zur Hilfe gerufener Hexenbanner bestätigte den Verdacht der Bäuerin. Die Schweine seien aufgrund der Einwirkungen einer Hexe erkrankt, so sagte er. Er nahm einen Abwehrzauber vor und erklärte, innerhalb der nächsten drei Tage werde jemand versuchen, sich von der Bäuerin etwas auszuleihen: das sei dann die Hexe.

Unglücklicherweise wollte innerhalb der angegebenen Zeit eine Nachbarin, eine angesehene und geachtete Bäuerin, sich etwas auf dem entbannten Hof ausleihen. Sie wurde schroff abgewiesen. Die Abergläubischen meinten nämlich, daß nach dem Brechen des Hexenbanns die Hexe mit Hilfe eines geliehenen Gegenstandes (nach dem „pars-pro-toto"-Prinzip) ihren Hexenbann über das gesamte Anwesen erneuern könne und wolle. Die Hexe wolle daher sich etwas vom Hof leihen, um daran ihren Zauber festzumachen. Deshalb dürfe während der nächsten Tage vom Hof nichts ausgeliehen werden. Die nichtsahnende Nachbarin erfuhr erst nach Monaten auf Umwegen, daß sie von diesem Zeitpunkt an im Dorf als Hexe verrufen war. Schließlich wurde auch ihr Mann der Hexerei verdächtigt. Auffällig an ihm war u.a., daß er sich die Zeitschrift „Kosmos" hielt, sich mit dem Sternenhimmel befaßte und diesen in klaren Sommernächten vom Balkon seines Hauses aus (angeblicherweise der erste Balkon, der in diesem Dorf angebaut wurde!) und bei seinen Spaziergängen durch die Felder beobachtete.

> Eine Aktualisierung erfuhr dieser Hexenverruf im Jahre 1950. Die ca. 1.400 Einwohner des Ortes wurden durch Berichte über einen Spuk verunsichert. In einem Bauernhaus am Eingang des Ortes sollten sich folgende Ereignisse zugetragen haben: Ein abgestellter Topf hing „plötzlich" auf einer Jauchepumpe und rollte später aus einem Kellerfenster. Ein Melkstühlchen hing dreimal auf dem Ofengerüst. Als man es im Heu versteckte, lag es anschließend in der Futterraufe. Ein mit Wasser gefüllter Eimer hing eines Sonntags in der Stube an der Decke. Andere Zeugen erklärten, sie hätten gefüllte Wassereimer gesehen, die sich im Beisein der Hausbewohner bis an die Decke hoben und wieder herabsenkten, so berichtete eine Zeitung. Eine wassergefüllte Waschschüssel stand auf einem Besen. Zuvor in einer Kiste verpackte Flaschen standen auf einmal in einer Reihe auf dem Tisch. Werkzeug lag verstreut auf dem Fußboden, Stühle, Bausäge und Bohrer wurden auf dem Bett des alten Onkel Jakob vorgefunden. Mistgabeln, Hacken und Besen flogen – von unsichtbaren Kräften geschleudert – durch die Luft, durchs Stubenfenster. Stühle, Melkschemel und Nachttopf verschwanden und tauchten an den unmöglichsten Stellen wieder auf.
>
> Es spukte nur bei Tage, nie während der Nacht. Da die betroffene Familie als achtbar und ehrlich galt, glaubten die übrigen Dorfbewoh-

ner in der Mehrzahl die von ihr mit Eifer verbreiteten Spukgeschichten. Der alte Jakob, ein achtundsiebzigjähriger Mann, war offenbar das Hauptziel des Spuks. Er war am meisten betroffen. Der Alte wohnte in einem Austragstübchen eines Hausanbaus, das einen Ausgang in eine Kammer hatte und einen zweiten Ausgang in das Wohnhaus. In seiner Austragstube und in der Abstellkammer passierten rätselhafte Ereignisse, wie z.B. das Aufstellen von drei Besen am Fußende seines Bettes. Holz, das auf dem Hof verschwand, fand sich in der Abstellkammer wieder. Dort lagen auch auf einmal eine vermißte Heuwinde, zwei Wagenstützer, eine gesuchte Mistgabel.

Als der Geplagte einmal zusammen mit seinem vierzehnjährigen Enkel an der Häckselmaschine arbeitete und gerade den Finger in das Getriebe steckte, setzte sich die Maschine ohne von Maschinenkraft getrieben zu sein ganz allein in Bewegung und zerquetschte dem erschrockenen Alten die Daumenkuppe. Er sagte später: „Die meinen im Dorf, wir machen ihnen was vor. Ich stand vor der Tür der Nachbarin. Wir unterhielten uns darüber, wie es möglich sein kann, daß der „Spuk“ einen gefüllten Eimer an die Decke hängt. Plötzlich hören wir im Nebenzimmer ein Geräusch, wie wenn jemand eine Truhe aufmacht. Wir stürzen in den Raum, reißen die Truhe auf, während der Eimer noch wackelt. Ich kann ihnen nicht sagen, wie ich mich aufgeregt habe seit dem Freitag vergangener Woche. Ich hätt' ihm mit dem Beil auf den Kopf geschlagen, dem „Spuk“. Ich hätt' ihn hi'gemacht, ganz gleich ob es ein Mann oder eine Frau gewesen wäre“.

Daß es sich um einen Hexenspuk handeln mußte, war der Familie unzweifelhaft klar. Und auch die meisten Einwohner des Ortes glaubten an Hexenwerk, für welches sie wiederum jene bereits erwähnte Bäuerin und deren Mann verantwortlich hielten. Die Gemeindeverwaltung rechnete mit einem allgemeinen Aufruhr in der Gemeinde, weil die Stimmung sich derart aufgeschaukelt hatte. Der Landrat, der Kreisschulrat, der Leiter des Kreisgesundheitsamtes, der Kreisgendarmeriekommissar und der Pfarrer wurden eingeschaltet. Der Bürgermeister gab in einer Gastwirtschaft über die Ereignisse bereitwillig Auskunft. Der Lehrer des Ortes erörterte „als Zeuge“ ernsthaft die Möglichkeit der Übersinnlichkeit der Vorgänge.

Die betroffene Familie war schließlich „ganz mit den Nerven herunter“. Sie wollte ausziehen, wenn der „Spuk“ nicht aufhöre. Kritische Zeugen berichteten, daß alle Ereignisse „nie in der Bewegung, sondern immer nur im Endzustand“ gesehen wurden. Schließlich holte die Familie einen Hexenbanner ins Haus. „Nach Anwendung eines Gegenbrauchs“ so hieß es vorsichtig in der Presse, habe der „Spuk“ nachgelassen.

Die „feindliche“ Familie aber, die erneut in den Hexenruf geraten war, mußte wegen des anhaltenden Geredes im Dorf schließlich den Hof aufgeben und in eine benachbarte Stadt umziehen, nachdem ihr angedroht worden war, ihr Hof werde angezündet. Ein zweiter, stärkerer Hexenbanner soll dann dem „Spuk“ ein letztes Ende bereitet haben.

Wegen der Unruhe im Ort nahm die zuständige Polizeibehörde im Einvernehmen mit der spukbetroffenen Familie ihre Ermittlungen auf. Ohne Wissen der Familie versteckte sich ein Polizeibeamter in der Abstellkammer des Groß-vaters. Durch ein Loch in der Tür konnte er den Schlaf und Wohnraum des alten Mannes überblicken. Von hier aus beobachtete er, wie der fünfzehnjährige Enkel neben seinem Großvater auf dem Bett saß und sich mit ihm unterhielt, gleichzeitig aber während des Gespräches unbemerkt und geschickt ein Holzstück gegen die Decke warf, das dann auf den Fußboden „hüpfte“. Der alte Mann erschrak sichtlich, der Enkel lächelte überlegen. Als der Großvater den Raum verlassen hatte, um nach dem Vieh zu sehen, schraubte der Junge rasch die Glühbirne locker. Als der zurückgekehrte Alte über den Hexenspuk jammerte, der ihm nun auch noch das Licht nehme, bot sich der Junge als Retter an, behob den Schaden und wurde von dem erleichterten Großvater sehr gelobt: „Wenn ich Dich nicht hätte“.

Der Polizeibeamte konnte später unbemerkt seinen Beobachtungsplatz verlassen. Am nächsten Tage wurde der Junge mit dem Ergebnis der Beobachtungen konfrontiert. Nach langem Zögern legte er ein Geständnis ab und wiederholte dieses auch vor dem Pfarrer.

Während der Vernehmung schon hatte eine aufgeregte Menge von Dorfbewohnern vor dem Vernehmungszimmer gelärmt und hatte versucht, die Vernehmung zu verhindern. Nach der Vernehmung wurde der Jugendliche im Triumphzug durchs Dorf geführt. Eine Stunde später wiederrief er sein Geständnis. Der Pfarrer hatte daraufhin Bedenken ihn zu konfirmieren. Die Verwandten wurden beim Pfarrer vorstellig mit dem Einwand, der Junge sei viel zu dumm, um solche Streiche geschickt durchführen zu können. Ein daraufhin durchgeführter Wissens- und Intelligenztest ergab tatsächlich eine geringe

Begabung und ein sehr mangelhaftes Wissen. Damit war nach Meinung der Abergläubischen seine Täterschaft erfolgreich widerlegt.

Die spukbefallene Familie glaubte noch zehn Jahre nach diesen Vorfällen, daß die inzwischen fortgezogene benachbarte Bauernfamilie den „Spuk" verursacht habe und in Bezug auf den Hexer und die Hexe meinte man: „Jenisch (d.h. derjenige) lebt noch!"

4. Die marschierenden Runkelrüben und der Kaplan

1953 glaubten die Bauern in einem kleinen österreichischen Dorf an „Spuk", als dort allerlei „Dinge aus dem Nichts" heraus passierten. Das spukbefallene Bauernanwesen wurde von einem Ehepaar zusammen mit den damals dreizehn- bzw. fünfzehnjährigen Söhnen bewirtschaftet. Die Familie galt als strenggläubig, aber auch als abergläubisch. Die Mutter der Bäuerin war als Gesundbeterin bei Mensch und Tier bekannt gewesen, die Bäuerin selbst konnte Warzen abbeten, wie die Bauern zu erzählen wußten.

Der „Spuk" begann, als am 14.12.1953 der Fünfzehnjährige beim Mistbreiten helfen sollte, eine körperlich anstrengende und dazu noch übelriechende Arbeit. Auf einmal war die Mistgabel verschwunden. Die als rechtschaffen, fleißig, naturverbunden und unkompliziert beschriebenen Eltern zeigten sich stark von diesem „unerklärlichen Vorgang" betroffen. Danach wurden Schlüssel versteckt und kleinere Gegenstände geworfen. Nachdem die Hausschlüssel verschwunden waren, mußten die Eltern über eine Leiter ins Haus steigen. Werkzeuge verschwanden, tauchten an anderen Orten unversehens wieder auf. Ein Treibriemen fehlte plötzlich, ein Pferdekummet blieb über eine Woche verschwunden, Schuhe für einen halben Tag. Ein Buch fand sich hinter einem Spiegel wieder, die Axt auf der Spitze eines Baumes. Als das Pferd angespannt werden sollte, fehlten Halfter und Zaumzeug. Vor dem Kochen fehlten auf einmal Schmalz, Eier, Käse. Beim Kühemelken flog ein Brett „von unsichtbarer Hand geschleudert" über die Hörner. Milch verschwand aus den Eimern und bespritzte den Rücken des Melkenden. Holzstücke „flogen durch die geschlossene Tür in den Stall", die Nagelzange „kam aus der geschlossenen Stube in den Stall", das Pferd wurde losgebunden und fraß den Kühen das Futter weg. Kartoffeln flogen nach rechts und links, der Melkstuhl flog in den Schweinestall. Eine Pfanne voll mit

Hafermus erhob sich „vor den Augen der Bäuerin“ und wurde vor der Tür auf die Stiege gestellt, ohne daß ein Tropfen verschüttet worden war. Eierschalen wurden an den Kopf, Maggiflasche und Zuckerdose auf den Boden geworfen. Pferdemist flog in Kaffeetassen und auf das Fleisch in der Pfanne.

Die beiden Söhne wurden wiederholt vom „Spuk“ betroffen, so als ihnen das Brot, das gerade in der Hand hielten, „aus der Hand gerissen und auf den Boden geworfen wurde“, als ihre Betten auf den Boden geworfen wurden usw.

Hauptzeuge war der Kaplan des Ortes, der z.B. folgendes beobachtet haben will: Ein Prügel erhob sich aus dem Schweinestall, stieg in die Höhe, flog über den Gang gegen die Wand und fiel zu Boden. Derselbe Prügel erhob sich anschließend von diesem Standort und flog waagerecht den Gang entlang über die Köpfe der dort Anwesenden gegen die gegenüberliegende Wand. Immerhin: ein Kaplan lügt nicht und daß er sich irren könnte, lag außerhalb der Meinung der Nichtstudierten in diesem Dorf. Daher ist auch die Geschichte dieses „Spuks“, die von einem Wiener Theologieprofessor und Parapsychologen in einer parapsychologischen Schrift veröffentlicht wurde, von gleicher Zuverlässigkeit. Es kann hier auf sämtliche so minutiös wie ungenau beschriebenen Einzelereignisse nicht eingegangen werden, doch sollen einige Einzelheiten, welche charakteristisch für die Psychologie der Abergläubischen zu sein scheinen, noch erwähnt werden.

So lag auf dem Küchenkasten ein Bild des Hl. Don Bosco. Nach Angaben des Kaplans bewegte sich dieses ruckweise bis zum Rand. Schlüssel des Kastens fielen zu Boden und fühlen sich warm an. Das Bild wurde angeheftet. Abermals fielen die Schlüssel zu Boden und waren warm. Vater und Sohn sammelten daraufhin ihren Urin in einer Flasche, da man an eine Verwünschung durch eine Hexe glaubte und der Ansicht war, durch diese Maßnahme könne man die Hexe zum Erscheinen und zur Zurücknahme des Hexenbanns zwingen. Diese Urinflasche verschwand „plötzlich“ und wurde im Nebenraum gefunden. Dann wurde die Flasche mit einem geweihten Anhänger versehen, mit einer Schnur an der Flasche festgebunden. Der Anhänger blieb an dieser Stelle liegen, wo die Flasche stand, die Flasche selbst verschwand und tauchte in einem anderen Raum auf. Die Schnur befand sich noch an der Flasche. Diese Ereignisse wurden von den Betroffenen als Beweis für die Übersinnlichkeit der Abläufe gedeutet.

Zweimal wurde der Kaplan zum „Einsegnen“ geholt, d.h. er betete den Exorzismus. Als der Eindruck entstand, daß der Kaplan „der Sache nicht gewachsen“ war, wurde ein Kapuzinerpater aus Dornbirn hinzugezogen. Dieser glaubte, es handele sich um das Wirken einer armen Seele. Er riet den Bauersleuten, Seelenmessen zu stiften, was diese dann wiederholt taten.

Die Gendarmeriebeamten, die von der Unruhe in der Gemeinde erfahren hatten, waren damit allerdings nicht zufrieden. Sie ließen sich auch nicht durch die Schilderung des Kaplans beunruhigen, es seien „Runkelrüben durch die geschlossene Tennentür marschiert“, denn gesehen hatte dieses Ereignis niemand. Lediglich der Fünfzehnjährige hatte auf Runkelrüben hingewiesen, die sich nach seinen eigenen Angaben zuvor auf der anderen Seite des Tores befunden hatten. Am 25.1.54 wurden die Ermittlungen aufgenommen. In Gegenwart der Gendarmeriebeamten verschwanden die Schlüssel von den Zimmertüren, ohne daß jemand beobachtet werden konnte. Auch der Schlafzimmerschlüssel fehlte plötzlich. Als jetzt ein Gendarmeriebeamter dem Fünfzehnjährigen in die Hosentasche griff, fand sich darin der gesuchte Schlüssel. Der Junge behauptete sofort, er habe den Schlüssel soeben beim Abort gefunden. Also war er draußen, als die anderen sich im Haus befanden, und er hatte Gelegenheit diesen und andere Schlüssel heimlich abzuziehen.

Die beiden Gendarmeriebeamten durchsuchten das Haus nach etlichen verschwundenen Gegenständen. Der Fünfzehnjährige blieb allein in der Stube zurück, wo er Bohnen auslesen sollte. Als alle zurückkamen, stand der Rost des Bügeleisens auf der Kante der Eingangstür und wäre beim Schließen der Tür heruntergefallen. Das elektrische Bügeleisen war eingeschaltet. Auf Vorhalt gab der Junge zu, beides getan zu haben. Bei der weiteren Nachsuche im Haus konnte er an Plätzen, die er nicht einsehen konnte, gleichwohl die dort versteckten Schuhe und Bekleidungsstücke benennen und „finden“. Schließlich wurde er am frühen Abend beobachtet, wie er sich an einer Stelle zuschaffen machte, an der dann zwei verschwundene Rüben versteckt vorgefunden wurden.

Diese Beobachtungen genügten, um dem „Spuk“, der immer nur in der Zeit zwischen 06.00 und 18.30 Uhr aufgetreten war, ein Ende zu bereiten. Bei einem Gespräch in der Gendarmeriestation gestand der Fünfzehnjährige seine Täterschaft ein.

> Am 3.4.54 wurde zu Beginn der Feldarbeiten nochmals mit Erdbrocken geworfen. Dann trat Ruhe ein. Als einer der beiden Jungen als Lehrling in eine Schreinerei aufgenommen wurde und dort auch zunächst „die Werkzeuge zu spuken“ begannen, drohte der Meister dem Burschen eine Tracht Prügel an und der Spuk hörte fortan auf zu existieren. In der parapsychologischen Literatur lebt er natürlich weiter. Er wird dort als ein Fall der Pubertätsmedialität geführt. Der Wiener Parapsychologe schreibt 1957 entrüstet: „... so darf ich wohl die oberflächliche und von keiner Sachkenntnis getrübte Meinung derer zurückweisen, die den Sohn J. als den schwindelhaften Urheber vermutet haben.“ Und er fährt fort: „Wir können uns als Parapsychologen doch freuen, (durch diesen Fall, d.Verf.) neues Tatsachenmaterial bekommen zu haben.“

Er hat nicht erkannt, daß diese – wie die meisten Spukfälle – zwar wunderschönes Tatsachenmaterial liefern, aber nur Grundlagenmaterial für die Kriminogenese des Aberglaubens oder zur Psychologie des Zeugenirrtums, vor allem aber für die grenzenlose Leichtgläubigkeit von Parapsychologen.

V. Befangenheit macht blind

1. Der Todeskilometer

Der sogenannte „Rutenmeister" Dannert war der Produzent des Erdentstrahlungsgerätes „Phylax" (gr., der Wächter), eines absoluten Nonsenskonglomerats in einem Kunststoffgehäuse, das er für teures Geld in verschiedenen Größen herstellte. Auch Hermann Göring ließ einst seinen Jagdsitz „Karinhall" in der Schorfheide „durch Phylax erdentstrahlen".

Dannert verbreitete 1952 die Behauptung, auf der Bundesstraße 6 zwischen Bremen und Bremerhaven, genau beim Kilometerstein 23,9 hätten sich in kurzer Zeit 153 tödliche Verkehrsunfälle ereignet. Dort habe es 200 Tote gegeben. (Schon 1932 hatte er, der Vorsitzende des Rutler- und Pendlerbundes war, für denselben Kilometerpunkt die gleiche Horrorstory verbreitet).

Zur nächtlichen Stunde und unterstützt durch verkehrsregelnde bzw. absperrende niedersächsische Polizeibeamte veranstaltete Bender eine große Okkultschau, natürlich in Begleitung von Fotografen und Berichterstattern. Obwohl der Kilometerstein verhängt war, „fand" Dannert ihn mit seiner Wünschelrute genau wieder und an derselben Stelle „Reizstreifen". Nach seinen Angaben würden beim Überfahren von Reizstreifen den Kraftfahrern „die Lenkung verrissen" („wie bei einer Wünschelrute") so daß sie verunglücken mußten[27)].

Bender äußerte sich über das ihn offenbar doch sehr beeindruckende Ergebnis dieser Untersuchungen vorsichtig, aber er zweifelte mit keinem Wort daran, daß es dort zu Verkehrsunfällen besonderer Verursachungsart gekommen war.

Tatsächlich hatte es an der angegebenen Stelle oder in bemerkenswerter Nähe weder Verkehrsunfälle noch Verkehrsunglücke mit Todesfolge gegeben. Der Jurist Wendte, einer der frühen Kritiker Benders nach 1950, meinte milde formuliert, ein gutgläubiger Hochschullehrer sei von dem Rutengänger offenbar „vorgespannt und offensichtlich teilweise getäuscht" worden[28)]. Wendte kannte Bender, der erst am Anfang seiner zweiten Karriere stand, nicht genügend, denn sonst hätte er erkennen können, daß Bender durch Dannert nicht getäuscht, sondern nur in seiner Meinung bestätigt werden konnte.

Bender glaubte – und deshalb war es für ihn nicht notwendig, die zugrundegelegten Tatsachenbehauptungen erst gegenzuprüfen.

Die Fixiertheit Benders auf das, was er auch ohne strengen Beweis schon wußte, war und blieb typisch für den bedauernswerten Mann, der trotz aller selbstgebauten Blamagen doch nie die Aura des allen überlegenen, besserwissenden Gentleman verlor. Die Lebensgeschichte Benders ist ein Teil der Geschichte der Parapsychologie in Deutschland und diese ist geprägt durch den Benderismus.

2. Regina, Caro Dame

Ein niedliches Beispiel für Benderismus lieferte der Fall „Regina, Caro Dame".

Am 29.11.1950 sprach der Sprecher der ab 19.45 Uhr wie üblich ausgestrahlten Nachrichten des Bayerischen Rundfunks auf einmal nach den Nachrichten aus Korea zusammenhanglos die Worte „Regina, Karo Dame".

Ich war damals Gendarm in Bobingen bei Augsburg und hörte mit meiner Frau diese Durchsage, die ohne Verbindung zum vorausgegangenen oder nachfolgenden Text von dem offenbar völlig unbeeindruckten Sprecher gesprochen wurde. Es folgte kein Stocken, keine Verwirrung, keine Korrektur. Im ersten Augenblick dachte ich an eine codierte Agenteninformation, die – nach dem Versagen der sonstigen Kontaktmöglichkeiten – vielleicht wegen einer für einige Agenten lebensbedrohlichen Entwicklung als Warnung eiligst nur noch auf diesem Wege übermittelt werden konnte. Die Zeitungen schwiegen am Tage darauf über das rätselhafte Ereignis.

Unter den Teilnehmern einer Veranstaltung im Hotel Regina in München brach nach der Durchsage Jubel und ungläubiges Staunen aus. Der Durchsage war nämlich folgendes vorausgegangen:

Der siebenunddreißigjährige stellungslose Schauspieler Sturm (Künstlername Strobel) aus Wien hatte für den damaligen Herausgeber der Illustrierten „Quick" zunächst für ein Honorar von 200 DM eine interne Vorstellung gegeben, in der er die von ihm behaupteten hellseherischen Fähigkeiten demonstrieren durfte. Die Teilnehmer des kleinen Kreises waren sehr beeindruckt. Dann hatte er an die Illustrierte eine Fotoreportage für 1.500 DM verkauft[29)]. Schließlich kam es zur Vorführung der „Hellseherkünste" im Hotel Regina in München. Strobel machte den Teilnehmern dieser Veranstaltung weis, er werde durch seine telepathisch-suggestiven Kräfte den Nachrichtensprecher dergestalt beeinflussen, daß der Sprecher eine soeben von einem unbeteiligten, beliebigen Zuschauer verdeckt gezogene und nur ihm bekannte Spielkarte und den Ort der Handlung nennen werde.

Strobel ließ sich aus der Zuschauermenge zwei Zahlen zwischen eins und zehn und zwischen eins und drei nennen. Er kündigte an – nachdem ihm die Zahlen zwei und drei genannt worden waren – der Nachrichtensprecher werde die ihm „telepathisch vermittelte" Aussage nach dem zweiten Satz der dritten Meldung machen. So geschah es, nachdem sich der Telepath ganz auf seine Aufgabe konzentriert hatte. Der verheiratete neunundzwanzigjährige Nachrichtensprecher E., der seit vier Jahren beim Bayerischen Rundfunk arbeitete, sprach die Worte „Regina" (= Hotel) „Caro Dame" (= die gezogene Karte) nach dem zweiten Satz der dritten Meldung. Am 30.11.1950 erstattete der Bayerische Rundfunk Anzeige gegen den fristlos entlassenen Nachrichtensprecher und den „Hellseher" Strobel. Durch die Kriminalpolizei wurde ermittelt – und der Nachrichtensprecher war geständig –, daß die Durchsage abgesprochen worden war. Strobel hatte durch Zahlung eines Honorars von 300 DM den Nachrichtensprecher veranlaßt, nach dem zweiten Satz der dritten Meldung den vereinbarten Text zu sprechen. Der Rest bestand aus einem herkömmlichen Kartentrick im Hotel Regina, wie er von jedem „Zauberer" beherrscht wird[30)].

Der österreichische Unterhaltungskünstler gab in seinen Vernehmungen zu, über keine telepathischen Fähigkeiten zu verfügen. Er habe stets darauf hingewiesen, daß alles Trick und Illusion sei.

Fasziniert hatte auch Bender die Durchsage registriert und sich alsbald dazu geäußert. Tricks und Illusionen sah er nicht. In einem Zeitungsartikel (Überschrift: „Regina Karo Dame – Trick oder Fernhypnose?“)[31] versuchte er eine besondere, weit hergeholte Erklärung für den Vorgang. Er ging auf Hypnose, posthypnotische Suggestion, Telepathie und telepathische Suggestion ein und meinte, der Sprecher scheine Opfer eines fremden Willens geworden zu sein.

An willentlichen, verabredeten Schabernack hatte Bender in seinem Text nicht gedacht. Aus diesem kleinen, mit schneller Feder und permanent heißem Engagement geschriebenen Aufsatz Benders wurde die feste Überzeugung sichtbar, daß solche „Phänomene“ parapsychologisch diskutierbar seien.

Allein schon die Diskussion unter Verwendung der nach und nach von Parapsychologen eingeführten „Fach“-Begriffe schafft eine neue Wirklichkeit. Sie täuscht Inhalte vor, die tatsächlich nur aus undefinierten älteren abergläubischen Vorstellungen bestehen. Es wird auf diese Weise der Eindruck erreicht, als ob die subjektiven okkulthaften Vorstellungen und verdeckten Vorwürfe objektivierbar seien.

Objektivierbar sind freilich eher die Verhaltensweisen von Parapsychologen, wenn sich der Untersuchende bei der teilnehmenden Beobachtung der Träger und Erzeuger solcher „verbogenen Welten“ auch der verästelten Motivationsketten in der Subkultur der Abergläubenden bewußt ist. Lebensgeschichtliche Prägungen und Beweggründe, die der Meinungsbildung und den Handlungen vorausgehen, bestimmen Entscheidungsinhalte und Handlungen. Dann gehört auch die Notwendigkeit, an psychiatrisch relevante Motivationsursprünge bei den Beobachteten wie bei dem Beobachter zu denken, zur Methodik der Wahrheitsfindung.

3. Die Nachgeschichte im Zivilprozeß

Einige Jahre später berichtete der Beauftragte für Sekten und Weltanschauungsfragen der Evang.-Luth. Kirche in Bayern, Pfarrer Friedrich-W. Haack, München, in einer Artikelfolge in der Zeitschrift „Hör zu“[32] auch über den Fall. Wegen dieser Veröffentlichung strengte Bender eine Zivilklage an. Bender klagte gegen den Verfasser Haack und die „Hör zu“ beim Landgericht

Freiburg auf Zahlung eines Schmerzensgeldes in Höhe von 10.000,00 DM wegen des immateriellen Schadens, den er nach seinen Angaben erlitten habe. Die Artikelserie in der „Hör zu“ habe versucht, ihn zu diskreditieren und aus dem Kreis der ernsthaften Wissenschaftlicher auszuschließen. Er sei in seinen Persönlichkeitsrechten verletzt. Bender empörte sich im Zusammenhang mit der Schilderung des Falles „Regina, Karo Dame“ vor allem über die Bemerkung, er habe sich „gutgläubig von Betrügern aufs Kreuz legen lassen“. Diesen Vorwurf wollte er nicht auf sich sitzen lassen, zumal eine solche Behauptung beim Leser die Vermutung einer auf Leichtgläubigkeit beruhenden Unvorsichtigkeit oder einer intellektuellen Minderleistung auslösen könnte.

Durch Urteil des LG Freiburg vom 9.11.1972[33)] wurde Benders Klage abgewiesen. Das Urteil wurde rechtskräftig.

> Beide Parteien gingen unstreitig davon aus, daß Bender Direktor am Psychologischen Institut der Universität Freiburg i.Br. sei und daß er in der Fachpresse publizistisch hervorgetreten sei. In der Deutschen Verlagsanstalt Stuttgart habe er das Buch „Unser sechster Sinn“ mit dem Untertitel „Telepathie, Hellsehen und Psychokinese in der parapsychologischen Forschung“ veröffentlicht. Auf der Vorderseite des Buches stünden auf orangefarbenen Untergrund in Schrägstellung die Worte „Telepathie, Hellsehen, Spuk...“.

Die Zeitschrift „Hör zu“ hatte damals etwa sieben Millionen Leser. In dieser Zeitschrift begann mit der Nr. 18/1972 die Artikelserie, gegen die sich Bender teilweise wandte, unter der Überschrift „Die Wunder GmbH – nach Informationen von Pfarrer F.-W. Haack, aufgezeichnet von Maximilian Alexander.“ Die Artikelserie beruhte mithin weitgehend auf Informationen des Sektenbeauftragten Haack. Dem ersten Artikel auf Seite 104 in Nr.18/1972 waren folgende Worte vorangestellt:

> „Warum blüht neuerdings wieder das Geschäft mit Wundern und obskuren Lebenshilfen in vielen zivilisierten Ländern? Im Jahrzehnt der Monderoberung flüchten sich Tausende in schwarze Messen. Hat der Fortschritt sie verwirrt, sind sie dem Alltagsstress nicht gewachsen? Wundertäter und zwielichtige Vereinigungen wittern ihre Chance: Der Markt für „Heilsbringer“ ist offen!“

Auf Seite 106 in Nr.18/1972 wurde in einem umrandeten Kasten der Kopf des Sektenbeauftragten abgebildet. Im Text heißt es:

> „Die Kirche ist für alle da", sagt Pfarrer Haack, „nicht nur für die, die ihre Steuern zahlen. Meine Aufgabe ist es daher unter anderem, den Kontakt mit anderen Glaubensgemeinschaften zu pflegen. Darüber hinaus aber beobachtete ich aufmerksam die sogenannten Randerscheinungen auf dem religiösen und weltanschaulichen Sektor. Dazu gehören auch Personen, Gruppen und Institutionen, die ihre Umwelt schädigen. Ganz gleich, ob sie sich nun an ihr bereichern oder ihre Gutgläubigkeit dazu ausnutzen, sie auf gefährliche Irrwege zu führen."

Dieser normalerweise nicht zu den Pflichten eines Geistlichen gehörende Teil seiner Aufgabe ergab sich für Pfarrer Haack zwangsläufig und notgedrungen:

> „Weil sonst niemand da ist, der diesen Leuten auf die Finger sieht", sagt er. „Was sie tun, spielt sich am Rande der Legalität ab. Das heißt, Polizei und Justiz sind solchen Elementen gegenüber mehr oder weniger machtlos, weil diese Leute geschickt mit den Lücken manipulieren, die der Gesetzgeber offengelassen hat. Die wirksamste Art, die Öffentlichkeit vor Schäden zu bewahren, ist daher die Aufklärung."
>
> So hat Pfarrer Haack für „Hör zu" seine Archive geöffnet. Wir werden in dieser Serie über die seltsam schillernde Welt von Heilsverkündern, religiösen Schwärmern und Spinnern berichten. Auch über Fanatiker, Betrüger und halbseidene Geschäftemacher, über Satansanbeter, Hexenbanner und Mörder aus religiösem Wahn.

Jeder Fortsetzung des Artikels „Die Wunder GmbH" wurden einführende Worte vorangestellt. Es heißt

> in Nr. 19/1972:
> „Millionen in aller Welt suchen im Zeitalter der Atombombe nach einer Medizin, die sie von ihrer Lebensangst heilt. Nutzen Geschäftemacher die Situation aus? Oder sind die Wunder-Täter selbst Verirrte?"
>
> in Nr. 20/1972:
> „Lebensangst ist eine weitverbreitete Krankheit unserer Zeit. Lebenshilfe wird von allen Seiten angeboten. Doch nicht nur aus Menschen-

freundlichkeit. Beauftragter für Sektenfragen der ev.-luth. Kirche in Bayern jagt seit Jahren schwarze Schafe, die aus der Angst ihrer Mitbürger Kapital zu schlagen versuchen."

in Nr. 21/1972:
„Schwarze Magie, Hexen- und Teufelskult sind Trumpf. Nicht nur bei den Kannibalen, sondern auch mitten in der Zivilisation. Vor einigen Monaten schreckte man in den USA auf: Zwei Oberschüler ertränkten ihren gefesselten Freund. Weil er es so wollte! Die Polizei ermittelte: Die drei jungen Burschen hatten sich dem Teufelskult verschrieben."

in Nr. 22/1972:
„Im Zeitalter von Herz- und Nierenverpflanzungen scheffeln Wunderheiler, Teufelsaustreiber und Hexenbanner immer noch ihr Geld. Denn ihre Kundenzahl ist hoch."

in Nr. 23/1972:
„Etwa dreißig Prozent aller gläubigen Katholiken unternehmen Pilgerfahrten zu den bekannten Wallfahrtsorten. Geschäftemacher wittern auch hier eine Chance."

Auf der ersten Seite der Fortsetzung des Artikels „Die Wunder GmbH" in Nr. 23/1972 der Zeitschrift „Hör zu" (Seite 88 dieser Zeitschriftennummer) wurde ein Bild veröffentlicht, das Bender mit einer Dame an einer Apparatur zeigt. Der Text unter diesem Bild lautet:

„In seinen Bemühungen, außersinnliche Wahrnehmungen wissenschaftlich zu begründen, muß Prof. Hans Bender immer wieder Fehlschläge und Ärger hinnehmen."

Unter anderem wurde von dem sogenannten „Platzexperiment" des Holländers Gerard Croiset berichtet. Croiset versuchte vorauszusagen, wer bei einer künftigen Veranstaltung auf einem Platz sitzen wird, den der Hellseher auf Grund eines Bestuhlungsplanes aussuchen konnte. „Hör zu" berichtete über ein „Platzexperiment", bei dem Pfarrer Haack mit etwa 80 geladenen Gästen in der Bavaria-Filmstadt in München-Geiselgasteig anwesend war. Haack berichtete darüber in der „Hör zu", daß auf dem Platz, auf dem nach der Prophezeihung des Hellsehers Croiset eine Dame hatte sitzen sollen, ein Herr saß. Auf Seite 90 (Nr. 23/1972 der „Hör zu") hieß es sodann unter anderem:

„Okkultforscher Bender ist freilich Kummer gewöhnt. Schon früher hat er sich gutgläubig von Betrügern aufs Kreuz legen lassen. So zum Beispiel von einem gewissen Fritz Strobl, der von sich behauptete, ein „Magier“ mit übernatürlichen Kräften zu sein.“

Dieser Strobl hatte einen Nachrichtensprecher des bayerischen Rundfunks veranlaßt, während der Abendnachrichten unprogrammgemäße Worte einzuschieben.

Der „Magier“ deklarierte das vor geladenen Gästen als eine Art Fernhypnose. Der Freiburger Professor nahm es ihm ab und berichtete in der Presse über das „Phänomen“. Die Sache wurde ruchbar. „Magier“ Strobl entwischte ins Ausland, der Nachrichtensprecher erhielt drei Wochen Gefängnis wegen groben Unfugs. Und Professor Bender bekannte: „Ich war wohl damals zu gutgläubig.“

Der Bericht über die Tätigkeit Benders schloß sodann auf Seite 93 mit folgenden Worten:

„Professor Bender befindet sich permanent in der mißlichen Lage“, erklärte Pfarrer Haack, „beweisen zu müssen, daß seine Wissenschaft auch eine Wissenschaft ist. Darum sagt er zu gewissen „Phänomenen“ gern und schnell „Ja“ – in der Hoffnung, endlich den Anfang einer Beweiskette in der Hand zu haben. Diese Beweisketten zerschlagen sich indessen sehr leicht von selbst, so daß statt dessen eher ein Rückschlag für die Parapsychologie erfolgt. Es wird vermutlich auch nie einen echten Beweis für diese „außersinnlichen Wahrnehmungen“ – wie man das in Okkultforscher-Kreisen nennt – geben. Wer sich jedoch derart dem Beweisdenken verschreibt, muß sich auch die Kritik der exakten Wissenschaften gefallen lassen, die diese „Beweise“ natürlich sehr genau überprüfen.“

Die Artikelserie „Die Wunder GmbH“ wurde in den Nr. 24 und 25 der „Hör zu“ fortgesetzt. In der letzten Fortsetzung dieser Artikelserie auf Seite 89 in Nr. 25/1972 erscheint ein Bild des Beklagten Haack, das diesen bei der Arbeit an der Schreibmaschine zeigt.

Bender trug vor, die Art der Veröffentlichung in der „Hör zu“ verletze seine Persönlichkeit schwer. Hierfür müßten der Pfarrer Haack, wie auch der Axel Springer Verlag, der die „Hör zu“ herausgebe, haften. Der Bericht sei voller Formalbeleidigungen und grober

Fehler. Der Leser könne sich danach aussuchen, ob Bender ein Heilsverkünder, religiöser Schwärmer, Spinner, Fanatiker, Betrüger, halbseidener Geschäftemacher, Satansanbeter, Hexenbanner oder Mörder sei.

Er habe sich auch nicht von Betrügern, so z.B. von Strobel aufs Kreuz legen lassen. Keinesfalls habe er über diesen Fall als eine Art von Fernhypnose und als Phänomen berichtet. Er habe vielmehr Bedenken angemeldet, indem er geschrieben habe:

„Die Präzision, mit der das Experiment dann schließlich zum fassungslosen Staunen des Publikums gelang, steht im Widerspruch mit den Erfahrungen der parapsychologischen Forschung über die Steuerbarkeit solcher Übertragungen. Erst wenn Herr Strobl unter Bedingungen, die nicht von ihm gewählt, sondern die ihm vorgeschrieben werden, Experimente dieser Art wiederholt – und dann nicht auf Kosten eines anderen Menschen – kann seine Behauptung, auf telepathische Wege suggestiv mit Sicherheit beeinflussen zu können, wissenschaftlich diskutiert werden.

Es bleibt zweifelhaft, ob die Hintergründe dieses Falles, mit dem sich nun die Staatsanwaltschaft beschäftigt, jemals ganz aufgedeckt werden können."

Bender meinte in seiner Klage sichtlich empört, wer sich „gutgläubig von Betrügern aufs Kreuz legen lasse", werde unbefangenen Lesern gegenüber als ein unkritischer und leichtgläubiger Mann gekennzeichnet, der es nicht verdiene, ein Wissenschaftler genannt zu werden.

Bender hatte den Kern der ihn treffenden Vorwürfe richtig erkannt. Den Maßstab für die Beurteilung eines Wissenschaftlers hatte schon 1964 in einem anderen Zusammenhang als Gutachter Dr.rer.nat. Undeutsch, Ordentlicher Professor für Psychologie, Direktor des Psychologischen Instituts der Universität Köln, vorgetragen, indem er konstatierte, Vorsicht in der Hypothesenbildung, Kritikfähigkeit und Redlichkeit seien Eigenschaften beziehungsweise Haltungen eines Mannes, die vornehmlich den Rang der Persönlichkeit eines Wissenschaftlers bestimmen würden. Bender meinte zurecht, daß Angriffe, die einem Wissenschaftler diese Fähigkeiten abstreiten, diesem Wissenschaftler daher „zentral seine Qualifikation als Wissenschaftler" absprechen würden.

Das Gutachten von Undeutsch hatte mit folgenden Worten geendet:

„Wenn sich jedoch ein Wissenschaftler mit einem derart schwierigen und von Täuschungen umwitterten Grenzgebiet befaßt, wie es die Parapsychologie ist, so ist die öffentliche Behauptung von Kritiklosigkeit, Leichtgläubigkeit und Unredlichkeit geradezu vernichtend für den betreffenden Wissenschaftler."

Bender hielt es auch für eine Herabwürdigung, weil ihm vorgeworfen wurde, er befinde sich permanent in der mißlichen Lage, beweisen zu müssen, daß seine Wissenschaft auch Wissenschaft sei. Und so stritt er auch in seiner Klageschrift tapfer für die Parapsychologie. Die Parapsychologie sei keinesfalls eine umstrittene Wissenschaft, meinte er und schloß mit messerscharfer Scheinlogik, nicht die Parapsychologie selbst, sondern lediglich die Forschungsquellen der Parapsychologie seien von Täuschung und Betrug bedroht. Schwindler würden die Parapsychologie fürchten, weil die Parapsychologie jene Vorgänge, die in der Laiensprache unter den Begriffen „Wunder" und „Spuk" zusammengefaßt seien, unter Anwendung streng wissenschaftlicher Methoden untersuchen und deshalb Schwindler entlarven würde.

Es bestanden keine Zweifel daran, daß Bender seine Arbeitsweise in toto für wissenschaftlich hielt. Darüber hinaus berief er sich auf eine parapsychologische Tradition, indem er darauf hinwies, daß die Parapsychologie aus der im Jahre 1882 gegründeten, noch heute tätigen Society for Psychical Research London hervorgegangen sei. Seit dem Jahre 1934 gebe es ein Parapsychologisches Laboratorium an der Amerikanischen Duke University in North Carolina, seit dem Jahre 1960 ein Institut zur Erforschung der Bio-Information (Telepathie) an der Universität Leningrad und seit dem Jahre 1953 einen Lehrstuhl für Parapsychologie an der Universität Utrecht. Im November 1971 habe die Katholische Akademie der Erzdiözese Freiburg i. Br. auf einer Tagung „Probleme der Parapsychologie" behandelt und auch Evangelische Akademien hätten Fragen auf dem Gebiet der Parapsychologie aufgeworfen.

Den Pastor Haack tadelte er, weil dieser in der zweiten Hälfte des 20. Jahrhunderts in einer Weise Sturm gegen die Parapsychologie laufe, wie die Kirche um 1600 gegen die Astronomie Sturm gelaufen sei. Dadurch werde seine Arbeit diskriminiert. Auch in der Schweizer Wochenzeitung „Die Weltwoche" sei kürzlich ein Artikel erschienen, der seine parapsychologische Arbeit herabsetzte. Bender überlegte: würde er sich länger solche schweren Diskriminierungen bieten lassen, so würde sein Ansehen gemindert und seine Arbeit Schaden nehmen. Bender empfand diese Artikelserie (obwohl sie ihn nur teilweise direkt betraf) als Rufmord. Diesem in außerordentlich massiver Form gestarteten Angriff könne nur noch durch die Erhebung eines Schmerzensgeldes in Höhe von 8.000 DM bis 10.000 DM begegnet werden.

Pastor Haack wunderte sich darüber, daß Bender die Einleitungssätze vor jeder Artikel-Fortsetzung auf sich bezog. Aus dem Zusammenhang der Artikelserie oder aus der Verwendung des etwas saloppen Begriffes „Okkultforscher" seien keine Formalbeleidigungen zu entnehmen. Das sogenannte „Platzexperiment" hatte Haack aus eigener Anschauung und nach eigenem Erleben geschildert. Der Fall des Hellsehers Croiset habe übrigens in der Fachwelt heftige Kritik herausgefordert. Seine „Platzexperimente" seien von Wimmer in einem Aufsatz unter dem Titel „Wiederkehr der Magie"[34)] als „banale Schaubudenschlager" bezeichnet worden. Wilhelm Gubisch[35)] habe in einer Publikation unter dem Titel „Hellseher, Scharlatane, Demagogen" von insoweit „unexakten Methoden" gesprochen.

Haacks Anwalt trug vor, Bender müsse bedenken, daß Bender einerseits und Haack andererseits eine abweichende kritische Distanz zur behandelten Thematik hätten. Es sei ihnen unbenommen, von diesem Standpunkt aus die Problematik zu beleuchten. Dabei müsse Kritik vertragen, wer sich einem Beweisdenken verschrieben habe. Die Ahndung einer solchen Kritik als Verletzung des allgemeinen Persönlichkeitsrechtes würde den Tod jeder wissenschaftlichen Auseinandersetzung bedeuten. Haack hielt Bender vor, er habe sich selbst in die Öffentlichkeit begeben, so z.B. durch eine Theologenbefragung im Frühjahr 1972. Haack zeigte Verständnis dafür, denn nach der Art seiner Arbeit müsse Bender so vorgehen. Dadurch werde allerdings die öffentliche Kritik heraufbeschworen und dabei müßte selbst eine Verletzung des allgemeinen Persönlichkeitsrechtes hingenommen werden. Dafür könne es kein Schmerzensgeld geben, denn die Gewährung eines Schmerzensgeldes wegen Verletzung des Persönlichkeitsrechtes sei nur als ultima ratio zulässig, also nur dann, wenn es keinen anderen Weg für eine Genugtuung geben würde.

Die Entscheidungsgründe des Gerichts, das die Klage abwies, sind so wichtig, daß sie vollständig und wörtlich wiedergegeben werden sollen[36)]:

I.

Die gemäß § 823 Abs.I BGB in Verbindung mit § 847 BGB wegen einer angeblich schuldhaften rechtswidrigen Verletzung des allgemeinen Persönlichkeitsrechtes auf Ersatz eines immateriellen Schadens gerichtete Klage ist nicht begründet. Die Beklagten haben durch die Veröffentlichung der Artikelserie „Die Wunder GmbH“ in Nr. 18 bis 25/1972 der Zeitschrift „Hör zu“ Ruf und Ansehen des Klägers überhaupt nicht oder – dies wird fürsorglich festgestellt – zumindest nicht derart angegriffen, daß diesem für eine erlittene Beeinträchtigung des Persönlichkeitsrechtes ein Ersatz des immateriellen Schadens als Genugtuungsfunktion geleistet werden müßte.

Herrschende Meinung ist, daß das allgemeine Persönlichkeitsrecht ein sonstiges Recht im Sinne von § 823 Abs.I BGB ist, nach dem durch Artikel 1 und 2 des Bonner Grundgesetzes (GG) die freie Selbstbestimmung der Persönlichkeit als ein Grundsatz der Rechtsordnung anerkannt ist (so grundlegend BGHZ 13, 334; ferner BGHZ 24, 72;26, 349; Palandt, BGB, 30.Auflage, § 823 BGB Anmerkung 15).

II.

Der Beklagte Haack ist weder der Verfasser der beanstandeten Artikelserie noch Redakteur oder ein sonstiger Mitarbeiter der Zeitschrift „Hör zu“ oder des beklagten Axel-Springer-Verlages. Er ist lediglich als Informant für die Artikelserie „Die Wunder GmbH“ aufgetreten. Einige Informationen, zum Beispiel die Information über den sogenannten „Regina-Caro-Dame“-Fall, will der Beklagte Haack einer anderen Quelle entnommen haben. Als Beauftragter für Sekten- und Weltanschauungsfragen der Evangelisch-Lutherischen Landeskirche in Bayern hatte der Beklagte Haack allerdings ein lebhaftes Interesse am Erscheinen der Artikelserie. Dies folgt schon aus den Äußerungen des Beklagten Haack gegenüber dem Vertreter des beklagten Verlages der den Beklagten Haack interviewte. Diese Äußerungen sind auf Seite 106 in Nr.18/1972 der Zeitschrift „Hör zu“ und oben im Tatbestand dieses Urteils wiedergegeben. Unter anderem sagte der Beklagte Haack, er beobachte auch „aufmerksam die sogenannten Randerscheinungen auf dem religiösen und weltanschaulichen Sektor“. Nach dem Interview mit einem Mitarbeiter der Zeitschrift „Hör zu“ wußte der Beklagte Haack auch im wesentlichen, was diese Zeitschrift in der Artikelserie „Die Wunder GmbH“ veröffentlichen würde. Wie seinen wörtlichen Äußerungen gegenüber dem Vertreter des Beklagten

Haack zu entnehmen ist, billigte der Beklagte Haack das Erscheinen der Artikelserie. Richtig betrachtet bediente der Beklagte Haack sich der Zeitschrift „Hör zu“ als Massenmedium, um eigene Interessen in die breite Öffentlichkeit zu bringen. Unter Berücksichtigung aller Umstände ist ernsthaft zu erwägen, ob der Beklagte Haack nicht nur für die auf seiner Information beruhenden Veröffentlichungen, sondern sogar in vollem Umfang für den vorliegenden Rechtsstreit passiv legitimiert ist (zu dieser Rechtsfrage: O.F.Freiherr von Gamm, Persönlichkeits- und Ehrverletzungen durch Massenmedien, NJW Schriftenreihe, Heft 3 Nr. 61, Seite 44, insbesondere in NJW 1966, 1213,f 1214). Die endgültige Beantwortung der Frage, ob der Beklagte Haack als Informant teilweise oder in vollem Umfange für den vorliegenden Rechtsstreit passiv legitimiert ist, kann indessen dahinstehen; denn die erteilten Informationen und deren Auswertung durch den Beklagten Haack erfüllen den Tatbestand einer unerlaubten Handlung nicht oder könnten zumindest die Zubilligung eines Schmerzensgeldes für den Kläger nicht zur Folge haben.

III.

Die Artikelserie unter dem Titel „Die Wunder GmbH“ in der Zeitschrift „Hör zu“ enthält keine Formalbeleidigungen (§§ 185, 192 StGB). Diese Veröffentlichung ist auch nicht grob fehlerhaft oder in ihrem Zusammenhang für den Kläger Bender verunglimpfend.

Durch den Gebrauch des Wortes „Okkultforscher“ auf Seite 90 in Nr. 23/1972 der Zeitschrift „Hör zu“ wird der Kläger nicht beleidigt. Das Wort „Okkult“ stellt ebenso wie zum Beispiel das Wort „Spuk“, das der Kläger selbst auf dem Vorderdeckel seines Buches „Unser sechster Sinn“ gebraucht hat, einen Sammelbegriff für unerklärliche Erscheinungen psychischer und physikalischer Art dar. Das Wort Okkultforscher ist mithin unter Laien die schlagwortartige Kennzeichnung für einen Forscher, der sich – wie der Kläger Bender – mit solchen unerklärlichen Erscheinungen wissenschaftlich befaßt.

Auch die Äußerungen auf Seite 90 in Nr.23/1972 der Zeitschrift „Hör zu“, der Kläger habe sich „gutgläubig von Betrügern aufs Kreuz legen lassen“, stellt keine Beleidigung des Klägers dar. Diese Äußerung will zum Ausdruck bringen, daß der Kläger sich durch Personen, die es auf Irreführung anderer Personen abgesehen hatten, täuschen ließ. Diese Äußerung steht, wie der Veröffentlichung auf Seite 90 in Nr.23/1972 der Zeitschrift „Hör zu“ zu entnehmen ist, in unmittelbarem Zusammenhang mit der Schilderung des sogenannten „Regina-Caro-Dame“-Falles.

Unstreitig ist, daß der „Regina-Caro-Dame-Fall“ auf einem Schwindel beruht. Für die Art seiner Berichterstattung konnte der Beklagte Haack sich auf Informationsmaterial wie die Veröffentlichung von Herbert Schäfer, Der kriminelle Aberglaube in der Gegenwart, Schriftenmissionsverlag Gladbeck, Westfalen, stützen. Nach der Darstellung von Schäfer, die der Beklagte Haack sich wegen ihrer Seriösität zu eigen machen durfte, hatte der Kläger Bender in diesem Fall keinesfalls von vornherein entschieden ablehnend gegenübergestanden, wie er es mit der auszugsweisen Wiedergabe seiner Stellungnahme in der Tageszeitung „Die Welt“ zum „Regina-Caro-Dame“-Fall im vorliegenden Rechtsstreit hat darlegen wollen. Ein Exemplar von Nr. 283 der Zeitung „Die Welt“ vom 4. Dezember 1950 mit der Originalveröffentlichung konnte nicht vorgelegt werden. Prof. Dr. Prokop hat zwar diese Ausgabe der Zeitung „Die Welt“ in seiner Abhandlung „Sind Telepathie und Hellsehen naturwissenschaftlich anerkannte Phänomene?“ angegeben, als er den „Regina-Caro-Dame“-Fall besprach, es ist aber nicht auszuschließen, daß es sich hier um eine falsche Fundstellenangabe handelt, worauf die Beklagten im Termin am 13. September 1972 zutreffend hingewiesen haben und daß diese falsche Angabe sich sodann fortgepflanzt hat.

Inzwischen hat der Kläger Bender eine Ablichtung der seinerseitigen Besprechung des „Regina-Caro-Dame“-Falles in der Zeitung „Die Welt“ vorgelegt. Aus diesem Artikel folgt eindeutig, daß der Kläger Bender entgegen seiner Behauptung, nicht von vornherein dem „Regina-Caro-Dame“-Fall ablehnend gegenüberstand. Dieser Artikel beginnt mit der Feststellung, es trüge nicht zur Herstellung des Ansehens der Varietémagier und Bühnentelepathen bei, wenn aus ihren Reihen ein besonders geschickter Regisseur mit einer raffinierten Inszenierung ein Sensationsexperiment der breitesten Öffentlichkeit vor Augen führe, dessen Wirkung mit der tödlichen Verlegenheit eines anderen Menschen erkauft werde. Der Kläger Bender fährt fort:

„So oder so, ob mittels eines Tricks oder einer Fernbeeinflussung, scheint der Nachrichtensprecher des Bayerischen Rundfunks das Opfer eines fremden Willens geworden zu sein, als er während der Durchsage plötzlich Worte aussprach, die als Zeichen geheimnisvoller Vorgänge zur Zeit in aller Munde sind. Für den kritischen Beobachter des Phänomens ist der erste Gesichtspunkt die Verabredung und Mitwisserschaft. Viele „telephatischen“ Bühnenexperimente beruhen auf vorheriger Verabredung der Beteiligten oder auf Übermittlung verabredeter Zeichen. Diese „Wegerklärung“ des Phänomens dürfte wohl in diesem Falle völlig ausgeschlossen sein. Niemand würde seine berufliche Existenz aufs Spiel setzen, indem er die Hand zu einem vorgetäuschten Experiment bietet. Auch der Nervenzusammenbruch, den der Sprecher verständlicherweise nach diesem Vorfall erlitt, zeigt deutlich, daß er nicht Mitspieler, sondern Opfer war. Aber wie ist er zum Opfer geworden?“ (Ende des Zitats).

Alsdann versuchte der Kläger eine Erklärung des Falles. Es wird auf Hypnose, posthypnotische Suggestion, Telepathie und telepathische Suggestion eingegangen. Lediglich am Schlusse des Aufsatzes führt der Kläger alsdann aus, die Präzision mit dem das Experiment dann schließlich zum fassungslosen Staunen des Publikums gelungen sei, stehe im Widerspruch mit den Erfahrungen der parapsychologischen Forschung über die Steuerbarkeit solcher Übertragungen, um mit den Worten zu schließen, es bleibe zweifelhaft, ob die Hintergründe dieses Falles, mit denen sich nun die Staatsanwaltschaft beschäftige, jemals ganz aufdeckt werden können.

Gleich Schäfer konnte der Beklagte die Meinung haben, der Kläger Bender habe den Fall Strobel/Elwenspoek als eine gelungene Fernhypnose angesehen. Durch den sogenannten „Regina-Caro-Dame“-Fall wurde unter anderem tatsächlich auch der Kläger Bender irregeführt, also – volkstümlich ausgedrückt – „gutgläubig aufs Kreuz“ gelegt. Unter Berücksichtigung der besonderen Umstände im vorliegenden Falle stellt dieser Ausdruck keine Beleidigung dar. Keinesfalls ist der Wahl dieses Ausdruckes im vorliegenden Falle die verallgemeinerte Behauptung einer Kritiklosigkeit, Leichtgläubigkeit und gar Unredlichkeit des Klägers zu entnehmen, wie Prof. Dr.rer.nat. Undeutsch sie in einem anderen Zusammenhang als für einen Wissenschaftler vernichtend empfunden hat.

Abwegig ist die Meinung des Klägers, die einleitenden Worte zu der Artikelserie „Die Wunder GmbH“ auf Seite 105 in Nr. 18/1972 der Zeitschrift „Hör zu“ und die auf Seite 106 in Nr. 18/1972 in einem Kasten um ein Bild des Beklagten Haack niedergelegten Worte seien auch auf ihn, den Kläger Bender, zu beziehen, so daß die Leser der Zeitschrift „Hör zu“ wählen könnten, welchen Typ aus der schillernden Welt von Heilsverkündern, religiösen Schwärmern und Spinnern, von Fanatikern, Betrügern, halbseidenen Geschäftemachern, Satansanbetern, Hexenbannern und Mördern aus religiösem Wahn, der Kläger Bender zuzurechnen sei.

Eine solche Meinung des Klägers Bender scheidet schon wegen der räumlichen Trennung zwischen den ersten Seiten der Artikelserie in Nr. 18/1972 und der ersten Erwähnung des Klägers in Nr. 23/1972 der Zeitschrift „Hör zu“ aus. Im übrigen wurde der Kläger in Nr. 23/1972 der Zeitschrift „Hör zu“ eindeutig unter dem Aspekt erwähnt, daß er sich der Erforschung parapsychologischer Phänomene widmet, so daß er ja gerade Hexengläubigen, Wundertätern, Heilsbringern, zwielichtigen Erscheinungen, religiösen Schwärmern und Spinnern sowie halbseidenen Geschäftemachern nicht zugerechnet werden kann. Zwischen der Ablichtung des Yogi auf Seite 107 in Nr. 18/1972 und der Ablichtung des Klägers Bender auf Seite 88 in Nr. 23/1872 der Zeitschrift „Hör zu“ besteht nahezu kein Zusammenhang. Auf Seite 106 in Nr. 18/1972 und auf Seite 89 in Nr. 25/1972 der Zeitschrift „Hör zu“ wird je ein Bild des Beklagten Haack gebracht. Nur die Abbildung des Beklagten Haack und die Abbildung des Klägers Bender sind vergleichbar. Einmal wird nur ein Kopfbild des Beklagten Haack und alsdann werden beide Herren bei Ausführung einer ernsthaften Arbeit gezeigt.

Im übrigen wird in Nr. 25/1972 der Zeitschrift „Hör zu“ in einer journalistisch aufgelockerten Weise über Schwierigkeiten und Rückschläge, also auch darüber, daß der Beklagte Haack mitunter gleich dem Kläger „aufs Kreuz gelegt“ wurde, berichtet, ohne daß der Beklagte Haack sich hierdurch in seiner Persönlichkeit und Arbeit verletzt fühlen könnte. Die Einzeldarstellungen sind auch, soweit sie mit dem Kläger Bender in Zusammenhang gebracht werden – nur hierüber hat das Gericht zu entscheiden –, nicht grob fehlerhaft. Zu dem sogenannten „Regina-Caro-Dame“-Fall wurde bereits im einzelnen Stellung genommen. Hierauf wird verwiesen. Auf einem Betrug beruhte die Behauptung des Telepathen Strobel, er werde den Nachrichtensprecher im Bayerischen Rundfunk namens Elwenspoek am 29. November 1950 während der Abendnachrichten zwingen, plötzlich zusammenhanglos zwischen zwei Sätzen eine Spielkarte zu nennen, die in einiger Entfernung vom Rundfunkhaus von einem Gast des Telepathen Strobel gezogen wurde. Der Telepath Strobel ließ sich sodann aus dem um ihm versammelten Kreis zwei Zahlen nennen. Es wurden die Zahlen zwei und drei genannt. Zwischen der zweiten und dritten Meldung während der Abendnachrichten um 19.45 Uhr sagte der Nachrichtensprecher Elwenspoek alsdann die Worte „Regina, Caro Dame“. Wie schon ausgeführt, beruhte der Ausspruch dieser Worte auf einer Verabredung mit Herrn Strobel.

Da der Kläger Bender diesen Fall nicht von vornherein ablehnte, sondern, wie seiner Besprechung in der Zeitung „Die Welt" zu entnehmen ist, eher sogar positiv gegenüber gestanden hatte, ist die Art der Berichterstattung in der Zeitschrift „Hör zu" nicht grob fehlerhaft. Der Kläger Bender hatte den Fall nur nicht mit den ihm bekannten Forschungsquellen zu erklären vermocht.

Nicht grob fehlerhaft ist auch die Darstellung des sogenannten Platzexperiments des Hellsehers Croiset. Der Kläger Bender hat nicht bestritten, daß während des Versuches, den der Beklagte Haack in München-Geiselgasteig miterlebte, auf dem Platz, auf dem nach Vorhersage eine Frau sitzen sollte, ein Mann saß. Es ist mithin einfühlbar, und auch verständlich, daß die angekündigte Vorhersage für einen unbefangenen und kritischen Beobachter mißlungen war. An einer Beweisaufnahme bedurfte es unter diesen Umständen nicht. Im vorliegenden Rechtsstreit ist nicht zu klären, wie die Veranstaltung in München-Geiselgasteig tatsächlich verlief, sondern maßgebend ist, daß die Wiedergabe über das Mißlingen der Vorhersage des Hellsehers Croiset in der Zeitschrift „Hör zu" nicht als grob fehlerhaft anzusehen ist.

IV.

Der Kläger Bender übersieht, daß das jedermann zustehende allgemeine Persönlichkeitsrecht nicht die Möglichkeit zu schrankenloser Durchsetzung eigener Interessen eröffnet. Das allgemeine Persönlichkeitsrecht eines jeden hat gleichen Rang mit dem des anderen. Es sind etwaige schutzwürdige Belange zu beachten, aus denen unter Umständen eine Berechtigung für das beanstandete Vorgehen hergeleitet werden kann. Im vorliegenden Falle steht den Beklagten für ihre Artikelserie das Recht der freien Meinungsäußerung nach Artikel 5 GG als Rechtfertigungsgrund zur Seite. Bei gemeinschaftswichtigen Dingen im freien Meinungskampf muß es sich jemand, der sich exponiert, gefallen lassen, daß seine Gegner manche Dinge, die sie aus guten Gründen und teilweise zutreffend für wahr halten, beim Namen nennen und unter Umständen in einer derben volkstümlichen Weise kennzeichnen. (BGH in NJW 1959, 636).

Die Möglichkeit übersinnlicher unerklärlicher Erscheinungen und Wirkungen, die unter anderem mit den Begriffen Okkultismus, Telepathie, Hellseherei, Spuk, Astrologie und Spiritismus gekennzeichnet werden, ist Gegenstand einer Auseinandersetzung, die vorwiegend auf einer nichtwissenschaftlichen Basis geführt wird. In Europa ist die Parapsychologie, wie der Kläger Bender auf Seite 31 in seinem Buch „Unser sechster Sinn" festgestellt hat, an drei Universitäten mit eigenen Institutionen und an zwei Universitäten mit eigenen Lehrstühlen vertreten. Während die Vertreter der einen Seite meinen, sämtliche Naturphänomene seien erklärbar, und deshalb die Möglichkeit übernatürlicher und übersinnlicher Geschehnisse verneinen, meinen die Vertreter der anderen Seite, die Einwirkung verstandesmäßig – das heißt mit den Mitteln der Naturwissenschaften – nicht erfaßbarer Kräfte sei möglich und wahrscheinlich, und fassen in diesen Kräften die Ursache aller unter dem Wort „Spuk" oder „Okkultismus" zusammengefaßten Erscheinungen zusammen. Diese Auffassung wird dabei von den Vertretern der entgegengesetzten rationalen Meinung als Aberglaube bezeichnet.

Dieser Streit, der letzten Endes nicht auf der Übernahme und Auswertung wissenschaftlicher Versuche und Erkenntnisse beruht, sondern von einer – nicht zuletzt religiös beeinflußten – persönlichen Stellungnahme des einzelnen ausgelöst wird, wird daher seit allen Zeiten mit Schärfe geführt.

Im vorliegenden Falle steht der Kläger Bender auf der einen, der Beklagte Haack auf der anderen Seite und der Beklagte hat auf Grund einer Information durch den Beklagten Haack berichtet. Der Kläger Bender hat es sich zur Lebensaufgabe gesetzt, den Aberglauben einer positiven Kritik zu unterziehen. Dies ist seinem Buch „Unser sechster Sinn" zu entnehmen. Diese Aufgabe läßt den Kläger in den Augen derer, die wie der Beklagte Haack entschiedene Gegner des Aberglaubens sind, als Anhänger der entgegengesetzten Richtung erscheinen. Bei dieser nicht auf kleine Fachkreise beschränkten, sondern auf breiter Ebene geführten Auseinandersetzung muß der Kläger Bender es sich gefallen lassen, wenn an seiner Auffassung Kritik geübt wird und wenn er in einem Bericht über verschiedene Erscheinungsformen des Aberglaubens genannt wird. In einer Artikelserie, wie der in „Hör zu", sollte der Kläger Bender sogar in der Tat nicht unerwähnt bleiben. Der Kläger Bender steht mit seiner Arbeit im Kreuzfeuer der Öffentlichkeit, sucht diese und muß sie auch suchen, um Material für seine Forschungsarbeit zu finden. So hat der Kläger Bender ja unter anderem auch – was unstreitig ist – Fragebogen an alle Geistlichen versandt, wie der Beklagte Haack, was unbestritten blieb, mitgeteilt hat. Da der Streit über die Möglichkeit sogenannter übernatürlicher Erscheinungen im wesentlichen emotional begründet ist, ist jedem Vertreter der Gegenmeinung sogar eine gewisse ironische Überhöhung der Kritik erlaubt. Selbst wenn gemeint wäre, die Artikelserie in der Zeitschrift „Hör zu“ enthalte eine Verletzung des Persönlichkeitsrechtes des Klägers Bender, so wäre der Klageanspruch dennoch unbegründet.

Der Kläger Bender zählt auf den Seiten 34 und 35 in seinem Buch „Unser sechster Sinn“ als Forschungsquellen und Methoden die sogenannten spontanen Phänomene, die Experiment und quantitativ-statistischen Methoden in Laboratorium sowie die experimentelle Arbeit mit sogenannten Medien und Sensitiven auf und führt aus:

„Täuschung und Betrug bedrohen alle drei Forschungsquellen. Auch das vorgetäuschte Wunder hat eine jahrhundertelange Tradition. Die Neinsager sehen nur diese Seite und statten die professionellen Entlarver mit überdimensionierten Prestige aus. Diese Überhöhung zeugt von derselben Kritiklosigkeit wie der Glaube an die Allmacht der Medien“.

Da das Forschungsgebiet des Klägers Bender bis in die Volksseele reicht, heiß umstritten und seit jeher, wie der Kläger Bender selbst zutreffend eingeräumt hat, durch die Art der Forschungsquellen von Täuschungen sowie Betrug bedroht ist, hat die Öffentlichkeit ein berechtigtes Interesse daran, über die Besonderheiten und Schwierigkeiten des Gebietes aufgeklärt zu werden, das der Forschung des Klägers Bender unterliegt. Im übrigen hat der Kläger Bender seine Arbeit durch seine wissenschaftliche, publizistische Tätigkeit und durch Experimente einem größeren Teilnehmerkreis zugänglich gemacht und sich auf seinem der Sensationslust Anreiz bietenden Fachgebiet exponiert. Er muß sich daher auch, wie bereits oben erwähnt, eine scharfe Kritik gefallen lassen. Das Maß dieser Kritik wurde von den Beklagten nicht überschritten“.

Es folgen noch Ausführungen zur Möglichkeit der Erwiderung durch eine Gegendarstellung oder durch einen Leserbrief, die der Kläger Bender nicht wahrgenommen hat. Die Klage Benders wurde abgewiesen.
Das Urteil wurde rechtskräftig, da Bender seine gegen dieses Urteil zunächst eingelegte Berufungsklage zurücknahm. Das Urteil besagte nichts anderes, als daß im Rahmen der Meinungsfreiheit auf einen groben parapsychologischen Klotz ein grober korrigierender Keil gehört bzw. zulässig ist.

4. Die bezahlte Kränkung

Die Chance, als Folge einer behaupteten Ehrenverletzung zu Geld zu kommen, hatte Bender einige Jahre zuvor schon einmal zu nutzen versucht. In diesem Zusammenhang ist das Urteil des Landgerichts Berlin[37)] vom 6.4.1966 interessant, das Bender hätte warnen müssen.

Damals hatte der Safari-Verlag als Herausgeber des Buches „Das neue Buch vom Aberglauben" und der Verfasser des Buches Leithäuser gegen Bender geklagt, weil dieser sie an der Verbreitung des Buches hindern wollte. Bender hatte verschiedene Passagen des Buches beanstandet, so u.a. seine Apostrophierung als „Spukprofessor" und als „Obermeister der abergläubischen Zunft". Bender erhob Widerklage, gerichtet auf Unterlassung dieser wie er meinte ehrverletzenden Ausdrücke und auf Ersatz seines immateriellen Schadens durch Zahlung eines Schmerzensgeldes in Höhe von 10.000 DM.

> Die klagenden Parteien trugen vor, Bender habe seinen sich auf das Gebiet des Methaphysischen beziehenden Ruf nicht als Hochschulprofessor, sondern als Leiter eines privaten Instituts erworben, das den in seiner Bezeichnung zum Ausdruck kommenden Interessengebieten nachgehe. Er habe seine in der Öffentlichkeit bekannten und diskutierten Gutachten über „Spukerscheinungen" nicht in seiner Eigenschaft als Inhaber eines Lehrstuhls, sondern als Privatmann erstattet. Die Kritik Leithäusers berühre mithin nicht die wissenschaftlichen Verdienste des Beklagten. Es sei vielmehr der Beklagte Bender, der seine private Tätigkeit nach außen hin mit seiner Hochschultätigkeit in Verbindung bringe, um seinen Feststellungen und Äußerungen ein besonderes Gewicht zu verleihen.
>
> Leithäuser trug vor, bei der Parapsychologie handele es sich um keine anerkannte Wissenschaft, weil sie nicht in der Lage sei, beliebig wiederholbare und exakt nachprüfbare Experimente durchzuführen. Bender selbst habe in der Öffentlichkeit betont, daß die Parapsychologie sich eine „positive Kritik des Aberglaubens" zur Aufgabe gestellt habe. Hieraus ergebe sich auch, daß Bender selbst eine Verbindung seiner Tätigkeit mit dem Gebiet des Aberglaubens hergestellt habe. Er selbst bezeichne auch die Erscheinungen, die den Gegenstand seiner Untersuchungen bilden, mit „Spuk", so daß schon hieraus die Bezeichnung „Spukprofessor" verständlich werde und deswegen keineswegs herabsetzend sei.

Im Hinblick auf die Möglichkeit übersinnlicher Erscheinungen hätten sich zwei Lager gebildet, die ihre entgegengesetzten Auffassungen mit aller Schärfe und Entschiedenheit vorbrächten. Diese Auseinandersetzung finde auch gerade auf allgemeiner publizistischer Ebene statt und stoße auf großes Interesse in der Öffentlichkeit, weil die Gefahr des Mißbrauchs durch Scharlatane und Betrüger außerordentlich groß sei. Besonders Bender stehe dabei wegen seiner Thesen im Mittelpunkt der Auseinandersetzungen und lasse sich dabei viel schärfere Formulierungen entgegenhalten, als es Leithäuser getan habe. So sei er von Professor Dr. Podach als ein „Hansdampf in allen okkulten Gassen, positiv eingestellt zu allem „Parapsychologischen" bezeichnet worden, während Professor Dr. Conrad die Demonstrationen Benders als „banale Schaubudenschlager, wie sie auf jeder Kirmes seit Jahren gezeigt werden", bezeichnet habe. Tatsächlich sei Bender mit seinen Thesen, die auf eine einseitige und vorbehaltlose Anerkennung aller unerklärlichen Erscheinungen hinausliefen, vorwiegend außerhalb wissenschaftlicher Podien in Illustrierten, Interviews für die Tagespresse, Fernsehen und Rundfunk, in Reklamezeitschriften und in Vorträgen vor Vereinen hervorgetreten. Hierbei werde er oft als führender Forscher auf dem hier interessierenden Gebiet bezeichnet. Wegen dieses Auftretens in der Öffentlichkeit hätten sich für den Beklagten Kurzbezeichnungen wie „Geisterjäger" und „Geisterprofessor" eingebürgert. Er selbst bezeichne andere Interessenten, die sich mit „Spuk" beschäftigen, als „Spukforscher".

Hiernach seien die Bezeichnungen „Spukprofessor" und „Obermeister der abergläubischen Zunft" weder formalbeleidigend noch verächtlichmachend. Sie seien inhaltlich wahr. Leithäuser habe überdies in Wahrnehmung berechtigter Interessen gehandelt, weil sich der Beklagte mit seinen wissenschaftlich nicht haltbaren Thesen außerordentlich exponiert habe und wegen seiner geachteten Stellung bei Leichtgläubigen die Gefahr hervorrufe, daß sie dem primitiven Aberglauben verfielen. Mit seiner Stellungnahme habe sich Leithäuser, insbesondere auch mit den beanstandeten Formulierungen, innerhalb der Meinungsfreiheit gehalten, die in Form einer Kritik auch scharf und nachdrücklich sein dürfe. Dabei sei die Kritik auch in Verbindung mit einer handfesten und deutlichen Ausdrucksweise zulässig.

Das Gericht befand, daß die Bendersche Widerklage unbegründet sei. Bender stünden wegen der Verwendung der auf ihn hinweisenden Bezeichnungen „Spukprofessor" und „Obermeister der abergläubischen Zunft" in dem Werk „Das neue Buch vom Aberglauben" keine Unterlassungs-, Beseitigungs- oder Schadensersatzansprüche zu.

Das Gericht führte in den Gründen seiner Entscheidung aus, in der Verwendung dieser Bezeichnung liege kein schwerer Eingriff in das allgemeine Persönlichkeitsrecht Benders. Daher sei auch nicht in besonders vorwerfbarer Weise das nach § 823 Abs.1 BGB geschützte Rechtsgut Benders verletzt worden. Wörtlich heißt es im Urteil:

„Die beanstandeten Bezeichnungen sind keine Formalbeleidigungen im Sinne der §§ 185, 192 StGB. Ihrem Wortsinn nach sind es keine ungebührlichen Kundgebungen; sie enthalten auch nicht einen rechtswidrigen Angriff auf die Ehre des Beklagten. Das Wort „Spuk" wird, wie zwischen den Parteien unstreitig ist, vom Beklagten als populärer Sammelbegriff für unerklärliche Erscheinungen psychischer oder physikalischer Art gebraucht. In Verbindung mit dem ihm zustehenden Titel, dessen er sich auch für seine Veröffentlichung auf dem Gebiet des „Spuks" bedient, stellt die Bezeichnung „Spukprofessor" eine schlagwortartige Kennzeichnung dar, die allenfalls einen Vorbehalt gegenüber den unter „Spuk" zusammengefaßten Vorgängen, nicht aber eine Mißachtung oder gar Nichtachtung zum Ausdruck bringt. Das gleiche gilt für „Obermeister der abergläubischen Zunft".

Das Urteil übernahm weitgehend die Argumente der Kläger. Es meinte, die von Bender geforderte „positive Kritik des Aberglaubens" müsse ihn in den Augen derer, die entschiedene Gegner eines Aberglaubens sind, als Anhänger dieser Richtung erscheinen lassen, obwohl er möglicherweise nicht denselben Standpunkt einnimmt. Wegen dieser Sachlage stellten die Bezeichnungen „Spukprofessor" und „Obermeister der abergläubischen Zunft" keine schweren, aber auch keine in besonderer Weise vorwerfbaren Eingriffe in das Persönlichkeitsrecht Benders dar. Bei dieser nicht auf kleine Fachkreise beschränkten, sondern auf breiter publizistischer Ebene stattfindenden Auseinandersetzung müsse er sich gefallen lassen, wenn an seiner – möglicherweise falsch verstandenen – Auffassung Kritik geübt werde. Dieser Kritik habe er sich umsomehr ausgesetzt, als er Berichte über seine Tätigkeit im Rahmen des von ihm geleiteten Instituts und über seine Auffassung nicht nur in Publikationen der Tagespresse, sondern auch in gewerblichen Anzeigen habe erscheinen lassen, wobei er auch seine Stellung als Hochschullehrer nicht davon abgegrenzt habe.

Leithäuser habe sich bei den von ihm formulierten Bezeichnungen im Rahmen der durch Artikel 5 des Grundgesetzes garantierten Meinungsfreiheit gehalten. Wer sich mit seinen Arbeitsthesen an die Öffentlichkeit wende und zugleich persönlich durch seine Tätigkeit besonders hervortrete, müsse sich einer freien und kritischen Auseinandersetzung über seine Thesen stellen (vgl. BGH NJW 66, 245), die wegen seines persönlichen Hervortretens zwangsläufig auch auf seine Persönlichkeit in diesem Zusammenhange eingehen müsse (BGH aaO).

Fehle den Bezeichnungen „Spukprofessor“ und „Obermeister der abergläubischen Zunft“ ein mißachtender oder nichtachtender Inhalt, so stellten sie unter Berücksichtigung dieser Gesichtspunkte auch keinen Eingriff in das Persönlichkeitsrecht Benders dar. Diese Bezeichnungen seien, soweit sie einen sachlichen Kern haben, durch Bender selbst veranlaßt worden. Seine Beschäftigung mit „Spuk“ und „Aberglaube“ – zwei von ihm selbst gebrauchte Bezeichnungen für den Gegenstand seiner Untersuchungen und für seine geistige Haltung – erlaubten es, ihn damit in Verbindung zu bringen. Soweit die Bezeichnungen jedoch einer fachwissenschaftlichen Auseinandersetzung nicht entsprächen, sei zu beachten, daß sie gerade nicht im Rahmen einer fachwissenschaftlichen, sondern einer populärwissenschaftlichen Kritik gebraucht worden seien.

Mit Rücksicht darauf, daß die verschiedenen Standpunkte im Streit über die Möglichkeit sogenannter übernatürlicher Erscheinungen im wesentlichen emotional begründet würden, sei dem Verfasser des „Neuen Buches vom Aberglauben“, der einen dezidierten Standpunkt einnimmt, in seiner Kritik auch eine gewisse ironische Überhöhung erlaubt. Mehr als diese leichte Ironie komme in beiden beanstandeten Wendungen jedoch nicht zum Ausdruck, auch aus dem Zusammenhang nicht, in dem sie gebraucht werden.

Ein Anspruch auf § 14 UWG, der überdies nur den Unterlassungs- und den Beseitigungsanspruch, nicht aber den immateriellen Schadensersatzanspruch stützen könne (vgl. Baumbach-Hefermehl 9. Aufl. Anm. 25 zu § 14 UWG), ist gleichfalls nicht gegeben, weil die beanstandeten Äußerungen nicht zu den Zwecken des Wettbewerbs gemacht worden sind. Eine Wettbewerbshandlung liegt in einem Verhalten, das auf Abschluß von Geschäften mit Kunden gerichtet und äußerlich geeignet ist, den Absatz eines Wettbewerbs zu fördern und dadurch notwendig den Absatz seiner Mitbewerber zu mindern (vgl. Baumbach-Hefermehl 9. Aufl. Anm. 145 Einleitung UWG). Die Beschäftigung Benders und Leithäusers mit derselben Aufgabe und ihre Publikationen über dasselbe Thema schafften eine derartige Voraussetzung nicht. Und das Urteil schließt mit der Feststellung:

„Bei dieser Sachlage stellte die vorprozessuale Verwarnung des Beklagten (Bender) einen unerlaubten Eingriff in den eingerichteten und ausgeübten Gewerbebetrieb der Klägerin zu 1) und des Rechtsvorgängers der Kläger zu 2), 3) und 4) dar. Sie beeinträchtigte die Kläger in der Entfaltung des Gewerbebetriebes (vgl. OLG Köln NJW 65, 2345), weil die Kläger dadurch vor die Entscheidung gestellt worden sind, den Vertrieb des Buches einstweilen bis zur Durchführung der vom Beklagten verlangten Maßnahmen einzustellen oder sich erheblichen Schadensersatzansprüchen auszusetzen (vgl. BGH NJW 63, 531). Es entspricht bei dieser Sachlage der Billigkeit, die Kosten der für erledigt erklärten Klage dem Beklagten gemäß § 91a StPO aufzuerlegen."

Dieses Urteil wurde nicht rechtskräftig, weil Bender Berufung einlegte. In der Berufungsinstanz kam es zu einem Vergleich zwischen den Erben Leithäusers und dem Safari-Verlag einerseits und Bender andererseits.

Im Vergleich verpflichteten sie sich ohne Anerkennung einer Rechtspflicht, die Äußerung „Obermeister der abergläubischen Zunft" in jeder Neuauflage (einschließlich der Lizenzausgaben) des Buches „Das neue Buch vom Aberglauben" nicht mehr zu benutzen und in den vorhandenen Rohexemplaren des Buches diesen Begriff wegzulassen. Bender verzichtete auf jeglichen Schadensersatzanspruch. Die Kosten des Rechtsstreites wurden gegeneinander aufgehoben, d.h. jede Seite trug ihre Anwaltskosten und die Hälfte der Gerichtskosten. Der Verlag konnte die gebundenen Exemplare des Buches unverändert verkaufen.

Es war zu hoffen, daß Bender nach diesen beiden Entscheidungen behutsamer, vorsichtiger und zurückhaltender missionieren würde. Das Gegenteil war der Fall. Die ihn beherrschende Idee wurde von Jahr zu Jahr überwertiger und verhalf dem Beobachter seiner Vita parapsychologica zu spannenden, manchmal deprimierenden Feststellungen in diesem Drama, das durch ihn benannt und charakterisiert wurde.

5. Frühe Warnungen vor Bender

Einige Jahre vor Benders Attacke gegen den Safari Verlag hatte er schon gegen einen Verein geklagt, der sich mit ihm angelegt hatte.

In den fünfziger Jahren existierte in Berlin eine „Deutsche Gesellschaft Schutz vor Aberglauben e.V." (DeGeSA), geleitet von dem aggressiv-unvorsichtigen Reg.-Dir. a.D Brunner. Der nahm sich 1958/59 besonders des Parapsychologen Bender („Unser Feind Nr. 1") an. In einem Rundschreiben an alle Generalstaatsanwälte gab er Statements heraus, deren Richtigkeit er dann nicht beweisen konnte. So behauptete die Antiokkultisteneinheit durch Brunner:

1) Bender trete für die Verbreitung des Aberglaubens ein;
2) Bender sei dem Aberglauben verfallen;
3) Bender sei infolge blinder Voreingenommenheit nicht in der Lage gewesen, den plumpen Trick eines Hellsehers im Fall „Regina, Karo Dame" zu durchschauen;
4) die Okkultbetrüger erblickten in Bender ihren besten Anwalt;
5) Bender besitze nicht die Qualifikation für einen gerichtlichen Sachverständigen;
6) Bender sei als Sachverständiger in Okkultfragen der denkbar ungeeignetste Mann;
7) Bender stelle eigene Wahnideen höher als die Feststellungen der exakten Wissenschaft
8) im Interesse einer ordnungsgemäßen und gerechten Ahndung der Okkultdelikte seien mit Rücksicht auf die vorstehenden zu 1)-7) genannten Behauptungen die Herren Oberstaatsanwälte anzuweisen, in allen Fällen, in denen beabsichtigt ist, Prof.Bender als gerichtlichen Sachverständigen zu bestellen, der Bestellung zu widersprechen.

Diese Forderungen kamen zehn Jahre zu früh. Benders Konturen waren trotz aller Bemühungen noch nicht ausreichend sicht- und beweisbar. Bender klagte daher gegen diese Behauptungen und obsiegte. Er erwirkte zuerst vor der 16.Zivilkammer des Landgerichts Berlin eine einstweilige Verfügung, durch welche die Verbreitung der Behauptungen untersagt wurde.

Später kam es vor dem 5.Senat des Kammergerichts Berlin zu einem Vergleich: Bender zog die Klage zurück, die DeGeSA übernahm sämtliche Kosten des Verfahrens und die Publikation des Vergleichs. Damit war der kämpferische Elan dieses Vereins erschöpft. Er dämmerte noch einige Jahre bis zu seinem Ende dahin.

Der „Spiegel" kommentierte die verunglückte Kesselschlacht: „Nun hat sich der Okkultforscher Bender tatsächlich als gläubiger Adept der parapsychologischen Hypothesen auch in solchen Fällen engagiert, in denen sich später herausstellte, daß er schlichten Geschicklichkeitsbetrügern aufgesessen war. (Der „Spiegel" bezog sich auf den Fall „Regina, Karo Dame")

Die Antiaberglaubensgesellschaft war insbesondere über den Satz gestolpert: „Wenn die Gerichte die Ansicht eines Sachverständigen, der seine eigenen Wahn-Ideen höher stellt als die Feststellungen der exakten Wissenschaft, zur Grundlage ihrer Entscheidungen machen, darf man sich über die vielen bedauerlichen Freisprüche, von denen man immer wieder hört, nicht wundern." In diesem Satz lag nicht so sehr eine erlaubte Meinungsäußerung, sondern vielmehr eine nachprüfbare Tatsachenbehauptung.

Die Gesellschaft konnte auf Nachfrage allerdings keinen durch Benders Gutachten bewirkten Freispruch anführen. Bender hatte in einer Versicherung an Eides statt erklärt, keines seiner Gutachten habe zu einem Freispruch geführt. Hätte die Anti-Bender-Fronde vorher besser recherchiert, so hätte sie Bender in einen argen Verdacht bringen können: In der Strafsache Schöffengericht Kirchen (3 Ms 72/57) gegen E. wegen Betruges u.a. wurde am 29.11.57 der früher schon wegen Betruges erheblich vorbestrafte Angeklagte F. „unter Freisprechung im übrigen" wegen Beleidigung zur Gefängnisstrafe von einem Monat verurteilt.

Vom Betrugsvorwurf wurde E. freigesprochen, weil Bender in dieser Strafsache ihm gutachtlich „telepathische Kenntnisse im nicht geringem Umfang" bescheinigt und ihn insoweit für gutgläubig gehalten hatte. Weil die subjektive Täuschung bei E. nicht vorlag, fehlte ein Tatbestandsmerkmal des Betruges und das Gericht sprach insoweit frei.

Auf die Berufung der Staatsanwaltschaft hin wurde dieses Urteil aufgehoben. Die 1. Große Strafkammer des Landgerichts Koblenz verurteilte E. wegen übler Nachrede zu zwei Monaten Gefängnis (ohne Bewährung!). Auch dieses Urteil ging auf das zu Gunsten des Angeklagten erstatteten Gutachten Benders ein und meinte, es fehle an der objektiven Möglichkeit, die Täuschung durch den Angeklagten festzustellen, da der Angeklagte unwiderleglich an die Richtigkeit seiner Sehbilder glaube.

Rechtzeitiges weiteres Nachforschen durch die kämpferischen, aber zu hastigen Bendergegner hätten weitere Fälle finden lassen, in denen gegen wiederholt vorbestrafte Betrüger als „Hellseher“ durch die resignierenden Staatsanwaltschaften erst gar keine Anklagen wegen Betruges erhoben worden waren. Vorgängige Gutachten Benders hatten in diesen Fällen den „Hellsehern“ telepathische Fähigkeiten und guten Glauben bescheinigt. Damit war eine Täuschungsabsicht der „Hellseher“ gegenüber den Hilfe suchenden Menschen nicht mehr zu beweisen.

So hatte z.B. im Verfahren 6 KMs 6/51 der StA Hagen am 17.11.1958 Bender als Gutachter ausgesagt, er habe den Eindruck, daß der Angeklagte z.N. „zweifellos über telepathische Fähigkeiten verfügt“ .... Die ferntelepathische Verbindung mit einer Person mittels Photographie, die dann als sogenanntes psychometrisches Projekt benutzt wird, „liegt nach heutiger wissenschaftlicher Erfahrung im Bereich des Möglichen“, sei aber als ständig funktionierende Praxis höchst unwahrscheinlich. Er ergänzte unaufgefordert am 18.11.1952: „Herr z.N. ist immer gutgläubig, wenn er Auskünfte aufgrund von Photographien gibt. Er ist sich selbst gegenüber völlig kritiklos und von seiner Begabung unbedingt überzeugt.“ Damit war z.N. von dem Vorwurf, er betrüge (d.h. belüge und täusche) seine Kunden, ein für allemal sicher: eine Art „Präventivfreispruch“.

Das früheste mir bekannt gewordene Entlastungsgutachten dieser Art verfaßte Bender schon am 15.4.1948 für den Straßenbahnschaffner V. aus Konstanz (3Js 662/47 StA Freiburg). Der Kriegsinvalide hatte die „von der Mutter geerbte hellseherische Begabung“, wie er meinte, schon 1920 entdeckt. Der Mann gab Auskünfte über vermißte Personen, über abhanden gekommene Gegenstände und über den Gesundheitszustand entfernter Personen: er ließ sich ein Bild des betreffenden Menschen geben, suchte den jeweiligen Ort auf der Landkarte, betete, „versenkte sich in das Bild“ oder „stellte sich die Gegend vor“ und „wartete auf die Visionen“.

In dem gegen den Visionär eingeleiteten Strafverfahren wegen Gaukelei kam Bender zu dem Schluß, „daß V. in der Tat über besondere Fähigkeiten des Wissenserwerbs außerhalb der uns bekannten Sinnesorgane verfügt, mit einer an Sicherheit grenzenden Wahrscheinlichkeit über besondere paranormale Fähigkeiten verfügt. ... Er ist guten Glaubens und kann deshalb nicht als

Gaukler bezeichnet werden". Bender übersah, daß gerade die süddeutschen polizeirechtlichen Gaukeleibestimmungen den Täuschungstatbestand des Betrugsparagraphen nicht kannten und daß allein schon das Auftreten als okkulter Gaukler (auch ohne Täuschungsabsicht) bestraft werden konnte. Am 12.5.1948 stellte die Staatsanwaltschaft Freiburg das Verfahren gegen V. ein, „da er paranormale Fähigkeiten besitzt". Der Betrugsverdacht wurde erst gar nicht geprüft.

Bei seinen Heimspielen in und bei Freiburg genoß Bender vor allem im ersten Jahrzehnt seiner Niederlassung dort beträchtliche und lange anhaltende Ansehensvorteile und Akzeptanz. Der gute Ruf seiner Familie mag dazu beigetragen haben. Nach einem Schreiben der Staatsanwaltschaft Freiburg vom 28.4.1956 hatte „Bender dem früheren LKA Baden bzw. der jetzigen Kriminalhauptstelle Freiburg und der Staatsanwaltschaft Freiburg seine begutachtende Tätigkeit zur Verfügung gestellt. Es handelte sich um Versuche, nicht aufgeklärte Verbrechen zu erhellen, insbesondere die Täter zu ermitteln. Soweit dem Unterzeichnenden bekannt, ist diesen Versuchen ein Erfolg nicht beschieden gewesen."

Es gab eine Zeit, da auch das damals dreijährige Bundeskriminalamt einmal und nie wieder den zu dieser Zeit noch nicht genügend selbstblamierten Bender als Referenten zu einer Arbeitstagung nach Wiesbaden einlud. Bender sprach über die Ergebnisse und Probleme der Parapsychologie und ihre Bedeutung für die Polizei- und Rechtsordnung[38)]. Bender konnte ohne Widerspruch behaupten, Telepathie und Hellsehen gälten als „unbezweifelbar erwiesene Tatsachen". Er vermied es damals vorsichtig, auf Spuk und Telekinese einzugehen: er wäre sonst spätestens bei diesem Thema niedergebuht worden, denn die skeptischen Zuhörer, in der Mehrzahl Kriminalisten, glaubten ihm damals schon kein Wort mehr.

VI. Wie wird jemand „Poltergeist"?

1. Der Jahrhundertfall in der Neuen Vahr

Während der letzten 50 Jahre Poltergeistgeschichte hat – vom „Chopper"-Fall bei einem Regensburger Zahnarzt abgesehen – wohl kein Spukfall einen solchen publizistischen Wirbel verursacht, wie der „Poltergeist im Porzellankeller" des Stadtteils Neue Vahr in Bremen. Wurde der „Chopper"-Spuk durch das Ungeschick der Ermittler – insbesondere durch den lösungshinderlichen einseitig technischen Ansatz der Bundespost – auf öffentliche Höhen gehebelt, ohne daß Bender mehr als eine nachhütende Rolle dabei spielte, so war der über Jahre hinweg alternde bzw. erneuerte Bekanntheitsgrad des Spuks in der Neuen Vahr im wesentlichen das Werk des größten deutschen Parapsychologen. Die Methoden, mit denen Bender diesen Fall untersuchte, zeigten alle jene Eigenheiten, die für die Denk- und Arbeitsweise der Parapsychologen typisch sind. Und am Ende promovierte Bender mit Hilfe dieses Falles noch in Heidelberg zum „Dr. med." (mit Urkunde) nach „wissenschaftlicher Durchdringung" der Probleme. Der Jahrhundertfall wurde spätestens dann zur Jahrhundertblamage im Spiel der Poltergeister mit den Professoren: Hokus Pokus gegen Focus.

Der spätere „psi-genetische Poltergeistjunge" Sch. wurde am 27.4.1951 in W. als Siebenmonatskind der damals 20 Jahre alten Arbeiterin Ilse Sch. geboren. Die Mutter, die zunächst in D. lebte, gab das Kind nach S. in den Haushalt ihrer Adoptivmutter, der Witwe M.Sch. Die „Großmutter" wurde zum Vormund über den Jungen bestellt. Sie nahm das Kind allein in Pflege und behielt es auch, nachdem Fräulein Sch. den Fliesenleger K. geheiratet hatte, mit dem sie in D. lebte.

Die Großmutter (geb. 25.09.1886) begann sehr früh das Kind zu verwöhnen. Im Alter von vier Jahren zeigte sich bereits ein ausgesprochener Eigenwille des Jungen, dem die Großmutter nachgab. Wenn den Wünschen des Jungen nicht entsprochen wurde, warf er sich auf die Erde, schrie und trampelte und bekam dann, was es wollte. Im Alter von neun Jahren mußte der Junge medikamentös behandelt werden. Er wurde „sehr kräftig" und „aufgeschwemmt" und zeigte einen unmäßigen Eßhunger.

Von der Großmutter verlangte und bekam er nur besondere Speisen; wenn seine Mutter zu Besuch kam und kochte, mußte er das essen, was die Mutter auf den Tisch stellte und das tat er dann auch. In dieser Zeit, so berichtete die Mutter, aß er große Mengen. Er schaufelte z.B. den gemahlenen Bohnenkaffee mit dem Löffel in den Mund und aß vor allem gekochte, grobe Mettwürste.

Als der Junge zehn Jahre alt war, wurde offenbar, daß die weichherzige Großmutter das Kind ihrer Adoptivtochter mehr verzogen, als erzogen hatte. Sie tat alles für den Jungen, verwöhnte das „Enkelkind" außerordentlich, bestrafte es aber hart, wenn der Junge sie geärgert hatte. Wo nachvollziehbare, akzeptable Erziehungsnormen notwendig gewesen wären, erlebte der Junge Affektausbrüche der Großmutter. Der wichtigste Kontakt zwischen beiden bestand darin, daß die Großmutter den Jungen vor allem mit gutem Essen und mit Süßigkeiten versorgte. Dadurch wurden die späteren ernsthaften Schwierigkeiten mit der leiblichen Mutter vorprogrammiert.

Der Junge verstand es mit der Großmutter umzugehen, wie ihm dies nützlich erschien. Er sagte dem „Omilein" das, was es gern hören mochte. Er verstand es, auf diesem Wege seinen Willen geschickt durchzusetzen. Zur Mutter hat er nie ein einigermaßen verträgliches Verhältnis gewonnen.

Die Adoptivgroßmutter war eine temperamentvolle Frau. Es konnte passieren, daß der Junge, der an Wutanfällen litt, plötzlich etwas nach seiner Großmutter warf, und daß sie dann Töpfe oder Schüsseln oder Teller, was sie gerade in der Hand hatte, zurückwarf. Solche Dinge ließ man dann auf dem Boden liegen und stieg lieber tagelang über diese Gegenstände hinweg, als sie wegzuräumen.

Eines Tages warf die Großmutter ein Messer nach dem Jungen, wobei er sich an der Hand verletzte und daraufhin eine Scheibe des Wohnzimmerbuffets einschlug. Die Großmutter hatte deshalb Anlaß zur Entrüstung, weil der Junge ihr laufend kleinere Geldbeträge entwendete. Es begann mit Groschen bis hin zu Markbeträgen. Es waren wenige Mark zuerst, dann waren es 20 DM. Die Großmutter mußte eines Tages ins Krankenhaus eingeliefert werden, weil sie unterernährt war. Sie hatte den Jungen zum Einkaufen geschickt; der hatte das Geld tagsüber ausgegeben und verzehrt und kam dann am Abend mit leeren Händen zu der Frau zurück und hatte keine Lebensmittel gekauft. Solche Abläufe wiederholten sich. Die Großmutter wurde später in ein Altenheim gegeben. Dort wurde sie von dem Jungen immer wieder besucht bzw. er schrieb ihr zahlreiche Briefe und bat immer um Geld und erhielt von der rund 1.000 DM-Rente der Großmutter auch entsprechende Geldbeträge. Den Angaben der Krankenschwester zufolge soll sie von dort manchmal bis zu 400 und 500 DM an ihn geschickt haben. Als die Großmutter noch zuhause war, hat er ihr einmal 300 DM weggenommen und das Geld vor ihren Augen angezündet, so daß die alte Frau voller Erschrecken aus dem Bett sprang und die Scheine zu retten und zu löschen versuchte.

Als er 1962 eine Klasse in der Schule wiederholen mußte, hielt die fast 80 Jahre alte Großmutter dies für die Rache einer Lehrerin. Sie hing mit abgöttischer Liebe an ihrem Enkelkind. („Er bekam alles, was er sich wünschte"). Seine Mutter verzog nach Bremen, wo sie heute noch in einem hübschen Reihenhaus und einem sehr gepflegten Haushalt mit ihrem Ehemann wohnt.

Ostern 1965 wurde Sch. aus der 7. Klasse Volksschule entlassen. Am 27.3.1965 wurde er von seiner Mutter nach Bremen geholt, weil die Großmutter altersbedingt erkrankt war und ins Krankenhaus aufgenommen werden mußte. Das Entlassungszeugnis des Jungen sprach von „tadelnswerter Führung" (wie schon seit dem 3. Schuljahr), von „unregelmäßigem Schulbesuch" (Sch. hatte seiner Großmutter immer vorgeschwindelt, er könne nicht zur Schule gehen, da er von größeren Jungen geschlagen werde) und von „nicht ausreichender Beteiligung am Schulunterricht". Das Zeugnis testierte ihm nahezu in allen Fächern eine nur mangelhafte Leistung. Trotzdem erreichte die Mutter eine Aufnahme des Vierzehnjährigen als Lehrling im Einzelhandelsgeschäft des aus Ostpreußen stammenden Kaufmannes S. in der Neuen Vahr. Sie bereitete ihn darauf vor, indem sie mit ihm abends das kleine Einmaleins übte, das er schlecht beherrschte.

> Nach dem Tod der Großmutter (1970 in einem Altenheim) brachte er sofort ihre gesamte Habe an sich. Die Adoptivtochter Frau K. wurde erst 11 Tage nach dem Ableben ihrer Adoptivmutter von dem Altenheim über den Tod der Mutter verständigt. Inzwischen hatte der Junge nicht nur die gesamte Fahrnis an sich gebracht; das gesamte Geld, das Fernsehgerät, den Schmuck hat er verkauft, so wie er schon zu Lebzeiten seine Großmutter finanziell ausgenutzt hatte, wie seine Mutter entrüstet zu berichten weiß.

Das Vormundschaftsgericht bestellte als Erziehungshelfer den Sozialarbeiter W., der auch den erziehungsschwierigen Stiefsohn der Mutter betreute. Sch. zeigte sich ihm als ein „unerzogener, unsauberer, starker Esser“. Die Mutter hatte sich geweigert, die Vormundschaft zu übernehmen.

Sch. begann seine Lehrlingstätigkeit bei S. am 1.4.1965. Nach einigen Tagen bereits gab es mit dem Jungen Ärger. Er hatte eine große Vorliebe für alle süßen Sachen. Frau S. erlaubte ihm, die Süßigkeiten zu entnehmen und notierte deren Wert, um ihn vom Lohn abzuziehen. Bei der ersten Süßigkeitsentnahme ereignete sich folgendes: Er kam mit einer Kiste von rohen Eiern auf dem Arm aus dem Keller die Treppe hoch nach oben, als ihm Herr S. begegnete und ihn fragte, was er da kaue. Er sagte: „Süßigkeiten“. Er wurde gefragt, woher die Süßigkeiten seien und er antwortete, er habe sie aus dem Regal genommen. Das war richtig. Er hatte auch wie vereinbart Frau S. verständigt. Sie wußte davon, sie hatte ihm das genehmigt, aber das wußte ihr Mann nicht. Deshalb soll Herr S. dem Jungen eine Ohrfeige gegeben haben. Dieser habe sich dann herumgedreht und habe die volle Kiste Eier der am Fuß der Treppe stehenden Frau S. übergeworfen. In den nächsten Tagen kam es dann zu den ersten Sachbeschädigungen im Keller und im Laden des Kaufmanns.

Von seiner Lehrvergütung von 130 DM brutto (ca. 107 DM netto) wurden ihm deshalb im April aber nur 63,75 DM ausgezahlt, weil er „im ersten Lehrmonat durch Unachtsamkeit viel Schaden angerichtet“ hatte. Vor Ende Mai stand fest, daß ihm weitere 28 DM einbehalten würden, weil er für „28 DM Geschirr zerschlagen hat“.

An seinem Arbeitsplatz galt er bald als ungeschickt, weil er „dauernd irgendetwas zerschlägt oder beschädigt und so gierig ist, daß er immer wieder beim Verzehr irgendwelcher Lebensmittel angetroffen wird“, wie dem Jugendamt Bremen Ende Mai berichtet wurde. Am 26.5.1965 erklärte der Lehrherr S. telefonisch gegenüber dem Jugendamt, er wolle das Lehrverhältnis beenden. Seine Mutter wollte ihn nun so rasch wie möglich an ein Lehrlingsheim los werden.

Am 28.5.1965 wurde bekannt, daß Sch. angeblich zweimal Geld (20,- und 22,- DM) zum Nachteil seines Lehrherrn „verloren“ habe. Außerdem habe er einen Gelddiebstahl von 8,- DM zugegeben. Das Lehrverhältnis wurde daraufhin aufgehoben, jedoch durfte Sch. vorläufig als Ladenarbeiter zu den gleichen Lohnbedingungen im Geschäft weiterarbeiten. Dieses Arbeitsverhältnis dauerte rund vier Wochen. Am Donnerstag, dem 1.7.1965, wurde Sch. durch den Kaufmann S. vom Arbeitsplatz verwiesen und nach Hause geschickt, nachdem er zuvor einige Aufräumungsarbeiten verrichtet hatte.

Als er noch bei seiner offenbar erziehungsschwachen Großmutter lebte, hatte diese ihm jede Geschichte geglaubt, die er ihr erzählte. So hatte er ihr eines Tages berichtet, ein Pastor habe versucht, ihn zu vergewaltigen und habe ihn deshalb an Händen und Füßen gebunden. Außerdem besitze der Pastor zwei Pistolen. Die Großmutter glaubte ihm, daß er sich deshalb nicht in die Schule getraute. Er durfte also bei ihr zu Hause bleiben.

Eines Tages beklagte sie sich bei den Nachbarn und der Polizei, daß ihr Unbekannte die Fensterscheiben des Wohnzimmers zerschossen hätten. Die Polizeibeamten des zuständigen Polizeipostens beobachteten daraufhin längere Zeit das Haus und sahen, wie Sch. in einem Falle mit einem Stein, den er an einer Schnur befestigt hatte, von einem höher gelegenen Fenster aus die Scheiben einschlug. In einem späteren Fall benutzte er dazu einen Besen, mit dem er dann auch Dachziegel vom Dach stieß. In einem anderen Falle übte er einen „Spuk" in der Weise, daß er die Tassen im Küchenschrank derart dicht hinter die Schranktür abstellte, daß sie herausfielen, sobald die Großmutter die Schranktür öffnete. Infolge der Manipulationen durch Sch. schlugen wiederholt die elektrischen Sicherungen durch.

Das erzählte der von mir ermittelte Augenzeuge F. bei seiner Befragung im Jahre 1966. Die Großmutter hatte ihm seinerzeit die Tassen- und Kurzschlußereignisse berichtet. Sch. gab auf Vorhalt diesen Schabernack bei seiner weiteren Befragung 1979 zu.

Bei einem Bauern durfte er etliche Male einen Traktor fahren. Er war damals noch nicht 14 Jahre alt. In einem Falle wurde ihm erlaubt mit dem Trecker, den auf öffentlichen Wegen der Bauer steuerte, auf dem Feld zu fahren. Einen Führerschein besaß er begreiflicherweise nicht. Ein Führerschein war auch nicht notwendig. Als er eigenmächtig auch öffentliche Verkehrswege befuhr und er einige kleine Werkzeuge aus Anlaß einer Fahrradreparatur vom Hof „mitnahm“, durfte er den Traktor nicht mehr benutzen.

Die Angaben über die Traktorbenutzung stammen von einem Zeugen (1967), die Detailangaben über die entwendeten Sachen von Sch. (1979).

Als er (zusammen mit einem Gleichaltrigen) auf dem Bauernhof den Elektromotor einer Häckselmaschine beschädigte, wurde der Bauer wütend. Er verbot dem Jungen den Hof. Sch. nahm das murrend hin und fügte sich.

Als Dreizehnjähriger lud er mehrere Male seine ganze Schulklasse ein und spendierte für alle Eis und Süßigkeiten oder kaufte sich für größere Summen Geld Spielwaren. Ein Zeuge berichtete 1967: „Woher er das viele Geld hatte, blieb mir unerklärlich; ich konnte nur Vermutungen anstellen“. Den Lehrern und Kaufleuten gab er an, seine Oma habe im Lotto gewonnen.

In seiner nachträglichen Befragung (1979) erklärte Sch., woher er das Geld hatte. Seine Großmutter habe eine Rentennachzahlung erhalten, ohne die Höhe (500 DM) zu kennen. Dieses Geld habe er an sich genommen und dafür Geschenke eingekauft, um sich bei seinen Mitschülern beliebt zu machen.

Als die Klasse einmal eine Schulwanderung in der Umgebung des Dorfes machte, erzählte Sch. seiner „Omi“ abends, sie seien in Münster im Zoo gewesen. Er beschrieb ihr alle Einzelheiten und Erlebnisse – und die liebe Oma glaubte ihm. Sch. konnte sich bei seiner Befragung 1979 an diesen Vorgang erinnern. Er habe den Zoo deshalb so gut beschreiben können, weil er vorher schon einmal dort gewesen sei.

Ein ehemaliger Mitschüler berichtete mir 1967: „Sch. war sehr verspielt. Er mußte bei jedem Spiel etwas zerstören: ein Spielzeugauto, ein Teil seiner elektrischen Eisenbahn. Wenn Nachbarn oder Kinder sich mit viel Mühe im Garten ein Blumenbeet angelegt oder die ersten Kohlpflanzen gesetzt hatten, riß Sch. oft alle Pflanzen wieder aus der Erde. Als Kinder haben wir natürlich immer darüber gelacht, und Sch. fühlte sich im Mittelpunkt. Sch., der etwas pummelig von Gestalt war und beim Sportfest immer nur 10 bis 15 von den 40 geforderten Mindestpunkten erhielt, wurde von den Schulkameraden – auch den jüngeren – oft gehänselt. Wenn er dann wieder mit Geschenken den großzügigen Mann spielte, waren alle wieder vorübergehend seine besten Freunde".

Die Neigung, bei seinen nächsten Bekannten und Nachbarn nachhaltig Eindruck zu schinden und mehr zu scheinen, als zu sein, wiederholte sich immer wieder. Als junger Mann hat er einmal mit seinem ganzen Geld, das er aufbieten konnte, in Hannover bei einem Automietunternehmen einen großen Mercedes geliehen. Er fuhr in den kleinen Ort, in dem er aufgewachsen war, und besuchte den Lehrer, um bei ihm Eindruck zu schinden. Das sagte er 1979 aus.

Nach anderen Angaben (1967) war „nichts mehr vor ihm sicher, wenn er einen seiner Jähzornanfälle hatte. Dann schrie er laut und warf mit allem, was ihm in den Weg kam, um sich und machte mit seinem Zorn auch nicht vor seinen Spielkameraden halt". Seine Großmutter hatte keine Gewalt mehr über ihn.

Im Dezember 1964 entwendete er ihr 150 DM und kaufte sich dafür eine Eisenbahn. Als einmal das Fernsehgerät der Großmutter nicht mehr funktionierte, entnahm er ihm eine angeblich defekte Röhre, ließ sich 45 DM für den Kauf einer neuen Röhre geben, baute aber die alte Röhre wieder ein (wie die Nachforschungen ergaben) und kaufte sich für das Geld Spielzeug, hauptsächlich Lego-Steine.

Diese Angaben stammen von der Mutter des Sch. Sie wurden im wesentlichen, soweit Sch. sich daran erinnern kann, als richtig bestätigt. Anstelle eines von ihm zerlegten Radios, das der Omi gehörte, kaufte er sich ein neues Gerät. Er kaufte sich dazu noch ein Kofferradio, das er auch auseinandernahm und das dadurch unbrauchbar wurde. Er kaufte eine elektrische Kaffeemühle, die er ebenfalls zerlegte.

2. Der Spuk beginnt sehr früh

Die Poltergeisterei in der Neuen Vahr hat also eine lange Vorgeschichte, die sich im Prinzip durch nichts von den Turbulenzen in Bremen unterschied, die

Sch. dort produzierte. Bender besuchte die Familie insgesamt dreimal. Beim erstenmal wußte Frau K. nicht, um wen es sich bei dem Besucher handelte. Beim zweitenmal ist sie ihm gegenüber „dann etwas deutlicher geworden" und hat ihn aufgefordert, er möge sich aus dem Haus entfernen. Beim dritten Besuch hat sie „ihn nicht mehr sehen wollen" und hat ihn mit Spott und scharfen Worten überschüttet. Bender erklärte ihr, daß es „so etwas" gäbe, daß nämlich Menschen dadurch, daß sie ein Glas anschauen, dieses zum Zerspringen bringen könnten. Er war fest davon überzeugt, daß es sich um einen Fall von „Spuk" handele. Er hat den Jungen einmal in ihrer Gegenwart vernommen und hat sowohl an sie aber auch an den Jungen die Frage gestellt, ob er irgendwelche Probleme habe, bzw. ob er irgendwelche Vorstellungen oder Wünsche habe, wenn jeweils diese Zerstörungen passierten. Durch diese Frage kam der Psychologe Bender der Wahrheit (für ihn gefährlich) nahe, wenn auch mit einem für Parapsychologen typischen Fehlansatz, nämlich an psi orientiert.

Bender ging unverständlicherweise nie gründlich auf diese Vorgeschichte ein. Er war derart fasziniert von den „Phänomenen" in jenem Porzellanlager im Keller des Einzelhändlers in Bremen-Neue Vahr, daß ihn die Vorgeschichte des Jungen offenbar nicht ausreichend dringlich interessierte. Daher untersuchte und beschrieb er sie nicht mit der notwendigen Gründlichkeit. Gerade die Untersuchungen zu dieser Vorgeschichte und das Erkennen der prägenden Erziehungseinflüsse hätten die entscheidenden Motivationsvorgänge und Antriebe erhellt. Sie hätten die Motive für das vorsätzliche Schabernackhandeln des Sch. als wiederholendes Handlungsschema deutlich werden lassen. Diese Motive und Handlungen – auch die Konfliktsituationen, die auslösenden Momente und die nachfolgenden Reaktionen des Sch. – blieben im Rahmen des gleichen sozialpsychologischen Reaktionsmusters. Bestimmte Verhaltensweisen hatte er seit frühester Kindheit als praktikabel und nützlich erfahren. Diese ahmte er bei Gelegenheit nach und erzielte nunmehr noch weitaus größere Wirkungen als bei „Omilein".

Zur Poltergeisterei in der Neuen Vahr gehört als Begleitgeschichte das Verhalten des Sch. im Haushalt seiner Mutter. Frau K. beobachtete eines Tages durch die verglaste Durchreiche zwischen Küche und Wohnzimmer, daß ihr Sohn am Tisch saß, auf dem eine teure, noch aus ihrer schlesischen Heimat stammende gehäkelte Decke lag. Sie sah, wie er an der Decke zu reißen begann. Sie blieb zunächst erstaunt untätig, zumal sie wegen der festen Qualität der Decke annahm, daß es dem Jungen nicht gelingen könnte, die Decke zu beschädigen. Die Tischdecke wurde dann doch von ihm an der einen Seite aufgerissen, ohne daß die auf dem Tisch stehende Blumenvase dabei umgeworfen worden wäre. Frau K. stürzte jetzt entrüstet ins Wohnzimmer, um ihren Sohn zur Rede zu stellen. Sch. schob sofort die Schuld auf die am Boden liegende Boxerhündin. Frau K. hielt sich zu dieser Zeit eine bzw. später zwei große, prachtvolle Boxerhündinnen in ihrer Wohnung. Sie liebte diese Hunde sehr. Infolge seines „unschönen und unerzogenen Wesens und Benehmens" kam es in der Familie seiner Mutter immer wieder zu Streitereien mit ihm. Eines Tages konnte die Mutter aus dem Flur ihres Hauses heraus durch die geöffnete Tür beobachten, wie er im Wohnzimmer mit einer Handbewegung auf der Fensterbank stehende Blumentöpfe, darunter ein sehr wertvoller Kaktus, herunterfetzte. Die Töpfe zerbrachen. Sch. bestritt immer, was er getan hatte, wenn die Mutter ihm die Beschädigungen in der Wohnung vorhielt. Er bestritt sein Handeln auch dann, wenn Frau K. ihn selbst beobachtet hatte.

Sie stellte fest, daß er noch anderen Schabernack trieb. So ging sie einmal in den nachtdunklen Garten, ließ die Tür zum Wohnzimmer offen um zu sehen, was er im Haus anstellen werde. Der Junge ging nach oben ins Schlafzimmer, wo auf der Fensterbank zwischen Fenster und der abgesetzt hängenden Jalousette ein großer Blumentopf mit schweren Zierpflanzen stand. Als sie es krachen hörte, lief sie hinauf und stellte fest, daß dieser Topf von dort „weggeworfen" und unter Zertrümmerung eines Wäschetisches auf den Boden gefallen war. Bei anderer Gelegenheit stellte sie fest, daß ihr dreijähriger Sohn aufschrie und das Bettnässen begann. Er erzählte dann, daß der Junge sich an sein Bett geschlichen habe und dann ganz kräftig und plötzlich an seinem Glied gezogen habe. Außerdem wurde er von der Nachbarsfrau beobachtet, daß er der weiblichen Dogge mit dem Finger tief in das Geschlechtsteil eingriff. Der Hund verkroch sich dann jedesmal, sobald er den Jungen sah.

Als Sch. einmal beim Spiel im Freien durch Regen naß geworden war und er nicht ins Haus konnte, weil die Türen abgesperrt und seine Mutter abwesend war, stieg er durch ein Kellerfenster auf der Rückseite des Hauses ein und zog sich in seinem Zimmer um. Das Haus verließ er durch die Terrassentür, die er offen stehen ließ. Dabei wurde er durch eine Nachbarin beobachtet, die seiner heimkehrenden Mutter davon erzählte. Die Mutter stellte ihn zur Rede, worauf er erklärte, hier könne nur von jemanden eingebrochen worden sein: im Schlafzimmer und Wohnzimmer waren die Schränke geöffnet und die Schubfächer aufgezogen und alles lag unordentlich herum, ein Graus für die Mutter, die auf strenge Ordnung hielt.

Bei anderen Gelegenheiten vergrub Sch. einen Knochen oder ein Stück Wurst in Gegenwart der Hündin im Blumenbeet. Die Hündin suchte bei der nächsten sich bietenden Gelegenheit wild im Blumenbeet herum, scharrte und grub und zerwühlte das Beet. Das Tier wurde dann von Frau K. heftig beschimpft. Sch. tat das „irgendwie gut". Frau K. berichtete später anhand der Aufzeichnungen in ihrem Tagebuch darüber. Ihre Angaben wurden durch Sch. bestätigt. Beide Ausführungen ergänzen sich sinnvoll. Darüber hinaus hat Frau K. weitere Einzelhandlungen aus den Verhaltensrepertoire des Sch. beschrieben, auf deren Wiedergabe hier verzichtet werden soll, da sie sich im Rahmen jener Ereignisse halten, die von Bender als parapsychologische Phänomene klassifiziert wurden.

Die auffälligsten Schabernackhandlungen und gröbsten Vandalismen, die dann als „telekinetische Phänomene" durch Bender auf dem für ihn charakteristischen Niveau bewertet wurden, inszenierte Sch. im Laden seines Lehrherrn S.

3. Der Scherbengeist schlägt zu

Am 29. Juni 1965 erstattete die damals 55 Jahre alte Ehefrau des Inhabers des Lebensmittelgeschäfts S. in BremenNeue Vahr, Geschwister-Scholl-Straße 6, telefonisch Anzeige beim 5. Polizeirevier. Sie gab an, seit vier Tagen, also seit dem 25.6.1965 (!) falle im Keller ihres Lebensmittelgeschäftes Geschirr aus den Regalen und vom Tisch, ohne daß jemand im Keller sei.

Dem herbeieilenden Polizeibeamten erklärte Frau S., es sei außer ihrem Ehemann, dem Lehrjungen und ihr selbst niemand im Keller gewesen, als plötzlich eine Tasse vom Tisch auf den Erdboden gefallen sei. Die drei Personen hätten drei Meter vom Standort der Tasse entfernt gestanden. „Während ich im Laufe des Nachmittags mit dem Lehrjungen im Keller war, sah der Lehrjunge – obwohl wir ebenfalls ca. drei Meter entfernt standen –, daß von einem anderen Tisch eine ca. 20 Zentimeter hohe Blumenvase herunterfiel und zerschlug". Gesprächsweise wurden zuerst Ratten als Urheber vermutet. Am 29.6. fiel eine 50 Zentimeter hohe Blumenvase vom Tisch. Weck-Gläser, die in Originalkartons verpackt lagen, zerbrachen.

Die Anzeigeerstatterin wußte sich keinen Rat. Der Schutzpolizeibeamte stellte in seinem Einsatzbericht abschließend fest: „Da eine strafbare Handlung nach Angaben des Ehepaares S. nicht vorliegt, verwies ich sie an die Gewoba"[39).

Der Kriminalbeamte U. des 5. Polizeireviers berichtete am 30.6.1965 phantasievoll, es fänden in den Kellerräumen des Lebensmittelgeschäftes S. „unterirdische Erschütterungen" statt. Es seien Geschirr und Lebensmittel aus den Regalen gefallen. Sein Kommissariatsleiter (6. Kommissariat) meinte in einer Abverfügung vom 30.6.1965, es könne Sachbeschädigung und grober Unfug vorliegen. Die Bearbeitung (dieser Delikte; d. Verf.) der kleinen Kriminalität obliege der Schutzpolizei.

Am 8.7.1965 erhielt das 5. Polizeirevier den Vorgang zur weiteren Bearbeitung zurück. Laut Vermerk vom 12.7.1965 sind „irgendwelche Umstände, die auf das Vorliegen einer Sachbeschädigung im Sinne des § 303 StGB oder eines groben Unfugs hinweisen, hier nicht bekannt geworden". Der Kaufmann S. stellte auch nach Befragen keinen Strafantrag wegen Sachbeschädigung gegen Unbekannt.

Am 1.7.1965 hielt sich der sachbearbeitende Polizeiobermeister R. in der Zeit von 11.30 bis 12.00 Uhr zusammen mit dem Kaufmann S. in dessen Lagerkeller auf. S. war damit beschäftigt, die Scherben, die auf dem Betonfußboden zerstreut umherlagen, zu beseitigen. Dabei wurde er von zwei (in den Berichten namentlich nicht genannten) Angestellten unterstützt.

POM R. berichtete:

> „Während meiner Anwesenheit im Lagerkeller wurden von mir keine Wahrnehmungen gemacht, die auf Erschütterungen oder dergleichen schließen. Herr S. erklärte mir gegenüber, daß ihm diese Geschehnisse unverständlich seien. Er äußerte weiterhin, daß auf keinen Fall die

zerbrochenen Gegenstände durch Menschenhand zerstört worden seien. Vermutlich seien die Zerstörungen durch die Bodenverhältnisse verursacht worden. Einen anderen Grund könne er hierfür nicht angeben. Weiter erklärte er, daß er den Lehrling Sch. zum 30.6.1965 gekündigt bzw. entlassen hätte. Sch. sei wegen seiner Ungeschicklichkeit von ihm entlassen worden. Er sei heute nur noch mit Aufräumungsarbeiten beschäftigt".

Der Polizeibeamte hat während dieser halben Stunde den Lehrling ohne formelle Vernehmungsniederschrift „eingehend befragt". Dieser erklärte ihm, daß die Angaben seines Lehrherrn richtig seien.

Es heißt im Protokoll:

> „Er habe des öfteren Gegenstände (wie leere Flaschen etc.) fallen gelassen. Den Grund hierfür könne er nicht angeben. Er erklärte, daß er zusammen mit seiner Mutter in den nächsten Tagen einen Arzt aufsuchen wolle. Er machte bei seinen Aussagen einen offenen und ehrlichen Eindruck. Er dürfte daher für die vorsätzliche Sachbeschädigung der Gegenstände nicht in Frage kommen."
>
> Abschließend meint der Polizeibeamte: „Eine Beurteilung darüber, ob die Gegenstände durch höhere Gewalt oder durch Personen zertrümmert worden sind, kann von mir nicht abgegeben werden."

Aus jeder Zeile des Polizeiberichts wird das allgemeine Unbehagen diesem Fall gegenüber wahrnehmbar. Der an sich einfache Sachverhalt wird mit einer nicht zu übersehenden Ablehnung gesehen, bewertet und dann liegen gelassen. Der Straftatbestand der Sachbeschädigung wird wegdefiniert, andere Straftatbestände werden nicht angedacht. Allein schon die überflüssige Erwähnung der „höheren Gewalt" deutet auf eine tiefreichende Befangenheit der Ermittler hin.

Der Kaufmann S. wollte sich ursprünglich ein zusätzliches Einkommen sichern und hatte deshalb im Keller seines Lebensmittelgeschäfts mit dem Vertrieb von Porzellan aller Art, von Geschirr, Vasen etc. begonnen. Die Ware stand in Regalen an den Wänden des solide und festgebauten betonierten Kellers. Die Regale waren stabil gebaut.

Wegen des allgemein schlechten Geschäftsgangs verkaufte Herr S. dann doch das gesamte Geschäft, das durch seinen Nachfolger ab 1.8.1965 übernommen wurde. Wie S. angab, waren die Porzellanschäden nicht versichert.

Er konnte wegen der ausgebliebenen Einnahmen die Ware nicht bezahlen. Den Gesamtschaden von 5000 DM (lt. Aussage von 1978) hat er ratenweise über die Jahre hinweg bis zur völligen Tilgung an die Lieferfirma gezahlt.

Dem mageren Ermittlungsvorgang konnte man deutlich ansehen, daß jeder Bearbeiter – aus welchen Gründen auch immer – über die eigene Unzuständigkeit glücklich und für den nicht gestellten Strafantrag dankbar war. Die Akte wurde am 14.7.1965 der Staatsanwaltschaft zugeleitet, das Verfahren (Az 5Js 607/65) am 27.7.1965 mit der Begründung eingestellt, ein Anhaltspunkt für eine strafbare Handlung habe sich nicht ergeben.

In der lokalen Presse wurde dieser Fall als „Spukfall" sofort aufgegriffen. Es wurde sehr breit über die Ereignisse berichtet. Der Lokalreporter des Weser-Kuriers, einer in Bremen erscheinenden Tageszeitung, schrieb am 1.7.1965:

„Spuk" in der Neuen Vahr bisher ohne Erklärung
Tassen, Teller und Vasen springen aus den Regalen

> In der Neuen Vahr „spukt" es! Man mag es glauben oder nicht, aber es ist Tatsache. Im Lagerkeller eines Geschäftes an der Geschwister-Scholl-Straße fallen seit Freitag Porzellantassen, Kaffeekannen, Vasen und Weckgläser von den Regalen, ohne daß es dafür bisher auch nur die Andeutung einer Erklärung gibt. Teilweise trugen sich die unfaßbaren Erscheinungen vor den Augen ernst zu nehmender Zeugen zu. Polizei, Feuerwehr, Bauaufsichtsamt und Vertreter der Gewoba bemühten sich gestern nachmittag vergeblich, den „Geistern" auf die Spur zu kommen, in dem Kaufmann Johann S. bis jetzt für 5000 DM fabrikneue Ware in Scherben fallen ließen. Das bislang tollste Stück: Vor den Augen eines Lieferfahrers hoben sich gestern um 15.30 Uhr zwei aufeinanderstehende Kästen mit je 20 Dreiviertelliterflaschen Apfelsaft wie von Geisterhand um ein Stück von einem Kastenstapel ab und kippten dann mit Getöse auf den Zementboden, wo der Inhalt eine kleine Mostüberschwemmung verursachte. Weder war das Herabfallen der Vasen und Gläser von Erschütterungen begleitet noch ließen in oder außerhalb des Geschäftes Geräusche auf etwa vorhandene Bodenbewegungen und Zerrungen im Mauerwerk schließen. Auch starker Zug scheidet aus. Meist waren es auch nur einzelne Stücke, die aus einem größeren Posten anderer Waren heraus plötzlich von einer unsichtbaren Kraft angelüftet wurden und in hohem Bogen auf die Erde flogen und zerschellten.

Schon am Dienstag wurde die Funkstreife der Polizeiwache 5 um Hilfe gebeten. Die Beamten betrachteten kopfschüttelnd den scherbenübersäten Boden, machten sich Notizen und gingen. Als sich gestern nachmittag die Erscheinungen wiederholten und der Scherbenberg immer größer wurde, setzte sich nicht nur die Polizei, sondern auch gleich die Feuerwehr in Marsch.

Zum ersten Male war dem Kaufmann S. am Freitag aufgefallen, daß ein großer Stapel in Pappe verpackter Weckgläser in Unordnung geraten war. S. baute die Kartons wieder ordentlich auf und erlebte bald darauf, daß der ganze Stapel wieder zusammengefallen war. Dafür ließ sich allenfalls eine Erklärung finden. Von mehreren Weckgläsern, die er einzeln auf den Stapel stellte, waren später jedoch einige zerschlagen. Und zwar von anderen Gläsern, die vorher in gleicher Höhe danebengestanden hatten, dann auf unerklärliche Weise angelüftet und auf die anderen gefallen waren.

Am Sonnabend, Sonntag und Montag gab es keine neuen Scherben mehr. Aber am Dienstag zwischen 10 und 13 Uhr ging im Keller des Kaufmannes ein wahrer Hexensabbat los: Alle Augenblicke hörte man Gläser aus den Regalen fallen, ohne daß sich die Borde auch nur um einen Zoll bewegten. Als Frau S. mit einer Kundin im Keller stand, wurden die beiden Frauen von Scherbengeklirr überrascht: eine Kaffeekanne flog hinter ihrem Rücken aus einem vollen Regal über andere Kannen hinweg und zersprang auf dem Fußboden.

Der Lehrling H. Sch. (14), ein aufgeweckter Junge aus der Geschwister-Scholl-Straße, sah mit eigenen Augen aus einer Entfernung von anderthalb Metern, wie sich von drei ineinandergestellten Tassen die oberste löste, einige Zentimeter hochflog und dann zu Boden fiel. Große Ziervasen, Dutzende von Schnapsgläsern, teures Geschirr, Kannen fielen am Dienstag nacheinander in Scherben.

Gestern nachmittag setzte das Gläserhüpfen aufs neue ein. Wieder fielen einzelne Stücke von den Regalen, während ringsherum die Ware stehenblieb. Der Gipfel war dann, als der Lieferfahrer Manfred Janssen von der „Spar“ in den Keller trat und Zeuge wurde, wie die Apfelsaftkisten hochgehoben wurden und herunterfielen. Janssen erklärte sich der Polizei gegenüber bereit, sich bei den weiteren Nachforschungen als Zeuge bereit zu halten.

Die Feuerwehr hat gestern abend noch einmal den Keller besichtigt, aber auch ein Diplom-Ingenieur fand keine Erklärung. Möglicherweise läßt sich eine Parallele zu Düsenflieger-Knallgeräuschen ziehen. Sowohl am Dienstag als auch gestern bewegten sich Düsenmaschinen über Bremen und erzeugten mehrfach beim Durchbrechen der Schallmauer explosionsartige Geräusche.

In den benachbarten Geschäften an der Geschwister-Scholl-Straße blieb erstaunlicherweise jedoch alles an seinem Platz. Auch Baumängel sind nirgendwo festzustellen. Das Geschäft des Kaufmannes S., dessen Beobachtungen gestern abend noch einmal der Feuerwehr gegenüber von seinem Sohn voll bestätigt wurden, ist seit 1962 geöffnet. Bisher hat es im Keller jedoch noch nie „gespukt" (Ende des Zitats).

Damit hatte der Reporter – unabsichtlich oder aus Eifer – den okkulten Markt eröffnet. Die Abergläubigen der Nation waren auf die Spur gesetzt. Die Parapsychologen konnten kommen.

Die Bremer Nachrichten, die ältere der beiden Bremer Lokalzeitungen, berichtete am selben Tage:

„Rätsel: Im Keller platzt Geschirr ohne erkennbaren Anlaß – Großer Schaden in Milchgeschäft.

In den Lagerräumen unter einem Milch- und Feinkostgeschäft an der Geschwister-Scholl-Straße in der Neuen Vahr geht auf geheimnisvolle Art seit fast einer Woche Porzellan in großen Mengen und Glas zu Scherben. Der Inhaber schätzt den Schaden auf fast 5000 DM. Nach den bisherigen Feststellungen gibt es keinen Täter und auch keine Erschütterungen oder andere erkennbare Ursachen.

Es begann schon am vergangenen Freitag: Porzellangeschirr sprang ohne Anlaß von den Regalen und zersplitterte am Boden. Niemand hatte es angerührt. Am Wochenende hüpften wieder Tassen und gefüllte Flaschen von den Regalen und zersplitterten.

Der Geschäftsinhaber wollte der Sache auf den Grund gehen. Am Dienstagabend suchte er den Keller auf, um ihn zu säubern – und um aufzupassen. Das nützte gar nichts: hinter seinem Rücken knallte es plötzlich. Er drehte sich herum: Einmachgläser waren reihenweise zerplatzt und sogar aus ihren Papierverpackungen herausgerissen, als hätte sie ein Sog erfaßt. Als der Inhaber noch die Scherben betrachtete, knallte es erneut. Diesmal in einer anderen Ecke. Wiederum waren Gefäße zerbrochen.

Als gestern sogar zwei Kisten mit Fruchtsaft aus den Regalen fielen, benachrichtigte der Geschäftsinhaber Feuerwehr und Polizei. Sie machten sehr nachdenkliche Gesichter, wußten aber keine Erklärung. Der Inhaber will sich um einen Experten bemühen".

Von da an riß die Berichterstattung nicht ab. Der Bremer Hotelier H. gab dem irritierten Kaufmann S. telefonisch den Hinweis, es könne sich um einen „Fall von Telekinese" handeln. Jetzt ging eine parapsychologische Frucht auf.

Der Weser-Kurier mutmaßte am 2.7.1965:

„Die im Augenblick noch unerklärlichen Erscheinungen waren gestern in Bremen Tagesgespräch. Längst nicht überall wurden die Aussagen der Betroffenen als „Hirngespinste" abgetan. Die Skala der Deutungen ist allerdings sehr weitgespannt. Verschiedentlich hält man es für möglich, daß Ratten oder Mäuse mit im Spiel sind. Das andere Extrem: einem der Mitarbeiter des Kaufmannes könnten telekinetische Kräfte zu eigen sein, die ihn bewußt oder unbewußt befähigen, über eine Entfernung von mehreren Metern hinweg sozusagen „drahtlos" Gegenstände zu bewegen – ein Phänomen, das in jedem Lexikon ausführlich beschrieben wird, stets jedoch mit der Einschränkung, dergleichen sei trotz etlicher wissenschaftlicher Versuche noch nie bewiesen worden ... Kaufmann S. will festgestellt haben, daß sich das Gläserhüpfen und -kippen immer dann ereignet, wenn ein bestimmter Mitarbeiter sich mit im Keller aufhielt oder in der Nähe war. Es sei jedoch ausgeschlossen, daß dieser Mitarbeiter die Gläser und Teller selbst – etwa aus Versehen – heruntergerissen habe. Der Mitarbeiter habe sich oft in einer ganz anderen Ecke befunden, wenn wieder irgendwo etwas geklirrt habe."

Die „Bremer Nachrichten" berichtete am selben Tage:

„Porzellan-Zerstörung noch Rätsel
Feuerwehr: Keine physikalisch-technischen Ursachen

In dem Milch- und Feinkostgeschäft an der Geschwister-Scholl-Straße in der Neuen Vahr, in dessen Keller, wie berichtet, seit einer Woche auf rätselhafte Weise Porzellan, Tassen, Gläser und Flaschen von den Regalen springen und zerplatzen, stand gestern das Telefon kaum still: Dutzende von Anrufern gaben Tips, wie dieses Phänomen ergründet werden könne.

Einer davon tat sehr geheimnisvoll: das könne nur von der Krankheit „Tele-Chinese" herrühren. „Sie müssen die Person, die mit dieser Krankheit behaftet ist, entlassen ... ."

Die Feuerwehr dachte konkreter: sie stellte Mittwoch abend mehrere leere Einmachgläser auf verpackte Gläser – und zwar so, daß sie gar nicht fallen konnten. Aber gestern fielen sie doch: eins um 8.30 Uhr, das andere gegen 9.00 Uhr. Rätselhaft und unerklärlich. Zu den genannten Zeitpunkten gab es keinen Düsenflugzeugknall, keine Erschütterung von Baustellen, überhaupt keinen irgendwie erkennbaren Grund.

Der Inhaber ist der Meinung: „Es hat eine natürliche Ursache. Wunder gibt es doch nicht. Wir haben das Rätsel nur noch nicht gelöst."

Nach eingehenden Untersuchungen hat die Feuerwehr festgestellt, daß physikalisch-technische Ursachen nicht in Frage kommen. Da kein Notstand vorliegt, ist sie eigentlich „mit der Sache nicht befaßt". Aber es interessierte sie beruflich. So kommen zum Beispiel nicht in Frage: Druckbewegungen, Wärmestauungen, Luftbewegungen durch Zündfunken des Kühlaggregats. Und immer fiel bisher das zerbrechliche Material in e i n e Richtung. Die Feuerwehr meint: viele Ursachen könnten zusammentreffen.

Von Elektromagnetismus und Wasseraderbewegungen spricht die Familie des Geschäftsinhabers. Aber auch dafür gibt es noch keine Anhaltspunkte. Und ein Gutachter der Physikalisch-technischen Untersuchungsanstalt in Braunschweig kostet viel Geld. Das Rätsel ist immer noch ein Rätsel..."

Nach wenigen Tagen hatte sich nach einem Bericht der Bremer Nachrichten vom 5.7.1965 die Lage entspannt. In der Zeitung hieß es:

„Lehrling: Ich bin kein Poltergeist
Lehrherr: „In dem Alter ist alles möglich" – Wieder Ruhe im Porzellanlager

In dem Lagerkeller des Lebensmittelgeschäftes an der Geschwister-Scholl-Straße, wo – wie berichtet – auf mysteriöse Weise Porzellantassen, Kaffeekannen, Vasen und Weckgläser im Wert von rund 5000 DM in die Brüche gingen, ist wieder Ruhe eingekehrt. „Es hat sich

„ausgespukt". Seit Donnerstag nachmittag ist nichts mehr passiert", versicherte am Wochenende der Geschäftsinhaber. Er dementierte gleichzeitig Pressemeldungen, nach denen er einen 14jährigen Lehrling wegen „übernatürlicher Kräfte" entlassen habe.

Der Kaufmann erklärte, er habe sich von dem Jungen getrennt, weil dessen Probezeit abgelaufen sei. Er fügte jedoch hinzu, daß die „gespenstischen Vorgänge" sich nicht mehr wiederholt hätten, seitdem der Lehrling den Laden verlassen habe. Auf unsere Frage, ob er nach dieser Erfahrung nunmehr dem Jungen dennoch „geheimnisvolle Fähigkeiten" zuschreibe, sagte der Ladeninhaber: „In dem Alter ist alles möglich. Bei einem wirkt sich das so aus, beim anderen so." Er selbst sei im übrigen völlig ruhig, sagte der Kaufmann, und seine Frau habe auch nicht, wie es in einer anderen Zeitung geheißen habe, einen Nervenzusammenbruch erlitten.

Die Versicherung würde wohl nicht für den Schaden aufkommen, denn man wisse nicht, unter welcher Rubrik die geheimnisvollen Geschehnisse eingereiht werden könnten, erklärte er. Der Kaufmann gibt sein Geschäft zum 1. August auf. „Das hat aber nichts mit diesen Ereignissen zu tun, die Verkaufsverhandlungen begannen schon vor zwei Monaten".

Nachdem die Untersuchungen der Feuerwehr ergeben hatten, daß physikalisch-technische Ursachen, wie Druckbewegungen, Wärmestauungen und Luftbewegungen für die absonderlichen Vorgänge nicht verantwortlich gemacht werden können, waren Stimmen laut geworden, die dem Lehrling telekinetische Fähigkeiten zuschrieben. Nach diesem wissenschaftlich noch umstrittenen Phänomen der Telekinese soll es manchen Menschen ohne willkürliche Beeinflussung möglich sein, durch psychische Kraftwirkung aus einiger Entfernung Gegenstände in Bewegung zu setzen. Es hieß nämlich, daß der Lehrling immer dann in der Nähe gewesen sei, wenn Geschirr aus den Regalen sprang und am Boden zerschellte.

Der Vierzehnjährige trägt sein „Schicksal" mit Fassung. „Das ist doch alles Unfug. Ich bin kein Poltergeist", sagte er, als wir ihn fragten, ob er sich irgendwelcher „übernatürlicher Kräfte" bewußt sei. „Jetzt mache ich erst einmal Ferien. Was wär' das doch für ein Spaß, wenn ich so etwas könnte. Ich dürfte dann ja in kein Porzellangeschäft gehen, sonst würden die Tassen, Teller und Vasen von den Regalen purzeln. Das hab' ich jedenfalls noch nicht erlebt..."

Seine Mutter tat den Wirbel um ihren Jungen, den eine Zeitung als „Scherbengeist“ bezeichnet hatte, mit einer unwilligen Handbewegung ab. „Das ist doch Blödsinn. Überall spricht man mich schon auf der Straße an und sagt mir, ich sollte doch nicht an so etwas glauben. Mein Junge ist vielleicht ein wenig ungeschickt. Er hat zu Hause auch schon mal Geschirr zerschlagen – aber welcher Junge macht das nicht, da ist doch nichts Geheimnisvolles dran. In meinem Haus habe ich noch keine von Geisterhand bewegten Tassen in die Lüfte fliegen sehen“. Um „ganz sicher zu sein“, habe sie mit ihrem Jungen bereits einen Arzt aufgesucht und ihn untersuchen lassen. „Doch der Doktor hat mich nur ausgelacht und aus Spaß gesagt: „Jetzt muß ich wohl erst alle Bilder von den Wänden nehmen, bevor ich mich mit ihrem Jungen beschäftige“. Die Mutter fügte hinzu, daß ihrem Sohn wegen seiner Ungeschicklichkeit an seiner Arbeitsstelle „Scherbengeld“ abgezogen worden sei, „in manchem Monat 30 DM“.

Zum Schluß des Gesprächs wollte der Vierzehnjährige noch seine Harmlosigkeit demonstrieren. Er holte einen Satz Mokkatassen aus dem Schrank, baute sie vor sich auf und meinte: „Passen Sie auf, ob die Tassen hochfliegen und in Scherben gehen!“ Wir warteten gespannt auf das Erscheinen der „Poltergeister“, aber sie blieben aus. Dann meinte er augenzwinkernd: „Was denken Sie? Ob ich mich als Titelbild gut machen würde? Dann könnte doch auch mein Hund mit auf's Bild...“ Sein Hund, eine Boxerdame, gähnte müde in einer Ecke vor sich hin und kniff den Schwanz ein.“

4. Bender erscheint auf der Szene

Am 2.7.1965 erschien auch in der Frankfurter Allgemeinen Zeitung ein Bericht unter der Überschrift „Spuk im Lagerhaus“. Dadurch wurde Bender auf die Vorgänge aufmerksam. Bender war gerade mit einem Mitarbeiterstab bei der Untersuchung eines Falles in Köln unterwegs. Er verschob seine an sich geplante Rückreise nach Freiburg und traf nach den entsprechenden telefonischen Erkundigungen bei einem ihm bekannten Bremer Psychiater am Montag, den 5.7.1965, morgens um 3.00 Uhr, mit seinem PKW in Bremen ein. Noch am selben Morgen suchte der eilige Vater der Parapsychologie mit zwei Begleitern das Geschäft S. auf und ließ sich von zwei Journalisten der Bild-Zeitung bzw. des Weser-Kuriers über den Hergang der Ereignisse berichten. Danach hatten die Zerstörungen von Porzellan etc. ab Freitag, den 25.6.1965 begonnen, wie Bender notierte. Frau S. berichtete Bender, daß ein Ausstelltisch, der auf zwei Böcken mit Nuten aufgelegt war, zusammengefallen sei, während Frau S. sich im selben Raum mit dem Rücken zum Tisch befand.

Aus der nachfolgenden Aussage des Lehrjungen Sch. war zu entnehmen, daß er sich zur selben Zeit im oberen Lagerraum befunden habe. Er sei mit dem Auszeichnen von Käse beschäftigt gewesen, als er das Schreien seiner Chefin im Keller hörte. Auf der Tischplatte hatten vier Porzellanservices gestanden, als die Böcke auf die Seite fielen und die Tischplatte auf die darunter aufgestapelten Sektgläser fiel. Das Porzellan zerbrach bei diesem Fall.

Dieses Ereignis brachte – nach Bender – die Ladeninhaber und Angestellten erstmals dazu, eine „unerklärliche Ursache" zu vermuten. Schon wenige Tage vorher seien Weckgläser „durcheinander gesprungen" (Bender).

Den Beobachtern fiel auf, daß der Montag völlig ruhig verlaufen war. An diesem Tage unterzog sich der junge Sch. im Arbeitsamt einer psychologischen Begutachtung. Am Dienstag wollte dann Frau S. mit seiner Hilfe im Porzellanladen Ordnung schaffen. Sie packten Porzellan aus, als drei Krüge plötzlich vom Regal herunterfielen, dann ein Krug, dann zwei Schüsseln. Eine große Vase stellte Frau S. auf eine Glasvitrine sicher hin mit der Bemerkung „Du fällst mir doch nicht runter", doch die Vase fiel plötzlich und zerbrach, wie Frau S. Bender berichtete. Der Junge stand nach ihren Angaben während dieses Vasenfalls fünf Meter vom Regal entfernt.

Auch das Geschirr, das sie auf die sogenannte „Gondel" (Verkaufswagen einer bekannten Keksfabrik) gestellt hatte, sei nach und nach heruntergefallen. Am Mittwochabend seien durch einen DiplomIngenieur der Feuerwehr eine Schale und ein Weckglas als Probeobjekt an ein Regal gestellt worden und am Donnerstag morgen habe man festgestellt, daß beide Gegenstände zerbrochen am Boden lagen.

Bender war um 03.00 Uhr in Bremen angekommen und hatte bald mit den ersten Befragungen begonnen. Noch am 5.7.1965 um 18.00 Uhr führte Bender weitere Befragungen im „Porzellankeller" durch. Wie schon am Morgen wurden die Aussagen auf Tonträger fixiert. Dazu wurden Aufnahmen durch die von Bender mitgebrachte Fotografin I.V. gemacht.

Die anschließende Befragung der Mutter des Sch. sollte weitere Informationen bringen und das Vorleben des Sch. erhellen. Bender notierte damals: „Die Mutter berichtete nach anfänglich kurzer Sperrung, in dem sie zunächst ableugnete, daß etwas kaputtgegangen sei, von erheblichen Schäden in ihrer Wohnung: zum wiederholten Male seien Pflanzen, die sie besonders hegt, auf den Boden verstreut gewesen, wobei Hundebisse festgestellt worden seien. Es ist zu bemerken, daß eine schöne preisgekrönte Bulldogge – das „Mädchen" genannt – sich im Hause befindet und nach Angaben der Mutter oft in einem Zustand höchster Angst sei, die die Mutter selbst auf Sch. zurückführt. Dieser kujoniert seinen Bruder. Wir haben auf dem Tonband Proben des Geschreis in diesem Hause. Es wurde ausdrücklich von der Mutter und auch vom explorierten Sch. betont, daß niemand im Hause gesehen habe, wie der Hund Pflanzen herunterriß. Die Situationen sind so, daß mit Ausnahme eines Falles (Gummibaum) Sch. Dinge absichtlich gemacht haben könnte. Daß der Hund der Schuldige war, ist wenig wahrscheinlich. Vieles spricht dafür, daß es sich auch hier um telekinetische Phänomene handelt."

Der Mutter gegenüber und trotz deren bescheidenen, erst lächelnden, später erzürnten Widerspruchs behauptete Bender fest überzeugt, daß es sich hier um einen echten Spukfall handele und daß ihr Sohn diese Ereignisse keineswegs bewußt und gewollt verursacht habe. Es war also wieder einmal „psi" im Gange.

Sch. machte bei seiner Befragung auf Bender einen „ausgesprochen pfiffigen Eindruck, reagierte schnell, formulierte präzis, deutlich". Von allen Seiten hervorgehoben, so notierte Bender, ist sein Destruktionstrieb, der schon seit seiner frühen Jugend bestehen soll. Bender drängte darauf, mit dem Jungen einen Hypnoseversuch zu machen, nachdem eine telefonische Anfrage bei Frau K. am 10.7.1965 ergab, daß „eine ganze Reihe solcher Vorfälle wieder vorgekommen" seien.

Benders Aufenthalt schlug sich im nüchternen Bremen mit der in allen Großstädten anzutreffenden Bereitschaft, ungewöhnliche Ereignisse und Begriffe des technifizierten Aberglaubens zu belegen, natürlich im Blätterwald nieder. Bender gab bereitwilligst über die Ergebnisse seiner von ihm als wissenschaftlich bezeichneten Untersuchungen Auskunft.

Der Weser-Kurier berichtete am 6.7.1965:

> „Die rätselhaften „Spuk“-Erscheinungen in der Porzellanabteilung eines Geschäftes in der Neuen Vahr werden jetzt wissenschaftlich untersucht. Prof. Dr. Hans Bender (58) aus Freiburg, Inhaber des einzigen im Bundesgebiet bestehenden Universitätslehrstuhls für Parapsychologie, hat sich gestern in Bremen mit allen erreichbaren Augen und Ohrenzeugen der Vorgänge unterhalten, die sich zuletzt am 25., 29. und 30. Juni im Keller des Hauses Geschwister-Scholl-Straße ereignet haben.
>
> ...
>
> Bender sah sich aus verständlichen Gründen gestern außerstande, speziell zu diesem Fall schon eine bestimmte Meinung zu äußern. Er ist auch keineswegs davon überzeugt, das Rätsel lösen zu können. Nach seinen Worten bedarf es dazu erheblicher Geldbeträge (sic!d.Verf.), die vor allem hier, wo auch seitens einer Versicherung kein Interesse an der Aufklärung besteht, niemand investieren würde. Die Mittel des von Bender 1950 gegründeten und von ihm geleiteten Instituts für Grenzgebiete der Psychologie und Psychohygiene sind ebenfalls dafür zu beschränkt. Bender geht es lediglich darum, die jetzt noch einigermaßen frischen Eindrücke der Beteiligten durch Tonbandinterviews zu sichern, sich von diesen Menschen einen persönlichen Eindruck zu verschaffen und, soweit das möglich ist, Wahrheit und Dichtung voneinander zu trennen oder Ansatzpunkte für eine physikalische Erklärung zu finden.
>
> Grundsätzlich hält es der Freiburger Professor durchaus für möglich, daß hier außergewöhnliche Kräfte im Spiel sind. Er wehrt sich im übrigen dagegen, von „übernatürlichen“ Dingen zu reden, sondern hält es für richtiger, von „zur Zeit noch unerklärlichen natürlichen Vorgängen“ zu sprechen. Auch seien Menschen, denen diese Kräfte zugesprochen werden, keineswegs „Übermenschen“, „Wunder“ oder etwa anormal, abgesehen davon, daß sie sich ihrer Fähigkeiten meist gar nicht bewußt sind und sie auch selten in der Lage sind, sie auf Befehl zu demonstrieren. Zahlreichen Berichten über solche Phänomene aus aller Welt sei zu entnehmen, daß die Schlüsselfiguren sehr oft Kinder sind“.

Am 7.7.1965 berichtete der Weser-Kurier über konkretere Aussagen Benders. Dessen Einsichten wurden von Veröffentlichung zu Veröffentlichung sicherer und ausgereifter, wie es schien. Bender war bei seinem Interview im Parkhotel fest davon überzeugt und er versicherte dies ausdrücklich, daß hier kein Schwindel und erst recht kein Betrug vorliege. Er äußerte sich jedoch dem Reporter gegenüber nicht zu der Frage, ob der Fall seiner Ansicht nach auf physikalischen Erscheinungen oder auf der auch von der Wissenschaft „noch mit Vorurteilen betrachteten" Telekinese beruhen könnte. Er wurde zitiert mit der auch bei späteren Gelegenheiten wiederholten Aussage: „Schlankweg zu behaupten, so etwas sei unmöglich, ist ein glattes Vorurteil. Viele Menschen glauben genau zu wissen, was möglich und was unmöglich ist. Sie machen es sich zu leicht."

Wie die Bremer Nachrichten am 9.7.1965 veröffentlichten war Bender in einem telefonischen Interview etwas mutiger geworden. Er befand: „Bei den polternden Kaffeetassen im Feinkostgeschäft in der Neuen Vahr handelt es sich keineswegs um einen Scherbenspuk, sondern mit einer gewissen Wahrscheinlichkeit um einen Fall von Telekinese". Zu dieser Ansicht sei er nach der Auswertung seiner ersten Eindrücke gekommen. Alle Aussagen der Bremer Zeugen stimmten annähernd mit den anderen annähernd 100 international bekannten Fällen überein, die in den Bereich der telekinetischen Kräfteeinwirkungen gehören.

Zu den befragten Zeugen gehörten das Ehepaar S., der Ladengehilfe Sch., der Lehrling V., die Kunden K., der Sohn des Ehepaares S. sowie die Mutter des Ladengehilfen, Frau K. Der Tiefenpsychologe OMR. Dr. med. S. (Städt. Nervenkliniken, Abt. f. psychosomatische Medizin), der darauf vertraute, daß Prof. Bender Arzt sei, berichtete ihm offenherzig über seine Feststellungen zur Person des Sch. und über seine Großmutter. Es wurden durch ihn in Bremen (am 6., 8., 9. und 12.7.1965) ein EEG und andere neurophysiologische Untersuchungen an Sch. ohne irgendwelche Befunde durchgeführt. Dr. S. war durch das Jugendamt mit einer psychologischen Untersuchung des jungen Mannes beauftragt worden. Bender bat noch um Durchführung des Farbpyramidentests.

Nach einem Bericht des Burgdorfer Kreisblattes vom 13.7.1965 habe sich der Ladenjunge in einem seelischen Spannungszustand befunden. Bender hielt es für möglich, daß mit wachsender Spannung der sich zunächst ganz normal auswirkende Zerstörungstrieb in eine „telekinetisch bewirkte Zerstörung umschlug". Ein strenger Beweis könne jedoch nur dann geführt werden, so schränkte er ein, wenn es Wissenschaftlern gelingen würde, eine solche „Fernzerstörung“ im Augenblick des Geschehens in Bild und Ton festzuhalten.

Etwas später erklärte Bender im „Spiegel“ Nr. 30/1965 S. 30/31: „Kein Mensch hat in diesem Hause absichtlich Scherben gemacht“. Er mutmaßte, der Junge sei Opfer eines „psychokinetischen Phänomens“ geworden: ausgelöst durch eine Erregung des Jungen, die bewirkt habe, daß ein natürlich vorhandener „Destruktionstrieb vom Normalen ins Paranormale“ umgeschlagen sei. Die Ursache der kostspieligen Erregung des Sch. glaubte Bender zeitlich auf eine Vorladung des Jugendamtes fixieren zu können, die der Junge einen Tag vor Beginn des Scherbengerichts erhalten habe. Bender sah seine Spukthese im Falle des pubertierenden Bremer Lehrjungen bestätigt.

Der Bremer Tiefenpsychologe Dr. S., der Sch. im Auftrage des Jugendamtes untersuchte, warnte jedoch, wie die Bremer Nachrichten am 7.7.1965 wußten: „Daß der Junge über telekinetische Kräfte verfügen soll, ist eine reine Hypothese, die erst einmal bewiesen werden müßte. Mit den bisher üblichen und bekannten Testmethoden ist diese Frage aber gar nicht zu klären“.

Zunächst waren sich Jugendamt Bremen und Dr. S. darüber einig, daß eine psychologische Untersuchung des Sch. in Bremen erfolgen solle, daß auf jeden Fall eine weitere Untersuchung oder gar Überstellung nach Freiburg unterbleiben müsse.

Die am 5. und 9.7. durchgeführten Untersuchungen ergaben, daß Sch. neurologisch ohne Befund sei, daß er sich mit einem IQ von 108 als gut durchschnittlich begabt erwiesen habe. Jedoch zeige er keine Leistungsfähigkeit und Leistungsausdauer, weil er „gar nicht erzogen“, sondern „schwerstens verwahrlost“ sei. Leistungen irgendwelcher Art könnten von ihm nicht abverlangt werden. Neurotische Störungen (im Sinne einer Poliphagie) deuteten sich an. Besonders auffällig sei seine geringe Frustrationstoleranz und seine Leistungsstörung. Sein Verhalten sei schlecht gesteuert und unberechenbar. Sicher besitze er auch eine auf dieser Grundlage sich frei entwickelte Zerstörungswut. Seine geringe Frustrationstoleranz bedinge das Nichtgelingen seiner emotionalen Anpassung. Er neige zur Gefräßigkeit. Es sei nicht auszuschließen, daß Sch. richtig erfaßte soziale Situationen zu seinem eigenen Vorteil in antisozialer Weise ausnütze. Im Hinblick auf die pädagogische Entwicklung des Jungen und auf seine berufliche Zukunft sollten keine Auskünfte über die Vorkommnisse in der Neuen Vahr an die Presse gegeben werden[40]. Der Gutachter hatte richtig erkannt, daß es für die soziale Einpassung des Jugendlichen nachteilig wäre, wenn ihm wiederholt Gelegenheit gegeben würde, mit seinen Streichen auch noch anzugeben. Er hielt eine Heimerziehung für dringend notwendig. Der Erziehungshelfer W. hielt Sch. in seiner geistigen Entwicklung für „erheblich retardiert". Er hielt den infolge seiner Fettsucht etwas unbeweglichen Jungen für den Beruf des Verkäufers nicht geeignet und veranlaßte deshalb eine Berufseignungsuntersuchung und Berufsberatung beim Arbeitsamt, die am 28.6. vorgenommen wurden.

Das Gutachten des Psychologischen Dienstes des Arbeitsamtes Bremen vom 28.6.1965 stellte fest, daß Sch. uneigenständig, unstraff, schwunglos, ablenkbar, schlecht gesteuert, egozentrisch und bei affektiver Unausgewogenheit unberechenbar wirke.

> An einer Stelle des Gutachtens heißt es: „Durchgängig kann ein Mangel an rationaler Steuerung festgestellt werden. Ohne Erziehungsnormen von außen ist es Sch. bisher nicht gelungen, eine Persönlichkeitsorganisation aufzubauen, mit deren Hilfe er sein Verhalten kontrollieren, Triebbefriedigungen leiten und zurückstellen könnte. Er kontrolliert seine Triebimpulse, indem er sie versucht nicht anzuerkennen und kaum auszureagieren. Diese Tatsache führt zu so starken Frustrationen, zu einer Aufstauung von Dynamik, daß plötzliche Entladungen eine fast notwendige und recht häufige Folge sind. Er besitzt starke aggressive Tendenzen, kann sie aber solange unterdrücken, wie er nicht affektiv angesprochen oder einer äußeren Belastungssituation ausgesetzt wird. Ein großer Teil seines aggressiven Verhaltens im Reden und Handeln sind jedoch von den Erziehungspersonen übernommene Verhaltensformen, die im Milieu des Jungen üblich zu sein scheinen...
>
> Es ist verständlich, daß die Verhaltensauffälligkeiten des Sch. gerade jetzt so verstärkt auftreten, da er von der Großmutter, bei der er aufwuchs, plötzlich getrennt, in einen ungeliebten Lehrberuf gesteckt wurde und die Mutter wahrscheinlich dem kleinen Bruder und auch ihrem Hund mehr Aufmerksamkeit und Liebe schenkte, als dem Sch."

Der Gutachter wies noch darauf hin, daß auch die pseudologia phantastica des Sch., die deutlich den Charakter des Imponiergehabes trage, ein Versuch sei, Liebe zu finden und Beziehungen zu stiften. Die Ergebnisse der Untersuchungen gäben zu der Hoffnung Anlaß, daß Sch. durch eine geeignete Heimerziehung seine Entwicklungsstörungen überwinden werde. Der wenig ausgeformte und noch desintegrierte Junge sei in mitunter noch recht naiv anmutenden Vorstellungen befangen. Sein Realitätskontakt sei mangelhaft.

Es heißt wörtlich weiter:

> „Noch loser und unzureichender allerdings erscheint sein mitmenschlich-sozialer Umweltbezug, der durch eine Milieuschädigung und hieraus resultierende Störung der Entwicklung zumindest mitbestimmt sein dürfte. Versagenserlebnisse führten zur Bildung untergründiger Ressentiments und zu einer ablehnenden, mitunter latent aggressiv getönten Einstellung gegenüber der Umwelt."

Der Berufsberater empfahl aufgrund der verschiedenen Handicaps und Eignungen eine handwerklich-technische Lehrausbildung, für die er Sch. mit Einschränkungen geeignet hielt, meinte aber abschließend, daß ein Abbau der sich bislang hemmend auswirkenden Folgen der Entwicklungsstörung und Schädigung und damit eine den Anlagen adäquate berufliche Eingliederung wahrscheinlich nur unter psychotherapeutischer Aufsicht und Führung möglich sein werde.

5. Der Spuk wird bestätigt und gepflegt

Es flogen in Bremen keine Tassen mehr und es wurde still um Sch. Die lokalen Berichterstatter hatten ihre verhängnisvolle, anheizende Spukpromotion beendet. Die okkulte Welt würde aber in Zukunft bei den Reizwörtern „Poltergeist" und „Spuk" stets an Bremen-Neue Vahr denken.

Die Weichen für eine vernünftige, sinnvolle Nacherziehung und soziale Einordnung des Sch. schienen durch die Bremer Gutachten gestellt, vorausgesetzt, die Prioritäten aller weiteren Schritte und Hilfen würden die Interessen des jungen Mannes beachten. Es sollte aber anders kommen.

Nunmehr bemühte sich Bender durch Kontakte zu der (nicht sorgeberechtigten) Mutter, den Sch. zur Durchführung von Experimenten nach Freiburg zu bekommen. Es konnte schließlich in gemeinsamen Erörterungen und nach Abklärung von verschiedenen Verwaltungsschwierigkeiten mit dem Jugendamt (das durch Dr. med. S. entsprechend beraten worden war) arrangiert werden, daß Sch. am 13.7.1965 in die Psychiatrische und Neurologische Klinik der Universität Heidelberg (Abteilung für Kinder und Jugendliche) aufgenommen werden sollte. Dorthin begleitete ihn der Erziehungshelfer W. als Beauftragter des Jugendamtes Bremen, der sich (wie auch das Jugendamt Bremen) während der nächsten Jahre mit großer Gewissenhaftigkeit und Sorge um Sch. kümmerte. In Heidelberg wurde Sch. dem Kinder- und Jugendpsychiater Prof. Dr. Müller-Küppers übergeben. (Müller-Küppers sollte später in der Nachpromotion des dann 73 Jahre alten Bender zum Dr. med. als dessen Doktor-Vater eine entscheidende Rolle spielen).

Am 12.7.1965 hatte Sch. gegen den Willen seiner Mutter noch zwei Reporter der Illustrierten „Stern“ und einer Londoner Zeitung ins Haus gelassen. Er hatte sich mit ihnen ausführlich unterhalten oder – wie die Mutter sagte – „denen eine große Schau geliefert“, wie er überhaupt unter dem Einfluß der Presseveröffentlichungen ein mehr und mehr überhebliches Verhalten an den Tag gelegt hatte. Noch vor der Abfahrt entwendete er seiner in Geldsachen peniblen Mutter 10,- DM, wie diese entrüstet feststellte. Das zu diesem Zeitpunkt noch rechtlich zuständige Jugendamt in L. beauftragte am 20.7.1965 beim Amtsgericht in L., es möge zwar der Mutter die elterliche Gewalt geben, das Sorgerecht jedoch ausklammern. Die beeinflußbare Frau sei sonst imstande, den Jungen für Experimente an Bender zur Verfügung zu stellen. Bender habe nämlich vorgeschlagen, den Jungen in Hypnose zu versetzen. „Das wird“ so schrieb das Jugendamt, „für die weitere Entwicklung des Jungen verhängnisvoll sein“. Der Junge habe „durch die verschiedenen Pressekonferenzen bewirkt in letzter Zeit ein zunehmend überhebliches Verhalten an den Tag gelegt“.

Sch. blieb wie vorgesehen vier Wochen bis zum 14.8.1965 in der Psychiatrischen und Neurologischen Klinik der Universität Heidelberg. Er wurde dann auf Veranlassung des Jugendamtes Bremen auf die Kinder- und Jugendpsychiatrische Abteilung der Universitätsklinik Freiburg verlegt. Dort blieb er bis zum 19.11.1965.

Im sehr ausführlichen, gründlichen und gewissenhaften Abschlußbericht der Heidelberger Universitätsklinik hieß es u.a., daß Sch. sehr bald nach seiner

Aufnahme die Bewunderung der Kinder durch phantastische Erzählungen über sein Elternhaus gewonnen habe. Ihr Staunen und Interesse habe er sehr genossen und die Fragen sinngemäß seiner phantasievollen Erzählungen beantwortet. Gegenüber älteren Jungen habe er eine Anführerrolle allerdings nur kurze Zeit behaupten können.

In dem Gutachten hieß es:

> „Sch. ging es immer wieder um seine soziale Geltung. Wurde diese in Frage gestellt, reagierte er aufbrausend aggressiv und griff seinen Gegner körperlich an. Er neigte dazu, wild um sich zu schlagen und zerstörte auch Gegenstände... Durch energisches Eingreifen der Erzieher gelang es, seine aggressiven Reaktionen zu durchbrechen. Sein Verhalten gegen Erwachsene schwankte zwischen einer formalen äußerlichen Höflichkeit und offen gezeigten Aggressionen. Insgesamt wirkte er unberechenbar und oftmals schlecht gesteuert ... Er versuchte immer wieder, die Erzieher durch seine „telekinetischen Kräfte“ zu beeindrucken, unternahm fragliche Manipulationen mit dem Fahrstuhl und an einem Geschirrschrank, erzählte über die Vorkommnisse in Bremen und drohte sogar, er werde noch „die Tassen hier tanzen lassen“ und „die Bude hochgehen lassen“.
>
> Immer wieder versuchte er durch solche Äußerungen die Bestätigung des Erziehers zu erlangen, daß er tatsächlich über telekinetische Kräfte verfüge und daß man ihn fürchte. Er war sehr enttäuscht über die lässige, die Vorkommnisse lediglich registrierende Verhaltensweise der Erzieher. In der Einzelsituation mit einem Erwachsenen erwies er sich meist als gutmütiger und gut zu führender Junge, der durchaus fähig ist, Fehlhandlungen einzusehen.
>
> ... Nach dem Hamburg-Wechsler-Intelligenztest ist die intellektuelle Begabung im praktischen Bereich überdurchschnittlich anzusehen. Sein Wissensstand ist jedoch infolge mangelnder Anleitung und Beschulung sowie erzieherischer Versäumnisse vergleichsweise gering. ... Er ist seelisch wenig belastbar. Er hat deutliche Schwierigkeiten in der Kontaktfindung zur Umwelt. Bei seinem erhöhten Anspruch auf Sozialprestige, das er nicht durch konkrete Leistung erringen kann, neigt er dazu, sich in eine pseudologische Phantasiewelt zu flüchten, die nur noch eine lose Realitätsgebundenheit aufweist. Aus Angst vor seiner eigenen Affektivität und Aggressivität bagatellisiert er oftmals die ihn frustrierenden Hindernisse und flüch-

tet sich in ein Einzelgängertum, das ihm die Auseinandersetzung vor der Umwelt und die Verantwortung erspart".

Der Gutachter gab Sch. alle guten Chancen für eine positive Entwicklung, falls Sch. längerfristig pädagogisch und psychotherapeutisch betreut würde.

> Das ergänzende psychologische Gutachten zeigte einerseits auf, wie Sch. zu Hilfeleistungen in der Klinik bereit war, selbstverfertigte Dinge verschenkte, viele anfallende Reparaturen durchführte, andererseits aber bedauerte, daß er niemanden habe, der ihn liebe. Darüber war er unglücklich. Seine Äußerungen waren humorvoll, witzig. Er verfügte über einen guten Wortschatz, den er in beachtlich gewandter Weise und gezielt einsetzte.
>
> Zu Beginn der Exploration erzählte er mit kindlich offenem Gesicht völlig überzeugt von der Wahrheit seines Berichts die unglaubwürdigsten Dinge, die er bis in kleinste ausmalte, mit technischem Wissen untermauerte und logisch durchdachte. Sobald er sich auf gewissen Unstimmigkeiten ertappte, was hin und wieder vorkam, korrigierte er sich sehr wendig und – wie er glaubte – unauffällig. In seinen Berichten imponieren einerseits Prahlsucht und Großsprecherei, andererseits eine Fixierung an Unglücksfälle und bedrohliche Situationen.
>
> Was von seinen Angaben konfabuliert und was wahr ist, konnte nicht festgestellt werden. Er mischte stark Dichtung und Wahrheit. Sehr vieles klingt jedoch unwahrscheinlich, daß an eine Pseudologia phantastica gedacht werden muß. Anderes wirkt dagegen durchaus glaubhaft.

Das Gutachten charakterisierte Sch. als einen in seiner seelischen Existenz schwer getroffenen und sich bedroht fühlenden Jungen, der an einem schweren Milieukonflikt leidet. Der Gutachter war der Ansicht, daß Sch. eine gute Entwicklungschance habe. Voraussetzung sei jedoch, daß die soziale Verwahrlosung unterbrochen und nicht mit anderen Mitteln fortgesetzt werden würde.

Dieses Heidelberger Gutachten wurde nicht nur an die im Verteiler genannten fünf Empfänger verteilt. Der Hauptgutachter übersandte eine Durchschrift auch an Bender, obwohl dieser weder mit der ärztlichen noch mit einer sonstigen Betreuung des Sch. befaßt war. Auch die sonstigen „vorliegenden Gutachten“ waren Bender im Dezember 1965 seltsamerweise bekannt, wie sich aus einem Schreiben vom 17.12.1965 des Dr. med. Dr. phil. H. Bender ergibt. Die Kooperation zwischen Fachkollegen verlief exzellent, ohne Rücksicht auf die Vorstellungen des Amtsvormundes oder des betroffenen Jungen selbst, ohne Rücksicht auf Persönlichkeitsrechte und personen- und vorgangsgebundene Schweigepflichten. Die rechtliche Begründung für die Streuung des als „streng vertraulich“ klassifizierten neunseitigen Gutachtens und des sechsseitigen Psychologengutachtens ist nicht ersichtlich. Eine Erlaubnis des Sch. oder seiner Mutter oder des Jugendamtes lag nicht vor.

Ende August wurde dem Jugendamt Bremen bekannt, daß die Mutter des Sch. auf Bitten Benders diesem sämtliche Briefe des Jungen an seine Mutter übersandt hatte. Bender habe den Jungen „jetzt täglich in seinem Labor, um ihm Beschäftigung und Abwechslung zu geben“. Es tauchten beim Jugendamtsvertreter W. erhebliche Bedenken auf, es könnten durch das Selbsteinschalten von Bender die Sozialisationsbemühungen erschwert werden. Das Jugendamt Bremen weigerte sich auch, die eigenen Akten der Freiburger Universitätsklinik zu übersenden: man traute den Freiburgern schlechthin nicht.

6. Benders Bemühungen um den Spuk-Jungen

Durch Schreiben vom 22.9.1965 der Psychiatrischen und Nervenklinik der Universität Freiburg wurde in Bremen der erstaunliche Umstand bekannt, daß Sch. „in Zusammenarbeit mit dem Institut für Grenzgebiete der Psychologie (Prof. Dr. Dr. Bender) stationär beobachtet und behandelt wurde. Es liege bei ihm eine schwere neurotische Persönlichkeitsentwicklung mit Verwahrlosungstendenzen vor.“ Außerdem sei es in letzter Zeit bei ihm „zu bisher ungeklärten parapsychologischen Erscheinungen gekommen“.

Wiederum wurde die Gefahr deutlich, daß durch die Benderschen Einmischungen und durch die experimentellen Untersuchungen mit dem Jugendlichen dessen Zukunftsentwicklung gefährdet werden könnte. Dem Jugendamt erschien die Zusammenarbeit der Universitätsklinik mit Bender nach allen Absprachen als „befremdlich und ungehörig“. Dr. med. S. aus Bremen gelang es, von der Universitätsklinik Freiburg die Zusicherung zu erhalten, die „Angelegenheit mit Prof.Bender sei nunmehr abgeschlossen; Sch. komme mit ihm nicht mehr in Berührung“.

Auch in der Universitätsnervenklinik Freiburg gab es starke Bedenken gegen die Überstellung des Sch. an Bender, die sich jedoch auch aus hierarchischen Gründen nicht durchsetzen konnten. Bender, der an entscheidenden Besprechungen mit dem Vertreter des Jugendamtes Bremen in Freiburg teilnehmen durfte, war der Ansicht, die Aufarbeitung der Vorgänge in der Neuen Vahr und deren weitestgehende Erklärung seien allein imstande, Sch. für die Zukunft zu helfen. Die verantwortlichen Psychiater waren da völlig anderer Ansicht. Sie sahen die völlige Abtrennung der weiteren Maßnahmen von den Bremer Ereignissen als die erste Voraussetzung für eine wie auch immer geartete Behandlung an. Bender wollte sich die Untersuchung des Phänomens in der Neuen Vahr offenbar nicht verderben lassen. Er brauchte dafür dringend Sch.

Die Nervenklinik Freiburg, in der Sch. seit Mitte August untergebracht war, verlangte im November 1965 vom Jugendamt Bremen in knapper, ultimativer Form die Übernahme des Sch. in eine Erziehungseinrichtung. Diese Übernahme war bis zu diesem Zeitpunkt an Verwaltungsschwierigkeiten gescheitert.

Im abschließenden Gutachten der Klinik vom 3.12.1965 hieß es unter anderem, Sch. habe versucht, theatralisch, herausfordernd und betont sicher durch die bekannten phantastischen Erzählungen sich die richtige Bedeutung zu geben. Dann wieder habe er bedrückt und traurig gewirkt. Er habe keinen rechten Anschluß an die anderen Kinder gefunden und habe mehr den Kontakt zu Erwachsenen gesucht. Er litt unter Heimweh nach seiner Großmutter.

Seine Aggressivität zeigte sich nur in den Bildern, in denen er Auto- und Flugzeugunglücke, Menschen in ihrem Blut, eingestürzte Brücken u.ä. malte. Vorübergehend steigerten sich seine spielerisch-humorvoll übertriebenen Schimpfereien zu unglaublich ordinären, bösartigen Beschimpfungen des Personals.

Er verbreitete ständig Unruhe, hatte überall seine Finger dazwischen, zerstörte, verstellte oder versteckte Dinge, stahl mit taschenspielerischem Geschick

Schlüssel u.a. aus den Kitteltaschen. Er verlangte viel Aufmerksamkeit und Zuwendung, die er sich durch Hilfsbereitschaft und beflissene Liebenswürdigkeit sicherte. Aufträge führte er gern, zuverlässig und ordentlich aus.

Und es hieß weiter:

> „Bedauerlicherweise wurde durch das wissenschaftliche Interesse an Sch. als möglichem Medium seinem Selbstwertkonflikt neue Nahrung gegeben. Aufgewachsen zwischen zwei miteinander rivalisierenden Frauen und ohne Vater war es ihm unmöglich, zu einer altersgemäßen Identität zu finden. Er versucht sie durch frühkindliche Allmachtsphantasien zu ersetzen, deren Abgrenzung zur Realität schwimmend ist. Die schon von anderen Seiten beschriebene Aufschneidereien, die an eine Pseudologia phantastica grenzen, offenbaren die tiefe Angst und Unsicherheit des Jungen.
>
> Nun sieht er sich zusätzlich zwischen den höchst divergierenden Anschauungen gestellt, er sei ein unnützer „Poltergeist“ oder „Spukjunge“ und andererseits die mit einem ungeahnten Zuwachs an sozialem Prestige verbundene, er sei ein Medium für telekinetische Kräfte. Die Ambivalenz dieser letzten Rolle gegenüber ist begreiflich. Sie verschaffte ihm plötzlich eine Beachtung, die er sich früher kaum erträumt hatte. Andererseits erkennt er sich aber in ihr nicht wieder, versteht nicht, was für unpersönliche Kräfte durch ihn wirken sollen und wehrt sich gegen diese Dinge, indem er sich darüber lustig macht“.

Und dann heißt es mit sichtlichem Distanzierungsbestreben zu den Vorstellungen und Bemühungen Benders weiter:

> „Die Kontakte, die das Institut für Grenzgebiete der Psychologie zu ihm hielt, bestanden unabhängig von der Klinik“.

Nachdem der Erziehungshelfer W. am 18. und 19.11.1965 in Freiburg seine Gespräche in der Universitätsklinik und mit Bender geführt hatte, notierte er rückblickend:

> „Unsere Bitte an Herrn Dr. Müller-Küppers in Heidelberg, im Hinblick auf die weitere Entwicklung des Jugendlichen von Experimenten mit ihm abzusehen, vor allem aber ihn vor Experimenten, die eventu-

ell Prof. Bender mit ihm vornehmen könnte, zu bewahren, war insofern illusorisch, als daß Herr Dr. Müller-Küppers ein persönlicher Freund des Prof. Bender ist und ihn in seinen Forschungsbestreben sicherlich unterstützen wird."

W. fand, die Ärzte der Klinik in Freiburg hätten sich gegen die Arbeit Benders an dem Jungen gewehrt, hätten aber nicht verhindern können, daß Prof. R. als Direktor der Klinik die Ersuchen Benders jederzeit unterstützte. Es hätten sich recht deutlich die Gegensätze zwischen den Ärzten der Klinik und Prof. Bender gezeigt.

Bender sei der Auffassung, daß das Geschehen in Bremen auf Spannungen im Jugendlichen zurückzuführen sei. Er suche dies durch vielfache Beweise zu erhärten, wenngleich er keine Aussage über den wirklichen Hergang machen könne und immer wieder betone: „... daß wir es nicht wissen können." Er sei der Überzeugung, daß alle übrigen Vorkommnisse (z.B. im Haus der Mutter) auf destruktive Manipulationen des Jungen zurückzuführen seien und nichts mit dem eigentlichen Geschehen zu tun hätten. Er sei der Auffassung, daß die Aufarbeitung und weiteste Erklärung allein imstande seien, dem Jungen für die Zukunft zu helfen.

Die Klinikärzte meinten, die Behandlung des Jungen müsse psychiatrisch und nicht psychologisch ansetzen.

Bender ließ nicht locker: er wollte „psi" bei Sch. nachweisen. Diesem Ziel gab er höchste Priorität.

Angesichts des immer noch fehlenden Heimplatzes ließ sich W. trotz seiner erheblichen Bedenken gegen Bender überreden, den Jungen „einstweilen und ausnahmsweise" in die Obhut von Bender zu geben. Am 19.11.1965 vereinbarte er mit Bender, Bender solle den Poltergeistjungen vorübergehend für eine Woche übernehmen. So geschah es. („Einem längeren Aufenthalt bei Prof. Bender hätte aus der Sicht des Jugendamtes nicht zugestimmt werden können!" schrieb W.). Danach sollte Sch. in das Psychiatrische Krankenhaus in Hamburg-Ochsenzoll gebracht werden und wenn das nicht möglich sei, solle Prof. Müller-Küppers ihn wieder übernehmen. Am 26.11.1965 begleitete ein Student der Höheren Fachhochschule für Sozialarbeit in Freiburg Sch. nach Hamburg. Sch. wurde in Hamburg richtig abgeliefert. Vor Antritt der

Heimreise vermißte der Student seine Rückfahrkarte, die aus der Brieftasche verschwunden war. Diese hatte Sch. zum Zwecke der eigenen Rückfahrt nach Freiburg entwendet. Dort traf er schon am Abend des 27.11. ein und meldete sich bei Bender. Bender berichtete mit Schreiben vom 17.12.1965 an das Jugendamt Bremen, daß Sch. sich in der Woche vor der Verbringung nach Hamburg wie auch in den zwei Wochen, in denen er ihn nach seiner Rückkehr aufgenommen habe, tadellos geführt habe.

Ende November 1965 wollte Bender seine Zugriffsmöglichkeit auf Sch. rechtlich stärker untermauern. Er bat die Mutter des Sch., sie möge festlegen, daß er – ohne Wissen des Jugendamtes – von jetzt an als Hausarzt des Jungen tätig sein dürfe. Die Mutter lehnte dieses Ansinnen ab.

Bei Bender war der Junge eine allseits interessierende Mittelpunktsperson. Er geriet, wie Bender sagte, „innerlich und äußerlich durch sein Verhalten immer wieder in chaotische Zuständlichkeiten". Bender behauptete, es sei ihm gelungen, die rätselhaften Ambitionen des Jungen auf ganz legitime Weise mit Hilfe von Texten und Experimenten abzureagieren. Der Junge habe sich dort sehr wohlgefühlt. Er sei liebes- und anerkennungshungrig gewesen.

In Heidelberg wie in der Psychiatrischen- und Nervenklinik in Freiburg war es sowohl zu aggressiven Ausbrüchen als auch zu Versuchen aller Art gekommen. Sch. zerstörte nicht nur Sachen, sondern arrangierte Zwischenfälle in einer Weise, daß sie wie zufällig wirkten. Er versuchte telekinetisch bedingte Ereignisse vorzutäuschen: So veränderte er (heimlich) die Drähte an Marionettenfiguren oder er verstimmte Saiteninstrumente. Durch bewußte Nichtbeachtung hielten ihn Ärzte und Pfleger einigermaßen klein.

Die Psychiater waren sich einig darüber: er versuchte durch frühkindliche Allmachtphantasien eine ihm fehlende altersmäßige Identität zu ersetzen. Seine tiefe Angst und Unsicherheit offenbare sich in Aufschneidereien, die an eine Pseudologia phantastica grenzen.

Inzwischen wurde Sch. von Bender, seinem Assistenten (und späteren Nachfolger auf dem Lehrstuhl) Mischo und Dr. Rönicke „angeblich eingehend untersucht und für durchaus familienfähig befunden". Durch das Einschalten der Inneren Mission wurde das junge Ehepaar U. gefunden, welches als Pflegeeltern für Sch. in Frage kam. Das Ehepaar hatte selbst vier Kinder; das jüngste war zehn Jahre alt. Mit Schreiben vom 17.12.1965 teilte Bender dies dem Jugendamt Bremen mit und versicherte: „Meine Mitarbeiter und ich werden uns im Einvernehmen mit der Familie U. weiter des Jungen annehmen und ihn kontrollieren".

Mit Schreiben vom 6.1.1966 erklärte sich das Jugendamt Bremen mit diesen Vorschlägen einverstanden und antwortete Bender u.a.: „Die von Ihnen schon eingeleiteten Maßnahmen machen es notwendig, daß Sie auch weiterhin die ärztliche Verantwortung für den Jungen übernehmen, da sich unter den gegebenen Umständen eine verantwortungsvolle Beaufsichtigung des Jungen von hier aus nicht durchführen läßt." Damit hatte Bender sein wichtigstes Ziel erreicht, nämlich das Experimentiersubjekt Sch. in seinem Zugriff zu haben.

Herr W., der Erziehungshelfer des Jugendamtes, wurde am 28.1.1966 zum Vormund bestellt. Er lobte in einem persönlichen Brief an Bender dankbar die „menschlich noble Fürsorge für den Jungen" und für die dem Vormund damit geleistete Hilfe. Es fragt sich, ob der Vormund alle Konsequenzen übersehen konnte, die durch die Auslieferung des Sch. in die Obhut Benders eintreten konnten.

Im Februar 1966 begann Sch. eine „Probelehre" und ab 1.4.1966 eine ordentliche Lehre bei dem aus Ostpreußen stammenden Elektromeister B. in Freiburg. Sch. besuchte die Berufsschule. Die Pflegeeltern U. gaben sich alle erdenkbare Mühe mit ihm. Sch. erhielt Privatunterricht durch einen Lehrer, um seine Rechenkenntnisse zu verbessern. Ab 1.4.1966 sollte ein ordentliches Lehrverhältnis begonnen werden. Ein Lehrvertrag wurde jedoch nicht geschlossen. Bei den Arbeiten in dem Unternehmen seines Lehrherrn kam es wieder zu erheblichen Sachbeschädigungen. Das Arbeitsverhältnis endete nach knapp fünf Monaten am 10.7.1966 durch fristlose Kündigung.

Am 17.3.1966 berichteten die Pflegeeltern, der Junge arbeite seit einem Monat bei einem Elektromeister. (Ab 1.4.1966 hatte er dort eine Lehrstelle) Dort seien wieder „mysteriöse Sachen" durch ihn geschehen. „Nun ist der Junge wieder im Institut des Prof. Bender" klagten sie. „Für unsere pädagogische und psychologische Arbeit ist das immer ein enormer Rückschritt, wenn er zurück zum Institut kommt, denn sofort ist für ihn die so sehr ersehnte Starrolle wieder greifbar."

„Soweit er nur ein Junge mit miserabler Erziehung ist, würden wir uns durchaus der Aufgabe mit aller Hingabe weiter widmen. Aber nun kommt immer wieder die so viel gelobte Wissenschaft dazwischen und macht Versuche, Filmaufnahmen, Tonbandaufnahmen usw. So sehr ich mich anfangs auch dafür interessierte, aber heute merke ich, daß man überhaupt nicht vom Fleck kommt damit. Weder für den Jungen noch für irgendeinen anderen Menschen sind die bisherigen Arbeiten der Parapsychologie fruchtbar anzuwenden. Sowohl meine Frau als auch ich vertreten die Ansicht, daß man entweder aus einem verwahrlosten Jungen einen ordentlichen Menschen machen kann oder man hält sich für die Wissenschaft ein Medium (wie weiße Mäuse im Labor). Es geht einfach über unsere und jede andere normale menschliche Kraft, beides bewältigen zu können oder zu wollen."

In einem Brief vom 21.2.1966 an die Pflegeeltern U. klagt der Vormund, Bender habe es „auf kollegialem Wege" verstanden, Sch. „wieder in die Hände zu bekommen". Und er fragte, ob ein Verbot jeglichen Umgangs Benders mit dem Jungen angebracht und durchführbar sei.

Beim Jugendamt Bremen waren sich die Verantwortlichen darüber einig, daß der Einfluß Benders auf den Jungen ausgeschaltet werden mußte. Das Jugendamt Freiburg wurde am 21.3.1966 um schnelle Amtshilfe gebeten.

Auch Bender berichtete dem Vormund mit Schreiben vom 25.3.1966 über „merkwürdige Phänomene" am Arbeitsplatz des Sch. auf einer Freiburger Baustelle. („Durch meine Intervention konnte das Odium des Außergewöhnlichem in menschliche Anteilnahme an den seltsamen und chaotischen Kräften in diesem Jungen umgelenkt werden.")

Während das Jugendamt Freiburg die Geduld und das große pädagogische Geschick der Pflegeeltern lobt, entstanden weitere Bedenken gegen die Familienfähigkeit des Sch.

Bender trat gegenüber dem zu verblüffenden Vormund als „beratender Arzt" auf. Der Hausarzt der neuen und sehr engagierten Pflegefamilie war der bekannte ehemalige Gefängnispsychologe und Arzt (bis 1933 in Bautzen) Dr. Reps, der als approbierter Arzt in Freiburg tätig war. Zu ihm hatte Familie U. – auch was die Betreuung von Sch. anbelangte – großes Vertrauen. Dr. Reps hatte deutlich formulierte Vorbehalte gegen Bender. Gleichwohl erschien

Bender am 18.6.1966 erneut bei den Pflegeeltern und erklärte, er habe vom Jugendamt Bremen die dringende Aufforderung erhalten, das Seelenleben des Jungen zu erforschen. Das sei mit einigen sofort durchzuführenden Tests verbunden. Anschließend holte er Sch. dreimal zu „Tests“ ab. Dabei betonte er immer wieder, er sei der vom Jugendamt Bremen eingesetzte behandelnde Arzt, daß er daraus seine Rechte ableite und daß er dem Jugendamt Bremen gegenüber verantwortlich sei.

Der Vormund W. wurde daraufhin erneut bei Bender schriftlich vorstellig (Brief vom 20.6.1966), er solle Sch. nicht aus seiner gegenwärtigen Umgebung herausnehmen und nichts mit Sch. ohne Beisein der Pflegeeltern besprechen. Die Pflegeeltern versuchten in der Folgezeit, Sch. von Bender unbedingt fernzuhalten („Eine Zusammenarbeit mit Prof. Bender ist wirklich unmöglich, wir denken und handeln zu verschieden. Dabei wird Sch. zerrissen, dazu ist er mir zu lieb...“; (Brief vom 12.7.1966). Auch das Stadtjugendamt Freiburg vertrat (mit Schreiben vom 6.7.1966) die Meinung, daß Bender im wohlverstandenen Interesse des Jugendlichen gebeten werden solle, von einer weiteren fachärztlichen Betreuung Abstand zu nehmen. Das alles paßte nicht in Benders Pläne.

Nach dem Verlust der Lehrstelle beim Elektromeister B. wurde eine neue Lehrstelle oder ein Arbeitsplatz für Sch. gesucht. Am 5.7.1966 sprach der Vormund W. in Freiburg mit seinem Mündel. Als er ihn nach seinen Motiven für das „dumme Zeug“ fragte, das er bei seiner Großmutter gemacht habe, erklärte Sch., er habe aus Rache gehandelt. Er erzählte dann voller Stolz von seinen Aktivitäten, durch die er zum Mittelpunkt seiner damaligen Welt geworden sei. Die Großmutter habe schließlich geglaubt, um ihn herum sei alles verhext.

Als der Vormund am 5.7.1966 mit Dr. Reps sprach, meinte dieser: „Bender will die ausgequetschte Zitrone weiterhin ausquetschen“, wobei er die fortgesetzten Versuche Benders meinte, den Jungen zu Untersuchungen in seinem privaten Institut wieder in den Griff zu bekommen. Dr. Reps sah das für die weitere Entwicklung des Sch. als höchst schädlich an. Auch das Jugendamt Freiburg teilte diese Bedenken.

Am 6.7.1966 hatte der Vormund eine Unterredung mit Bender und seinem Assistenten Mischo. Bender behauptete wiederum, Sch. sei „zweifellos medial begabt". Daneben entwickele dieser allerdings oft spontan eine „Trickhaftigkeit", um sein Geltungsbedürfnis zu befriedigen. Es entstehe der „Eindruck des Dämonischen".

Der Vormund vertrat die Auffassung, die Benderschen Experimente seien keineswegs dazu angetan, die Entwicklung des Sch. zu fördern und ihm die erstrebte Lebenshilfe zu geben, wodurch das Gespräch heftig wurde. Bender meinte, der Vormund solle sich nur nicht einbilden, daß man heute noch mit dem Jungen tun könne, was man wolle. Dank seiner wissenschaftlichen Arbeiten blicke heute die ganze interessierte Welt auf Sch. und darauf, was man mit ihm mache. In Amerika würden sich um ein solches Phänomen längst wissenschaftlich interessierte Kreise gestellt und Stiftungen zur Forschung und Auswertung gebildet haben. Er sei an dem Jungen außerordentlich interessiert. Dieses Interesse schloß auch die wissenschaftliche Vermarktung durch Filmaufnahmen ein, welche ein US-amerikanisches Filmteam von Sch. fertigte, „ohne von einer entscheidungsbefugten Stelle dazu Erlaubnis eingeholt zu haben", wie der Vormund im Schreiben vom 29.12.1966 an Dr. Reps klagt.

Nach den „Testuntersuchungen" am 22. und 23.6.1966 bei Bender, bat der Vormund W. Bender um einen Gesamtbericht, den dieser bis dahin nicht gefertigt hatte. Diese Bitte nahm Bender zum Anlaß, den Vormund am Sonntag, den 24.7.1966 telefonisch um Genehmigung für einige „Testversuche, keine Experimente" zu bitten. Der von Benders Professorenwürde und Persönlichkeit nicht ganz unbeeindruckte Vormund ließ sich überreden und gestattete, daß Bender Sch. „für einige Stunden" zu diesem Zwecke – im Einvernehmen mit dem Hausarzt Dr. R. – in sein Institut nehmen dürfe. Die Pflegeeltern kannten die verhängnisvollen Auswirkungen der Benderschen Tests. Sie protestierten dagegen erfolglos. Sch. sei nur auf einen geordneten Lebensweg zu bringen, wenn jeglicher Einfluß von Bender unterbunden werde. Sollte das Jugendamt sich dieser Ansicht nicht anschließen, so müßten die Pflegeeltern ihre Arbeit einstellen.

Als Bender am 6.7.1966 kurz nach 18.00 Uhr den erschöpften Vormund nach stundenlanger Bearbeitung durch Vortrag und Tonbandwiedergaben mit seinem Wagen in die Stadt fuhr, drohte er ihm, wie der Vormund danach schriftlich berichtete: „Sollten Sie irgendetwas unternehmen, sehe ich mich gezwungen, andere Schritte zu unternehmen". Schon das Gespräch am Nachmittag wurde von Bender und seinem Assistenten Mischo „mit unverständlicher Schärfe“ geführt. Beide Herren fühlten sich offenbar durch die Fragen des Vormunds angegriffen. Die Einladung zum Abendessen lehnte der Vormund daraufhin verständlicherweise ab. Er sandte Bender dann einen energischen Brief (vom 14.7.1966), weil er erkannt hatte, daß es in erster Linie Benders Schuld sei, wenn Sch. nicht zur Ruhe komme. Die Sozialisation des milieugeschädigten Jungen schien durch Bender gefährdet.

Der erfahrene Kriminalpsychologe Dr.Reps konstatierte in seiner Prognose (Schreiben vom 20.8.1966), alles, was dem Jungen Erfolg ohne Anstrengung biete, sei Gift für ihn, weil sein jugendliches Selbstgefühl und seine Selbstzufriedenheit gestärkt würden. Was Bender mit ihm mache, sei geradezu eine Psycho-Vivisektion. Nur das wissenschaftliche Ergebnis, nicht der Mensch interessiere Bender – alles andere sei eine durchsichtige Schutzbehauptung. Es sei zu fragen, ob die latenten Aggressionen nicht bei fortschreitender Pubertät als kriminogene Impulse virulent würden.

Der Vormund klagte dem Jugendamt Freiburg gegenüber (Brief vom 11.9.1966), es treffe in erster Linie Bender die Hauptschuld, wenn der Junge wieder nicht zur Ruhe komme.

Bender versuchte immer wieder unter Bezug auf seinen „ärztlichen Auftrag“, Sch. für Experimente in sein Institut zu bekommen. Von der Mutter K. des Jungen erbat er die genaue Geburtsstunde des Sch., damit ein Horoskop erstellt werden könne.

Mit Schreiben vom 26.9.1966 verzichtete das Jugendamt auf einen eventuellen Bericht von Bender und entband ihn ausdrücklich von seiner „ärztlichen Verantwortung“. Bender enthielt sich danach weiterer Kontaktversuche.

Ab September 1966 besuchte Sch. als freiwilliger Gastschüler die 7. Klasse Volksschule, um die Versetzung in die 8. Klasse am 1.12.1966 zu erreichen. Die Pflegefamilie kümmerte sich „mit rührender Geduld“ um ihn. Sch. „lehnte sich in der Familie an, weil er gutmütig ist“. Er wurde im Dezember 1966 in die 8. Klasse, im Juli 1967 aber nicht in die 9. Klasse versetzt. Mutwillige Sachbeschädigungen kamen – im kleinen Umfang – auch 1967 im Haushalt der Pflegeeltern noch vor (Schnitte mit einer Blechschere, Beschädigung der Fahrradbremse u.ä.).

Das berufsberatende psychologische Gutachten des Arbeitsamtes Freiburg vom 6.6.1967 zeigte erhebliche Fortschritte im Sozialisationsprozeß auf. Seine Grundveranlagung sei besser, als es sein derzeitiger Leistungsstand vermuten lasse. Er denke klar und geordnet, habe eine gute Beziehung zur Zahl, vermöge sich leidlich gut zu konzentrieren, rechne dem Bildungsniveau entsprechend sicher, besitze eine recht erstaunlich entwickelte Abstraktionsfähigkeit, so daß ihm Begriffe schnell und sicher klar würden. Der Tenor des Gutachtens konnte hoffnungsvoll stimmen. Auch sein Schulgutachten vom 9.6.1967 zeigte einen starken sozialen und charakterlichen Reifeprozeß an.

Ab 1.8.1967 wurde er in ein Lehrverhältnis auf Probe bei dem Schlossermeister K. in Freiburg aufgenommen. Das Jugendamt Freiburg sprach davon, daß es der Verdienst der Pflegeeltern sei, wenn es mit Sch. „jetzt aufwärts gehe“. Die Berufsschule stellte ihm am 12.2.1968 ein Zeugnis mit durchaus zufriedenstellenden Noten („Fleiß und Betragen gut“!) aus.

In den Sommerferien 1968 hielt sich Sch. mit seinen Pflegeeltern bei einer Bauernfamilie auf, welche die Familie U. von früher her kannte. Sch. gab gegenüber den Dorfjungen mächtig an. Diese machten ihn betrunken und trieben ihren Spott mit ihm. Nach seiner Rückkehr „ging es mit ihm rapide bergab“. An seinen Arbeitsplätzen „knallten die Sicherungen heraus, fielen Sachen herunter, flogen Eisenteile und ein Kronleuchter durch die Werkstatt“. Der sehr enttäuschte Vormund reiste am 7.10.1968 nach Freiburg, um die Lage zu klären.

Der Schlossermeister berichtete über die schon bekannten Verhaltensmuster des Rückfallpolterers. Der Junge lüge, zeige keine Bereitschaft zur Mitarbeit, sei ein Wichtigtuer, der stets anderen was vormachen wolle; er verstelle häufig grundlos Sachen und zeige sich durch jede ihm gestellte Auflage belastet. Er sei widersetzlich, sein Verhalten erzeuge ein übles Betriebsklima und er benehme sich schlecht. So stelle er sich neben den Meister und dessen Besuch und furze laut. Die Hälfte der von ihm geleisteten Arbeiten sei Ausschuß.

Zur Großmutter, die ihm anläßlich seiner Konfirmation (1967) in Freiburg besucht und stets mit Geld und Geschenken versorgt hatte, hielt er nach wie vor Verbindung. Er log ihr in Briefen vor, er habe an der rechten Hand einen Unfall erlitten, er habe ab und zu Krämpfe. Die Pflegefamilie erkannte, daß alle ihre Anstrengungen anscheinend vergebens waren.

Seine Leistungen ließen gewaltig nach. Die übrigen Gehilfen lehnten die Zusammenarbeit mit ihm ab. Als er die Lehrzwischenprüfung am 8.11.1968 nicht bestanden hatte, wurde das Lehrverhältnis aufgelöst.

Die Pflegefamilie verzog mit ihm im November 1968 nach Hannover. Sie resignierte trotz der bestehenden echten und liebevollen Bindungen, die zwischen ihr und Sch. entstanden waren. Die Verbindung brach ab. Im Januar 1969 begann Sch. in der Nähe von Osnabrück als landwirtschaftlicher Gehilfe zu arbeiten.

7. Die Nachgeschichte

Der weitere Lebensweg des Poltergeistjungen Sch. verlief wie zu erwarten war nicht glatt und reibungslos, sondern in etlichen Kurven. Er heiratete 1973 die Tochter eines Bauern aus einem niedersächsischen Dorf, die zu ihm aufsah und der er mit Zuneigung (und, wie es schien, mit Dankbarkeit) zugetan war. Er wohnte danach in Essen in einer geräumigen Altbauwohnung, die ihm Platz gab, seine große Modelleisenbahn aufzustellen, mit der er sich – neben anderen Elektrobasteleien – in der Freizeit befaßte. Die Ehe blieb kinderlos. Ein Langhaardackel und eine Katze sorgten für einigen Wirbel in der Wohnung. Zuvor hatte er als Kraftfahrer und Hilfsarbeiter für ein ländliches, von einem Griechen geleitetes Bordell gearbeitet. In Essen beging er etliche Diebstähle (u.a. aus Elektrogeschäften). Er wurde schließlich mit Haftbefehl gesucht und gefunden.

VII. Die verbogene Welt

1. Die Produktion von Wahrheitsdrehern

Für Bender bedeutete der Spukfall Neue Vahr anscheinend einen der Höhepunkte seiner parapsychologischen psi-Forschung. Für ihn waren die Ereignisse in der Neuen Vahr (und anschließend in Freiburg) „unerklärliche Vorkommnisse in der Welt der körperlichen Dinge", über die „mit bemerkenswerter Gleichförmigkeit seit Jahrhunderten berichtet" wird.

Bender hat seine Meinung über „Spuk" wiederholt grundlegend veröffentlicht[41]. Auch bei Berücksichtigung verschiedener ausländischer Veröffentlichungen kam er zu der Ansicht, daß „die bei den Vorgängen beteiligte Energie mit wachsender Distanz abnahm und daß eine Umwandlung von Psi-Energie in kinetische Energie stattfand". Unter psychokinetischen Phänomenen sollen alle Veränderungen verstanden werden, welche die Psyche paranormal an der Materie bewirkt (Neuhäusler), seien es Form- oder Existenzveränderungen oder seien es Bewegungen.

Bender meinte, es bedürfe „äußerster Anstrengungen, um zwingende Beweise für die Realität dieser Muster zu bekommen, die seit Jahrhunderten berichtet werden". Diese Anstrengungen hat er dann auch unternommen, um psi ohne Rücksicht auf Regeln und Gesetze zu beweisen. Den „Bremen-Fall" bezeichnete er als seinen wichtigsten – und davon war er offenbar felsenfest überzeugt.

Er hat daher diesem Fall nicht nur eine große Aufmerksamkeit gewidmet, sondern auch einiges an wissenschaftlichem Renommé investiert. Er hat anschließend verbissen mit großem Aufwand alle Bemühungen Dritter, sein fehlerhaftes, unwissenschaftliches Arbeiten, seine voreiligen Erklärungen, die unbegründeten Hypothesen sowie die erzielten abstrusen Ergebnisse anzuprangern, mit eigenartigen Methoden abzuwehren versucht. Psychologisch gesehen verhielt er sich wie ein Rechtgläubiger in einem Glaubenskrieg gegenüber den Ungläubigen.

Seine Berichterstattung über den Spukfall in der Neuen Vahr ist kennzeichnend für eine immer wieder anzutreffende hartnäckige, okkulte Deutungsmethodik. Diese verfälscht die objektiven Tatsachen zunächst nicht total, gibt aber selektierten Einzelheiten dann einen Schein an Gewichtigkeit und Bedeutung. Diese Methode reicht hin bis zu jenen Darstellungen, in die nicht nur fahrlässig, sondern scheinbar „bewußt" Wahrheitsdreher bis zur totalen Umkehr der Tatsachen eingebaut werden. Das Resultat stellt sich dann als das Gegenteil der eigentlichen Geschehnisse dar, nämlich als völlig falsche Sachdarstellung, als falsche Erklärung. Die Methode der selektiven Berichterstattung haben schon Prokop und Wimmer als Teil der „Wissenschaftskriminalität" angeprangert. Am Ende zeigt sich ein Stück „verbogene Welt", deren Krümmungswinkel sich nach der Psyche des Parapsychologen richtet.

Nach Bender kam es auch in Freiburg während der Lehrzeit des geheimnisvoll gemachten Jungen zu gleichwertigen Poltergeist-Phänomenen. Die daraus resultierenden Publikationen gestatten einen tiefen Einblick in die Psychologie Benders und in sein Verhältnis zur Umwelt.

Bender berichtete über den Poltergeistfall in der Neuen Vahr[42)]:

„Im Zuge der Untersuchung des sich in Freiburg fortsetzenden „Bremen-Falles" wurde das Freiburger Team 1966 selbst Zeuge von psychokinetischen Vorgängen. Ende Juni 1966 berichteten deutsche Zeitungen über unerklärliche Störungen in der Porzellanabteilung eines Lebensmittelgeschäftes in Bremen. Tassen, Teller, Gläser, Vasen würden angeblich buchstäblich von den Regalen herunterspringen. Eine gründliche Untersuchung durch die Polizei und alle möglichen Sachverständigen ergab nicht den geringsten Hinweis auf die Ursachen dieser Ungewöhnlichen Vorgänge".

Warum behauptet Bender, es seien gründliche Untersuchungen durch die Polizei erfolgt? Der Ablauf der „gründlichen Untersuchungen durch die Polizei" läßt erkennen, daß die Ermittlungen alles andere als gründlich waren, daß sie vielmehr formal und oberflächlich erledigt wurden, weil das Vorliegen einer strafbaren Handlung verneint und Strafanträge wegen Sachbeschädigung nicht gestellt wurden.

Warum bezieht sich Bender hier (und auch in anderen Fällen) gern auf die Polizei und ihre Arbeit? In der parapsychologischen Berichterstattung macht es sich natürlich gut, wenn sich der Parapsychologe auf die Zuverlässigkeit anderer (möglichst beamteter) Personen oder auf Personengruppen mit solidem Sozialprestige und Ansehen berufen oder er sich auf Bekanntschaften und Begegnungen mit hochgestellten Persönlichkeiten, mit Nobelpreisträgern, Geistlichen, Polizeibeamten u.ä. beziehen kann. Diese Verhaltensweise habe ich schon 1959 als im okkulten Bereich durchaus gängig und üblich beschrieben.

Missionierende Okkultisten halten sich gern entweder im Windschatten der Kirchen oder sie tarnen sich naturwissenschaftlich. Bender bevorzugte die naturwissenschaftliche Einkleidung. Sachverständige spielen dabei eine wichtige Rolle.

Mit der Behauptung, „alle möglichen Sachverständigen" seien tätig geworden, hat Bender falsch berichtet. Welche „möglichen Sachverständigen" haben die Vorgänge untersucht? Nach Aktenlage und nach Auskunft der Beteiligten wurde lediglich e i n Bediensteter der Feuerwehr als „Sachverständiger" am Nachmittag des 30.6.1965 befragt. Es wurde ein sogenannter Ex-Meter und ein Gasspürgerät (obwohl es in der Neuen-Vahr keine Gasanschlüsse gibt!) eingesetzt. „Brennbare Gase wurden nicht festgestellt", hieß es im Bericht der Feuerwehr. Wer sind die „alle möglichen Sachverständigen"? Welche Sachverständigen wären überhaupt noch möglich gewesen? Warum wird selbst in einer solchen Randfrage die Wahrheit verzerrt? Damit hatte Bender jedoch an sich nichts Unwahres berichtet, denn welche Sachverständigen wären über den einen (überflüssigen) Sachverständigen hinaus noch „möglich" gewesen?

Wieso gab es nicht den „geringsten Hinweis" auf die Ursachen dieser „ungewöhnlichen Vorfälle"? Der Sachverhalt lieferte durchaus Hinweise auf mögliche Tatverursachungen und Täter. Kriminalistische Arbeitshypothesen und Ermittlungsansätze wären kinderleicht möglich gewesen, wenn bei den Geschädigten eine Strafverfolgungsabsicht bestanden hätte und ein Strafantrag wegen „Sachbeschädigung durch Unbekannt" gestellt worden wäre. Ohne diesen Strafantrag durfte die Polizei nicht ermitteln.

Der kriminalistische Arbeitsansatz hätte zunächst alle jeweils anwesenden Personen erfassen müssen. Durch Einkreuzen der feststellbaren Tatsachen, insbesondere der Zeiten und Aufenthaltsorte, wäre mit einiger Gewißheit in einer relativ mühsamen, aber zur kriminalistischen Routine zählenden Arbeitsmethode ein Hauptverdacht auf den Jugendlichen Sch. gefallen. Bei der Suche nach einem Tatmotiv wäre Sch. ebenfalls stark verdächtigt worden.

Bender hatte doch schon mit der Mutter des Jugendlichen gesprochen und hatte von ihr wichtige und aufschlußreiche Informationen über Sch. erhalten. Warum läßt Bender diesen Informationen nicht die gebührende Bedeutung? Die Nachfrage am früheren Wohnort des Sch., ein Telefongespräch mit dem dortigen Polizeibeamten, hätten den Anfangsverdacht zur subjektiven Gewißheit erhärtet. Damit erst wäre der Weg zu einer strukturierten Vernehmung frei gewesen. Warum schreibt Bender, es hätte sich „nicht der geringste Hinweis“ ergeben? Selbst für einen Psychologen mit eigenwilliger Orientierung lagen solche handwerklich sauberen Ermittlungsleitlinien zu Dutzenden offen. Lediglich die Bendersche Voreingenommenheit, die nachfolgend durch übertreibende bis falsche, selektive Berichterstattung ergänzt werden mußte, verstellte den Blick auf ganz simple Wahrscheinlichkeiten und offene Tatsachen und ließ nach der geheimnisvollen allphysikalischen Kraft psi suchen. So bestätigte sich die Parapsychologie diesen Fall von „Psidiotie“, wie der Gesamtvorgang in aller Schärfe gebrandmarkt werden muß.

Die weitere Frage lautet: Warum waren diese Vorgänge „ungewöhnlich“? Weil der Faktor psi dahinter zu wabern schien? Es handelte sich doch beim ersten Zusehen lediglich um den Vorgang einer objektiven und wiederholten Sachbeschädigung, bei welcher der Täter wegen des verdeckten Motivs, der Gutgläubigkeit der Geschädigten und des geschickten Verhaltens des Sachbeschädigers auf den zweiten Blick zu erkennen gewesen wäre. Was war also ungewöhnlich?

Es ist noch niemand auf den Gedanken gekommen, die jährlich riesige Zahl der in der Polizeilichen Kriminalstatistik als „unaufgeklärte Fälle“ erfaßten Sachbeschädigungen als eine Masse „ungewöhnlicher Vorgänge“ zu deklarieren. Warum geschah dies – durch Bender – in diesem Falle? Hier wurde in einer für die Berichterstattung der Okkultisten aller Schattierungen typischen Weise mit gezielt eingesetzten überlastigen Begriffen durch Bender einer Nichtigkeit eine übergroße Bedeutung zugemessen. Wurde hier mit listiger Spekulation auf den weitverbreiteten Aberglauben der Bevölkerung ein parapsychologisch ansehnlicher Ballon aufgeblasen? Diese Vorgänge bedurften dann, wenn sie „ungewöhnlich“ waren, natürlich der wissenschaftlichen Untersuchung. Dafür waren dann allein die Parapsychologen zuständig. Und für die Untersuchungen waren natürlich finanzielle Mittel erforderlich, wie immer wieder von Bender angedeutet wurde. Die Deutsche Forschungsgemeinschaft hatte vergleichbare Untersuchungsaufträge früher schon finanziell gefördert.

Bender fährt in seiner Berichterstattung fort: „Der Tumult in der Porzellanabteilung hörte erst auf, als der 14 Jahre alte Lehrling entlassen wurde“.

Warum werden auch diese Tatsachen nicht genau wiedergegeben? Sch. war zum Zeitpunkt seiner Entlassung nicht mehr Lehrling, sondern nur noch als Arbeiter im Geschäft des Kaufmanns S. beschäftigt. Die Sachbeschädigungen hörten nicht auf, nachdem Sch. entlassen worden war, sondern sie kamen stets dann nicht mehr vor, wenn Sch. nicht anwesend war. Dieser Unterschied ist wohl für die parapsychologische Wahrheitsfindung überflüssig.

Die unpräzise Beschreibung von Tatsachen des Falles ist symptomatisch für das Verschleifen von Fakten in den Schilderungen durch Parapsychologen. Es fehlt hier z. B. die gesamte Vorgeschichte des Falles außerhalb der Ereignisse im sogenannten Porzellankeller. Es werden weder die zahlreichen Vorgänge in der Wohnung der Mutter des Jungen beschrieben noch eine komplette Schilderung der Sachbeschädigungsabläufe im Laufe der Jahre gebracht, obwohl diese von Bender hätten ermittelt werden können.

Bender greift voreingenommen nur eine kurze Zeitspanne aus dem Leben des Jungen heraus und erwähnt – unvollständig – nur das unter parapsychologischen Gesichtspunkten für wesentlich Gehaltene. Dadurch erhält seine Wahrheit ab sofort eine andere Richtung. Sie wird in ihr Gegenteil verkehrt. Eine objektive Beurteilung der Fakten ist selbst dem unbefangenen Leser nicht mehr möglich, weil diese Fakten verschwiegen werden. Des Lesers Meinung wird durch Tatsachenauswahl, Auslassungen und Verdrehungen gesteuert; sein Urteil wird präformiert; er nimmt – wenn er nicht genügend mißtrauisch liest – eine unvollständige Wahrheit als Wahrheit hin, weil sie doch von einem richtigen Professor verbreitet wird. (Außerdem: so stand es ja auch in der Zeitung!). Die unvollständige Wahrheit ist als Unwahrheit nicht zu erkennen. Auf diese Weise wird die große psi-Fama hervorgerufen, aufrechterhalten, gefördert und verbreitet. Die Parapsychologie liefert durch solche Schauermärchen einen Beitrag für den Rückfall in vorwissenschaftliche Denkweisen und nebenwissenschaftliche Empfindungen. Das mag subjektiv zu entschuldigen sein, ist aber objektiv verwerflich.

Und es heißt in Benders Bericht weiter: „Ein parapsychologisch erfahrener Bremer Bürger, der ein Spukphänomen vermutete, hatte den Rat gegeben, den Jungen zu entfernen".

Zuerst waren die Vorgänge von Jürgen Bettmann, dem Reporter der Lokalpresse, welcher selbst in der Neuen Vahr wohnte, aufgegriffen und vorsichtig, aber keineswegs den „Phänomenen" abgeneigt, berichtet worden. Die aus dem ersten wie aus den folgenden Berichten zu erkennende abergläubische Befangenheit gegenüber dem Thema und der später aufscheinende Respekt gegenüber dem berühmten Parapsychologen aus Freiburg lieferten jenes Fluidum, das Geister macht. Daraufhin reagierte der Hotelier H. aus Bremen durch einen Anruf beim Kaufmann S., der später berichtete, H. habe ihm gesagt, der Junge „leide an Telekinese". Der Hotelier H. selbst ist nach eigenen Angaben keineswegs parapsychologisch erfahren. Er hat lediglich über Telekinese einmal in der Zeitung gelesen und meinte, dem Kaufmann S. durch diesen Hinweis helfen zu können. Warum übertreibt der Bender-Bericht selbst in diesem Nebenpunkt?

Benders Bericht behauptet: „Zwei Tage nach seiner Entlassung untersuchten wir die Vorgänge".

Die Vorgänge waren zu diesem Zeitpunkt abgeschlossen und konnten in vivo nicht mehr untersucht werden. Es blieb lediglich der Versuch, sich die Geschehensabläufe durch Zeugenaussagen und objektive Sachbeweise zu vergegenwärtigen. Dabei hätte sich Bender der irrtumsträchtigen Befangenheit und der Wahrnehmungsfehler der Zeugen bewußt sein müssen. Es entsprach seinem typischen Wahrnehmungsmangel, daß er dies nicht vermochte.

„Der Boden des großen Ausstellungsraumes war immer noch mit Scherben bedeckt. Wir nahmen Zeugenberichte auf Tonband auf, konstruierten und photographierten gut beobachtete Situationen und untersuchten den psychologischen Hintergrund der Ereignisse".

Offen bleibt in diesen Aussagen, wieviele Zeugen es gab, zu welchen Einzelfragen diese Zeugen gehört werden konnten und ob sie gehört wurden. Der Berichtstext läßt Gründlichkeit vermuten: es wurden wohl Zeugen (also alle?) befragt. Die Verwendung des Tonbandgerätes scheint technisch sauberes Arbeiten zu beweisen, besagt aber im Grunde für die Exaktheit des Vorgehens überhaupt nichts und nichts darüber, ob die Befragung sachgemäß nach vernehmungspsychologischen Regeln erfolgt waren. Mir sind Vernehmungstexte aus Befragungen durch Bender aus anderen Fällen bekannt: sie sind derart laienhaft angelegt, daß selbst ein Wachtmeister auf Probe, der eine solche Befragung durchführen würde, wegen Minderleistung gerüffelt werden müßte.

Die Behauptung, es seien „gutbeobachtete Situationen" (wohl mit Hilfe der Zeugen) konstruiert worden, ist schon deshalb schlichtweg falsch, weil nichts „gut" beobachtet worden war. Die abergläubischen, erschrockenen, abgelenkten Zeugen hatten gehört und gesehen, aber immer nur teilweise, zu spät und nur in den Folgen. Die minutiöse Nachprüfung der Zeugenaussagen hätte das Bruchstückhafte der Wahrnehmungen herausfinden und festhalten müssen.

Bendersche Befragungen, deren schlechte Qualität aktenkundig ist, zeichnen sich durch eine einseitige Richtungsvorgabe und durch eine gewisse Naivität in der Fragestellung aus. Es bleibt die Unklarheit, daß sicherlich nicht gut beobachtete Situationen „konstruiert", sondern aufgrund unvollständiger und bruchstückartiger Angaben einiger Personen versucht wurde, den Fall zu „rekonstruieren". Bender kommt zum Urteil: „Es konnte kaum ein Zweifel an der psychokinetischen Natur der Phänomene bestehen". Natürlich, so mußte es sein! Psi was here! Bender was here! Und die Parapsychologen waren glücklich. Der Fall in der Neuen Vahr wurde zum klassischen Fall in der parapsychologischen Literatur.

Es wäre korrekt gewesen, hätte Bender die Umstände, die für oder gegen die von ihm behauptete Echtheit der „Phänomene" sprachen, in seiner Publikation gegenübergestellt, um auf diese Weise dem Leser eine eigene Beurteilungsmöglichkeit einzuräumen. Statt dessen wird von ihm ex cathedra wie eine letzte Weisheit verkündigt, was die Parapsychologie durch ihn entdeckt hat. Der winzige Rest von anständigem Zweifel im Wörtchen „kaum" geht unter oder wird nicht begründet.

Derartige Veröffentlichungen geben die Sachverhalte nicht korrekt wieder. Sie liegen unter einem zu fordernden wissenschaftlichen Standard. Richtigerweise sind sie als Glaubensmanifestation zu werten. Diese lassen sich zwangsläufig dem Aberglauben zuordnen, da sie weder der wissenschaftlichen Denkweise entsprechen noch dem religiösen Bereich zuzuordnen sind.

Bender fährt fort: „Der Junge war hochgradig frustriert und hatte vor den psychokinetischen Zerstörungen ständig Flaschen, die er sortieren mußte, zerbrochen. Nachdem er aus diesem Grunde stundenlang Tests über sich ergehen lassen mußte, begann am nächsten Tage die Zerstörung".

Wieder stoßen wir auf scheinbar nebensächliche Übertreibungen. Sch. hatte nicht „ständig" Flaschen zerbrochen, sondern wiederholt. Sch. war einmal durch den kaufmännischen Lehrling V. (im dritten Lehrjahr) durch einen Türspalt aus dem Raum, in welchem die Bediensteten des Geschäftes ihre Zwischenmahlzeiten einnahmen, beobachtet worden, als er im Sitzen beim Sortieren der Flaschen etwa jede zweite genüßlich aus der geöffneten Hand auf den Boden fallen und zerschellen ließ. Der junge Mann gab daraufhin Sch. eine Ohrfeige und wies ihn zurecht. Danach hörten diese Flaschenzerstörungen auf.

Es ist nach den bekannt gewordenen Sachverhalten und erst recht aus den Benderschen Magerberichten nicht zu erkennen, wodurch sich die beobachteten Sachbeschädigungen von den nicht beobachteten „telekinetisch verursachten" Sachbeschädigungen unterscheiden sollten. Die Sachbeschädigungen begannen auch nicht „nachdem er stundenlange Tests über sich ergehen lassen mußte", sondern liefen seit Beginn des Arbeitsverhältnisses. Die von Bender gemeinten „Tests" sind die Untersuchungen des psychologischen Berufsberatungsdienstes des Arbeitsamtes Bremen. Diese wurden auf Veranlassung durch das Jugendamt Bremen durch die Mutter des Sch. veranlaßt und am 28. und 30.6.1965 durchgeführt. (Am 1.7. kündigte S. das Ausbildungsverhältnis.) Sie konnten also für die „telekinetischen" und nur in der Phantasie von Bender bestehenden Zusammenhänge nicht mitursächlich sein. Vielleicht aber muß eine parapsychologische Ursachen- und Folgenkette anders oder sogar zeitlich umgekehrt gesehen werden?

Bei Bender heißt es weiter, der Junge sei „einige Wochen lang in der Jugendabteilung der Psychiatrischen Klinik beobachtet" worden. Es wird nicht erwähnt, daß es sich um die Psychiatrische und Neurologische Klinik der Universität Heidelberg handelte, in der Sch. vom 13.7. bis 14.8.1965 untergebracht war. Bender konstatiert: „Auch hier traten zum Erstaunen der Psychiater und Psychologen psychokinetische Phänomene auf".

Die Heidelberger Psychiater und ein Psychologe erstellten Gutachten über Sch. Diese Gutachten, welche Bender zur Verfügung gestellt wurden und deren Inhalt er also bei den Veröffentlichungen über den Spukfall Neue Vahr kannte, gehen in ihrer naturwissenschaftlichen Nüchternheit weder im psychiatrischen noch im psychologischen Teil auf „telekinetische Phänomene" ein. Die Gutachten erklären nüchtern das Verhalten des Sch. naturwissenschaftlich exakt und ohne jegliche parapsychologische Gedankenvagabundierereien. Wer sind also die Psychiater und Psychologen, welche über die „psychokinetischen Phänomene" erstaunten? Facts down!

Nicht ganz falsch ist, wenn Bender berichtet: „Das Institut (d.h. das von ihm gegründete und als eingetragener Verein geleitete Institut für Grenzgebiete der Psychologie, das er nach außen vertrat) brachte ihn bei Pflegeeltern in Freiburg unter und verschaffte ihm eine Stellung als Lehrling in dem Betrieb eines Elektrikers".

Bender hat sich um beide Entwicklungen verdient gemacht. Seine Bemühungen waren aber nicht uneigennützig. Damit befand sich Sch. nämlich in unmittelbarer räumlicher Nähe von Bender. Er stand ihm für Untersuchungen und parapsychologische Tests zur Verfügung. Bender erwähnt in seinem Bericht nicht, daß Sch. von August bis November in der Universitätsnervenklinik Freiburg untergebracht war und daß es auch dort keinerlei Anzeichen für „telekinetische Phänomene" und die Existenz der Parakraft psi gab. Warum hat er diese Tatsache verschwiegen, obwohl ihm der Aufenthalt und – nach eigenen Angaben – der Inhalt der dortigen Klinikgutachten bekannt war?

Bender fährt fort: „Im März 1966 wurden elektrische Leitungen im Keller eines Schulneubaus verlegt. Eine große Anzahl von Haken mußten in den Zementmauern befestigt werden. Mit Schlagbohrer wurden je zwei 8 mm breite Löcher in die Wände getrieben und der Haken dann mittels zweier Schrauben und zweier Plastikdübel befestigt. Der Vorarbeiter beobachtete, daß fast unmittelbar nach der Fixierung der Haken die Schrauben locker wurden. Die Haken, an denen er vorher Klimmzüge machen konnte, ließen sich nun unschwer aus der Wand entfernen. Am folgenden Tage sind nach dem Zeugnis mehrerer Beobachter sieben Haken aus der Zementwand mit den Dübeln herausgekommen. Einer soll dem Lehrjungen (Sch.), als er durch den Gang ging, in einer Kurve nachgeflogen sein".

In diesem Bericht ist wiederum so vieles unklar, daß man auch hier wieder die gleiche Berichtsmethodik hinsichtlich Selektion von Fakten, Faktendeutung um Sachbericht usw. vermuten darf. Wer sagt z.B., daß der Vorarbeiter an den Haken Klimmzüge machen konnte? Sagt er das selbst? Hat er solche Klimmzüge gemacht? Warum? Sind Klimmzüge als Festigkeitstest üblich? Oder handelt es sich wieder um einen parapsychologisch motivierten belletristischen Schönungsvorgang in der scheinbar objektiven Berichterstattung?

Im Bender-Bericht heißt es weiter: „Wir hatten daraufhin in „erwartender Beobachtung" ein Experiment veranstaltet, an dem das Team des Freiburger Instituts und einige andere Beobachter teilnahmen. Zwei Haken wurden in der Zementwand befestigt und auf ihre Festigkeit geprüft. Der Lehrjunge stand einen Meter von der Wand entfernt. Wir beobachteten in gespannter Aufmerksamkeit die Schrauben. Innerhalb von zwei Minuten waren sie lose; keiner von uns hat sie herauskommen sehen. Wir dokumentierten mit Blitzlichtaufnahmen und Tonband.

Zwei Tage nach diesem erfolgreichen Experiment versuchten wir eine Filmdokumentation, aber dieses Mal blieben die Haken fest. In den darauf folgenden Wochen zeigten sich neue Phänomene. An einer Arbeitsstelle zersprangen in Anwesenheit des Lehrjungen eine ganze Reihe von Neonröhren. Als im Lager des elektrotechnischen Betriebs Gegenstände von den Regalen sprangen und zerstört wurden, wurde der Junge entlassen. Er wurde wieder zur Schule geschickt, wo sich nichts mehr ereignete".

Und Bender schließt seinen damaligen Bericht über seinen telekinetischen Musterfall mit erkennbarem parapsychologischen Stolz, indem er schreibt: „Durch die Vielzahl der Geschehnisse an verschiedenen Orten und die dadurch bedingte Vielzahl von Zeugen aus soziologisch völlig differenten Gruppen, ferner durch Eigenbeobachtung wurde im Falle des Bremer Jungen eine hohe Evidenzstufe erreicht. Zum ersten Mal in der Freiburger Spukforschung konnte eine über mehr als ein Jahr sich erstreckende Verlaufsanalyse vorgenommen werden. Wiederholte psychodiagnostische Untersuchungen und ständige Verhaltensbeobachtung, zusammen mit vielfach wiederholten Explorationen, ergänzten die äußeren Fakten durch die Aufhellung eines Motivationshintergrundes."

Es handelte sich n i c h t um „soziologisch v ö l l i g differente Gruppen". Als Zeugen traten in Bremen auf ein aus Ostpreußen stammender Kaufmann, der kurz vor der Geschäftsaufgabe stand und dessen Ehefrau, ein kaufmännischer Lehrling von 18 Jahren, zwei Verkäuferinnen, deren Namen und Alter nicht festgehalten wurden, der volljährige Sohn des Geschäftsinhabers und Kraftfahrer. In Freiburg war die soziologische Zuordnung ähnlich: ein aus Ostpreußen stammender Elektromeister, ein Vorarbeiter, ein Lehrjunge und ähnliche zum gleichen Lebenskreis der Handwerker gehörende Zeugen. Hinzu kamen in Freiburg noch der Parapsychologe Bender und seine Hilfskräfte, die zwar einer anderen soziologischen Schicht zuzurechnen sind, deren gemeinsamer Nenner aber die abergläubische Befangenheit war. Die Gemeinsamkeiten der Zeugen, deren präformierte Irrtümer und Motivationsketten wären psychologisch (nicht parapsychologisch) untersuchenswert gewesen. Oder hat lediglich die für Bender eigentümliche Berichterstattung zur Gleichförmigkeit in der Fehlerhaftigkeit der Zeugenleistungen geführt?

Die von Bender behauptete Verlaufsanalyse wurde nicht veröffentlicht. Eine „ständige" Verhaltensbeobachtung ist nicht erfolgt, es sei denn, der Begriff „ständig" wird parapsychologisch umdefiniert.

Über die Versuche mit Sch. heißt es bei Bender: „Als die konfliktbedingte intrapsychische Spannung einen hohen Grad an Intensität erreicht hatte, konnte man geradezu voraussagen, daß es wieder zu psychokinetischen Entladungen kommen würde. PK-Experimente im Laboratorium ergaben keine Resultate. Aber Sch. zeigte ungewöhnlich hohe Treffer bei Kartenexperimenten sowohl in AASW als auch in Hellsehsituationen.

Die durch die Analyse der RSKP-Phänomene (RSKP = recurrent spontaneous kinetic phenomenon; d.Verf.) sich notwendig ergebende Koppelung von PK (Psychokinese; d.Verf.) und ASW-Fähigkeiten (ASW = außersinnliche Wahrnehmung; d.Verf.) zeigte sich bei Sch. mit besonderer Deutlichkeit. Wenn die als Symptom einer Erregungsphase eintretenden RSKP-Phänomene abklangen, konnte es vorkommen, daß der noch nicht beschuldigte Junge betrügerisch Phänomene vortäuschte".

Darüber hätte man gern weitere Informationen erhalten. Benders stolzer Bericht schweigt über den hervorragendsten Spukfall seiner Karriere, ein Fall, der sogar – was die Untersuchungsdauer und die Resultate anbelangte – den späteren „Spuk in Rosenheim" übertrifft. An keiner Stelle des Benderschen Berichts werden die Hintergründe des Geschehens ausgeleuchtet. Der fast nebensächliche Hinweis geht unter, daß Sch. gelegentlich oder „betrügerisch täuschte". Hier hätte man gern erfahren, in welchen Fällen, unter welchen Bedingungen und mit welchen Methoden Sch. wen wie oft täuschte. Wie unterschied sich das Bild der „echten Phänomene" vom Bild der Täuschungsfälle?

2. Das späte Geständnis des Poltergeistes

Grundlegende Zweifel an Sch. und seinen telekinetischen Fähigkeiten tauchten in den Veröffentlichungen Benders natürlich nicht auf. Umso größer mußte begreiflicherweise seine Entrüstung sein, als Sch. Ende 1977 öffentlich erklärte: „Alles Schwindel! Ich habe Bender getäuscht! Ich habe alle sogenannten Phänomene bewußt und gewollt als Sachbeschädigung oder in welcher Form auch immer verursacht"! Vor seinem Geständnis war Sch. für die Parapsychologen ein wichtiger Psychokinetiker; nach seinem Geständnis galt er bei den Parapsychologen als unglaubwürdig und verlogen.

Unter allen anderen ähnlichen von mir seit Jahren gesammelten Fällen war mir der Spukfall Neue Vahr schon 1965 durch die Derbheit und Unverfrorenheit des Auftretens des zunächst unbekannten, dann aber doch einkreisbar und zu vermutenden Polterers besonders aufgefallen. Noch auffälliger war, was Bender in seiner öffentlichen Berichterstattung aus diesem Komplex von Sachbeschädigungen gemacht hatte. Ich habe daher sehr frühzeitig (1965/66) mit einer eigenen Materialsammlung – vor allem zur Entwicklung des Sch. in der Kindheit – begonnen.

Nach Beginn meines Dienstes als Leiter des Landeskriminalamtes und der Kriminalpolizei in Bremen (Februar 1969) wartete ich auf eine Gelegenheit zur Vervollständigung der Unterlagen. Insbesondere war eine Vernehmung des Sch. wichtig. Diese Gelegenheit bot sich erst, als im Dezember 1977 die vorher (auch der Mutter) nicht bekannte (weil polizeilich nicht gemeldete) Wohnadresse des Sch. in E. bekannt wurde.

Es entspricht der üblichen Exaktheit Benderscher Behauptungen, wenn er in seinem Dementi[43)] ausführt: „Während das Freiburger Institut für Grenzgebiete der Psychologie und Psychohygiene nicht mehr mit Sch. in Beziehung stand, hat offenbar Kriminaldirektor Dr. Schäfer mit Sch. häufigen Kontakt gehabt. Dr.Schäfer erzählte Journalisten (so Herrn Wenzel, Journalist in Berlin), daß er seit 12 Jahren Sch. immer wieder besucht habe. Dieser habe schließlich ein „Geständnis" abgelegt, wie er 1965/66 die Phänomene in Bremen und Freiburg „getrickst habe".

Wiederum traf Bender nicht die Wahrheit. Die Behauptung über die Dauer der Bekanntschaft mit Sch. ist schlichtweg falsch. Der Journalist Karl-Heinz Wenzel hat dergleichen weder von mir gehört noch hat er selbst etwas Ähnliches behauptet. In einer Sendung von Radio Bremen am 23.7.1978 „Der Poltergeist und die Philosophische Fakultät" wurde lediglich gesagt, ich sei dem „Poltergeist 12 Jahre auf der Spur geblieben". Bender mußte das wohl falsch verstanden und den Rest hinzuphantasiert haben. Ich habe den jungen Mann zwölf Jahre g e s u c h t. „Gesucht" oder „besucht" – welchem zielbewußten Parapsychologen macht der Unterschied etwas aus? In der Berichterstattung von Parapsychologen und ihrer schwarmgeistig missionierenden Anhängerschaft tauchen solche Wahrheitsdreher „mit bemerkenswerter Gleichförmigkeit" immer wieder auf.

Der Expolterer wurde als Erwachsener kein braver Junge. Er arbeitete als Gelegenheitsarbeiter, Kraftfahrer, Gärtner; für das ländliche Bordell eines Griechen fuhr er eine Zeit lang Mädchen herbei. Er war als Versicherungsvertreter unterwegs, arbeitete als Mechaniker und wurde wegen fortgesetzten Diebstahls zu drei Wochen Freiheitsentzug verurteilt. Die Strafe wurde bedingt erlassen. Schließlich wurde er als Ladendieb in 36 Fällen und wegen Benzindiebstahls auffällig[44)]. Daraufhin hielt er es für besser, seine Wohnadresse in Essen aufzugeben und zu verschwinden. Er war auf der Flucht und wurde mit Haftbefehl gesucht.

Am 24.11.77 wurde Sch. schließlich in Essen festgenommen und nach Vechta verschubt. In der Justizvollzugsanstalt Vechta wurde er in Untersuchungshaft genommen. Ich erhielt die Erlaubnis, ihn am 18.12.77 dort mehrere Stunden lang zu befragen.

Im Einleitungsgespräch vor der eigentlichen Befragung lachte der gutaufgelegte Sch. und erzählte, es habe nach seiner Einlieferung in die Strafanstalt auf seinem Stockwerk einen totalen Kurzschluß gegeben. Ich fragte ihn, wie er das gemacht habe. Er hatte von einer Gabel die mittleren Zinken abgebrochen, so daß zwei Zinken der am Griff mit Stoff umwickelten Gabel in die Steckdose der Zelle paßten. Den Zelleninsassen gegenüber prahlte er, ihm könne die Elektrizität nichts anhaben. Daß es einen Kurzschluß unbekannter Ursache gegeben habe, wurde mir durch die Leitung der Justizvollzugsanstalt (= Gefängnis) bestätigt.

Sch. erklärte zunächst einleitend, vorbehaltlos und wahrheitsgemäß alle Auskünfte zu geben und Fragen zu beantworten. Er konnte sich nach zwölf Jahren noch relativ gut an die Vorgänge erinnern.

Er sagte über seine Aussagebereitschaft:

> „Ich tue dies nicht, weil ich mir davon ein Honorar oder ein öffentliches Aufsehen verspreche, sondern weil ich der Ansicht bin, daß die Arbeitsweise von Prof. Bender einmal entlarvt werden müßte. Zwar hat sich Prof. Bender mir gegenüber verschiedene Male schäbig verhalten, doch mache ich meine Aussage nicht aus Rache. Wenn ich mich hätte rächen wollen, hätte ich das schon längst tun können."

Zu den Vorgängen in der Neuen Vahr berichtete er:

> „Meine Jugend hatte ich bei meiner Großmutter verlebt. Als ich vierzehn Jahre alt war, kam ich nach Erkrankung meiner Großmutter, zu meiner Mutter nach Bremen. Ohne auf meine persönlichen Wünsche einzugehen, hat meine Mutter mir eine Lehrstelle im Geschäft der Familie S. besorgt (Lebensmittelhandel, außerdem Geschirrlager im Keller).
>
> Frau S. erlaubte mir, Süßigkeiten zu essen, ich mußte ihr dies lediglich angeben. Sie hat sich das zur Verrechnung notiert.

Ich war über meine Beschäftigung dort ganz unglücklich und zornig. Als ich einmal etwas Falsches aus dem Lager holte, gab mir Herr S. eine Ohrfeige. Als ich dann im Geschirrlager alleine war, reagierte ich darauf und zerknallte aus Zorn und Verärgerung einige Porzellanstücke durch Hinwerfen. Als die Scherben entdeckt wurden, bestritt ich begreiflicherweise, daß ich das Porzellan zerschlagen hatte. Frau S. wußte nicht, was sie dazu sagen sollte, weil es nämlich schon mal vorgekommen war, daß schlecht weggepackte Stapel (z.B. Weckgläser) auch von alleine umgefallen und zerbrochen waren.

Ein anderes Ereignis ist mir noch in Erinnerung. Herr S. warf mir vor, ich hätte eine offene Lebensmittel-Kühltruhe falsch beschickt, so daß die obersten Waren außerhalb der Kälte lagen und verdorben seien. Ich hatte aber mit dem Füllen der Kühltruhe gar nichts zu tun, da dies von dem Warenlieferanten selbst gemacht wurde. Trotzdem wurde ich in Gegenwart etlicher Kunden im Geschäft „zur Sau gemacht".

Bei anderer Gelegenheit sollte ich nach Erkrankung einer Verkäuferin beim Wurstwarenverkauf aushelfen. Ich hatte das noch nie getan und kam beim Verwiegen und Ausrechnen nicht zu Rande, zumal ich im Kopfrechnen nicht der Stärkste bin. Dadurch entstanden Schwierigkeiten bei der Kasse. Herr S. kam dann nach hinten und beschimpfte mich wiederum in Gegenwart von Kunden recht heftig („Tölpel, Tolpatsch"). Solche Demütigungen vertrage ich nicht. Ich reagierte dadurch, daß ich im Keller heimlich Geschirr zerschmiß. Ich reagierte nicht spontan danach, sondern habe den Ärger eine ganze Woche in mich hineingefressen. Mit meiner Mutter konnte ich nicht sprechen; ich habe das einmal versucht, da hat sie mir gesagt, wenn ich für diese Arbeit zu dumm sei, dann müßte ich in ein Heim. Das wollte ich aber auf keinen Fall.

Die Familie S. verdächtigte mich schließlich. Man beobachtete mich. Als ich das merkte, habe ich sie ausgetrickst. Ich habe z.B. unter Verwendung eines kleinen Spulengerätes (d.h. japanisches Tonbandgerät), welches ich während meiner Lehrzeit gekauft habe, folgendes gemacht:

Wenn Herr S. weg war (z.B. in der Mittagszeit) habe ich das Bandgerät auf Aufnahme gestellt und dann von den in der Ecke liegenden großen Scherben einige auf den Boden geschmissen oder auch unbeschädigtes Geschirr an die Wand geschmissen. Diese Geräusche wurden durch das Bandgerät aufgenommen. Die Geräusche ließ ich dann bei mehreren Gelegenheiten, etwa wie folgt wiedergeben: Ich versteckte das Gerät im Lagerkeller oder in größeren Gefäßen auf der Treppe oder im Vorraum und stellte das Gerät an. Dann ertönten die Klirr- und Brechgeräusche und Frau S. lief in den Keller. Dort lagen die von mir vorbereiteten Scherben. Frau S. hatte den Eindruck, diese stammten von gerade in diesem Augenblick heruntergefallenem Geschirr. Das habe ich verschiedene Male so gemacht. Dadurch hatte ich immer Zeugen dafür, daß ich nicht im Keller war, wenn – wie die Zeugen meinten – gerade wieder Geschirr zerschlagen wurde.

In einigen Fällen habe ich auch in Gegenwart von Zeugen folgendes gemacht: Wenn Frau S. mit zwei oder drei Kunden im Porzellankeller war, habe ich von den eingangs aufgestellten Porzellansachen z. B. eine kleine Kaffeekanne (z.B.) mitgenommen und habe diese, unmittelbar neben den Leuten stehend, mit einem geschickten Wurf über meine Schulter nach hinten geworfen. Die Käufer waren in diesem Augenblick ganz mit der Betrachtung des vor ihnen stehenden Geschirrs beschäftigt. Auf mich achtete keiner. Wenn ich Glück hatte, fiel die geworfene Kaffeekanne in ein volles Regal und riß dort weiteres Porzellan nach unten.

Ähnlich ging es einmal zu, als vier oder fünf Feuerwehrleute den Keller nach Strahlungen untersuchten (radioaktive Strahlungen (?) mittels Geigergerät (?)). Dabei waren auch zwei Kriminal- oder Polizeibeamte anwesend. Bei dieser Gelegenheit griff ich mir einen Stapel flacher Glasuntersetzer, soviel ich in einer gespreizten Hand fassen konnte und streute diese mit einem Querwurf durch den ganzen Raum. Die Glasuntersetzer trafen an völlig auseinanderliegenden Orten auf. Die Feuerwehrleute erschraken schrecklich. Die beiden Polizeibeamten liefen hinaus. Ein Feuerwehrmann warf sich auf den Boden. Alle waren der Ansicht, es gehe dort nicht mit rechten Dingen zu, es spuke. Die Tageszeitungen hatten zu diesem Zeitpunkt schon über diese Vorgänge berichtet.

Zwei Fahrer einer Firma, welche Flaschen mit Limonade oder Obstsaft anlieferten, habe ich einmal wie folgt erschreckt: Beide erlebten, wie plötzlich eine Kiste mit Flaschen – scheinbar ohne jedes Zutun – in den Raum stürzte. Ich kann mich im Augenblick nicht mehr genau erinnern, wie ich das gemacht habe, aber entweder habe ich diese Kiste durch den plötzlich nach oben gejagten Lastaufzug hinauskatapultiert oder ich habe sie mit Hilfe einer Schnur mit dem Schwungrad der Kühlanlage verbunden. Die Flaschen zerbrachen zum Teil. Die beiden Leute trugen dann keine Flaschen mehr in den Keller.

(Es sei hier eingeschoben, daß sich diese Angaben nicht mehr überprüfen ließen infolge baulicher Veränderungen im Laden und Keller.)

Eines Tages mußte ich in der Mittagszeit aus dem Eis-Automaten vor dem Laden Eis verkaufen, obwohl mir doch auch eine Mittagspause zugestanden hätte. Es kamen drei bis vier Jungen, die größer, älter und stärker waren als ich, und zapften gegen meinen Protest das Eis selbst ab. Dabei verschmierten sie auch die Eismaschine. Das Geschäft war zu dieser Zeit geschlossen. Nach Beendigung der Mittagspause und nach Öffnung des Ladens habe ich Herrn S. informiert. Der begann sofort wieder – in Gegenwart einiger Kunden – mich fürchterlich zu beschimpfen. Dann schickte er mich in den Keller zum Aufräumen.

Im Keller stand eine ganze Batterie von Geschirr auf einer Bohle, die lose auf Holzstempeln lag. S. kam sofort hinter mir her. Mit dem Fuß habe ich die Stempel so verschoben, daß das ganze Brett in eine kippgefährdete Lage kam. Dabei stand ich hinter der Bohle – von ihm aus gesehen – und ging dann dort weg. Er verlangte von mir, ich müsse in seiner Nähe sein, wenn er mit mir spreche. Ich ging dann auf seiner Seite der Bohle auf ihn zu. Der Quergurt seines weißen Kittels hing auf einer Seite lose herunter (weil ein Knopf fehlte; d.Verf.). In einem unbewachten Augenblick (als er sich nämlich von mir abwandte und zur nach oben führenden Treppe schaute) hängte ich dieses lose Gurtteil an einen Nagel des Brettes. Ich ging dann einige Schritte nach hinten weg, um Abstand zu ihm zu gewinnen. Als er mir jetzt nachkommen wollte, riß er die ganze Bohle um und das ganze Geschirr ging zu Bruch. Er verließ entsetzt den Raum, weil er zu diesem Zeitpunkt offenbar schon selbst an den Spuk glaubte.

Ich wollte unbedingt von dieser Stelle weg und wenn mir das nicht gelungen wäre, dann hätte ich meinen Schabernack auch oben im Laden getrieben. Das war mir aber einstweilen wegen der vielen Kunden zu gefährlich.

Einmal habe ich im Keller eine Kaffekanne sowie Tasse und Untertasse „fliegen“ lassen. Ich hatte um den Fuß der Kaffeekanne einen weißen Faden gelegt, der hinter der Stellage bis in die Nähe des Eingangs reichte. Eines Tages kamen verschiedene Leute, welche experimentell erleben wollten, daß Geschirr in meiner Gegenwart fliegt. In einem unbewachten Augenblick habe ich den Faden aufgenommen, während ich zuvor veranlaßt hatte, daß alle Personen nicht mich ansehen, sondern das Geschirr beobachten sollten. Ich zog dann die Kanne herunter, die dann dabei auch die Tasse und den Unterteller mitriß.

Prof. Bender kam eines Tages nach Bremen und hat mit mir und auch mit meiner Mutter gesprochen. An die näheren Umstände der Gespräche kann ich mich nicht mehr erinnern. Prof. Bender war fest davon überzeugt, daß das ganze ein Spuk sei. Die Vorgänge hielt er für die Wissenschaft für sehr wichtig.

Er hat mich nie gefragt, ob ich etwa selbst das Geschirr zerschlagen habe. Ich habe allerdings einmal ein Gespräch mit angehört, in dem meine Mutter unter bezug auf einige häusliche Ereignisse Bender gegenüber den Verdacht äußerte, ob ich nicht das Geschirr zerschlagen haben könnte. Er hat ihr aber entschieden widersprochen und gesagt, daß es unmöglich sei, daß ich das gemacht haben könne. Es seien so viele Augenzeugen dafür da und diese seien auch technisch versiert und erfahren. Diese hätten eine Manipulation sofort erkannt. Insbesondere wies er auf die Feuerwehrleute hin.

Die Sache bei S. endete endlich mit meiner Kündigung durch S.

Im „Spiegel" Nr.30/1965, Seite 30 ist ein Bild von mir, auf dem ich eine große Blumenvase halte, die im oberen Teil noch vollständig erhalten ist, während ein großes Stück Fuß- und Unterteil fehlt. Diese Vase hatte folgende Geschichte:

Ich war beim Aufräumen unabsichtlich mit dem Fuß gegen die Vase gestoßen, dabei war diese in zwei Teile zerbrochen (Ober- und Unterteil). Ich habe beide Teile wieder sorgfältig aufeinandergestellt. Einige Zeit später schimpfte Herr S. wieder wegen irgendeiner Sache mit mir, dann verlangte er, ich solle diese Vase (die für ihn unbeschädigt schien) nach oben ins Schaufenster tragen. Ich weigerte mich mit den Worten: „Erst beschimpfen sie mich und dann soll ich ihre Vase herauftragen". Er bestand aber auf der Ausführung. In diesem Augenblick trat ich unbemerkt in eine Glasscherbe oder ein Glasstück, das mit einem entsprechenden Geräusch zerbrach. Als er mich fragte, was denn das sei, sagte ich ihm: „Das ist ihre Vase". Als er die Vase jetzt aufnehmen wollte, hatte er zwei Teile in der Hand. Er glaubte erkennbar, daß das wiederum ein Spukbeweis sei.

Mir fällt noch folgendes ein: Einmal hatte ich im Lager eine Flasche Dunkelbier getrunken. Frau S. wußte davon. Als ich mit einem Tablett Eier die Treppe nach oben ging, sprach mich Herr S. deshalb an und haute mir eine runter. Dabei warf ich das Tablett Eier die Treppe nach hinten hinunter. In diesem Augenblick tauchte Frau S. dort auf und sie wurde getroffen, obwohl ich das gar nicht beabsichtigt hatte. Dieses Ereignis lag ziemlich am Anfang der Geschirrzerschlagerei.

Herr S. war sehr unnachsichtig zu mir. Wenn ich Lebensmittel zu Kunden bringen mußte, meckerte er mich immer nach meiner Rückkehr an, weil ich seiner Ansicht nach zuviel Zeit brauchte. Ich kannte mich aber weder in Bremen noch in der Neuen Vahr aus. Außerdem verlangte er, daß ich ihm angeben mußte, welche Trinkgelder ich bekommen hatte. Die durfte ich von ihm aus zwar behalten, doch verständigte er meine Mutter. Die gab mir daraufhin kein Taschengeld. Ich habe aber meine Mutter dann auch verarscht. Wenn sie mit ihrem Hund spazieren ging und ich war dabei, dann habe ich Fünf-Mark-Stücke so auf den Weg gebracht, daß ich sie anschließend finden mußte. Zuvor hatte ich ihr gesagt: „Wenn Du mir kein Taschengeld gibst, dann muß ich mir das selbst von der Straße holen.“ Ich habe sie dann darauf hingewiesen, daß ich gleich Geld finden werde. Sie meinte dann: „Daß Du verrückt bist, weiß ja jeder!“ Wenn ich dann das Geld gefunden hatte, war sie sehr erstaunt.

Zu Hause habe ich folgenden Schabernack inszeniert: Manchmal habe ich einen Knochen (oder ein Stück Wurst), den der Hund hatte, in Gegenwart des Hundes ins Blumenbeet vergraben. Der Hund hat dann bei der nächsten Gelegenheit ganz wild im Blumenbeet herumgegraben, um den Knochen bzw. die Wurst zu finden. Er wurde dann von meiner Mutter geschimpft. Das habe ich dann nicht mehr gemacht, weil ich den Hund ganz gut leiden konnte. Ich habe heute selbst einen Dackel.

Mit meiner Mutter habe ich mich nicht sonderlich vertragen. Meine Mutter hat meine Großmutter in der Nachbarschaft schlechtgemacht. Sie hat erzählt, daß es bei uns dreckig gewesen sei. Als meine Mutter von meiner Großmutter besucht wurde, war die alte Frau schon blasenleidend. Wenn sie dann nicht mehr rechtzeitig die Toilette erreichen konnte und vorzeitig Wasser ließ, dann hat meine Mutter sie immer furchtbar geschimpft. Ich habe immer Partei für meine Großmutter ergriffen.

Ich habe einigen Schabernack auch zu Hause getrieben: Ich habe z.B. gemacht, daß das Radio meiner Mutter nicht mehr spielte oder habe in einen PlastikPutzeimer einen Schlitz gemacht, daß das Wasser rauslief. Es ist aber nicht richtig, daß ich eine Häkeldecke beschädigt hätte oder daß ich Blumentöpfe von der Fensterbank mit einer Handbewegung heruntergeworfen hätte. Ich habe auch nicht zur Nachtzeit einen schweren Blumentopf mit Zierpflanzen im Schlafzimmer meiner Mutter zertrümmert.

Es ist richtig, daß ich einmal beim Spielen im Regen naß geworden war und nicht ins Haus konnte, weil alles abgesperrt war. Da bin ich durch das Kellerfenster ins Haus und habe mich in meinem Zimmer umgezogen. Das Haus habe ich durch die Terrassentür wieder verlassen. Die Tür mußte ich zwangsläufig offen lassen, um wieder hineinzukommen. Von Einbruch war in diesem Zusammenhang überhaupt nicht die Rede.

Ich bin mit der Verwertung meiner Angaben über die Vorgänge in der Neuen Vahr einverstanden, wenn dadurch nicht nachträglich zivilrechtliche Forderungen gegen mich durch Herrn S. oder eine Versicherung ausgelöst werden. Sollte die Gefahr zivilrechtlicher Forderungen bestehen, bitte ich, diese Angaben nicht zu verwerten.

Ich bin technisch immer schon sehr interessiert gewesen. Ich betreibe auch heute noch Radio, Funk- und Fernsehbasteleien als mein Hobby. Als ich in Bremen war, hatte ich eine Modelleisenbahn, die mir meine Großmutter geschenkt hatte, mitgenommen. Meine Mutter erlaubte mir aber nicht mehr damit zu spielen, mit der Begründung: „Ein fünfzehnjähriger Junge spielt nicht mehr mit der Eisenbahn“. Die Eisenbahn wurde dann durch das zweite Kind meiner Mutter, meinen Stiefbruder, ruiniert.

Etwa vier Wochen nach Beendigung meiner Arbeit bei S. wurde ich auf Veranlassung meiner Mutter in Heidelberg, Blumenstraße oder so ähnlich, in einer nervenärztlichen Klinik untergebracht.“

Über sein Verhältnis zu Bender sagte er:

„Prof. Bender war an mir sehr interessiert. Er hat mit mir alle möglichen Versuche angestellt. Zu diesem Zweck wohnte ich zunächst in seinem Institut. Später hat er mich wiederholt abholen lassen. In der Siedlung in der ich mit meinen Pflegeeltern wohnte, ließ er mich mit einem schwarzen Mercedes 280 abholen, was natürlich erhebliches Aufsehen verursachte. Der Wagen gehörte meines Wissens dem Prof. Rönecke, der mich auch ab und zu abholte (Rönicke ist Professor an der Sternenwarte).

Vorausschicken muß ich noch eine Zwischenbemerkung: Bender hat mir alle möglichen Vorteile versprochen. Er wies mich darauf hin, daß Fernsehgesellschaften sich für mich interessierten. Dann wies er darauf hin, daß meine Mitarbeit nicht zu meinem finanziellen Schaden sein werde. Außerdem sei das Ganze für meine spätere Ausbildung wichtig. Ich hatte zu Beginn unseres Kennenlernens ihn gebeten, mich mit Du anzureden. Er hatte mir dann auch gestattet, ihn mit „Du“ und „Hans“ anzusprechen.

Bender hat keine seiner Versprechungen gehalten. Er hat mir lediglich einmal zwei Langspielplatten geschenkt, die mir unmittelbar von dem Leiter des Amerikanischen Fernsehteams übergeben wurden. Bei dieser Gelegenheit erfuhr ich dann auch, wer bei diesem ganzen Vorgang den Gewinn machte, nämlich Prof. Bender. Als Bender merkte, daß ich mir ein Tonbandgerät wünschte, gab er mir eines. Er sagte mir, ich könne es für mich behalten. Meine Pflegeeltern wollten nicht, daß ich Verbindungen zu Bender hatte und haben später die Kontakte unterbunden. Daraufhin hat er in meiner Abwesenheit das Tonbandgerät wieder abholen lassen.

In der Weihnachtszeit (1965/66), es hatte geschneit, erschien Bender bei meinen Pflegeeltern und wollte mich wieder zu einem Experiment abholen. Meine Pflegeeltern widersprachen und er fuhr ohne mich zurück. Am nächsten Tag erschien er wieder und lud mich zu der Wetterwarte von Prof. Rönecke ein. Ich sei doch auch sicher an der technischen Ausstattung interessiert. Außerdem könnte ich dort skilaufen. Damit waren meine Pflegeeltern einverstanden. Bei Prof. Rönicke haben wir Kaffee getrunken. Er zeigte mir einen Windgeschwindigkeitsmesser und einen Niederschlagsmesser; das war aber auch alles. Er konnte mir im übrigen nichts Neues erklären, weil ich das schon wußte.

Danach begann Bender mit einem Experiment. Er setzte mich vor eine Walze, auf der eine beweglich gelagerte Feder Ausschläge aufzeichnen sollte. Ich sollte versuchen, diese Feder zum Ausschlagen zu bringen. Rönicke und Bender saßen dabei und schauten mir zu. Es klappte natürlich nicht. Ich überlegte mir dabei allerdings schon, wie ich bei einer Wiederholung des Experiments – wie dies bei Bender üblich war – seinen Vorstellungen entsprechen könnte.

Als der Versuch später bei Prof. Rönicke wiederholt wurde, hatte ich eine Induktionsspule mit Eisenkern und Batterie bei mir, die ich während des Experiments in der Hosentasche auf das Gerät richtete. Der Zeiger des Gerätes verzeichnete bei dieser Gelegenheit Ausschläge. Ich saß etwa zwei Meter vor dem Gerät. Ich weiß nicht, ob meine Induktionsspule das Ergebnis erzielte, bin aber der Ansicht, daß das so sein könnte. Rönicke und Bender waren anwesend.

Bei anderer Gelegenheit ging es um das Gedankenlesen. Bender saß in einem Raum und tippte auf einer Zahlenskala durch Druckknopf Zahlen. Es kann dies auch sein Assistent gemacht haben. Ich saß im Nebenraum und sollte die getippten Zahlen raten und auf einer ähnlichen elektrischen Zahlenskala die entsprechenden Zahlen tippen. Die ganze Anlage war so konstruiert, daß auf Benders Seite ein Zeichen auftrat, wenn ich die richtige Zahl erraten, d.h. getippt hatte. Ich weiß nicht mehr genau, ob dann ein Tonzeichen gegeben wurde oder ob die Zahl erlosch. Jedenfalls vermutete ich eine Relaisschaltung. Ich habe daher (und weil ich alleine im Raum war, konnte ich das) auf meiner Seite keine Zahlen gedrückt, sondern habe mittels einer Stecknadel unmittelbar vor dem Gerät einen Kontakt je nach Bedarf hergestellt, so daß bei Benders Seite das entsprechende Signal meistens ausgelöst wurde. Das Kabel hatte nämlich 15 bis 20 Einzelphasen. Wenn man es etwas aus dem Gerät herauszog, konnte man mit der Stecknadel über die blanken Stellen herüberfahren.

Bender war über die hohe Trefferquote sehr erstaunt.

Ein weiteres Experiment mußte natürlich – wie zahlreiche andere – schiefgehen, weil ich dabei technisch nichts machen konnte. Solche Experimente wurden dann abgebrochen. Bender zeichnete in einem Raum z.B. irgendetwas und ich sollte dann mit den von Bender bei mir vermuteten telepathischen Fähigkeiten den Inhalt der Zeichnung erkennen. Solche Sachen klappten natürlich nicht.

Einmal erfuhr ich, daß Bender mit mir sogenannte Kartenexperimente vorhatte. Ich wußte, wo die sieben bis zehn Pakete mit je 25 Karten lagen. Nachts schlich ich aus meinem Zimmer und sortierte die Kartenpakete. Die Kartensätze enthielten jeweils 5x5 gleiche Symbole

(Kreuz, Quadrat, Kreis, Welle und ein weiteres Zeichen, möglicherweise ein Stern). Diese ordnete ich so, daß ich mir die Reihenfolge merken konnte. Selbst bei einem einmaligen Ummischen vor Beginn der Experimente konnte diese Reihenfolge nicht total verändert werden, so daß nach wie vor eine hohe Trefferquote zu erwarten war. Auf diese Weise habe ich mehrere Male 15 von 25 Karten richtig getroffen. Diese Experimente haben wir tagelang durchgeführt. Zeitweilig war es mir möglich, an dem Schirm vorbeizuschauen, der zwischen mir und der kartenlegenden Dame (einer Französin) aufgestellt war. Zeitweilig gab auch ein Mann die Karten aus, der Brillenträger war. In sehr vielen Fällen gelang es mir, in der Spiegelung der Brille die grob, groß und schwarz gedruckten Zeichen auf der Karte zu erkennen. Bender sagte grundsätzlich, daß jedes Trefferergebnis über fünf unmenschlich sei. Bei einer Gelegenheit sagte er, ich sei ein wissenschaftliches Phänomen.

Als ein US-Film-Team Aufnahmen machte, gelang es mir in einem unbewachten Augenblick mit der Taschenlampe in die Filmkassetten hineinzuleuchten, und zwar habe ich dazu die Stelle benutzt, aus der der Film, zwischen zwei Filzstreifen gepreßt, das Gehäuse verläßt. Ich habe die Filzstreifen aufgebogen und dann hineingeleuchtet. Man hat dann drei Stunden Aufnahmen gemacht und u.a. auch diese Kassette verwendet. Am Schluß der Aufnahmen erwähnte ich, daß die Filme nicht zu verwerten seien. Bender wurde ganz aufgeregt und veranlaßte die Entwicklung in seinem Institut. Dabei wurde festgestellt, daß fast 90 % des Filmmaterials belichtet, d.h. nicht verwertbar waren. Bender staunte. Die Kameraleute waren der Ansicht, es könne auch ein Defekt an der Kassette oder an der Kamera vorgelegen haben.

Eines Tages brachte Bender das Gespräch auf die Beeinflussung des elektrischen Stromes durch den Menschen. Da er am nächsten Tage ein entsprechendes Experiment mit mir vorhatte, habe ich in der Nacht die Panzersicherung des Hauses mit einem Streifen Stanniol überbrückt. Das Experiment lief dann so ab, daß Bender mir eine Steckdose auf den Tisch legte, die mit einem Verlängerungskabel an das Lichtnetz angeschlossen war. Ich hatte mir ein kleines Kabelstückchen besorgt und konnte dieses Kabelstückchen in der Hand verbergen, als ich mit beiden Händen über der Steckdose angeblicherweise den elektrischen Strom zu beeinflussen versuchte. Ich erzeugte praktisch auf dem Tisch unter meinen Händen einen Kurzschluß, so daß die Normalsicherung des Hauses herausflog. Bender konnte sich das nicht erklären. Bender glaubte wiederum an übernatürliche Ursachen. Die Steckdose hat er nicht untersucht, obwohl es bei Kurzschlüssen dieser Art zu leichten und dann deutlich sichtbaren Rußverschwärzungen an den Kurzschlußstellen kommt. Die eingangs von mir erwähnte Überbrückung der Panzersicherung war notwendig, weil ich befürchtete, daß durch das von mir planmäßig erzeugte, wiederholte Kurzschließen der Leitung auch die Panzersicherung herausfliegen und damit ein Auftauchen der Leute vom Elektrizitätswerk auslösen würde.

Noch den Benderschen Experimenten vorausgehend habe ich an meinem Arbeitsplatz in der Elektrolehre allerhand Schabernack getrieben. Dort gab es einen Gesellen, der alle Lehrlinge schlecht behandelte. Ich habe den Meister auch einige Male darauf hingewiesen, aber das nützte nichts. Dieser Typ schlug mich mit einem Gummirohr. Es handelte sich um irgendeinen belanglosen Anlaß, an den ich mich nicht mehr erinnern kann. Dadurch wurde ich wütend auf ihn. Das wiederholte sich mehrere Male. Ich wußte, daß er sehr schreckhaft war. Dann machte ich die Sache mit den Haken und zwar wie folgt:

In einer Schule wurden Kabelkästen montiert, wozu es notwendig war, daß in einem Abstand von zwei Metern Haken in einer Betonwand verdübelt wurden. Es handelte sich um Träger in Dreiecksform, die – jeder an zwei Stellen – an der Betonwand befestigt wurden und auf deren oberen Quereisen der Kabelkasten saß. Da ich mich gegen den Gesellen sowieso körperlich nicht wehren konnte, wollte ich dies auf die nervliche Art tun. Außerdem wollte ich ja nicht Elektriker werden, sondern Fernsehtechniker. Ich verschmierte die fertigen Dübellöcher mit einer Mischung aus Schmierseife und Kohlenstaub. Die Seife hatte ich mitgebracht, den Kohlenstaub habe ich an Ort und Stelle gefunden. Ausprobiert habe ich die Wirkung dieser Maßnahme nicht.

Als ich nun einmal fortgeschickt wurde, um Werkzeug zu holen, kam ich bei diesen inzwischen befestigten Haken vorbei. Da ich ja wußte welche Dübel durch Schmierseife präpariert worden waren, zog ich im Vorbeigehen etwa 30 bis 40 Stück dieser Haken mit einem Ruck aus der Wand. Das geschah ganz geräuschlos und schnell. Es war auch kein anderer in der Nähe, der das hätte beobachten können. Darauf habe ich schon geachtet. Vorsichtig war ich ja auch in Bremen.

Der Geselle hat die herausgerissenen Haken dann entdeckt, hat gelacht und gemeint, so etwas gebe es doch nicht und hat dem, der für das Einsetzen der Haken verantwortlich war, zunächst einmal ein paar übergezogen. Er selbst schraubte dann wieder die Haken ein. Er prüfte den Sitz der Haken dadurch, daß er sich senkrecht mit Zug an die Haken hängte. Ich ging im Abstand von etwa zehn Haken hinter ihm her mit irgendeinem Anlaß, schlug kurz von rechts gegen die Haken und riß diese wieder mit einem jähen Ruck heraus. Dabei wurde ich nicht beobachtet. Obwohl die letzten Haken in dieser Reihe ohne Schmierseife befestigt worden waren, konnte ich diese noch beim Aufsetzen der Kabelkästen auch durch das ebenerwähnte Verfahren losschlagen bzw. herausziehen. Als der Geselle sah, daß die eben von ihm geprüften Haken alle los waren, nahm er sein Handwerkzeug, ging zu seinem Wagen und fuhr nach Haus.

Der Vorgang wurde auch Bender bekannt. Er kam mit einem Kamerateam zu Aufnahmen an diesen Arbeitsplatz. Es sollte gefilmt werden, wie sich Haken ohne menschliches Zutun von selbst aus der Wand lösen können. Gefilmt wurden diese Haken, welche von mir mit Schmierseife präpariert worden waren und welche zuvor schon einmal von mir aus der Wand gerissen worden waren. Dadurch saßen diese Haken meiner Ansicht nach sowieso nicht mehr fest. Zwar hat ein Assistent von Bender die Festigkeit dadurch geprüft, daß er sich an den Haken hing. Das geschah aber in der Weise, daß er dicht an der Wand entlang zog und dadurch nur eine schwache Hebelleistung entfalten konnte. Der Haken blieb bei diesem Versuch fest sitzen. Anschließend wurde dieser Haken gefilmt und da rutschte er – wie ich erwartet hatte – drei bis vier Zentimeter langsam aus der Wand heraus.

Es kam niemand aus dem Team auf den Gedanken, den Haken ganz herauszuziehen und die Dübel oder die Dübellöcher zu untersuchen. Dann wäre nämlich die Schmierseife sofort feststellbar gewesen. Man hat zwar einige Haken und Dübel untersucht: das waren aber solche, die ich aus der Wand gezogen hatte, ohne daß sie vorher mit Schmierseife präpariert worden waren.

Nachdem die Haken insgesamt erneut in dieselben Dübellöcher eingeschraubt worden waren, habe ich zum dritten Mal einen Teil dieser Haken kurz vor Feierabend herausgerissen. Die Haken wurden dann erneut befestigt. Ich kam dann zu einer anderen Baustelle und dadurch blieben nunmehr die Haken in der Wand. Bender glaubte nunmehr erst recht, daß die Haken durch meine besonderen Fähigkeiten gelockert worden wären. („Heiner! Das war einfach Spitze, wie Du das gemacht hast! Das war der eindeutige Beweis für die Wissenschaft".)

3. Das weitere Geständnis

Nach seiner Entlassung aus der Untersuchungshaft wurde die Befragung am 31.12.77 in der Wohnung seiner Schwiegereltern fortgesetzt. Dabei berichtete er über weitere Streiche:

> Ich arbeitete noch bei der Elektrofirma in Freiburg, als wir in einem hochstöckigen Neubau die Elektroinstallationen durchführten. Das war nicht das Haus, in dem die Hakengeschichte passierte. Ich hatte zusammen mit dem Gesellen (einer von dreien, nämlich der, der immer mit dem Gummischlauch schlug) in einem der oberen Geschosse Leuchtröhren anzubringen. Um den nicht beliebten Gesellen zu ärgern, habe ich die von ihm eingesetzten Leuchtröhren in der Mittagspause um eine Vierteldrehung zurückgedreht, so daß sie bei der leisesten Erschütterung herausfallen mußten. So geschah dies dann auch bei einigen Röhren im Laufe des Tages, ohne daß jemand – oder insbesondere ich – in der Nähe war, als die Röhren herausfielen. Der Geselle glaubte zuerst an einen Defekt in den Lampen. Er überprüfte den Sitz der Röhren und stellte fest – da ich nicht alle Röhren herumgedreht hatte –, daß andere Röhren festsaßen. Dann konnte er sich den Vorgang nicht mehr erklären.
>
> Verblüfft wurde er auch dadurch, daß ich – unbemerkt durch ihn – mit einer Gummiband-Handschleuder Drahtösen auf die festsitzenden Leuchtröhren schoß, zwar nicht jedesmal traf, aber ab und zu eine Röhre zum Platzen brachte. Diese Röhre saß dann rechts und links mit den Endstücken fest eingedreht in der Fassung, war aber in der Mitte zerplatzt. Die Drahtösen fielen nicht auf, weil einmal so viel Schutt auf dem Boden lag und zum anderen ich mir merkte, wohin sie gefallen waren und sie dann aufhob.
>
> In einer Raumecke standen senkrecht gestapelt vielleicht 100 oder 200 Leuchtröhren, welche zu den Leuchtrohrketten an der Decke gebraucht wurden. Von dort nahm ich mehrere Male eine Leuchtröhre mit an den eigentlichen Montageplatz im selben Raum und versteckte sie hinter einer Betonsäule oder stellte sie in eine Ecke. Wenn der Geselle auf der Leiter stand und montierte und keiner auf mich achtete – davon hatte ich mich vorher überzeugt – dann warf ich wie mit einem Speer eine solche Röhre in den Röhrenstapel in der Ecke. Dadurch zerplatzten mehrere Röhren gleichzeitig „aus unerklärlichen Gründen“. Ich verhielt mich in allen diesen Fällen ganz unauffällig,

d.h. so wie auch die anderen: ich besah mir die Schäden und diskutierte dann mit den anderen über die möglichen Ursachen. Es fiel natürlich – infolge der Tätigkeit und der Aussagen von Prof. Bender – auf mich der Verdacht, daß diese Beschädigungen „telekinetisch“ durch mich verursacht worden seien. Niemand nahm aber an, daß ich diese Sachen mit Absicht gemacht habe, weil jeder schwor, mich jederzeit im Auge gehabt zu haben. Ich sei nie unbeobachtet gewesen, meinte man.

Da die geheimnisvollen Schäden am Arbeitsplatz meinem Chef zu viel wurden, sagte er eines Tages, ich solle im Firmenlager arbeiten. Der Lagerraum befand sich in einer Garage. Der erwähnte Geselle arbeitete auch dort mit mir. Als erstes nahm ich – unbemerkt wie immer – eine Packung Elektroschalter oder Dosen und warf diese durch den Lagerraum. Der Geselle meinte ganz trocken: „Geht das schon wieder los?“ Die Regale standen an der Wand, eines stand im Raum. Dort stieß ich ab und zu mit dem Ellbogen mal eine kleine Kiste heraus, die dann auf den Boden fiel. Der Chef kam dann und meinte, so gehe das nicht weiter. Während er mit mir sprach, schauten wir uns beide ins Gesicht und zugleich stieß ich von ihm nicht bemerkt mit dem Fuß im untersten Regal die Packungen so nach vorn, daß die Packungen am anderen Ende des Regals herauspurzelten. Mich sah der Chef dabei nicht an, sondern er schaute dorthin, wo die Pakete fielen.

Ich habe noch mehr im Lager angestellt und ich meine mich zu erinnern, daß die Regale schließlich zu drei Viertel ausgeräumt waren. Der Chef meinte dann, ich könne nach Hause gehen. Das tat ich dann auch. Meine Pflegeeltern trugen diese Entwicklung mit Fassung.

Die Ereignisse mit dem Fahrstuhl haben sich wie folgt entwickelt. Der Maschinenraum (tech. Kommandozentrale) des Fahrstuhls in dem etwa sechsstöckigen Gebäude war damals noch offen. Ich habe ihn mir angesehen, weil ich technisch immer schon sehr interessiert war und habe den Schaltmechanismus des Aufzugs rasch verstanden. Wenn man am Motor vorbei nach unten sah, konnte man im Aufzugsschacht und zum jeweiligen Aufzugszugang sehen, wer einsteigen wollte. Als ich nun hörte und sah, daß der bereits erwähnte Geselle zusteigen wollte, ließ ich ihn bis zum 2. Stock fahren und drückte dann das Relais hinein. Dadurch stand der Aufzug und wurde erst durch erneutes Drücken der Taste im Aufzug durch den Gesellen wieder nach oben in Bewegung gesetzt. Ich ließ ihn ein Stockwerk hochfahren und stoppte ihn wieder. Ich steckte den Schraubenzieher ins Relais und so konnte er überhaupt nicht mehr weiterfahren. Er schlug bzw. trat gegen die Fahrstuhltür, um sich bemerkbar zu machen. Daraufhin holte ich durch Fingerdruck den Fahrstuhl auf die oberste Etage und blockierte seine Fahrt erneut mit Hilfe des Schraubenziehers. Ich holte den Fahrstuhl so hoch, daß er die Tür nicht öffnen konnte. Dann nahm ich die Bremszange (welche die Bremsbacken lösen läßt, wenn der Aufzug mal per Hand betätigt werden muß), löste die Bremsen und ließ den Fahrstuhl durch sein Eigengewicht wieder nach unten fahren. Bevor er unten aufschlug, bremste ich ihn oben wieder. Das Spielchen wiederholte ich einige Male und ließ schließlich den Gesellen in der Mitte des Schachtes irgendwo richtig hängen. Ich habe dann den Schraubenzieher entfernt und den Schutzschalter ausgestellt, so daß die Anlage stromlos war und für den Augenblick nicht mehr betrieben werden konnte. Als man ihn bemerkte und schließlich befreite, meinte er zunächst, die Anlage sei defekt. Die Fahrstuhlfirma wurde gerufen, überprüfte alles und meinte, er müsse das Opfer einer Täuschung sein. Ich wiederholte den Trick noch einmal mit ihm am selben Tage, nachdem die Leute von der Fahrstuhlfirma wieder weg waren. Dabei fiel schließlich wieder auf mich der Verdacht der „Telekinese".

Davon erfuhr Bender und so erschien eines Tages entweder er oder einer seiner Assistenten. Daran kann ich mich nicht mehr genau erinnern. Ich hatte gesehen, daß jemand unten in den Fahrstuhl eingestiegen war, wußte aber nicht, wer das war, und zog mein Spielchen mit diesem und seinem Begleiter ab wie oben beschrieben. Nachher habe ich erfahren, daß dies Bender oder sein Assistent gewesen sein soll. Ich wurde bei solchen Sachen nie beobachtet. An diesem Tage war auch der Motorraum abgesperrt, aber ich wußte, daß der Schlüssel zum Raum oben auf dem Schalterkasten lag und den habe ich an mich genommen. Ich weiß nicht mehr genau, ob mich Bender damals wegen dieser Sache nochmals angesprochen hat.

Bender machte einmal eine Fernsehsendung „Fragen zur Zeit". Dabei erwähnte er wohl, daß ihm wichtige Aufzeichnungen zu diesen Vorgängen – den Vorgängen um mich insgesamt – unter geheimnisvollen Umständen kaputt gegangen seien. In dieser Sendung, die ich selbst gesehen habe, sprach Bender etwa 1974. Ich wohnte damals noch in St., weiß aber nicht mehr, welcher Sender diese Sendung ausstrahlte. Den Anlaß der Sendung weiß ich nicht.

Nachtragen kann ich noch, daß ich bei dem Hakenexperiment einige Haken unbemerkt mit dem Kopf zur Seite gedrückt habe, wodurch sie sich ebenfalls lockerten. Das war bei dem Gesellen.

Ich kann mich nicht erinnern, daß ich auch in der Heidelberger Klinik Schabernack getrieben hätte. In der Freiburger Klinik habe ich einmal – offen und im Zorn – einem Pfleger ein Küchenmesser nachgeworfen, welches in der Tür stecken blieb. Er hatte mich an den Haaren gezogen, weil ich so ein komisches Gemüse nicht essen wollte. Wenn man mich zu etwas zwingen will, werde ich böse. Er hat mich mit dem Gesicht in das heiße Essen (Eintopf?) hineingedrückt. Durch den Messerwurf wollte ich ihn erschrecken. Er hat mich hineingedrückt, hochgerissen und wieder hineingedrückt. Er meinte, er werde so lange bleiben, bis ich das Essen gegessen hätte. Es ergab sich ein kurzes heftiges Gespräch und dann warf ich das Messer nach entsprechender warnender Androhung neben ihn in den Türrahmen.

Wenn ich gefragt werde, ob ich an dem Pkw, der bei meiner Lehrfirma auf der Hebebühne stand, die Handbremsen gelockert hätte, so daß der Wagen herunterfuhr und beschädigt wurde, so kann ich auf Ehr und Gewissen sagen, daß ich damit nichts zu tun habe. Ich bin der Ansicht, daß der Lehrjunge, der den Wagen hochgefahren hatte, vergessen hatte, die Handbremse anzuziehen. Dadurch geriet ich in Verdacht, aber ich habe damit nichts zu tun. Ich könnte es ja heute sagen.

Ich habe nach meinen „Wanderjahren" 1973 geheiratet. Meine Frau stammt von einem Bauernhof im Kreis Vechta. Wir sind zufrieden und glücklich. Ich habe in einem Gärtnereibetrieb in Essen eine mir zusagende Stellung gefunden, die mir auch genügend Entscheidungsfreiheit läßt. Meine technische Bastelneigung betreibe ich als Freizeithobby (Funk, Fernsehen, Radio und Reparaturen). Kinder haben wir noch nicht.

Wenn ich heute so an den Schabernack denke, den ich damals veranstaltet habe, so muß ich heute noch lachen. Es waren diese Jungenstreiche, die ich heute nicht mehr machen würde, schon allein deshalb nicht mehr, weil mir so ein doofer Professor auch nicht mehr vorkommen wird.

Ich halte Prof. Bender für eine wissenschaftliche Niete, weil ich gesehen habe, wie er arbeitet. Ich bin der Ansicht, daß er an das glaubt, was er vertritt, allerdings auch deshalb vertritt, weil er damit Geld verdient. Ich kann mir an sich heute noch nicht erklären, wie es möglich sein kann, daß ich als fünfzehnjähriger Junge Feuerwehrleute, Kriminalbeamte, Kaufleute und vor allem den wissenschaftlich gebildeten Professor Bender mit den einfachsten Tricks hinters Licht führen konnte. Meine Geschicklichkeit und meine Tricks allein können das doch nicht ausmachen. Ich meine, daß hinzukommt, daß in jedem Menschen eine Neigung besteht, Geheimnisvolles anzunehmen oder zu glauben.

Wenn Bender heute sagen sollte, er sei nicht getäuscht worden, so frage ich mich, warum er seither sich auf diese Vorgänge bei verschiedenen Vorträgen und Sendungen immer wieder als Beispiel für telekinetische Erfahrungen bezogen hat und warum er inzwischen (falls er sich wirklich nicht getäuscht gefühlt hat) mich nicht „entlarvt" hat. Tatsächlich glaubt Bender nach wie vor, ich hätte eine telekinetische Begabung.

Ich bin bereit, diese meine Aussagen auch vor Radio, Presse und Fernsehen zu wiederholen und auch in einer öffentlichen Diskussion mit Prof. Bender (auch in einer Live-Sendung vor dem Fernsehen) zu wiederholen und zu belegen. Dazu kann ich auch die Experimente wiederholen und meine Tricks demonstrieren.

Ich bin heute von diesen Dingen weit entfernt, obwohl es mich reizen würde, mit den selben Tricks Prof. Bender nochmals reinzulegen: er würde wieder reinfallen und alles glauben."

Sch. war bei unserer ersten Begegnung nicht nur sofort bereit zuzugeben, daß er 1965/66 die „Phänomene" vorsätzlich verursacht hatte, sondern er erklärte darüber hinaus auch noch die Beweggründe seines Verhaltens. Sein Erinnerungsvermögen war erstaunlich gut, zumal ihm keinerlei Vorhaltungen gemacht werden konnten. Viele Einzelvorkommnisse waren nicht aktenkundig, sondern unerkannt geblieben. Seine Darstellung liest sich begreiflicherweise nüchtern und simpler, als die Märchen von Bender und dies selbst dann, wenn Einzelheiten phantasievoll ausgeschmückt worden sein sollten.

Während der zweiten Befragung lieferte er unerwartet einige Beispiele seiner Fingerfertigkeit. Während ich mich auf die Vernehmung, die Fragen und die Schreibmaschine konzentrierte, klatschten auf einmal kleine Gegenstände aus Metall gegen eine Zimmerwand, gegen das Wohnzimmerbuffet, ohne daß ich bemerkt hätte, wie er sie warf. Er war ganz stolz darauf, auch mich überlistet zu haben, gab aber sein Werfen sofort zu.

Unter der Verwendung seines Geständnisses und weiteren Materials referierte ich am 26.4.1978 zum Thema „Irrtum und Täuschung im Aberglauben" vor Gästen und Zuhörern der Kriminalistischen Studiengemeinschaft Bremen. Ich berichtete den Zuhörern, der Poltergeistfall Neue Vahr sei aufgeklärt. Die Journalistin Lilo Weinsheimer, Bremen, der ich auf ihren Wunsch hin Einblick in die Vernehmungsniederschriften gegeben hatte, veröffentlichte einen Bericht in überörtlichen Zeitungen[45)] über die Aufklärung des Spukfalles Neue Vahr, der durch Bender wurde, was er schließlich in den Augen der Öffentlichkeit war. Radio Bremen (Verfasser: Wenzel, Berlin) strahlte am 23.7.1978 die Sendung „Der Poltergeist und die Philosophische Fakultät" aus. Dadurch gerieten die Ereignisse an die einst von Bender gesuchte Öffentlichkeit, wenn auch nicht mit dem von ihm gewünschten Aufschlagwinkel.

Benders Reaktion bestand in der Veröffentlichung der bereits erwähnten dementierenden „Dokumentation". Darin heißt es, Sch. habe in seinem Geständnis 1977 die Unwahrheit gesagt („Schmierseifenblasen, wie das Geständnis von Sch."). Bender bezeichnet die Vorgänge in Bremen-Vahr und Freiburg noch immer als „außergewöhnlich". Er war nach wie vor der Ansicht, daß er einen herausragenden Fall telekinetischer Manipulationen untersucht hatte.

Nachdem Bender von dem Geständnis durch die Zeitungen erfahren hatte, veröffentlichte er in seinem Dementi den Auszug aus einem Brief des Ehepaares S., in dem erklärt wird, Sch. habe damals kein Tonbandgerät besessen. Woher wollten die beiden vom „Spuk" verwirrten und kurz vor dem finanziellen Ende ihres Geschäfts stehenden betagten Rentner wissen, was Sch. nicht besaß? Sch. erklärte mir, das Ehepaar S. könne doch höchstens sagen, es habe nie ein Tonbandgerät bei ihm gesehen. Auf Befragen schilderte er in durchaus glaubwürdiger Weise, unter welchen Umständen und mit welchen Mitteln er das Tonbandgerät erworben hat – nämlich für 35 DM (von 50 DM, die er seiner Mutter gestohlen hatte). Dieser Diebstahl war bisher in den Akten nicht aufgeführt. Als ich der Mutter von diesem späten Diebsgeständnis erzählte, bestätigte sie, daß ihr damals tatsächlich 50 DM plötzlich gefehlt hätten. Sie habe ihren Sohn verdächtigt, habe aber nichts beweisen können.

Das Geständnis des Expolterers nach 12 Jahren wurde auch von mir nicht blindlings hingenommen, sondern weitestgehend und zeitaufwendig überprüft. Keiner der zu ermittelnden Feuerwehrleute wollte nach so langer Zeit noch bestätigen, daß während ihrer Anwesenheit irgendwelche Geschirr und Glaszertrümmerungen vorgekommen seien. Keiner habe sich auf den Boden geworfen, kein Polizeibeamter habe „fluchtartig" den Raum verlassen. Auch die beiden Polizeibeamten M. und R. konnten diese Angaben von Sch. nicht bestätigen. Der Kriminalbeamte U. konnte sich nach so langer Zeit überhaupt nicht mehr an Einzelheiten der damaligen Sachbeschädigungen erinnern.

Hat Sch. also im Dezember 1977 bei seinen Aussagen übertrieben? Wenn damals niemand erschreckt aus dem Keller gelaufen ist, wenn sich dort niemand gefürchtet hat: ist das Zerschlagen von Geschirr an diesem oder an anderen Tagen dann ein Beweis für die geheimnisvolle Superkraft psi, an die Bender glaubte? Oder sollte man nicht doch dem Ex-Poltergeist glauben, wenn er heute zugibt, er habe Porzellan und Glas mit Absicht, aus Frust und Rache, zerschlagen? Ist es falsch, wenn Sch. sagt: „So wie es mir gelungen ist, die anderen an der Nase herumzuführen, so gelang es mir dann auch, als der Prof. Bender mit seinen Mitarbeitern kam, ihm eins auszuwischen"!

Damit hat er nicht behauptet, er habe Bender in Bremen genasführt. Als Bender nach Bremen kam, war Sch. nicht mehr im Geschäft tätig. Daß er aber Bender in Freiburg düpierte, dürfte nicht zu bezweifeln sein.

4. Parapsychologische Vernehmungsspezialitäten

Während seiner ersten und zweiten Befragung fiel auf, daß er mit der Veröffentlichung seiner Angaben nur unter der Bedingung einverstanden war, „wenn dadurch nicht nachträglich zivilrechtliche Forderungen gegen mich durch Herrn S. oder eine Versicherung ausgelöst werden". Nach seinen Angaben drohe ggf. eine Schadenersatzforderung von 5.000 DM. Es war für mich erstaunlich, daß ihm eine solche Möglichkeit bedrohlich erschien und daß sie ihm überhaupt bekannt war.

Der Kaufmann S., den ich zweimal besuchte und befragte, hatte einen Schaden von insgesamt 5.000 DM erlitten, den er nahezu zehn Jahre lang durch Ratenzahlung an die Lieferfirma tilgte. Ursprünglich sei er der Ansicht gewesen, er könne diese Schäden durch die Haftpflichtversicherung tragen lassen. Er ging von der Ansicht aus, daß die gelieferten Gläser, Porzellane etc. noch im Vorbehaltseigentum des Lieferanten stünden. Infolgedessen, so meinte er, seien diese fremden Sachen bei der Haftpflicht versichert, weil sie in seinem Verantwortungsbereich zerstört worden seien. Angesichts dieser anfänglichen Überlegungen, die sich später als falsch herausstellten, war die Anzeigeerstattung „für die Versicherung" bei der Polizei konsequent und richtig, weil durch sie eine kostenlose Untersuchung der Vorgänge mit eventueller Beweissicherung für die Versicherung ausgelöst werden konnte. Daß ihm dann die Angelegenheit via Presse aus der Hand rutschte und eine eigene Dynamik entwickelte, war nicht vorauszusehen. Es war von den Beteiligten auch nicht vorauszusehen, daß sich die kleinstkriminellen Ereignisse mit Hilfe der Benderschen Phantasie zum Paradebeispiel eines telekinetischen Spuks hochsteigern lassen würden.

Die Haftpflichtversicherung lehnte schon wegen der Unklarheiten bei der Schadensverursachung jede Leistung ab. Der Geschädigte verfolgte dann seine Forderungen nicht mehr. Er resignierte ohne weiteren Schriftwechsel nach diesem von ihm nicht angegriffenen Bescheid. Mir gegenüber erklärte er bereitwillig und schriftlich, er habe nie beabsichtigt, gegen Sch. Schadenersatzforderungen zu erheben. Er werde solche Forderungen auch künftig gegen Sch. nicht stellen.

Warum also fürchtete Sch. eine Schadensersatzforderung? Woher kannte er die Summe, die doch erst nach seinem Weggang bekannt wurde? Des Rätsels Lösung lieferte Bender selbst.

Sch. behauptete in seiner Befragung, welche zunächst den Bremer Zeitabschnitt betraf, er sei von Bender nie gefragt worden, ob er etwa selbst das Geschirr zerschlagen habe. Mit dieser Aussage durch den Berliner Journalisten Wenzel konfrontiert, stellte Bender eine eigene (in Freiburg gefertigte) Tonbandaufnahme vom Oktober oder November 1965 zur Verfügung, mit der er beweisen wollte, daß die Frage nach der vorsätzlichen Verursachung der Sachschäden durch Sch. von ihm gestellt worden sei. Die Tonbandaufnahme beweist, daß entgegen der Aussage von Sch. Bender doch mit ihm über diesen Punkt gesprochen hatte, zwar nicht in Bremen, aber doch später in Freiburg, eingebettet in ein längeres Gespräch. Die Tonbandaufnahme dokumentiert aber auch ein eklatantes Beispiel von Zeugenbeeinflussung. Dieser zitable Vorgang könnte in die Geschichte der Vernehmungspsychologie und der vernehmungstaktischen Fehler eingehen. In dieser Befragung wurde durch Bender und durch einen Freund Benders die letzte entscheidende Weiche in dem Musterfall der Parapsychologie gestellt.

Die Befragung lief (hier auszugsweise) wie folgt ab:

Bender: Also, der Dr. Rönicke[46)], der mein Freund ist, der meint im Grunde („Ja“ im Hintergrund von Dr. R.), du hast das gemacht!

Sch.: Soll ich so was...

Bender (überlagert durch Dr. Rönicke) Bitte jetzt...

Rönicke: Entweder er oder ein anderer, der ihn ärgern will, das habe ich schon gesagt.

Sch. setzt an zu reden, wird aber von Dr. Rönicke unterbrochen:

Rönicke: Nun paß auf, jetzt will ich dir was sagen. Du kannst alles zugeben, offiziell, nie darfst du zugeben, daß du selber gespukt hast, die bringen ..., denn das ist ein Schaden von 5.000 DM, dafür können die dich haftbar machen.

Sch.: (zunächst unverständlich)... hab ich ja meine Finger nicht im Spiel gehabt (spricht zu schnell)

Rönicke: Nun ja, paß mal auf...

Bender: Ich möchte jetzt doch einmal diesen feierlichen Moment dazu benutzen, daß du jetzt – wir also vollkommen unter uns – kannst Du mal Herrn Dr. Rönicke sagen – wir machens mal so: Was hast Du von den Vorgängen in dem Porzellankeller, in den Tagen da, nicht wahr, was hast du da gemacht und was hast du da nicht gemacht?

Sch. versucht zu antworten, Benders Stimme überlagert das von Sch. Gesagte. Bender unterbricht dadurch den Sch. der dann sofort verstummt.

... ganz auf Ehr’ und Gewissen also, nicht wahr,

Rönicke: Und wir versprechen dir eins, von uns erfährt wirklich keiner was.

Hinter „... versprechen wir eins“, schaltet sich Bender mit der Zwischenbemerkung ein: „Ich verspreche dir also“.

Sch. versucht erneut etwas zu sagen, wird von Benders Stimme überlagert, der ihn erneut unterbricht mit den Worten:

Bender: Tu das mal mir zuliebe, nicht wahr denn, (ehem), also jetzt sag mal: was hast du daran gedreht ?

Sch. spricht dazwischen, bleibt unverständlich im Ton; verstehbar ist lediglich..."ich daran gedreht habe und..." und Bender fährt fort:

Bender: ...was durch dich kaputt gegangen ist und was du meinst, was nicht durch dich kaputt gegangen ist"

Sch.: (Dazu?) kann ich eins sagen, was durch mich kaputt gegangen ist, das sind die ganzen Flaschen im Keller, die ich immer so ein Stück an die Wand gedeppert habe, ne, wo dann so (folgt Unverständliches infolge des weiteren Dazwischenredens von Bender) ... immer in den Kisten (dazwischen „Ja" von Dr. Rönicke) die dann immer daneben meistens gingen.

Bender: Aber Moment! Wann war das?

Sch.: Bitte?

Bender: Wann war das?

Sch.: Das war schon in den ersten Tagen, wo ich an getreten bin.

Rönicke: Das war die Flaschensache, das wissen wir ja.

Bender: Das wußte ich, nicht wahr.

Sch.: Dann habe ich das in die Kartons hinein (nicht verständlich)

Bender: Das wußten wir, das ging ja bis zu 50 Flaschen am 20. Mai 1965, ich weiß das haargenau; schön, weiter: was hast du noch gemacht?

Sch.: Also im Porzellankeller selbst habe ich über haupt kein Ding gedreht, was durch mich kaputt gegangen ist. Wohl, daß ich mal, eh, so ein Einmachglas herausfallen hab' lassen aus der Hand, ne, oder auf natürliche Weise, das hat die Chefin selbst gesehen.

Rönicke: Ja, nee.

Sch. spricht weiter, wird von der dazwischensprechenden Stimme Dr.Rönickes überlagert: ... nee, also uns interessieren nur die vermeintlichen Spukfälle (sagt Dr. Rönicke)

Sch.: (spricht dabei weiter) Nee, da hab ich keine Hand drin angedreht, nein, ehrlich nicht".

Der weitere Verlauf der Bandaufnahme mit der Vernehmung des Jugendlichen wurde von Bender nicht freigegeben. In seinem „Dementi" schreibt Bender dazu: „Dr. Schäfer sieht in dieser Befragung „ein klassisches Beispiel von Aussage und Zeugenbeeinflussung", weil Dr. Rönicke Sch. unter vier Augen einen guten Rat gab, wegen möglicher Schadensersatzforderungen mit dem Eingeständnis, daß er selbst gespukt habe, in der Öffentlichkeit zurückzuhalten, aber den Untersuchern die Wahrheit zu sagen".

Man reibt sich die Augen und fragt: Unter vier Augen? Hatte Bender, als Dr. Rönicke mit Sch. sprach, die eigenen Augen geschlossen? War das nicht doch etwas mehr als ein „guter Rat"? Welche Wirkungen waren durch die Warnungen am Beginn einer derartigen Befragung zu erwarten? Wurde nicht Sch. durch dieses Inaussichtstellen schwerer wirtschaftlicher Nachteile nicht geradezu gezwungen, die eigenen Vandalismen abzustreiten oder doch als unbedeutend hinzustellen? Es kam billiger für ihn, wenn psi das Porzellan zerschlagen hatte. Jeder, der einigermaßen über die rechtlich gebotene und psychologisch notwendige Fairneß bei Befragungen, über das Vermeiden von Suggestivfragen und anderer Beeinflussungen Bescheid weiß, vermag den aus der Bandaufnahme erkennbaren Sachverhalt psychologisch richtig und rechtlich eingeordnet zu beurteilen. Diese Regeln gelten natürlich nicht für Parapsychologen.

Dieser Ausschnitt aus der Befragung des Sch. durch Bender läßt die hechelnde Ungeduld des auf den psi-Erfolg erpichten Parapsychologen erkennen, den Eifer, der auf Bestätigung des eigenen Glaubens hofft und die Nichtbestätigung fürchtet. Der affektive Übereifer der Fragenden verstellte den Blick für die Einfachheit der zu ermittelnden Tatsachen, für die einfühlbaren Zusammenhänge, für die verborgene Motivation des Sch. Dieser Glaubenseifer mußte zu falschen Erkenntnissen führen.

Die Aussagen des Sch. wurden massiv gesteuert, ja geradezu gestört, seine Gedankengänge unterbrochen durch das fortgesetzte Dazwischenreden. Die Befrager redeten eindringlich auf ihn ein, unterbrachen ihn immer wieder, infiltrierten ihre Gedanken, eigene Meinungen, redeten ihm zu und gaben den Aussagen eine Richtung nach den eigenen Vorstellungen. Der fünfzehnjährige unbedarfte Jugendliche konnte, angesichts der Autorität und der Überlegenheit des damals achtundfünfzigjährigen Bender und des Amateurbefragers Rönicke, nicht die Kraft und den Widerstand zu einer eigenständigen Aussage aufbringen.

Benders Befragungsverhalten ist für einen Psychologen ungewöhnlich. Es ist nur durch einen unentschuldbaren Eifer eines Wissenschaftlers zu erklären, der das Ziel jahrelangen Suchens vor sich sieht, und der deshalb alle Zurückhaltung aufgibt und die Regeln verletzt. Sein Verhalten wird verständlich aus der überwertigen Motivation der Fragenden, der lebensgeschichtlichen Motivation Benders, die lange vor dem zu untersuchenden Ereignis entstanden war. „Es“ drängt ihn, in dieser Weise vorzugehen.

Es bleibt für einen distanzierten Leser unerfindlich, warum Bender aus der Fülle von Ereignissen in Bremen, Neue Vahr, einige Sachbeschädigungen an wenigen Tagen herausgriff und selektiv beschrieb und sie zu „psychokinetischen Phänomenen“ deklarierte. Bender klammerte sich an die nur von ihm behauptete Echtheit der „telekinetischen Phänomene“. Es scheint so, als ob er nach seinem Selbstverständnis nicht getäuscht worden sein könnte. Wohl aber mußte es nach Benders Meinung dem Sch. gelungen sein, den naiven Kriminalisten Schäfer belügen zu können. Dieser „fanatische Gegner“ habe „sich entsetzlich blamiert“, weil er „seiner Entlarvung des Bremer Poltergeistes selbst zum Opfer gefallen“ sei[47)]. Ich mußte herzlich lachen, als ich das las.

5. Die Reaktion auf das Geständnis

Freiburg, die schöne Universitätsstadt, wird von nicht wenigen verdeckt-schamhaft oder offen auftretenden Freunden und Förderern Benders als Möchtegern-Mekka und Sollte-schon-Rom der deutschen Parapsychologie angesehen. Diesen Beiklang verdankt die Stadt dem großen Meister der Parapsychologie. Dort wurde der relativ wehrlose Jugendliche Sch. in die Benderschen Experimente eingebaut.

Die Zeit, die Sch. in Freiburg verbrachte und während der er durch Bender betreut und untersucht wurde, sah Sch. bei seinen Vernehmungen anders als Bender. Sch. berichtete zunächst, daß Bender an ihm interessiert gewesen sei. Er habe verschiedene Versuche mit ihm angestellt.

Die aus der Erinnerung und ohne Vorhalt gemachten Zeitangaben, die er in einer späteren Vernehmung dahingehend ergänzte, in Heidelberg sei er „ein gutes Jahr“ geblieben, sind hinsichtlich der Verweildauer falsch. Bender hat später diese an sich belanglosen Unstimmigkeiten, die nach zwölf Jahren auf Erinnerungsirrtümern beruhen können, zum Anlaß genommen, energischst zu dementieren. An ihnen wollte er die Lügenhaftigkeit des Sch. demonstrieren.

Aber es war auch „falsch", daß z.B. der Assistent von Bender als „Dr. Michow" angegeben wird (anstatt MISCHO) und daß „Dr. Rönicke Professor an der Sternwarte" war. (Dr. Rönicke war als promovierter Physiker beim Umweltbundesamt Freiburg (Kirchzarten), Meßstelle Schauinsland, tätig.) Sprechen solche Ungenauigkeiten gegen die Richtigkeit einer Aussage, die ein Siebenundzwanzigjähriger über seine Erlebnisse im 15. Lebensjahr macht? Wurden durch diese nachweisbaren Unrichtigkeiten die Angaben von Bender glaubwürdiger und richtiger? Sollten etwa diese Unstimmigkeiten (Übertreibungen eingeschlossen) im Umkehrschluß die Existenz von psi beweisen? Bleibt man in der Argumentation der Parapsychologen, könnten da nicht die Worte, die der Expolterer äußerte, vor seinem Mund durch psi akustisch verändert worden sein? Jeder Blödsinn läßt sich in dieser Denkschule durch ähnliche Theorien unterlegen.

Sch. sagte einmal, er habe in Benders Wohnung gewohnt; eine Seite weiter spricht er von seinem Aufenthalt im Institut. Später ergänzte er auf Vorhalt seine Angaben dahingehend, daß er nach seiner Rückkehr aus Hamburg beim Assistenten Mischo vorübergehend gewohnt habe. Bender hat z. B. Wert auf die Feststellung gelegt, Sch. habe sich nie in seiner Privatwohnung befunden.

Tatsächlich berechnete Bender dem Jugendamt Bremen für Unterkunft und Verpflegung:

vom 18.11. – 27.11.1965 (10 Tage)	175 DM
vom 27.11. – 21.12.1965 (25 Tage)	125 DM
Telefon und Porto	30 DM

Was soll also das Bendersche Dementi in einer Nebensache, die zudem nicht so entscheidend falsch war? Soll man nach unterschiedlichen Angaben zu den Aufenthaltszeiten des Sch. in Heidelberg und Freiburg nunmehr an psi glauben? Soll der junge Mann wegen der zwölf Jahre später aus der freien Erinnerung gemachten eventuell ungenauen Zeitangaben als unglaubwürdig gelten?

Bender sagt, es sei reine Phantasie, wenn Sch. behauptete er habe ihn „von Hannover" mit einem Mercedes zu Experimenten abgeholt. Warum verschweigt er, daß in Freiburg durch den Mercedes des Dr. Rönicke Sch. – wie er richtig ausgesagt hatte – abgeholt wurde? Die „Abholung von Hannover" war ein Fehler im Zeitungsbericht, auf den sich Bender bei seinem Dementi stützte.

Das, was in Freiburg mit dem Fünfzehnjährigen gemacht wurde, beeinflußte seinen weiteren Lebensweg ganz entscheidend negativ. Nach Angaben von Sch. hatte Bender ihm etliche Vorteile versprochen, wenn Sch. mit Bender zusammenarbeite. Er wies bei Gelegenheit darauf hin, daß sich Fernsehgesellschaften für Sch. interessierten und daß die Mitarbeit sein finanzieller Schaden nicht sein werde. Außerdem sei alles für seine spätere Ausbildung wichtig. Tatsächlich erhielt der Junge als Geschenk einmal zwei Langspielplatten und leihweise Tonbänder und ein Tonbandgerät.

Die Resultate der Kartenexperimente mit Sch. beeindruckten Bender sehr, so daß er berichtete: „Sch. zeigte ungewöhnlich hohe Treffer bei Kartenexperimenten, sowohl in ASW als auch in Hellsehsituationen".

Bender bestritt nach Bekanntwerden des Geständnisses des Sch. die Richtigkeit der Angaben: „Die Versuchsanordnungen waren derart, daß die von Sch. in seinem „Geständnis" angegebenen Tricks – vorheriges Ordnen der Kartensätze und Reflexe in der Brille des Agenten – für die Experimente gar nicht möglich waren". Und er setzt dem Ganzen die parapsychologische Krone auf, indem er hinzufügt: „Erwähnt seien insbesondere auch Distanzversuche über eine Entfernung von 10 Kilometer, die ein signifikantes Ergebnis erbrachten", als ob dadurch das vorherige Sortieren der Karten ohne Einfluß wäre.

Die Schilderung eines Experiments mit der Beeinflussung des elektrischen Stroms bezeichnete Bender auch als „Omnipotenzphantasien eines ehemaligen Elektrolehrlings", die „einer realen Grundlage entbehren".

Sch. bezog sich ausdrücklich auf einen Abend, an dem seine Pflegeeltern und er von Bender im Institut abgeholt wurden. An diesem Abend habe Bender Videorecorderaufnahmen auch von Frau U. gemacht, die das nicht haben wollte. Frau U. bestätigte diesen Vorgang, doch könne sie nicht sagen, ob es sich um Videorecorderaufnahmen gehandelt habe. Sie habe aber in einem Nebenraum des Instituts durch Zufall einen Monitor entdeckt, auf dem die

Gesprächsteilnehmer live zu sehen waren. Die Aufnahmen erfolgten mit einer nicht erkannten Kamera.

Als das Licht flackerte, habe Sch. darauf hingewiesen, daß „gleich der Strom wieder weg" sei und daraufhin habe Bender von jenem Elektroexperiment erzählt. Die Pflegeeltern können sich daran nicht mehr erinnern.

Es ist überflüssig, auf die scheinbaren Korrekturen einzugehen, die Bender in seinem Dementi brachte, so z.B., daß bei dem Haken-Experiment nur fotografiert und nicht gefilmt wurde (als später gefilmt werden sollte, ereignete sich nichts!) oder daß die Haken nicht drei bis vier Zentimeter aus der Wand herauskamen, wie Sch. mir gegenüber aussagte, sondern nur locker saßen, daß man sie „bei der geringsten leisen Bewegung mit der Hand hin- und herschaukeln" konnte: „Ohne Anstrengung kann man ihn bewegen, so daß im Bleistift, den man hinter die eiserne Auflagefläche steckt, hin- und hergeschoben werden kann". Benders scheinbares Dementi bestätigt die Aussagen des Sch. als richtig – es sei denn, man glaube an die geheimnisvolle Kraft psi.

Ist durch die Unterschiede in der Beschreibung der Hakengeschichte bewiesen, daß Bender objektiv berichtete? Wird durch das Bendersche Dementi bewiesen, daß Psychokinese am Werke war, daß psi aus Sch. an den Haken unbewußt wirkte? Oder sollte man nicht dabei bleiben, Sch. zu glauben, der als Erwachsener beichtet, was er als rachsüchtiger Jugendlicher an Schabernack getrieben hatte?

Die Parapsychologen fragen sich wahrscheinlich in diesem Zusammenhang, warum das liebe Märchen von psi durch das Geständnis eines Ex-Poltergeistes zerstört werden sollte, weil man doch weiß, daß die meisten Menschen abergläubisch sind und an solche hauswarmen Grusicals trotz aller Geständnisse weiterhin glauben werden. Die sagenhafte Kraft von psi ist immer und überall. Es ist lediglich ein Parapsychologe erforderlich, um diesem geheimnisvollen Agens durch positive Kritik und entsprechende Tatsachengestaltung Raum zu geben. Hier wird das Tor des Rationalismus durch einen mutigen Parapsychologen eingetreten. Ist das so?

Wenn man – wie Bender – den Mut zu gewagten, aphysikalischen Hypothesen hat, dann fällt es leicht, das anzunehmen, was Naturwissenschaftler als

„puren Unsinn“ bezeichnen. Dann wird z.B. die De- und Rematerialisation von Gegenständen für möglich gehalten, wenn etwa eine Autozündkerze „beim Durchdringen einer Wand“ Wärme entwickelt, wie Bender im Spukfall Neudorf sinnierte.

Sch. blieb trotz des hochentrüsteten Dementis durch Bender bei seinem Geständnis. Seine Angaben haben trotz der Einführung der bisher unbekannten und unbewiesenen physikalischen Größe psi den Anschein der logischen Richtigkeit für sich. Die Beweislast für psi bleibt auch nach dem Spukfall in der Neuen Vahr bei den Benders, denen beweisbare physikalische oder psychologische Erklärungen offenbar zu einfach und zu normal für ihr Weltbild und die Weltanschauung sind. Erklärungen für Sachbeschädigungen, die Bender als Spuk klassifizierte, sind so einfach, wie die Aussage des Ex-Poltergeistes.

6. Die Wahrheitsliebe eines Zombies

Bender verteidigte sich gern aggressiv ad hominem, indem er den Kritiker persönlich anging. Da er aus seiner zweiten Existenzschicht wußte, daß der Vorwurf abergläubisch zu sein, diffamierend wirken kann, beschuldigte er seine Kritiker, sie seien selbst „inversiv abergläubisch“. Dem Kriminalisten warf er Versagen in der Vernehmung des Expolterers und Befangenheit gegenüber der konfabulatorischen Lust des Befragten vor. Durfte dem Expolterer aber weniger geglaubt werden, als dem Parapsychologen?

Es ist sicherlich richtig:

den Erinnerungsausfällen des Expolterers entsprachen wahrscheinlich ergänzende Erinnerungseinfälle, deren Qualität ad hoc nicht nachprüfbar war. Diese durften aber als „wahrscheinlich richtig“ angesehen werden, wenn sie mit demselben emotionalen Beteiligungsgrad wie bei anderen Aussageteilen vorgetragen wurden.

Für die Objektivität des Geständnisses nach zwölf Jahren sprach der selbstbelastende, selbstkompromitierende Charakter der Aussagen. Der gleichzeitige Triumph, als ein geschickter Täuscher dem gescheiten Professor überlegen gewesen zu sein und sich jetzt dazu bekennen zu dürfen, konnte den Inhalt der Aussage nicht abwerten. Geltungsbedürfnis ist bei leicht lügenden

Menschen ein starkes Motiv, wie die Geschichte der Okkulttäter zeigt. Wenn der Jugendliche einmal auf diese Weise manuelle gestützte, fingerfertige Täuschungsserien produziert hatte, konnte er diese dann nie mehr wahrheitsgemäß gestehen?

Die Psychologie des Zeugenirrtums beinhaltet die immer gleichen Elemente, die sich dem geübten Ermittler mit einem Blick zeigen. Der Zeugenirrtum hat also primär nichts mit Aberglauben zu tun, wenngleich er in affektträchtigen emotionalen Lagen und Situationen – z.B. in Poltergeistfällen – regelmäßig auftritt.

Das jüngste Beispiel von massenhaftem Zeugenirrtum liefern Experimente an autistischen Kindern. Mit armhaltender und handführender Unterstützung durch die Eltern der Kinder beim Benutzen von Tastaturen an Schreibgeräten und Computern sollen autistische Kinder imstande sein, ihren autistischen Kerker aufzubrechen, verständliche Sätze zu schreiben, Gedanken zu formulieren, ja sogar zu rechnen.

Ausgehend von Prof. Dr. Douglas Bicklen der Universität Synakus, USA, wurde die „gestützte Kommunikation" zu einer staatenweiten Bewegung, getragen von der Hoffnung der verzweifelten Eltern und idealistischen, mitfühlenden Helfern. Ein gegenseitiges Aufschaukeln der Emotionen im Austausch suggestiver und autosuggestiver Einflüsse war zu beobachten. Die kritische Selbstbeobachtung blieb auf der Strecke (Die Methode klappte, wie einst beim „Kind von Riga", am ehesten zwischen Mutter und Kind.) Dem Beobachter von Übungs- und Demonstrationsszenen fiel die ausschließlich die Inhalte bestimmende physische und psychische Vorherrschaft der jeweiligen Mutter beim Tippen der Buchstabenfolgen „durch das autistische Kind" auf. Korrekte Gegenproben bewiesen, daß alle Fortschritte mittels der „gestützten Kommunikation" auf Selbsttäuschung beruhen, jedoch lassen sich die von dieser Methode Überzeugten nicht beirren[48)].

Modern ist seit etwa drei Jahren das massenhysterische Verdachtschöpfen nach behaupteten sexuellen Mißbrauch von Kindern. Ausgelöst von laienhaft grundierten, übereifrigen Sozialarbeiterinnen, Psychologinnen und Ärzten werden reihenweise und zusammenhängend Sexualdelikte an Kindern aufgeklärt. Normale Kinder bestätigen – von unerfahrenen Personen befragt – die schlimmsten Sexualverbrechen ihrer Eltern und Verwandten. Eines Tages beruhigt sich die Szene. Bei Vernehmungen durch Außenstehende wird das Beweiswerk suggestiv aufgebauter Lügen sichtbar.

Der Zeugenirrtum ist also kein Spezifikum nur der Abergläubischen im engeren Sinne[49)].

7. Das Dünnbrettbohren durch Partisanen

Benders Erstberichte zum Spukfall Neue Vahr hatten über den Einsatz der Feuerwehr nichts berichtet. Nach dem Geständnis von Sch. glaubte er nunmehr mit Hilfe einer in Bremen eifernden Laienhelferin in deren Aussagen Punkte zu seinen Gunsten buchen zu können. Er läßt den Brandamtmann a.D. Beck 1978 folgendes erklären:

> „Ich entsinne mich genau der Vorgänge am 30.Juni 1965 in dem Geschäft, Geschwister-Scholl-Straße, und war sehr erstaunt über das, was Frau Lilo Weinsheimer im Weser-Kurier hierüber schrieb. Wir waren nach dem Anruf der Polizei mit einem Einsatzfahrzeug und einem PKW ausgerückt. Ich war von den Feuerwehrkräften zuerst da und bin als letzter weggefahren. Ich kann bestätigen, daß sich während unseres Einsatzes nichts Besonderes ereignete, daß niemand erschreckt wurde oder sich hingeworfen hat. Dann bin ich noch mehrere Male, auch nach dem 30.Juni 1965, mit der Polizei in dem Keller gewesen, aber niemals hat sich etwas Besonderes ereignet, niemals hat sich jemand auf den Boden geworfen oder „fluchtartig das Gewölbe verlassen". Daß weitere Angehörige der Feuerwehr offiziell dort waren, ist ausgeschlossen, da ich als Abschnittsleiter dies hätte wissen müssen".

Damit wird nun nicht etwa psi dementiert oder erklärt, nicht der Grundirrtum Benders eingestanden, sondern in einer Nebenfrage eine angebliche Übertreibung des geständigen Sch. angezeigt. Der Ärmste: vor Bender hatte er nicht gewußt, was ein Poltergeist und ein Spukkind ist – jetzt war er selbst ein solches „Phänomen" – und dazu noch ein verlogenes, das Sachbeschädigungen und anderes gesteht und sich dabei selbst belastet.

Wie sehen aber die Tatsachen des Feuerwehreinsatzes anläßlich eines Spukfalles aus?

Die Feuerwehr Bremen (Feuerwache 2) wurde am 30. 6. 1965, um 15.45 Uhr, fernmündlich über „unterirdische Erschütterungen“ – Einsturz oder ähnlicher gefahrdrohender Zustand – in der Geschwister-Scholl-Straße 6 verständigt. Sie rückte mit einem Tanklöschfahrzeug, zwei Pkw und sieben Feuerwehrleuten aus. Die Leitung des Einsatzes hatte der damalige Brandoberinspektor Beck. Der Einsatz begann um 15.45 Uhr und endete um 16.52 Uhr.

Im Tätigkeitsbericht der Feuerwehr heißt es: „Lagerraum im Kellergeschoß; eingeschossiges Geschäftshaus. Eine größere Menge Porzellan und Glaswaren sowie Flaschen lagen zerschlagen auf dem Fußboden. Das Gebäude wurde untersucht, Risse im Mauerwerk und Fußboden waren nicht festzustellen. Mit dem Ex-Meter und Gasspürgerät wurde der Raum untersucht, brennbare Gase wurden nicht festgestellt“.

Nicht alle Feuerwehrleute betraten den Raum im Keller. Sie konnten daher nicht wie ihr Vorgesetzter Beck den unmittelbaren Ort des Geschehens beobachten. Beck zeigte ein besonderes Interesse an jenen als „unerklärlich“ angesehenen Ereignissen. Er fuhr am selben Abend nochmals in Uniform zum Einsatzort und nahm dabei den damals 36jährigen Brandrat T. mit. Am Nachmittag des nächsten Tages fuhr Beck erneut (in Uniform) zum Porzellankeller („allein oder mit anderen, das weiß ich nicht mehr“). Der „Spukjunge“ war am ersten Einsatztage (30.6.) anwesend, wurde aber nicht im Einsatzprotokoll aufgeführt, in dem auch die übrigen Ladenangestellten nicht aufgeführt wurden.

Am 1. 7. war Sch. nach den vorliegenden Informationen noch im Keller mit Aufräumungsarbeiten beschäftigt. Über diesen „aus persönlichem Interesse“ durchgeführten Besuch des Brandoberinspektors Beck wurde kein Protokoll geführt. Als sich an einem der nächsten Tage Bender und ein Reporter aus London bei ihm meldeten, fuhr Beck mit beiden zu jenem Fahrer J., der über sein Erlebnis mit den Apfelsaftkisten berichten konnte. Einen vierten Besuch in Sachen Poltergeist machte Beck im Keller von S. zusammen mit einem ihm nicht mehr erinnerlichen Mediziner aus Bremen. Beck versicherte mir auf Fragen, daß Sch. zwar bei seinen beiden ersten Besuchen anwesend gewesen sei, doch habe sich nichts ereignet. Insbesondere habe sich kein Feuerwehrmann auf den Boden geworfen. („Allerdings wäre so etwas nicht unehrenhaft gewesen, denn das wird bei der Feuerwehr so gelehrt, weil unten die Luft am besten ist!“) Ein Polizeibeamter in Uniform war am 30. 6. anwesend.

Keiner der damals beteiligten Feuerwehrleute konnte nach so langer Zeit noch bestätigen, daß während ihrer Anwesenheit irgendwelche Geschirr- und Glaszertrümmerungen vorgekommen seien.

Die Wurf- und Fluchtsituation, wie sie Sch. in seinem Geständnis beschrieb, läßt sich heute nicht mehr nachweisen. Wer die beiden weglaufenden Zivilisten waren, die Sch. für Polizeibeamte hielt, läßt sich nicht mehr feststellen. Es bleibt aber die Frage: Ist dadurch die Unrichtigkeit der Aussage von Sch. bewiesen? In welchen wichtigen oder unwichtigen Punkten? Oder soll nach der Regel verfahren werden „Wer einmal lügt dem glaubt man nicht„? Diese Regel müßte dann analog aber auch für die Parapsychologie durchgängig gelten, denn schon viele Parapsychos logen.

Der Journalist Thomas von Randow[50)], von Bender als der „einzige Gentleman unter den Gegnern der Parapsychologie" bezeichnet, schrieb:

> „Darauf war also Professor Bender hereingefallen, amüsierten sich schadenfrohe Zeitungsleser und Fernsehzuschauer. Das jedoch wollten die Parapsychologen nicht auf sich sitzen lassen. Sie schrieben eifrig eine kleine Broschüre zusammen, die der Öffentlichkeit beweisen soll, daß der Kronzeuge des Doktor Schäfer lügt und eben doch ein Poltergeist den Elefanten im Porzellanladen gespielt habe. So fragten die wackeren Forscher einen Polizisten, den H. Sch. damals mit seinem Schabernack in panische Flucht getrieben haben will. Geflohen sei er nicht, sagt der Polizist jetzt und schon gar nicht in Panik – wer möchte schon so etwas zugeben".

Die Veröffentlichung des Geständnisses durch den ehemaligen „Poltergeist" löste nicht nur jenes „Dementi" Benders aus und entsprechende Erklärungen zur Sendung von Radio Bremen[51)], sondern auch erhebliche Aktivitäten von Geistesfreunden aus dem Benderschen Vor- und Umfeld aus, ausforschende Anrufe unbekannter Personen bei mir zu Hause oder im Büro, Briefe von Physikern, Briefeschreiber mit unklaren Interessenlagen, mit vorsichtig abtastenden, spähenden Kontaktversuchen, aber mit deutlicher Zielsetzung pro Bender.

> Die emsige Hausfrau Herta Hansen-Beuss, Frau eines Arztes in Bremen, war zuvor schon auffällig geworden, u.a. durch die gläubigen Berichte über einen philipinischen Geistoperateur, welcher Operatio-

nen mit bloßen Händen durchführte (d.h. vortäuschte; d.Verf.). Sie versuchte sich als Anhängerin der Parapsychologie und als dilettierende Amateurkriminalistin für Bender an diesem ersten Ermittlungsfall ihres Lebens durch telefonische oder persönliche Nachbefragungen von Zeugen. Nach einem etwas hinterlistig (nämlich unter Bezugnahme auf die gemeinsame Mitgliedschaft in einem Freundeskreis und unter Verschweigen ihrer Absichten) erreichten Gespräch mit dem Verfasser und nach Tonbandaufnahmen von nachträglich eingeholten Zeugenaussagen verschickte sie einen zur Wahrheitsfindung aufrufenden Rundbrief auch an die Lokalpresse. Darin meinte sie u.a. in Anlehnung an den von mir geprägten Begriff Benderismus, man könnte in der Kriminalistik analog dazu den Begriff „Schäferismus" einführen, womit sie eine besonders schlechte kriminalistische Leistung bezeichnen wollte. Die Arme lieferte dadurch ein schönes Zeugnis für den missionierenden Eifer und die Klappenweite parapsychologischer Aktivisten vor Ort. Sie lieferte bei Radio Bremen ein von ihr kombiniertes Tonband ab und hoffte, daß der Inhalt zur Ehrenrettung Benders und der Parapsychologie gesendet werde. In einem Brief begründete sie ihre Aktivitäten zu Gunsten Benders: „Wenn ich irgendwo sehe, daß jemand unschuldig leidet, fühle ich mich verpflichtet, mich für die Sache des Schwächeren einzusetzen".

VIII. Die Aufklärung von Spuk- und Poltergeisterfällen

1. Übungsplätze der Kriminalistik

Die Kriminalistik ist durch aufsehenerregende Kriminalfälle der letzten 100 Jahre als handwerklich erlernbare Kunst berühmt geworden. Die Grundlagen der Kriminalistik liegen nicht im Sensationsfall, der Schlagzeilen macht und dem Ermittler öffentliches Auf- und Ansehen verspricht. Die Grundlagen sind begründet im geduldigen Lernen und im Gewinnen von Erfahrungen beim Untersuchen kleiner und kleinster Delikte. Diese erfordern und verdienen die gleiche wache Aufmerksamkeit und kriminalistische Geschicklichkeit, wie die großen Fälle. Gerade die kleinen Fälle sind lehrreich, wenn sie gewissenhaft angegangen werden, weil sich an ihnen die Fehler erkennen lassen, die bei den Ermittlungen in großen Fällen vorkommen können. Die kleinen affektärmeren Fälle bieten die Übungsfelder, auf denen sich unter günstigen Umständen außerhalb der Hektik von Großfällen Erfahrungen gewinnen lassen.

Jede kriminelle Handlung hat ihren Ursprung im nicht sichtbaren geistig-seelischen Bereich. Dort beginnt ihre Inkubationsphase, bis sie sich in realen nach außen erkennbaren Akten zeigt. Die dann am realen Tatgeschehen ansetzende, vom konkreten Tatort ausgehende kriminalistische Ermittlungsarbeit wird über die Ermittlung der objektiven Spuren hinaus erst dann erfolgreich sein, wenn sie auch die nicht immer leicht erkennbaren geistig-seelischen Hintergründe der Tat aufdecken kann, nämlich Motivationsabläufe, die Motive, und wenn sie die Antwort auf die alte Frage „cui bono?“ gefunden hat. Das Aufdecken der Hintergründe liefert oft erst den entscheidenden Schlüssel zur Annäherung an die Wahrheit und zur Prüfung der Verwertbarkeit von Tatsachen und Hypothesen.

Geht der Ermittler befangen an seine Aufgabe, mit raschen Vorurteilen, mit leichtfertigen Meinungen an den Tatort, so läuft seine Arbeit leicht in die Irre. Irradiationen treten ein, wenn unwissenschaftliche, irrational begründete Einflüsterungen vom Ermittler mitgebracht oder aufgenommen werden. Weichenstellungen zu „übernatürlichen Ursachen“ werden gern von Parapsychologen als wissenschaftliche Meinung mit Ratschlagcharakter anläßlich der Untersuchung von Sachbeschädigungen vorgenommen, weil solche Sachbeschädigungen als „Spuk“, Poltergeistmanifestationen oder (wissenschaftlich verfremdet) als „telekinetische Phänomene“ erkannt werden sollen.

Poltergeistfälle lassen eine in diesen Vorkommnissen sich wiederholende Typizität in den personalen, soziologischen und psychologischen Konstellationen erkennen. Deren Kenntnis erleichtert die sachgemäße und leichtere Bearbeitung. Werden jedoch diese sich aus der Erfahrung ergebenden und aus der Auswertung zahlloser ähnlicher Spuk-Fälle gewonnenen Erkenntnisse ignoriert, so findet der Ermittler nicht den richtigen Einstieg in die vordergründig verwirrenden Sachverhalte. Dann werden aus Verlegenheit und Hilflosigkeit Erklärungshelfer und selbst ernannte Sachverständige herangezogen oder deren Auftreten gestattet. Die Ratschläge dieser Erklärungshelfer, die aus dem okkulten Denken kommen, enden regelmäßig in der Produktion parapsychologischen Geistesabfalls. Die Aufklärung des Tatkomplexes wird dadurch regelmäßig verhindert oder doch behindert und irregeleitet. Das aus einer solchen Verwirrung erzielte Resultat wird als echter Beweis für echte Spuk- und Geistermanifestationen festgehalten und anschließend in der parapsychologischen Literatur verbreitet.

2. Vergrößerungseffekte

Die meisten Menschen sind offenbar leicht zu verunsichern, wenn sie durch ein für sie „geheimnisvolles“, in Ursache und Wirkung scheinbar unerklärliches und deshalb von ihnen als bedrohlich empfundenes Ereignis betroffen werden. Typischerweise sind hier alle Vorgänge anzuführen, die als Spuksyndrom erfaßt werden. Abergläubisch in den Wurzeln ihrer Existenz, erklären die Betroffenen solche „Phänomene“ als „Spuk“, Geister, Gespenster, Hexen, Teufelswerk o.ä. Sie erschrecken und ängstigen sich wie eh und je. Rationale Einsicht und Sortierungsmethoden helfen da wenig weiter. Besonders die Poltergeist- oder Spukfälle mit ihren „rätselhaften Erscheinungen“, der „Fernbewegung“ von Gegenständen durch „mediale“ Personen (so sagen die Parapsychologen), das Schweben von Personen (Levitationen), die De sowie Rematerialisationen von Gegenständen (wie sie die Parapsychologen für möglich halten) irritieren nicht nur den „Spukforscher“ sondern auch

– mit Hilfe der Tageszeitungen und Illustrierten – weite Kreise der Bevölkerung. Es kommt zu psychotischen Reaktionen in den betroffenen Familien und deren Umgebung.

Am Anfang einer sozialen Spukpsychose gibt es minimale, unbeachtete kleine Ereignisse, die erst durch den Aberglauben der Alltagsumgebung vergröbert und vergrößert werden.

Die durch aufpeitschende, übertreibende, verfälschende und unwahre Zeitungsberichte zur Unkenntlichkeit aufgeblasenen Spuk- oder Poltergeistfälle zeichnen sich dadurch aus, daß „es" in den Wänden, in einem Bett, im Fußboden klopft, schabt, kratzt, stößt, daß Steine fliegen, Fenster, Lampen und Geschirr zerschlagen werden. Pferde werden scheu und Kühe losgebunden, Lebensmittel an die Wände geschmiert, Nachttöpfe über die Betten geleert, Möbel verschoben, Lampen in Schwingungen versetzt usw. usf. Und immer ist ein pubertierendes Kind in der Nähe solcher „Spukmanifestationen". Das haben selbst die begriffsstutzigsten Parapsychologen festgestellt. Allerdings bezeichnen sie diese Jugendlichen als die unwissenden „Medien", welche mit Hilfe der eigens zu diesem Zweck eingeführten Kraftbezeichnung „psi" solche physikalischen Bewegungen auslösen könnten, zu deren Verursachern normalerweise eine nach Kilohub- und Hebeleistung zu berechnende Kraft zählen müßte.

Die abergläubische nächste Umgebung der Poltergeist-Jugendlichen benötigt den scheinbar säkularisierten Erklärungsumweg der Parapsychologen über „psi" nicht. Für sie ist es „ohne Zweifel" erkennbar, daß die rätselhaften Ereignisse als Teufelswerk, als das Wirken armer Seelen, als Hexenbann, gelegentlich auch (scheinrational) als Auswirkungen von „Wasseradern" zu erklären sind. Solche Deutungen verringern nicht die auftretenden Ängste. Poltergeistfälle sind nicht nur unter kriminalistischen Aspekten interessant aufzuklären, soweit sie in strafbare Handlungen münden. Sie sind auch unter dem Gesichtspunkt der polizeilichen Gefahrenabwehr nicht zu ignorieren, weil sie das subjektive Sicherheitsgefühl im öffentlichen wie im privaten Raum beeinträchtigen und stören. Eine zügige Aufklärung solcher Fälle ist daher geboten. Parapsychologische Nebelwerfer und Faktenverwirrer sind wie in anderen Bereichen so auch hier überflüssig wie die Kröpfe in den Gebirgstälern.

3. Die verdeckten Spannungen

Die Aufklärung solcher Spukfälle ist, wie die Beispiele erkennen lassen, einigermaßen einfach, wenn die Voraussetzungen und Grundstrukturen solcher Fälle einmal erkannt sind, die sich, wie selbst Bender feststellte, mit bemerkenswerter Gleichförmigkeit wiederholen. Selbst die Parapsychologen, die Vertreter einer technifizierten, säkularisierten Theologie, haben durch Faktenhäufung erkannt, daß in der Regel – von geringfügigen Ausnahmen abgesehen – ein pubertierendes Kind im Mittelpunkt der Ereignisse steht. Die Pubertät bringt nicht nur in ihrem normalen Ablauf besondere psychophysische Spannungsverhältnisse. Sie verschärft erb- und erziehungsbedingte Vorausgaben während dieser Zeit der stürmischen Gärung dergestalt, daß Handlungen denkbar sind, welche unter „normalen Umständen", d.h. aus der Sicht der durchgegorenen Erwachsenen, nicht für möglich gehalten werden. Auch unauffällige Kinder, an deren Anstand und Einfalt die Eltern glauben, und die sich zudem geschickt, wenn nicht sogar noch raffiniert verhalten, vermögen ihre innere Unausgeglichenheit, ihre Zerrissenheit zu verbergen und aus dem Schutz der Deckung heraus zu handeln. Neben die biologisch bedingte Lage tritt in Poltergeistfällen in der Regel ein soziales Spannungsverhältnis.

Das aus unterschiedlichen Gründen oft sehr spannungsreiche Verhältnis zur nächsten sozialen Umwelt liefert eine weitere Causa. In der Regel ist das Verhältnis zur sozialen Primärgruppe in irgendeiner Weise gestört. Zur Primärgruppe zählen nicht nur die Familie, sondern auch der Lehrherr, ggf. der Lehrer, die Nachbarn, Verwandte, Freunde. Anhand der hier geschilderten Fälle lassen sich Beispiele für soziale Spannungen unschwer erkennen. Die Spuk- und Poltergeistfälle zeigen stets den gleichen oder doch ähnlichen Inhalt. Allein die Patriarchenrolle eines alten Mannes (wie im Spukfall Odenwald) kann den Jugendlichen zu einer Machtprobe gegenüber der gewachsenen Dominanz des Alten verleiten. Oder der Beginn einer harten unerwünschten Arbeit kann zu Ausweichmanövern Anlaß geben. Oft zeigen sich die sozialen Spannungsverhältnisse nur sehr versteckt, aber sie sind zu ermitteln.

4. Aberglaube und Auslöser

Die Poltergeistkinder wissen genau, was sie tun. Sie erkennen mit Staunen, mit welchen geringfügigen Mitteln sie abergläubische Erwachsene beherrschen, verwirren und drangsalieren können. Ihre Tricks werden wirksam, wenn sie in einen durch den Aberglauben vorbereiteten Rahmen fallen. Der Aberglaube (in welcher seiner zahlreichen Variationen auch immer) bereitet in der Regel die Lage vor. Dies gilt auch dann, wenn der Aberglaube nur latent vorhanden ist oder von allen Beteiligten nicht als Aberglaube, sondern als allgemein übliches Normverhalten angesehen wird. Aus dem Bereich des Aberglaubens kommen psychologische Grundhaltungen und Erklärungsschemata, welche die rationallogische Erklärung der nicht sofort in ihren Ursachen erkennbaren Ereignisse verhindern, indem sie nur eine irrationale, alogische, d.h. abergläubische Erklärung zulassen. Erst dadurch wird das psychisch-physische Spannungsverhältnis im Zusammenwirken mit den sozialen Spannungen zum „Spuk".

Sind die drei Voraussetzungen, wie hier beschrieben, gegeben, so liegt eine Situation vor, die mit einer geschärften Bombe zu vergleichen ist. Es genügt nur noch ein geringfügiger auslösender Schlag, um das ganze prädisponierte Drama auszulösen.

Auch insoweit lassen die beschriebenen Fälle die auslösenden Ereignisse erkennen. Untersucht man die Spuk- und Poltergeistfälle der letzten Jahrzehnte unter diesen Gesichtspunkten, so lassen sich stets gleichartige Auslöser herausfinden: dem Pubertierenden wird's irgendwann einmal zuviel. Er protestiert auf seine unbeholfene Weise aus der Heimlichkeit und der Deckung des Unterlegenen heraus. Er erzielt dadurch eine Bombenwirkung, die ihn selbst meist maßlos überrascht, da er weder die Zusammenhänge kennt, auf die er stößt, noch die Wirkungen seiner meist nur auf vordergründige Effekte abgestellten Handlungen zu berechnen weiß. Erst wenn der „Spuk" begonnen hat, genießt er seine Macht und steigert seine Aktionen.

Diese Ereigniskette setzt sich solange fort, bis ihm durch entsprechende Beweisführung Vorhalt gemacht und durch ein vertrauenerweckendes, auf seine Probleme eingehendes Gespräch einerseits die Aussichtslosigkeit weiterer Tricks klar gemacht wird, andererseits aber auch die Möglichkeit zu einem fairen Rückzug in die soziale Normalität geboten wird. Auf diese Weise kann die Aufklärung eines Spukfalles ein für die Sozialisation des Jugendlichen wichtiges, weil entlastendes und helfendes Ereignis darstellen, durch das ihm der Weg zu einem angepaßten, ausgeglichenen Sozialverhalten gebahnt wird. Die Bestätigung des „Spuks“ gegenüber dem Jugendlichen durch Parapsychologen dagegen setzt die Desintegration der Jugendlichen fort und führt zur Desozialisation auf längere Dauer, wie das Beispiel des Bremer Poltergeistjungen zeigt.

IX. Das Duell zwischen Zufall und Betrug

1. Die feste Überzeugung

Der Wiener Trickexperte Albin Neumann (Künstlername Allan) formulierte einmal barsch aber deutlich: „Die Parapsychologie ist eine Täuschungssammlung, auf die sogar Experten hereinfallen." Bender als Parapsychologe hatte gemeint, parapsychologische Forschung sei immer ein Duell zwischen Zufall und Betrug. Durch dieses Dauerduell sind Parapsychologen mit sich und dem „Spuk" ausreichend beschäftigt, wie die Geschichte der Parapsychologie zeigt. Die Geschichten der Parapsychologie können uns dann verständlich gemacht werden, wenn das Wechselspiel zwischen den parapsychologischen Promotoren und den Abergläubischen beschrieben wird. Und es muß gesehen werden, daß die Entwicklung des Aberglaubens der letzten Jahrzehnte u.a. auch (nolens volens) durch die Parapsychologie eher gefördert wurde, wenngleich auch deren prominenteste Vertreter versichern, sie beabsichtigten psychohygienisch das Gegenteil. Prototypisch für die Argumentationsvertretung der Parapsychologen in Deutschland war Bender.

Bender schrieb als Psychologe in seiner 1936 in Leipzig veröffentlichten Dissertation (Titel: Psychische Automatismen; Zur Experimentalpsychologie des Unbewußten und der außersinnlichen Wahrnehmungen) über die Resultate seiner Untersuchungen, diese seien in der „festen Überzeugung niedergeschrieben, daß Telepathie und Hellsehen, die vielleicht als Erscheinungsformen einer einzigen psychischen Fähigkeit der außersinnlichen Wahrnehmung aufzufassen sind, einmal zu allgemein gültigem unumstrittenem Besitz werden." Und er meint vertrauens- und hoffnungsvoll: „Der Weg bis zu diesem Ziel ist noch weit."

Hier stoßen wir sehr früh in den Veröffentlichungen Benders auf die „feste Überzeugung", die so typisch ist für die Parapsychologen schlechthin. Der festen Überzeugung als vorgängige Gewißheit aus dem Glauben und Fürwahrhalten begegnet man in den immer wieder versuchten Beweisführungen wie auch in den gewagten Arbeitshypothesen. Dieser Vorglaube verblüfft vor allem den kritischen, zurückhaltenden Naturwissenschaftler stets aufs Neue. Die Bedürfnisse, die hinter der Suche nach solchen Glaubensbestätigungen stehen, sind möglicherweise lebensgeschichtlich ereignisgeprägt und nicht korrigierbar, wohl vielleicht durch Psychiater und Psychologen zu erklären.

Die wider alle Blamagen und trotz aller Widerlegungen unerschütterlich demonstrierte Überzeugung läßt das notwendige Maß von Selbstkritik in einer für den Überzeugten angenehmen Weise vermissen. Sie beruht nicht auf wissenschaftlichen mühsam erarbeiteten und gegengeprüften, wiederholbaren Erkenntnissen, sondern auf außerwissenschaftlichen, in der Regel höchst persönlichen prägenden Erlebnissen. Diese Impressionen bestimmen das ganze Leben des Betroffenen und machen den Betroffenen zu einem „Berufenen". Bender scheint ein „Berufener" gewesen zu sein. Über seinen frühen Weg zur Parapsychologie schreibt er:

> „Ein auslösender Faktor ist vorhanden gewesen, der dann meine in der Anlage bedingte Offenheit für Grenzbereiche aktiviert hat. Er bestand darin, daß ich mit 17 Jahren als Primaner in London mit englischen Freunden an einer okkulten Praktik teilnahm, an dem sogenannten Gläserrücken. Mir fiel auf, daß die durch diese Praktiken erzielten Antworten – es wurde eine Instanz befragt – den Teilnehmern unbekannt waren.
>
> Dieser erste Ansatz fand seine Fortsetzung in Paris zu jener Zeit, als ich dort Psychologie studierte. In der Folgezeit fand ich sehr begabte Versuchspersonen, die nun auch sehr stark in meine persönliche Sphäre eintraten. Damals erlebte ich zum ersten Male, daß dieser ganze psychologische Grenzbereich stark mit affektiven Feldern zu tun hat. Man muß, das habe ich festgestellt, engagiert sein, um überhaupt das Tor des Rationalismus aufzubrechen"[52)].

Das „Tor des Rationalismus aufzubrechen" (was auch immer das bedeuten soll) ist Benders Lebensziel geblieben. Diesem Ziel hat er alles untergeordnet. Allein schon diese Zielsetzung begründete eine lebenslange feste Überzeugung, der alle intellektuellen Potenzen zielorientiert zu dienen hatten. Derartige Überzeugungen, subjektive, unumstößliche und daher auch durch Dritte weder nachvollziehbare noch widerlegbare Gewißheiten entstehen für die Damaskus-Marschierer des 20. Jahrhunderts immer noch urplötzlich aus subjektiven Wahrnehmungen, Empfindungen, Erlebnissen, Deutungen. Diese werden durch das Individuum, das unmittelbar durch die numinose Imprägnation überwältigt wird, vermutlich aufgrund bereits vorhandener psychisch-physischer Prädispositionen als ungeheuer wichtig, entscheidend und lebensverändernd erlebt. Kaufmann[53)] beschreibt dieses Konversionserlebnis in der neuen Woge der psi-Literatur und der Lust am Irrationalen: „Wer einmal mit einem Menschen gesprochen hat, der ein solches Erlebnis hatte, wird die „demoralisierende Wirkung“ auf ihn, seine Fassungslosigkeit, Schwäche und Betroffenheit nicht mehr vergessen, zumal, wenn das alles nicht während eines Studio-Experiments mit Medien, sondern spontan geschah. Es wird ihm fortan schwerfallen, an der Realität solcher Begegnungen zu zweifeln“(Ende des Zitats), obwohl sie doch (nur) subjektiv erlebt und nicht objektivierbar sind.

Bender, in Deutschland der „einzige Ordinarius der Parapsychologie“, dem man mit „Hohn und Mißtrauen begegnet“, „der sein Fach zudem vorsichtig als „Grenzgebiet der Psychologie“ bezeichnen mußte, obwohl es deren Kerngebiet ist“[54)], läßt erkennen, daß er als junger Mensch von einem Ursprung der Bewegung motiviert wurde und eine Überzeugung gewann, der er bis zu seinem Tode unerschütterlich treu bleiben mußte. Es handelte sich um eine alles durchdringende tragende Überzeugung, deren Richtigkeit der in dieser Überzeugung gefangene, aber auch aufgehobene und geschützte Mensch kennt, ohne – wie es an sich gute naturwissenschaftliche, rationale Regel ist – diese sich oder anderen als richtig beweisen zu müssen.

Eine feste Überzeugung dieser Art zeichnet an sich den religiös gefestigten und in seinem Glauben wurzelnden Menschen aus. Auch der Abergläubische kann sich (in welcher Form und mit welchen seltsamen Inhalten auch immer) in einer unüberprüfbaren subjektiven Überzeugung wohlbefinden. Diese Überzeugung ist ein unerhörter, der rationalen Denkweise fremder und deshalb u.U. rufgefährdender Ausdruck einer persönlichen Freiheit. Der naturwissenschaftlich denkende Rationalist kann sich zwar in seinen privaten Überzeugungen eine solche Freiheit bewahren, mit seinen veröffentlichten wissenschaftlichen Ansichten hat er sich jedoch den naturwissenschaftlichen Gesetzmäßigkeiten der Chemie, der Physik, den Regeln der Technik usw. zur rationalen Überprüfung und abseits aller persönlichen Überzeugungen zu stellen.

Die Parapsychologie (unter Einschluß der Paraphysik) möchte via Psychologie den Naturwissenschaften zugehören. Meist macht sie auf Dritte den Eindruck einer aus dem 19. Jahrhundert entstammenden technisierten Theologie, vor allem dann, wenn sie meint, für sie würden die Beweisregeln und Beweiszwänge der Naturwissenschaften nicht oder nicht so streng gelten. Nach diesen Beweisregeln hat derjenige den Beweis zu führen, der neue Tatsachen, Erkenntnisse, Zusammenhänge etc. entdeckt zu haben meint oder sie arbeitshypothetisch behauptet. An diese Beweisregeln hält sich die Parapsychologie nicht, wie sich aus dem Nacharbeiten der Untersuchungen und Experimente ihrer führenden Vertreter ergibt. Sie behauptet, weil sie glaubt, und dies ohne Beweis. Das gilt insbesondere für die Untersuchungen der Poltergeistfälle durch Bender.

2. Das Schaugeschäft

Gerade anhand der Beweisführungs- und Untersuchungsmethoden der Parapsychologie läßt sich am deutlichsten erkennen und darstellen, wie sehr sich in dieser moderneren Form des Okkultismus Täuschung und Irrtum vermischen, wie sehr sich hier die Täter-Opfer-Relation umkehrt und verwirrt. In diesem Gewirr von Täuschung und Irrtum finden sich dann auch jene publicityträchtigen Darbietungen, von denen mir Gubisch, der bekannte Entlarver parapsychologischer Fremd- und Selbsttäuschungen, nach dem Besuch eines Vortrags von Bender schrieb:

> „Das Ganze machte auf mich den Eindruck einer Vorspiegelung, die Parapsychologie wissenschaftlich einwandfrei erscheinen zu lassen. Es machte auf mich den Eindruck eines strafbaren Schwindels, wenn ich solche krassen Worte vorsichtshalber auch nicht öffentlich gebrauchen kann. Wohl aber glaube ich sagen zu können: der ganze Vortrag mit seiner nur einseitigen Betonung des anscheinend Positiven machte auf mich den Eindruck einer Zaubervorstellung, in der der Vortragende es blitzen und funkeln ließ von Wundern und „Beweisen“. Mit spitzen Fingern packte er bunte Blumen aus und ließ die unsichtbaren Hüllen in den Ärmeln geschickt verschwinden. Denn zu jedem Abschnitt seiner Ausführungen ließen sich doch sehr handfeste kritische Einwendungen machen, die den ganzen Zauber in einem anderen Licht erscheinen lassen würden. Das Ganze spielte sich gewissermaßen auf einem doppelten Boden ab, d.h. dem blinden Vertrauen, das man dem Universitätsprofessor entgegenbringt, im verdutzt glotzenden mehr oder weniger gelehrten Publikum, das ja nichts oder

doch viel zu wenig davon versteht. Ein wirklich kritischer Kenner der Dinge herangeholt, hätte die ganze Illusion und den doppelten Boden verschwinden lassen... Was der Vortragende machte, war – wissenschaftlich gesprochen – ein strafbares Ausleseverfahren. Er brillierte mit Scheinwundern. Ich stehe vor der Alternative: er ist ein Schaumschläger oder ich bin ein Schwachsinniger!"

Gubisch schrieb diese Stellungnahme im Zusammenhang mit den sogenannten Sitzplatzexperimenten, mit denen Bender in den fünfziger Jahren übers Land zog. Der Hellseher Croiset bezeichnete wenige Tage vor einer Veranstaltung in einem Saal einen bestimmten Sitzplatz (z. B. den „5. Platz von rechts in der 8. Reihe") und machte dann Angaben über die Person desjenigen, der auf diesem Platz sitzen werde. Schaurig schöne Blamabelgeschichten erschienen über diese Vorführungen. Prof. Dr. K.Conrad, Direktor der Universitätsnervenklinik des Saarlandes, veröffentlichte nach einer parapsychologischen Massensitzung dieser Art erbost den Aufsatz „Telepathie und Hellsehen als wissenschaftliches Problem", in dem er unter anderem erbarmungslos konstatierte:

„Es waren vielmehr banale Schaubudenschlager, wie sie auf jeder Kirmes seit vielen Jahrzehnten gezeigt werden, und es konnte in der Tat nur befremden, wenn man, unter der Ankündigung, sie als „wissenschaftliches Problem" darzustellen, derart plumpe Tricks in der hier gebotenen Form in einem Universitätsvortrag behandelt."[55)]

Bender schluckte diese Kritik wortlos.

3. Das Geld als nervus rerum

Bender war selbst von der Richtigkeit seiner Behauptungen, Feststellungen und Thesen voll überzeugt. Er gewann dadurch im Laufe der Zeit gegenüber Dritten eine ungeheure, durch nichts zu bremsende Überzeugungskraft, da er durch keinerlei schlechtes Gewissen verunsichert wurde. Vielmehr wurden alle Aktivitäten durch dieses eine, alles überwuchernde Syndrom überwachsen, durchzogen, getragen. Er vermochte nicht mehr sich selbst kritisch-distanziert zu sehen, konnte sich nicht aus der Verstrickung zu lösen, die durch erklärbare, sehr frühe Vorgänge im eigenen Leben ausgelöst worden waren.

Für den außenstehenden Beobachter solcher Aktivitäten ging es immer um die Frage „Wahrheit oder Lüge?“ Speziell auf dem Gebiet der Poltergeist- und Spukfälle war der Frage nachzugehen, welche Faktoren den von Fremden und Freunden verehrten Wissenschaftler zu seiner Einstellung veranlaßten, welche Faktoren den von seinen wissenschaftlichen Gegnern immer wieder angegriffenen, für seine Freunde sympathischen Schwaben stützten.

Solche Unterstützung hat er zahlreich gefunden. Da sind die 151.038 DM zu erwähnen, welche ihm die Stiftung Volkswagenwerk (1970-1972) zum Aufbau und zur Ergänzung einer okkulten Bibliothek zur Verfügung stellte. Da sind die über 130.000 DM zu nennen, mit denen ihm die Deutsche Forschungsgemeinschaft nach dem zweiten Weltkrieg über die Jahre hinweg subventionierte, um eigenartige Okkultthemen auf seinen Antrag hin untersuchen zu lassen. Beispielhaft seien erwähnt die Untersuchung von „Geister“-Stimmen auf den Tonbändern des schwedischen Mittelwellenreiters Jürgensen (1972) oder die Erforschung des Uri-Geller-Effekts (1974) als „psychische Epidemie“ nach dem Auftreten dieses Trickkünstlers oder die „Untersuchungen zum Problem der außersinnlichen Wahrnehmung und der Psychokinese“ (1969) und die Untersuchung des Wahrheitsgehaltes der Astrologie (mit 5.000 DM subventioniert).

Das in ihn gesetzte nahezu konspirative Vertrauen ließ die Bewilliger der Deutschen Forschungsgemeinschaft Jahre hindurch darüber hinwegsehen, daß Bender jeweils neue Mittel bewilligt wurden, ohne daß Forschungsberichte zu den abgeschlossenen Projekten vorgelegt bzw. gegengeprüft worden wären. Diese Tatsache wird schamhafterweise nach außen hin unterdrückt, wenn neugierige Fragen zu diesem Punkt eingehen. Nichtssagende Antworten werden gegeben, da man sich organisationsintern darüber im klaren ist: „Wenn wir den Brief von Frau Dr. Oe. wahrheitsgetreu beantworten wollten, kämen wir wahrscheinlich in eine fatale Situation. Aus den Akten ergibt sich nämlich nichts, was auf eine systematische Prüfung der Untersuchungsergebnisse von Herrn Professor Bender schließen ließe.“ (DFG-Vermerk Dr. Zi/cp vom 19. November 1976.) Oder die Antwort lautet gegenüber anderen Anfragenden frischweg, die finanziell Geförderten legten zu jedem Projekt einen Bericht vor, zu dem von Fachgutachtern Stellung genommen werde. „Diese Gutachten können leider nicht zur Verfügung gestellt werden“. Im Falle Benders liegen sie nicht einmal vor. Wurden Berichte und Gutachten telekinetisch verräumt?

Oder soll ein konspiratives Abdecken einer Mischung aus Aberglauben, Irrtum und administrativer (absichtlicher?) Schlamperei die DFG vor weiterem Ärger schützen?

4. Die Wahrheitssuche in den Sternen

Die guten Beziehungen Benders zur Deutschen Forschungsgemeinschaft gingen bis in die Mitte der dreißiger Jahre zurück. Damals bezahlte ihm die DFG[56)] die Kosten einer Reise zum „Kind von Riga".

Am 26. 4. 1953 sprach Bender vor dem Deutschen Astrologenverband in Wiesbaden über seine von der Deutschen Forschungsgemeinschaft erfahrene finanzielle Unterstützung bei einer Astrologieuntersuchung, deren Ziel offenbar eine Prüfungsordnung für Astrologen wurde[57)].

Er sagte u.a., es sei nicht zu leugnen, daß die Astrologie fähig sei, über Charakteranlagen beweisbare Aussagen zu machen. Von den Astrologen forderte er, „leicht deutbare, markante Horoskope" zu erstellen, um der Astrologie „die maximale Chance zu verschaffen". Vertraulich erfuhren die erfreuten Zuhörer, es werde ein Kreis von Studenten in Freiburg astrologisch unter Leitung des Astrologen Thomas Ring geschult. So werde „ein Stab herangezogen". Seine taktische Öffentlichkeitsarbeit, die später sein Biograf Gruber als opportunistische Anpassung und Einschmuggelmethode apostrophierte, erhellt aus dem Satz: „Ich verstehe die Einstellung der katholischen Kirche gegen Voraussagen – und ich muß mich eben so einstellen, weil ich sonst in Konflikt mit der Kirche käme!"

Schon zuvor hatte der Astronom Prof. Dr. K. Stumpff Bender detailliert wegen dieser Astrologieuntersuchungen, vor allem wegen dessen äußerst zweifel- und fehlerhaften Untersuchungsmethoden angegriffen[58)]. Bender sei für die Astrologie voreingenommen, seine Untersuchungen seien nicht objektiv. Bender antwortete darauf mit seinen üblichen, erzürnten Selbstverteidigungsfloskeln; die Debatte wurde mit einer Erwiderung durch Stumpff abgeschlossen.

Bender wehrte sich u.a. gegen die Unterstellung eines „Komplottes der Astrologen mit einem im Übersinnlichen privatisierenden Wissenschaftler", während Stumpff mit ausführlicher Begründung darlegte, daß die Astrologie mit den Prinzipien des (naturwissenschaftlichen) Denkens unvereinbar sei: „Von den pseudowissenschaftlichen Theorien unterscheidet sich die Astrologie nur durch ihr hohes Alter. Astrologen halten Faseleien für Offenbarungen und verwechseln das ungewisse Halbdunkel magischer Mystik und Symbolistik mit „Tiefe“ und „uralter Weisheit“[59)].

Ludwig Reiners[60)] schrieb am 23.2.1954 ein umfangreiches Gutachten über den Wahrheitswert (und die strafrechtliche Behandlung) der Astrologie, das durch den Aufsatz „Horoskope auf der Prüfwaage“ ergänzt wurde[61)]. In seinen Bedenken gegen die Astrologieuntersuchung Benders griff er detailliert und pointiert die fehlerhaften Methoden scharf an: „Die ganze Prüfungsanordnung ist verfehlt.“ Diese Kontroverse hinderte die Deutsche Forschungsgemeinschaft nicht, die Untersuchungsvorhaben Benders auch in den folgenden Jahrzehnten zu unterstützen.

Bender hatte zuvor schon in den okkulten Gassen der Sternendeuter einen guten Standplatz. Mit dem Astrologen Thomas Ring im Hintergrund, mit dem er seit den dreißiger Jahren kooperierte, mit dem er auch während der drei Jahre in Straßburg zusammengearbeitet hatte, wurde Bender nach eigenen Angaben vom seinerzeitigen Badischen Innenministerium in Freiburg als Gutachter für die Erteilung von Gewerbegenehmigungen für Astrologen bestellt. Durch solche Gewerbegenehmigungen wurden die damals in Baden noch bestehenden Gaukeleibestimmungen ausgehöhlt.

5. Hein Psi aus Bremerhaven

Bender hatte großen Einfluß bei den verdeckten oder sich offen zu ihm bekennenden Geistfreunden. Er nutzte diesen Einfluß, der u.a. aus seiner vermuteten Ehrlichkeit entsprang, vor allem dann, wenn es um die Förderung der überwertigen Idee vom hochwertigen psi ging. Es war daher kein Zufall, sondern entsprach dem psychologischen Prägemuster Benders, wenn er von Rahn, dem arbeitslosen, damals 28 Jahre alten Installateur in Bremerhaven, und von dessen telekinetischen Fähigkeiten begeistert war. So protegierte er auch in diesem Falle wie immer, wo er konnte, Phänomene und Magier.

Am 16.2.1976 übersandte die Sektion Physik der Universität München den Antrag des fünfunddreißigjährigen Dozenten für Physik an der Universität

München, Dr. rer. nat. habil. Hans Dieter Betz, an die Deutsche Forschungsgemeinschaft. Der Antrag wurde umfangreich und ausführlich begründet. Er stellte ab auf die finanzielle Förderung des Forderungsvorhabens „Physikalische Untersuchung telekinetischer Vorgänge“ durch Bewilligung eines Betrages von 83.600 DM. Der Antragsteller meinte, die Chance für das Erreichen des wissenschaftlichen Auftragszieles sei dann am größten, wenn das vorgeschlagene Projekt möglichst bald in Angriff genommen würde, weil dem Antragsteller z.Zt. mehrere der für das Vorhaben notwendigen Testpersonen bekannt seien, welche zur Mitarbeit bereit seien.

Die bemerkenswerteste Testperson sei z.Zt. arbeitslos und würde sich gern einer intensiven Untersuchung in München zur Verfügung stellen. Der Antragsteller gab zur Begründung an, er habe aufgrund bisheriger eigener Arbeiten deutliche Hinweise dafür gefunden, daß telekinetische Vorgänge a) tatsächlich existieren, b) hinreichend reproduzierbar und daher physikalisch untersuchbar sind und c) möglicherweise auf neuartige physikalische Effekte zurückzuführen sein können.

> Der Betzsche Antrag wurde von sechs Professoren für Physik der Universität[62)] unterstützt, die den 1975 in München habilitierten Antragsteller als fähigen und kritischen Experimentalphysiker, der durch zahlreiche wissenschaftliche Veröffentlichungen und Arbeiten ausgewiesen sei, seit Jahren schätzten.
>
> Die ungewöhnliche Natur des Antrags mache es erforderlich, über die im Rahmen der Sektion Physik der LMU München zur Verfügung stehenden Möglichkeiten hinaus eine Beihilfe zu beantragen.
>
> Die Bedeutung des zu fördernden Vorhabens unterstrichen die weiteren Ausführungen des Antragstellers Die „Seltenheit und i.a. unwissenschaftliche Beobachtungsart telekinetischer Vorgänge führten bisher dazu, daß diese Effekte in ihrer Existenz angezweifelt wurden und daher keiner naturwissenschaftlichen Untersuchung zugeführt werden konnten. Die Bedeutung dieses Antrags liegt darin, diese Vorgänge meßtechnisch zu erfassen; die zu erwartenden Ergebnisse dürften nicht nur als weiterer Existenzbeweis für diese Phänomene dienen, sondern könnten zur Aufklärung der zugrunde liegenden Mechanismen beitragen.“

Betz, der mit diesem Antrag in den von Bender definierten Fußstapfen wandelte, bezog sich auf die Experimente, die er mit drei Testpersonen unternommen habe, die „offenbar in der Lage sind, telekinetische Effekte zu produzieren (wie z.B. Verformung, Translationen und Rotation von Materie auf bisher physikalisch noch ungeklärte Weise)". Er schrieb, es könne sich entweder um eine neuartige Kombination bekannter physikalischer Vorgänge oder um neuartige Mechanismen handeln.

Der Antragsteller empfahl:

> Im Rahmen des Vorhabens soll versucht werden, durch Zusammenarbeit mit den verfügbaren Testpersonen Experimentreihen durchzuführen, in welchen physikalische Parameter systematisch variiert werden, um damit auf die Natur der telekinetischen Vorgänge Rückschlüsse zu ziehen. Die Schwierigkeit des Vorhabens liege darin, daß (a) Testpersonen an den Experimenten teilnehmen und (b) eine Erklärung des zu untersuchenden Effektes aussteht. Die Zusammenarbeit mit den erforderlichen Versuchspersonen ist sicherlich nicht unproblematisch, und die eigentlichen Meßgrößen (welche zu dem beobachteten Endeffekt führen) sind noch unbekannt. Es besteht aber die Hoffnung, mit relativ einfachen Versuchsanordnungen zumindest einige im Prinzip mögliche Ursachen ausschließen zu können. Eine vollkommene Aufklärung der Effekte könne im Rahmen dieses Antrags nicht erwartet werden; es sollte jedoch versucht werden, Ursachen und Bedeutung des Phänomens so weit als möglich aufzuhellen.

Zum Stand der Forschung hieß es in dem Antrag:

> Die Existenz telekinetischer Vorgänge wurde innerhalb der vergangenen zwei Jahre von mehreren in- und ausländischen Gruppen bestätigt (Prof. J.B.Hasted, Birkbeck College London; Prof. J.Taylor, Queen's College London; Prof. Hofmann, Technische Universität Wien; P r o f. H. B e n d e r, U n i v e r s i t ä t F r e i b u r g; Prof. Ch. Crussard, Frankreich).
>
> Da die Phänomene häufig prinzipiell als Täuschung betrachtet werden, sei vermerkt, daß mittlerweile mehrere international anerkannte Magier die Echtheit der Phänomene bestätigt haben.
>
> Der Antragsteller hat sich im Laufe des vergangenen Jahres selbst bemüht, geeignete Testpersonen aufzufinden und physikalische Experimente durchzuführen. Die bisher erzielten Ergebnisse müssen als

höchst ermutigend bezeichnet werden; Details der durchgeführten Experimente werden im Anhang geschildert. Die Resultate anderer Gruppen, sowie die eigenen Ergebnisse zeigen, daß es gegenwärtig möglich ist, telekinetische Vorgänge genauer zu untersuchen und gezielte physikalische Experimente auszuführen. Bisher vorliegende Fakten reichen noch nicht aus, um auf die Natur des Effektes Rückschlüsse ziehen zu können. Der Grund hierfür dürfte darin liegen, daß sich einerseits die meisten Gruppen noch vorwiegend damit befassen, immer stärker wiegende Existenzbeweise zu sammeln, und sich andererseits noch nicht ausreichend viele Naturwissenschaftler mit den Phänomenen beschäftigen.

Als Ziele der Untersuchungen werden definiert:

Telekinetische Vorgänge sollen meßtechnisch verifiziert und quantifiziert werden. Die Natur der Phänomene soll erhellt und, falls möglich, anhand theoretischer Modelle beschrieben werden. Alle Ergebnisse der Experimente sollen im Detail publiziert werden, möglichst in naturwissenschaftlichen Zeitschriften, und damit der Kritik der Naturwissenschaftler zugänglich werden. Es sei vermerkt, daß es bisher – wahrscheinlich wegen Mangel an eindeutigem Material – praktisch nicht möglich war, in naturwissenschaftlichen Fachzeitschriften über Telekinese zu berichten.

Betz hatte schon bei anderen Gelegenheiten den Anschein hervorgerufen, er sei als Paraphysiker das Ergänzungsstück zum Parapsychologen Bender.

Am 18.01.1976 trafen sich im Laborraum 330 der Universität München – Sektion Physik der Physiker Dr. rer. nat. habil. Betz mit Prof. Bender und drei anderen Personen, um telekinetische Rotationsphänomene „eines gewissen Rahn“ zu erleben. Was sie erlebten, war für sie sensationell und ließ sie in freudige Erregung geraten:

Rahn hielt seine beiden Hände in 5-10 cm Höhe über dem zu bewegenden Objekt (eine 5,5 cm starke Metallscheibe, die auf 9 ca. 6-10 mm langen Stiften auf dem Tisch stand). „Plötzlich begann das Objekt sich schnell zu drehen – unter konstanter Beobachtung durch alle Anwesenden.“

Betz konnte aus einer Entfernung von 1,5-2 Meter während der kritischen Phase mit Sicherheit zwischen Objekt und Händen von Rahn durchsehen, wie er berichtete. Alle Anwesenden unterschrieben ein Zeugenprotokoll.

Auf einer „Probesitzung" am 25.08.1976 in Gegenwart von mehreren Personen (u.a. zwei Hobbyzauberer, die ein skeptischer Physiker mitgebracht hatte), wurde auf Einladung der Deutschen Forschungsgemeinschaft der Betzsche Antrag (Az Be 724/3) beraten. Der Gastgeber Betz schloß ausdrücklich die Verwendung unsichtbarer Fäden als Trickmöglichkeit aus, weil „ein solcher Faden maximal nur 3 g halten könne". Trotz der Forderung der Trickexperten nach einem geschlossenen Kasten, in dem die telekinetischen Bewegungen durch Rahn ausgeführt werden sollten, wurde eine solche Vorbeugung gegen Tricks von Betz nicht eingeführt.

Der „mediale Rotationsexperte" Rahn, so berichtete der skeptische Physiker, fühlte sich durch die Einwände der Trickexperten derart gestört, daß er nichts mehr vorführen konnte. Der Gutachter Prof. Dr. rer. Hofmann vom Institut für Grundlagen und Theorie der Elektrotechnik der Technischen Hochschule in Wien forderte deshalb eine „Harmonie zwischen Versuchsleiter und Medium als Voraussetzung für eine erfolgreiche Telekinese". Und mit Prof. Dr. W. Büchel vom Institut für Philosophie in Bochum verlangte er die „wohlwollende Berücksichtigung der psychischen Labilität" des Mediums, auch eine Rücksichtnahme auf die oft stundenlangen, atmosphärischen Bedingungen für einen telekinetischen Erfolg.

Das sind die Idealvoraussetzungen für die Täuschbarkeit der „neutralen" Beobachter und für die Manipulationen durch die Medien.

Betz meinte dazu später[63)]: „Wenn Löffel akzeptiert werden (die durch psi gebogen oder bewegt werden; d.Verf.) ist doch die Levitation nur noch eine Frage der Intensität". Rahn wurde wie weiland die spiritistischen Medien vor 80 Jahren in der okkultistischen Schickeria München herumgereicht. Er durfte auf den Tischen in den Privatwohnungen verschiedener Naturwissenschaftler Dinge in Bewegung setzen.

In Bonn hielt der für Physikfragen zuständige Referent der DFG, der Diplom-Physiker Dr. Erich Kirste, diese Ereignisse für untersuchenswert. Es sei an der Zeit, diesen Dingen auf den Grund zu gehen[64)].

Betz sah eine Chance, solange diese Testperson noch zeitlich verfügbar sei, über die telekinetischen Fähigkeiten verfüge und zu einem finanziellen

Engagement zu Minimalbedingungen bereit sei. Er berichtete, diese Person könne zwei bis drei Effekte je Tag erzielen. Sie fühle sich durch strenge Beobachtung nicht grundsätzlich gestört. Es bestehe nun „die nahezu einmalige Chance, die Echtheit einiger telekinetischer Vorgänge endlich einmal zweifelsfrei sicherzustellen".

Betz meinte, für die trickhafte Nachahmung der von der Testperson produzierten Translations- und Rotationsphänomene erschienen nur begrenzte und äußerst komplizierte Verfahren denkbar. In der Auflistung der Versuche hieß es eingangs: Abschirmung des bewegten Objekts, so daß jede mechanische Beeinflussung (Fäden) ausgeschlossen werde (so z.B. durch die Rotation in einem geschlossenen Kasten).

Die beiden anderen Versuchspersonen „produzieren hauptsächlich Materialveränderungen (Deformationen)". Betz schilderte die geplanten Versuche und Messungen und meinte dann: „Möglicherweise stellen solche Messungen einen direkteren Zugriff zu den Phänomenen dar".

Auf die Wiedergabe der von Betz geschilderten Experimentalerlebnisse mit den beiden Metallbiegern soll hier verzichtet werden. Es würde auch zu weit führen, die Beschreibungen der Resultate zu wiederholen, die Betz bei den Experimenten mit Rahn erzielte. Beispielhaft sei lediglich eine Szene angeführt:

Im Falle des „Translationsvorgangs" setzte Rahn einen Löffel aus dem Besitz von Betz auf dessen Handrücken. Hand und Arm von Betz ruhten auf einer ca. 15 cm dicken Polstersitzfläche eines Sofas. Rahn bewegte beide Hände in mehr als fünf Zentimeter Höhe über dem Löffel und setzte diesen dadurch in Bewegung. Der Löffel bewegte sich sprunghaft Hand und Handrücken von Betz hinauf und fiel zur Seite auf die Sofafläche. Dieses Experiment wurde in seinem gesamten Verlauf mit einer TV-Kamera gefilmt und auf Videoband festgehalten. Videoaufnahmen stellen scheinbar exakte Beweisführungen her, wie wir sie auch aus den Nahaufnahmen von Manipulationen philippinischer Laienoperateure kennen, welche vortäuschen, mit bloßen Händen (und narbenlos) den Leib von Kranken zu öffnen und „den Krebs" entfernen zu können.

Betz stellt gläubig-befangen und scheinbar vorsichtig fest: „Die Aufzeichnung zeigt eindeutig, daß die Bewegungen des Löffels jedenfalls nicht durch solche mechanischen Einwirkungen (Berührungen) verursacht sein können, die mit der verwendeten Apparatur optisch festzuhalten sind." Der Leser erkennt: Es kommt eben auf die „verwendete Apparatur" an. Durch ihre Auswahl wird das Ergebnis erzielt, das der eigenen Hoffnung entspricht.

Ähnlich konnten die Spiritisten um von Schrenck-Notzing argumentieren, die etwa von 1900 – 1925 die prachtvoll-kitschigen Rematerialisationsbilder und das Teleplasmagewölle der hinter dunklen Vorhängen teilverborgen sitzenden Medien mit der physikalischen Methode des Blitzlichts und der Chemie auf Fotoplatten dokumentierten.

Betz bemühte sich um Beratung durch Trickexperten. Es lägen bereits schriftliche Bestätigungen dafür vor, daß international tätige Magier weder bei Rahn (noch bei der zweiten Testperson) irgendwelche Täuschungen finden konnten. Es sei geplant, bei zukünftigen eigenen Versuchen fähige Trickexperten hinzuzuziehen.

Am 06.08.1976 schon war in der Nordsee-Zeitung, Bremerhaven, ein Bericht erschienen mit der Überschrift „Löffelbieger nach USA". Der Claus Rahn aus Bremerhaven solle als Löffel- und Messerbieger „demnächst auch in den USA" getestet werden. Bender hatte schon längst Kontakt zu diesem „Phänomen" aufgenommen. Als er Rahn ein feststehendes Messer gegeben habe, sei die Klinge, nachdem Rahn mit zwei Fingern an der Scheide entlang gerieben habe, „wie ein Klappmesser nach unten gekippt". Die Quelle für diese Information wird im Bericht nicht genannt.

Wohl aber wird Bender zitiert, der schon 1975 der Zeitung gegenüber erklärt hatte: „...Es kann sein, daß Rahns Fähigkeiten in die gleiche Richtung zielen (wie die von Uri Geller, dem weltweit bekannten Varietétrickser; d.Verf.). Was das für Kräfte sind, wissen wir nicht." Intern und unter Vertrauten war Bender über die Resultate hocherfreut. „Endlich habe ich psi gefunden", sagte er.

Und die Zeitung berichtete: Der Psychologe Bender traut dem Bremerhavener Kleinmetallbieger allerdings anscheinend wirklich übersinnliche Kräfte zu. Er gab ihm einen Glaskolben nach Bremerhaven mit, in dem ein Löffel eingeschweißt worden war. Rahn sollte versuchen, diesen Löffel im Glas zu verformen. Hier waren durchschnittliche Tricks nicht möglich – und so hörte man vom Ausgang dieses Experiments nichts mehr.

Der „Psychokinet“ Rahn konnte auch nicht „telekinetisch“ den großen Globus in der Stadtbibliothek der Seestadt zum Drehen bringen. Trotzdem lobte die Zeitschrift „Esotera“ den Okkulttäter. Der Rahn-Rummel hielt monatelang an.

Am 02.01.1977 wurde durch einen Fernsehbericht bekannt, daß Betz in München an zwölf Objekten in seiner Wohnung mit Rahn experimentiert hatte, so wie dies auch zu Zeiten des Mediengläubigen von Schrenck-Notzing in Münchner Okkultistenkreisen üblich war.

„Bild“ meinte später, Rahn habe Betz „ganz schön geleimt“, wie er zuvor Bender „genarrt hatte“. Der Filmregisseur Herbert Hübenthal, der vor Jahrzehnten schon einen Aufsehen erregenden Entlarvungsfilm über Erdstrahlenschwindel gedreht hatte, entlarvte durch seine Filmaufnahmen den im Prinzip alten und plumpen Fadentrick des Bremerhavener: der dreiste Trickser konnte Gegenstände nur dann „telekinetisch“ bewegen, wenn er sie mittels eines zwischen beiden Händen gespannten und über dem Gegenstand schwebenden, kaum sichtbaren, aber zugstarken Nylonfadens anstoßen konnte. Hübenthal fotografierte und entlarvte den Trick mit der in Auge, Hirn und Kamera notwendigen Tiefenschärfe[65)].

Am 17.01.1977 veranlaßte das Landeskriminalamt Bremen durch Bericht an die Ortspolizeibehörde Bremerhaven die Aufnahme von Ermittlungen gegen Rahn wegen des Verdachts des Betruges. Es war davon auszugehen, daß Rahn für seine unter falschen Angaben erfolgten Vorführungen betrügerisch Geld oder andere wirtschaftliche Zuwendungen erhalten hatte.

Der Geschädigte konnte Betz sein, der von Rahn auf einem Kongreß der internationalen Parawissenschaft in London erfahren und ihn zu sich nach München eingeladen hatte. Das Ermittlungsverfahren nahm in allen Phasen seines Verlaufs eine psychologisch interessante, kurvenreiche Entwicklung, die aufschlußreich für die Mentalitäten aller am Verfahren Beteiligten war. Darauf soll hier jedoch nicht näher eingegangen werden.

Die DFG erklärte letztendlich schriftlich durch ihren Justitiar Amzar, sie sei durch R. nicht betrogen worden, da bei der Mittelvergabe für den Auftrag an Betz immer mit dem Auftreten betrügerischer Testpersonen gerechnet werden müsse. Dieses Risiko werde bewußt in Kauf genommen. Es liege also kein Irrtum auf der Geldgeberseite vor.

Daraufhin stellte die StA. Bremerhaven im Dezember 1977 das Verfahren (94Js 163/77) ein. Ob die Frage des durch R. verübten versuchten Betruges geprüft wurde, ist nicht ersichtlich.

X. Der lange Marsch der „Schmuggler“

1. Der politische Okkultismus

Bender riskierte als Berufener aus Überzeugung immer wieder sein persönliches Ansehen und seinen Ruf als Wissenschaftler und dies umso mehr, je älter er wurde. Trotzdem verhielt er sich vorsichtig, wenn es darauf ankam. Die opportunistische Anpassungsfähigkeit Benders war nicht nur zeitbedingt. Er wollte seit seiner okkulten Subjektphase als Jugendlicher mit mehr und mehr drängender Intensität und abnehmender Rücksichtnahme der Parapsychologie als Idee zum Durchbruch verhelfen. Dabei verhielt er sich wie ein Chamäleon[66)], um nicht erkannt und von Gegnern seiner Arbeitsmethoden gefressen zu werden. Er legte sich eine Mimikrinatur[67)] und konnte in seiner zwiespältigen Art in sozial akzeptierte Rollen schlüpfen[68)], in denen er durch seine Umgebung bestärkt wurde. Im höheren Alter konnte er sich Echtfärbung erlauben. Da war die Allgemeinheit und die von ihm aufgebaute Umgebung auch schon derart abergläubisch präformiert, daß sie sich an seine Muster anpaßten. Immerhin: auch dann noch mußte er seine parapsychologischen Vorstellungen in den Alltag und in die wissenschaftliche Welt überwiegend „einschmuggeln“[69)] und wie ein Pascher über die wissenschaftlichen Verständnisgrenzen einschwärzen. Das gelang ihm weitestgehend dank der Naivität der Grenzwächter, der Rücksichtnahme durch Berufskollegen – vor allem in Freiburg – und unter Verwendung wechselnder „Ausweise“.

Dem Grenzgänger Bender gelang es in den Jahren 1933-1945 die politischen und weltanschaulichen Klippen geschickt zu umschiffen. Seine Fahrt koordinierte mit den Gezeiten. Manches administrative Nebeneinander im „Tausendjährigen Reich“ entwickelte sich sogar zu seinem Vorteil. Personale Verbindungen nützten ihm vor allem für seinen Einzug in die Reichsuniversität Straßburg[70)].

Ihm kam zustatten, daß das „Dritte Reich“ scheinrational grundiert war, so daß der junge Bender sich trotz aller wilden Zeitläufe stets von einem breiten Strom naturwissenschaftlich getarnten Aberglaubens getragen fühlen durfte. Er schwamm aktiv mit. Der Blut- und Bodenmythos des „Dritten Reiches“ stand als Zeitgeist verdeckt hinter den Entwicklungen, die Bender zu nutzen wußte.

Das deutsche Gemüt hatte sich damals in der Pflege des Erbes der Ahnen zu erbauen und zu erheben. Einer der Hauptträger der wissenschaftsfeindlichen Remystifizierung des nationalen Alltags war – trotz aller vorgegebenen Wissenschaftlichkeit und Rationalität – der Reichsführer SS und Chef der deutschen Polizei Heinrich Himmler. Dieser hatte sich „vom guten Katholiken zum Antichristen" entwickelt und suchte nun die psychologischen Leerstellen seiner Psyche und das glaubensmäßig nicht abgestillte Bedürfnis nach Mystik durch „Auswege in okkulte Spinnereien" (Wulff) zu ersetzen. Er, der von einem seiner Gefolgsleute später als „schlampiger Romantiker" apostrophiert wurde, der einen Runenmythos und Sektenfanatismus für seinen „Orden unterm Totenkopf" (Höhne) predigte, begann seine eigenen großen Aktionen nur bei gewissen, wenig bekannten Mondkonstellationen. Dem Astrologen Wulff erklärte er, das sei er von jeher so gewohnt[71)].

Kater berichtet, daß der abergläubische Himmler sich noch als gereifter Mann Horoskope stellen ließ und der Schwarzen Magie des Mittelalters ernsthaft Gewicht beigemessen habe[72)].

Nach dem Ersten Weltkrieg brach eine erste Phase der multiplen Wertorientierungen und einer Vielzahl neuer religiöser und halbreligiöser Sinnbestimmungen an. Aus religiösen Empfindungen wurde ein Aufstand gegen die Zumutungen der Säkularisierung durch die Vernunft. An diesem religiösen Aufstand beteiligte sich Bender mit seinen Methoden, so hat es den Anschein. „Der Nationalsozialismus war eine Religion. Glaubenssehnsucht, die die Kirche nicht immer erfüllte, Glaubenskraft, die die Kirche nicht mehr band, sind in ihn eingeflossen" (so Carl Friedrich von Weizsäcker nach 1945).

Zur „verkappten Religion" (nach Carl Christoph Bry) kann in einer schleichenden Entwicklung alles werden, wenn es monoman zum alleinigen Prinzip der Sinndeutung und des Heils geworden ist. Monoman bedeutet hier: der Gläubige findet in allem und in jedem Ding nur noch die Bestätigung seiner Meinung, „die er mit der Inbrunst des Glaubens gegen die Welt und die eigenen Zweifel verteidigt". Benders selbstmächtige Bemühungen um psi scheinen hier ihre Entsprechung zu finden, ohne ihn jedoch erlösen zu können[73)].

Die Frage, was das war, was in ihm glaubte, die Frage nach dem „heiligen Ereignis", das ihm in seiner Jugend geschah, bleibt mit Respekt vor seinem intimsten Innenkreis unbeantwortet. Mit rationaler Naturwissenschaft hatte das, was er glaubte und tat, allerdings nichts zu tun.

Der von allem Okkulten begeisterte Bender wird in seiner Biographie sanft als „Romantiker" gelobt[74)] und auch so beschrieben. Gleichzeitig fehlten ihm nicht die Arbeitsweisen, die den Begriff „schlampig" auf ihn anwendbar erscheinen lassen[75]). Die Parapsychologie scheint ein Tummelfeld für solche Geister-Wissenschaftler zu bieten.

Es ist begreiflich, daß Bender, der in Straßburg u.a. mit den Horoskopen des Astrologen Thomas Ring arbeitete, von dieser pseudowissenschaftlichen, nationalmystischen Zeitströmung weniger zu befürchten hatte, als von der Juden, Freimaurer und reichszerstörerische Okkultisten witternden und jagenden Dienststelle Rosenberg. Es war allgemein bekannt, daß ein Widerspruch gegen den offiziellen Mythos von der Überlegenheit des nordischen Menschen und der germanischen Rasse schlechthin jedem Wissenschaftler erhebliche Schwierigkeiten bereiten konnte. Allein die Behauptung, die Heimat der wichtigsten Getreidearten sei Vorderasien und nicht Germanien, genügte schon, der Botanikerin und Vorgeschichtlerin Elisabeth Schliemann das Vorlesungsrecht abzuerkennen. Nur wer mit der staatlich anerkannten, machtmäßig unterstützten Okkultwelle (am besten noch kriegswichtig begründet) schwamm, konnte existieren[76)].

Himmlers Hang zum Mystischen und sein Verhältnis zu Hitler als Ersatzgott war allgemein bekannt, doch durfte darüber nicht gelächelt werden, auch nicht durch Naturwissenschaftler. Heinrich Himmler hatte 1937 die Gebeine von Heinrich I. in den Dom zu Quedlinburg überführen lassen, wo er im Dom Geisterkontakte suchte und Gespräche führte. Er ließ sich dort über Nacht einschließen und soll sich am nächsten Morgen als Reinkarnation des Slawenbezwingers Heinrich I. empfunden haben.

In jener Zeit, die vom „Persönlichen Stab Reichsführer SS" in einer 1937 herausgegebenen Schrift als das „Zeitalter der endgültigen Auseinandersetzungen mit dem Christentum" bezeichnet wurde, war es bezeichnend, daß der Nationalsozialismus eine absolute und objektive Wissenschaft ablehnte. Ackermann hat z.B. darüber berichtet, daß jeder, der germanische Frühgeschichtsforschung betreiben wollte, sowohl nordisch empfinden als auch

Gewähr dafür bieten mußte, dem Geist des wahren Germanentums weltanschaulich nicht feindlich gegenüberzustehen.

Offiziell trat der Diplomlandwirt Himmler als der große Protektor der „freien Forschung in jeder Form“ auf, der dann auch solche abstrusen scheinwissenschaftlichen Hypothesen unterstützte wie die Welteislehre des Wiener Ingenieurs Hanns Hörbiger oder die Atlantisforschung. Der Magie verhaftet, förderte Himmler[77)], was er persönlich für erforschenswert hielt, duldete wohlwollend, was seinen mystischen Unklarheiten, seinem Aberglauben, nicht widersprach oder sogar einschlägig schien. Ackermann schreibt zur Machtbefestigung Himmlers in der wissenschaftlichen Forschung u.a.: „Wer dagegen aufgrund seiner geistigen Haltung zu zweifeln Anlaß gab, war der schärfsten Kritik und stärksten Behinderung ausgesetzt“. Einer solchen Gefahr hatte Bender, der sich kirchlich steril zeigte, durch seinen laufbahnbewußten Beitritt zur NSDAP (1937) schon vorgebeugt. Die von Himmler geforderte Art der Wissenschaftlichkeit „mit jungen, verschütteten Talenten“ sollte außerhalb der bisherigen traditionellen Wissenschaftsbereiche neue Wege suchen[78)]. So förderte Himmler z.B. den verkrachten und frustrierten Laienforscher Wirth, der verlacht und in zerrütteten finanziellen Verhältnissen lebend, hanebüchene Vorgeschichtsbeweise vorgelegt hatte. Dieser Trend zeigte Chancen für Bender.

Himmler war antispiritistisch eingestellt. Auch das hatte er mit Bender gemeinsam. Entschieden sprach er deshalb gegen die „artfremde Ewigkeit“, d.h. gegen die „künstliche Verlängerung des Menschendaseins über den Tod“ hinaus. Vertreter des Animismus – wie Bender – hatten größere Chancen in diesen Jahren. Der Streit zwischen den Spiritisten und Animisten scheidet die parapsychologischen Geistesfreunde noch heute.

Himmler hatte für seine Schutzstaffeln die Notwendigkeit einer praktischen Ahnenpflege postuliert, welche nach Überwindung des Christentums in einer neugermanischen Ersatzreligion münden sollte. Den mystisch-romantischen Vorstellungen in der nationalsozialistischen Art der Weltanschauung ordnete er dabei jegliche geistige Erkenntnis unter. Interessant und modellhaft für ähnlich geistig Verhaftete oder auch typisch für die unklare okkulte Denkweise scheint die Vorgehensweise von Himmler zu sein, die Kater[79)] wie folgt beschreibt: „Anstatt eine geisteswissenschaftliche Hypothese anhand vorhandener Fakten zu verifizieren und gegebenenfalls zu modifizieren, stellte er die Prozedur auf den Kopf, indem er eine einmal gefaßte These, die bei ihm stets den Normen nationalsozialistischen Kalküls entsprach, wie ein feststehendes Axiom behandelte, zu dem beweiskräftige Fakten passend ausgesucht werden müßten. Tatsachen, die die Thesen nicht zu stützen vermochten, wurden entweder ignoriert oder abgeändert". Wer mag sich wohl von dieser Denkmethodik angesprochen gefühlt haben?

Himmler konnte mit der herkömmlichen wissenschaftlichen Methodik nichts anfangen. „Wollte er eine von ihm vertretene These bewiesen haben, so verlangte er von dem forschenden Wissenschaftler, daß er mit unermüdlichem Fleiß so lange arbeite, bis er die entsprechenden Fakten gefunden habe"[80]. Die Mischung von Wahrem mit Falschem im wissenschaftlichen Umgang des „Ahnenerbe" erzeugte den Eindruck von wissenschaftlichen Erkenntnissen und Fortschritt, die in Wirklichkeit nicht gegeben waren.

Diese Art der Arbeitsmethodik scheint eine prägende und zur Nachahmung verführende Wirkung zu haben. Was für die Arbeitsmethoden des „Ahnenerbes" damals gilt, taucht in den Arbeitsmethoden mancher Parapsychologen wieder auf. Kater hat das eindeutig formuliert, wenn er schreibt, man stoße trotz aller verbalen Bekenntnisse zur Wahrhaftigkeit und Strenge in Forschung und Wissenschaft nur auf einen Anschein von Objektivität, auf Anzeichen einer fatalen Konfusion von Hypothetischem und Faktischem, von Anspruch und Wirklichkeit. „Als besonders auffälliges Symptom wissenschaftlicher Unzulänglichkeit mag hier auch die Umkehr von Kausalzusammenhängen genannt werden: indem eine bestimmte Kausalfolge vorausgesetzt wird, wird die Frage von Grund auf falsch gestellt und die Forschung in eine methodologische Sackgasse getrieben"[81].

Die von Himmler geforderte und geförderte Interdependenz der Forschungs- und Wissensgebiete gefährdete die traditionelle Unterscheidung zwischen Geistes- und Naturwissenschaften, die eine Errungenschaft der Aufklärung ist. In extremen Fällen führte diese politisch-weltanschauliche Forderung (auch formuliert in der eigenartigen „Ablehnung des Spezialistentums") zur Verfilzung exakter Disziplinen der Naturwissenschaften mit unhaltbaren weltanschaulich-biologischen Parolen.

Gewissermaßen als ein Vorläufer von Dänicken, so könnte es scheinen, stellte Himmler fest, daß z.B. die Arier nicht „wie die übrigen Menschen vom

Affen“ abstammten, sondern „göttergleich vom Himmel auf die Erde“ niedergestiegen seien. Vorher seien sie als lebendige Keime im ewigen Eis des Weltraumes konserviert gewesen. Die Symbole der germanischen Göttermythologie – Blitzstrahler und Donnerkeil – erklärte er als frühere hochentwickelte Kriegswerkzeuge der germanischen Vorfahren, die im Besitz der Götter waren und unerhörte Kenntnisse der Elektrizität voraussetzten.

Alle diese abstrusen Gedankenflüge fanden Raum innerhalb der Himmlerschen Gründung Ahnenerbe e.V., des Reichsführers SS „heimliche Hexenküche“[82)]. Von hier aus wurde Einfluß in erster Linie auf die der SS als Mitglieder angehörenden Professoren ausgeübt; von hier aus traf Duldung, Forderung oder Ablehnung auch die nicht in der SS integrierten Professoren.

1937 ließ Himmler durch einen Mitarbeiter des „Ahnenerbe“ eine „eingehende Prüfung des Wünschelrutenwesens“ durchführen[83)]. Dem Studienprofessor Dr. Josef Wimmer, der sich als einer der eingesetzten SS-Wassersucher per Wünschelrute „verdient gemacht“ hatte, hatte Himmler 1942 empfohlen, er solle mit Wünschelruten die Grundstücke der ehemaligen Synagogen in Krakau nach Sprengstoff absuchen. SS-Wassersucher-Brigaden (Pioniere) wurden von Dr.Wimmer ausgebildet. Sie sollten auch Erze suchen können. Am 13.10.1942 schloß der erste Lehrgang ab, der im Dachauer „Heilkräuter-Garten“ durchgeführt worden war. Kater berichtet darüber: „Im Dezember (1942) stand fest: jedem SS-Wehrgeologentrupp sollte ein Wünschelrutengänger beigegeben werden. Zu einer in Belgrad stationierten Waffen-SS-Division waren bereits drei Wassersucher abkommandiert worden. Im März 1943 wurden Doppelkurse (für Wünschelrutengänger) angesetzt“[84)].

Himmler häkelte nicht nur an dieser groben Laufmasche des volkstümlichen Aberglaubens, sondern nahm auch – wie in unserer Zeit die Ehefrau eines hochrangigen Politikers – die Volksmedizin in Schutz. Als das Reichsgesundheitsamt schärfer gegen „Volksdoktoren“ vorgehen wollte, um die Integrität der medizinischen Wissenschaft zu gewährleisten, protestierte Himmler in einem offiziellen Schreiben, „daß nun nicht die notwendige Säuberung der Medizin von Scharlatanen ohne jeden Doktortitel von den Scharlatanen mit Doktortitel zur Ausrottung sehr vieler vernünftiger Dinge benutzt wird“[85)]. Aber was aus der okkulten Gemenglage vernünftig war und was geduldet werden sollte, bestimmte eben Himmler. So blieb sein Glaube an die Kraft wundersamer Erfindungen bis zum Kriegsende ungebrochen[86] wie auch die Suche nach sagenhaften Schätzen[87].

1941/42 proklamierte und programmierte der Kieler Rechtsgelehrte Prof. Dr. Paul Ritterbusch den „Kriegseinsatz der Geisteswissenschaften", d.h. die geistige Auseinandersetzung mit der geistigen und der Wertwelt des Gegners. Auch das „Ahnenerbe" sollte sich mehr anstrengen, auch wenn es um die innere Struktur der Universität ging.

Über die Erfolglosigkeit der Bemühungen des „Ahnenerbe" zur Umpolung der Universitäten berichtet Kater:

> „Diese Umpolung gelang eben nicht. Und zwar lag dies noch nicht einmal am akademischen Personal selbst, das sich im großen und ganzen der SS gegenüber zurückhaltend verhielt. Es lag an der Unumstößlichkeit des althergebrachten Wissenschaftsbegriffes schlechthin. Traditionelle Wahrheitssuche ließ sich nicht durch eine neue Art von Wahrheitsfindung ersetzen, bei der – von der Definition her – die sogenannte Wahrheit gar keine war. Die Objektivität des Denkprozesses ließ sich nicht durch subjektive „Beweisführungen" verdrängen, wenn, nach methodischen Gesichtspunkten, das Gegenargument ad absurdum geführt wurde und der Beweis, seinem ursprünglichen Sinn nach, gar keiner war".

Damals bereitete die Parapsychologie ihre große Chance für die „Zeit nach dem Endsieg" vor.

2. Benders Ein- und Aufstieg im neuen Denken

Benders Stellung als Parapsychologe war schon Mitte der dreißiger Jahre soweit gefestigt und politisch abgesichert, daß er über den Generalsekretär des Internationalen Kongresses für psychische Forschung, Karl Vett, einem vermögenden Kaufmann aus Dänemark, Leumundsauskunft an den Reichsminister für Wissenschaft, Erziehung und Volksbildung in Berlin schreiben durfte. Bender stand seit 1935 mit diesem Mäzen in Kontakt, über den er mit Schreiben vom 25.06.1939 nach Berlin berichtete, daß er „ziemlich klar den nordischen Typen repräsentiert". Er halte es für unwahrscheinlich, daß Vett

Nichtarier sei, wie überhaupt bei den parapsychischen Kongressen Beziehungen zum internationalen Judentum in einer besonderen Verdacht erregenden Weise nicht vorzuliegen scheinen. Das Judentum habe richtig erkannt, daß gesicherte parapsychologische Erscheinungen die von naturwissenschaftlichem Standpunkt aus überzeugendsten Argumente gegen die materialistische und mechanistische Weltauffassung abgeben würden[88)].

In diesem Bericht zeigt sich die geschickte Art der blendenden Laufbahnpflege, die Bender praktizierte, der dem überwertigen Lebensziel, der Beweisführung für die Existenz paranormaler Erscheinungen, alles unterordnete. In diese Laufbahnpflege gehörte es, daß der stets um Kontakte zu prominenten und einflußreichen Größen bemüht Bender war, die ihm Mittel beschafften oder deren Namen ihm Ansehen verleihen konnten.

Bender durfte sich seit je her als Systemvertreter einer „neuen Wissenschaft" fühlen, deren Zielsetzung dadurch gekennzeichnet ist, daß sie offenbar den Zwischenraum zwischen der rationalen Methode der Welterkenntnis und der irrationalen Weltempfindung schließen möchte. Die Qualität der Bemühungen ist abhängig von der Rationalität des Vorgehens und der Methoden dann, wenn diese „neue Wissenschaft" sich den Naturwissenschaften zugerechnet sehen möchte, auch wenn sie sich des naturwissenschaftlichen Methodenarsenals zur Tarnung ihrer tatsächlichen Denkweise nur äußerlich bedient. Sie würde dann prima facie für jeden Naturwissenschaftler als akzeptabel charakterisiert sein durch ihre Art der analytischen, logisch-rationalen Weltbetrachtung und durch ein selbstkritisches Suchen, Prüfen, Wägen, Probieren. Bestimmend für sie wäre nicht ein gefühlsmäßiges, subjektiv intensives „Erkennen" der Welt, nicht ein wie auch immer in intimster Privatheit erlebtes „Gefühl" des namentlich Unfaßbaren.

Ob im konkreten Untersuchungsfall eine naturwissenschaftliche Arbeitsmethodik angewendet wurde, ist nach dem ersten Anschein immer dann schwierig zu beantworten, wenn Irrationalismen getarnt hinter einer bloß vordergründigen Anwendung von Techniken (Verwendung von Tonbandgeräten, Videorecordern, Fotoapparaten) zu vermuten sind, wenn scheinbar (d.h. an sich und bei anderen Gelegenheiten) vernünftige Methoden (Handflächenabdrücke, Spannen von Fäden zu Blitzlichtern, Streuen von Mehl auf den Fußboden eines Spukhauses u.ä.) praktiziert werden.

Manche abergläubisch grundierte Arbeitshypothese läßt sich auf diese Weise aus den seltsamen, ungenügenden Untersuchungsmethoden erschließen. Natürlich darf dem wissenschaftlichen Forscher grundsätzlich keine noch so eigenartige Versuchs- und Untersuchungsanordnung verwehrt sein, wenn er sie nur annähernd vernünftig begründen kann. Die Kreativität des Wissenschaftlers zeigt sich u.U. sowohl in der Solidität und Originalität seines Beweisansatzes als auch seiner Beweismethoden und vor allem im Resultat seiner Arbeit. Die Seriosität des Resultats ist auch abhängig von den Verlautbarungen des Wissenschaftlers, zumal dieser gleichzeitig immer der Vertreter seiner eigenen (oft auch wirtschaftlichen) Interessen ist und sein darf. Die Verlautbarungen und Resultate (besonders wenn sie vom wissenschaftlichen Methodenstandard abweichen) können für sich schon deutlich gegen die Wissenschaftlichkeit einer Untersuchung sprechen. Die übertreibende oder verfälschende Bekanntgabe von angeblichen Erfolgen und die Angaben über angebliche Arbeitsresultate und erzielte Einsichten desavouieren die Arbeitsmethode und den Wissenschaftler, wenn solche Resultate über die bloße Behauptung hinaus nicht nachgewiesen werden können.

Vordergründig und aus einiger Distanz betrachtet entsprach Bender dem Bild eines kreativen Wissenschaftlers. Bender war erkennbar wie folgt angelegt: fleißig, ehrgeizig, dominant und nonkonformistisch, dazu sehr hartnäckig (weil unbelehrbar) und zäh (weil unkritisch) und dem äußeren Anschein nach auch emotional kontrolliert. Auch das weitere typische Merkmal für einen „kreativen Wissenschaftler", nämlich die nahezu religiöse Leidenschaft, mit der er seine Ziele und Vorstellungen verfolgt, lag bei Bender vor.

Bender fühlte sich – das ist zu erkennen – „herausgefordert durch Widersprüche oder Ungereimtheiten im theoretischen System, fasziniert von komplexen Phänomenen, deren Ordnungsprinzipien nicht unmittelbar einsichtig erscheinen". Aber verstand es Bender, eine weitere Voraussetzung des Wissenschaftlers zu erfüllen, nämlich „nicht vorschnell in herkömmliche Kategorien zu verfallen?" Reichte seine Abstraktionsfähigkeit aus, die selbstgestellten Fragen anzugehen? Fiel er nicht vielmehr immer wieder und wieder auf vorwissenschaftliche undifferenzierte, ihn gefühlsmäßig überwältigende Denkkategorien sowie Empfindungs- und Gefühlsinhalte zurück, sobald ihm irgendein Sachverhalt „unerklärlich" zu sein schien? War bei ihm die für einen Wissenschaftler notwendige Selbstkontrolle und permanente Selbstkritik mit ständiger Überprüfung der Hypothesen und Arbeitsergebnisse vorhanden? Statt der strengen Gegenprüfungen und der prüfenden Kontrolle von Verlautbarungen konnten ihn schauerlich-gemüthafte Empfindungen und triumphartige Findungsgefühle emotional beeinflussen und destabilisieren. Der bei einem Wissenschaftler vorauszusetzende kühle Verstand wurde für lange Zeit ausgeschaltet, wenn Bender vor zerschlagenen Flaschen, Tassen, Gläsern stand, ohne den Urheber zu kennen. Dann versuchte er nicht zuerst die Einordnung der „unerklärlichen" Vandalismen in das physikalische Weltbild unter Verwendung psychologischer Erfahrungen bei der Suche nach den verdeckten Motiven (cui bono?) einer natürlichen Person. Er suchte vielmehr sofort und ohne Umwege, gedanklich und methodisch außerhalb der gesicherten naturwissenschaftlichen Erkenntnisse und Methoden, die von ihm behauptete und nach seinen Vorstellungen ubiquitär vorhandene unbekannte allmächtige Kraft psi als Agens für die „Fernbewegung" von Gegenständen und Sachbeschädigungen der kindischsten Art. Er fiel dabei in die herkömmlichen Denkkategorien des Volksaberglaubens und benutzte die kurzschlüssigen Deutungsmethoden des magisch denkenden Menschen.

Die Schar seiner schwarmgeistigen Jünger und Adepten, von denen die entschlossensten inzwischen zu akademischen Ehren und Professorenstellen gekommen sind, bestärkten ihn jahrzehntelang in dieser Haltung durch Denkweisen, mit denen auch das Wissenschaftverständnis von zwei Generationen und die Ausbildung von Jungtheologen und Pfarrern in Deutschland durchtränkt wurde.

3. Der Weg über die Reichsuniversität Straßburg

Bender kam 1941 an die Reichsuniversität Straßburg, wo er vom 23.12.1941 an als Dozent für Psychologie und medizinische Psychologie den Lehrstuhl für Psychologie vertretungsweise wahrnahm.

Gruber beschreibt in Benders Vita, wie ihm dieser Sprung gelungen war, ohne sich den Machthabern des „Tausendjährigen Reiches" über personale, okkultoide Kontakte hinaus politisch noch mehr ausliefern zu müssen. Eine Seelenverwandtschaft in der magisch-mystischen Weltbetrachtung genügte, plus ein wenig völkische Hilfestellung, um ihm sofort nach Eröffnung der Reichsuniversität den Einstieg in Straßburg zu ermöglichen[89)].

Am 28.07.1942 wurde er dort zum außerordentlichen Professor ernannt, nachdem der Leiter der Parteikanzlei (der NSDAP) Bedenken in politischer Hinsicht nicht geltend gemacht hatte. Daß Bender Organisationsleiter des NS Dozentenbundes war, hat ihm dabei sicherlich genützt.

Bender erschien in Straßburg als Dr. phil. habil. und Dr. med. Am 06.11.1941 war ihm durch die Philosophische Fakultät der Universität Bonn die Würde eines Dr.phil.habil. verliehen worden, wie eine Eintragung in seiner Personalakte in Bonn ausweist[90)].

In dieser Habilitationsurkunde tauchte zum ersten Mal der Titel des „Dr. med." auf, ohne daß Bender zu dieser Zeit zur Titelführung befugt gewesen wäre und ohne daß den Ausstellern der Urkunde ein Nachweis über die Promotion zum Dr. med. vorgelegen haben kann. Eine solche Urkunde gab es nämlich nach Aktenlage nicht.

Das seltsame Aussehen der Habilitationsurkunde gab mir Anlaß zur Nachfrage bei der Universität Bonn, zumal das Tagebuch der Universität keinen Eintrag über Benders Habilitation enthält. Auch das Verzeichnis der Dissertationen und Habilitationen der Jahre 1941 oder 1942 verzeichnet diese Habilitation nicht, obwohl die Verzeichnisse in diesen Jahren noch ordentlich geführt wurden. Auch existiert kein originales, wenigstens handschriftliches, kein gedrucktes oder sonstwie vervielfältigtes Exemplar der Habilitationsschrift. Auch Bender selbst besitzt keine Kopie dieser wissenschaftlichen Arbeit. Diese bleibt in den Verzeichnissen seiner wissenschaftlichen Arbeiten zunächst unerwähnt; später wird sie mit unterschiedlichen Titeln aufgeführt[91)].

Als ich mit Schreiben vom 16.07.1985 eine anonymisierte Ablichtung der datierten Habilitationsurkunde der Philosophischen Fakultät in Bonn zur Überprüfung ihrer formellen und formalen Echtheit übersandte, mußte die Fakultät zuerst durch den Rektor der Universität, dann durch den von mir um Unterstützung gebetenen Kultusminister des Landes Nordrhein-Westfalen zur Antwort angehalten werden, bevor sie Auskunft gab. Durch Bescheid vom 21.10.85 wurde dann mitgeteilt, daß weder in den Archivakten noch in der Chronik der Universität Bonn ein konkreter Hinweis über eine an diesem Tage erfolgte Habilitation in Bonn enthalten sei. Als ich nunmehr mit Klartext unter Angabe des Namens Bender anfragte, wurde mir mit Schreiben vom 12.11.1985 knapp mitgeteilt: „Aus dem Personalact der Philosophischen Fakultät betreffend Hans Bender ergibt sich, daß ihm am 6. November 1941 die Würde eines Dr.phil.habil. verliehen wurde“.

Trotz dieses lakonischen Hinweises bleibt die Spurenlosigkeit des Habilitationsvorgangs ein Rätsel. Ähnliche Rätselhaftigkeiten traten auf im Zusammenhang mit Benders erster „Promotion“ zum „Dr.med“.

In Straßburg hielt sich Bender weitgehend zurück. Er arbeitete still vor sich hin und hielt seine unauffälligen Vorlesungen. Er schien froh zu sein, einen wichtigen Berufsabschnitt erreicht zu haben. An einer Reichsuniversität lehren zu dürfen brachte wissenschaftliches und politisches Ansehen.

4. Als Parapsychologe in Straßburg

Es gab zwei Reichsuniversitäten, die Hitler nach „Befreiung“ der jeweiligen Gebiete einrichten ließ, nämlich die Reichsuniversität Posen und die Reichsuniversität Straßburg. Am 27.04.1941 wurde die Reichsuniversität Posen gegründet, am 23.11.1941 die Reichsuniversität Straßburg. Die Reichsuniversitäten galten als Elite-Universitäten der höheren Bildung ihrer Zeit, als „geistige Bastionen des Deutschtums nach Westen und Osten“. Ihre Funktionen waren politisch. Zumindest für Posen galt jede wissenschaftliche Ordinariatsberufung wie eine politische Proklamation des Regimes. Alte Parteifreunde wurden nach Posen berufen. In Straßburg agierte der Dekan der Philosophischen Fakultät auch als Vertreter der SS-Interessen[92)]. Achtzehn Professoren waren Mitglieder der allgemeinen SS. Bender gehörte nicht dazu. Er konnte es sich erlauben, politisch relativ blaß und unscheinbar zu wirken. Für die Optik genügte in erster Linie die Mitgliedschaft in der NSDAP.

Das von Bender geleitete Institut war unter Berücksichtigung des Doppelstudiums Benders zwischen Psychologie und Medizin angesiedelt. Es hätte – in Vorwegnahme des langsamen, aber zähen Durchbruchs einer der Medizin verbundenen, ja teilweise mit der Medizin konkurrierenden psychosomatischen Wissenschaft – alle Chancen gehabt, zu einer gewissen Bedeutung zu gelangen und nützliche Beiträge für die Entwicklung der Naturwissenschaften zu liefern. Das war wohl auch eine der Vorstellungen, welche zur Institutsgründung führten. Statt dessen befaßte sich Bender mit „Randbereichen“

der Psychologie, die ihn als „Berufenen“ interessierten, nämlich mit der Parapsychologie. Es kann nicht gesagt werden, welche Resultate seine Bemühungen seinerzeit erzielten. Veröffentlichungen aus den Straßburger Jahren sind nicht bekannt und es gab sie wohl auch nicht. Die fehlenden Produktivitätsnachweise sind möglicherweise ein Zeichen des geschickten, vorsichtigen Taktierens schlechthin, mit denen Bender als Parapsychologe unauffällig über die politischen Runden zu kommen trachtete.

Bender wurde vom Amt Rosenberg mißtrauisch beobachtet. Rosenberg verfocht seit 1938 einen Alleinanspruch auf weltanschaulich gelenkte Wissenschaft mit dem Ziel der Gründung einer parteiorientierten „Hohen Schule“. Deshalb fragte die Parteikanzlei der Nationalsozialistischen Deutschen Arbeiterpartei Berlin, Dienststelle Rosenberg, Hauptamt Wissenschaft, (Dr. Erxleben) mit Fernschreiben Nr. 199 vom 14. 02. 1944, bei der Reichsdozentenführung z. Hd. des Parteigenossen Prof.Dr.Borger, München, (Betrifft: Dr. Bender, Bonn): „wie wir erfahren haben, soll der fruehere assistent am psychologischen institut der universitaet bonn, dr. bender auf einen lehrstuhl an der universitaet strassburg berufen werden, er nimmt ihn bereits seit etwa einem jahr wahr: gegen dr.bender bestehen unsererseits schwerwiegende bedenken, da er die ansicht vertritt, dass bestimmte parapsychologische erscheinungen realitaet besitzen. ich waere ihnen fuer eine nachpruefung dieser angelegenheit sehr dankbar und bitte sie um eine nachricht ueber das ergebnis ihrer nachfrage.“

Der Nationalsozialistische Deutsche Dozentenbund antwortete über Bender, den Organisationsleiter eben dieses NS-Dozentenbundes, mit Schreiben vom 07.03.1944 beruhigend: „Auf Ihre Anfrage über Prof. B e n d e r – Straßburg, geben wir Ihnen nachfolgend abschriftlich eine hier vorliegende Straßburger Stellungnahme zu dem Genannten wieder, die aus genauer Kenntnis seiner Person und seiner Arbeit angefertigt ist. Von uns aus ist diesem Gutachten nichts hinzuzufügen. Sollten Sie Unterlagen haben, die anders lauten, bitten wir Sie, sie uns zur weiteren Klärung des Falls Ihrerseits zur Verfügung zu stellen.“

Das Straßburger Leumundszeugnis über Bender besagt zunächst, daß das Neuartige an Benders wissenschaftlicher Arbeit einmal die Verbindung der Psychologie mit der Medizin, zum anderen die planmäßige Inangriffnahme der Gebiete, sei die im allgemeinen als Parapsychologie und Sphäre des Okkulten und des Übersinnlichen gelten.

> „Während Bender auf der einen Seite durch die Verbindung mit der Medizin die Psychologie erneut konkret zu binden versuchte, war nicht anzunehmen, daß er auf der anderen Seite unkonkret und unkritisch würde. Wenn ihm aus seinen ersten Arbeiten auf diesem Gebiet allein aus der Tatsache der Berührung dieses Gebietes das Gerücht eines Okkultisten angehängt wurde, so sieht man dieses völlig falsch. Bender steht diesem ganzen Gebiet unbedingt kritisch und scharfsinnig gegenüber. Es ist niemals zu befürchten, daß er irgendwie die Basis der Wissenschaftlichkeit und Nüchternheit verlieren wird und andererseits aber entspringt seine kritische Haltung nicht dem einfachen Rationalismus und Positivismus, sondern der Überzeugung, daß eben die rationalistisch bestimmte Wissenschaft eine Reihe von Gebieten von vornherein wissenschaftlich preisgegeben hat, die durchaus noch wissenschaftlicher Erforschung zugänglich sind und in denen, gehandhabt von einer richtigen Erkenntnis, wertvollstes Gut steckt. Ein Gut, das jetzt meist in gänzlicher Vermischung mit unkontrollierbaren Psychosen oder Charakteren in übler Weise dem Kurpfuschertum oder Wahrsagertum usf. anheimgefallen ist.
>
> Ebenso wie Bender in dieser Richtung echte Wissenschaftlichkeit aus unpositivistischem Wissenschafts- und Wirklichkeitsbegriff ausbauen will, bedeutet seine Rückverbindung mit der Medizin nicht einfach eine materialistische Auffassung der Psyche und der Psychologie, sondern sie will der wissenschaftlichen Erforschung und ärztlichen Handhabung der Einheit von Leib und Seele dienen. Die Verbindung wird auf die Dauer beiden Fakultäten zu Gute kommen.
>
> Beide Forschungseinrichtungen hat Prof. Bender mit vielen Auseinandersetzungen und Kämpfen durchführen müssen. Insbesondere wollen die Medizinischen Fakultäten bekanntlich die Psychologie nicht heranlassen. Es ist kennzeichnend für Bender, daß er um dieses Bedenken das Wasser abzugraben, kurzerhand nach seinen philosophischen Studien das regulär medizinische Studium durchgeführt hat und mit dem Staatsexamen zum Abschluß gebracht hat. Nachdem in Straßburg sein Institut beiden Fakultäten angehören soll, hat er die Absicht, sich auch in der Medizinischen Fakultät zu habilitieren".

Durch diese Antwort summt eine bekannte Diktion, die an Bender erinnert, und rauscht das „Ahnenerbe" Straßburger Ausprägung.

Der NS-Dozentenbund besaß als einzige parteiamtlich sanktionierte professionelle Vereinigung aller deutscher Hochschullehrer das Vorrecht, bei der Berufung neuer Lehrstuhlinhaber mitzuwirken. Die Dienststelle Rosenberg, die als Weltanschauungsverwalter und Gedankengutpurifikateure gegen „wissenschaftliche Dunkelmänner" sich zur Dauerrettung und ständigen Appretur der Ideologie des NS-Regimes berufen sah und auf schnelle radikale ideologische Gleichschaltung der Wissenschaften drängte, war mit dieser Auskunft nur beschränkt zufrieden. Schon mit Schreiben vom 15.03.1944 bat das Amt für Wissenschaftsbeobachtung und -wertung im Hauptamt Wissenschaft das Hauptamt „Überstaatliche Mächte" um Stellungnahme zu diesem Straßburger Entlastungsgutachten. Zu diesem Gutachten kam es offenbar nicht mehr in einer Zeit, in der nicht nur „Räder für den Sieg rollten", sondern immer mehr Köpfe für die Verlängerung des Krieges fallen mußten. Die Freiheit der Wissenschaft kam verdienterweise nochmals gut davon.

Bender saß in Straßburg im Prüfungsausschuß für die Zulassung zum Studium ohne Reifezeugnis. Im wissenschaftlichen Prüfungsamt für das Lehramt an Höheren Schulen vertrat er das Fach Psychologie. 1942/43 war er Vorsitzender des Ausschusses für Diplomprüfungen der Psychologen. Außerdem war er der Leiter der Nachrichtenstelle der Reichsuniversität. In seinen Vorlesungen sprach er z.B. „Zur Symbolik des Träumens", „Zur Psychologie der Sprache", „Volkspsychologie" oder allgemein über „Sozialpsychologie". Veröffentlichungen von Bender zu diesen Themen erfolgten nicht.

Die näherrückende Front erzwang die Räumung der Reichsuniversität Straßburg im November 1944. Aufnahmeuniversität war die Universität in Tübingen. Einige Professoren nahmen dort, andere an anderen Universitätsorten und bei anderen Gelegenheiten ihre Arbeit wieder auf. Prof. Bender war einer der beiden reichsdeutschen Professoren, die in den Berichten der Hochschule und dann mit Schreiben des Chefs der Sicherheitspolizei und des SD an das Reichsministerium für Wissenschaft, Erziehung und Volksbildung vom 15.03.1945 als „in Gefangenschaft geraten" gemeldet wurden.

Bender begann 1946 als Gastprofessor für Psychologie an der Universität Freiburg wieder zu lesen.

5. Der falsche Doktortitel

Am 04.03.1977 erstattete Dr. med. Rose, Leiter der Zentrale zur Bekämpfung der Unlauterkeit im Heilgewerbe, Mannheim, unter Bezugnahme auf die Veröffentlichungen im „Stern“ (10/77 vom 24.02.1977) und „Spiegel“ (10/77) Anzeige bei der Staatsanwaltschaft in Freiburg gegen Bender. Er führe den Grad eines Dr. med. ohne Befugnis. Die den Veröffentlichungen zugrundeliegenden Informationen gingen auf die Recherchen des Münchner Wissenschaftsjournalisten Katz zurück. Dieser war einem Gerücht nachgegangen, das mir selbst bereits seit 20 Jahren bekannt war.[93)].

Am 24.06.1977 stellte die Staatsanwaltschaft das Verfahren (Az.: 22 Js 2382/77) wegen unbefugter Titelführung ein. Bender hatte der Staatsanwaltschaft gegenüber erklärt, er habe Ende 1940 seinem (inzwischen leider verstorbenen) damaligen Doktorvater Prof. Dr. Behringer seine Dissertation „Die Arbeitskurve unter Pervitin“ abgegeben. Seine mündliche Doktorprüfung habe schon vor der Abgabe der schriftlichen Arbeit im Juli 1939 im Anschluß an das medizinische Staatsexamen stattgefunden. Er sei der Meinung gewesen, nun den Titel eines Dr. med. führen zu dürfen, auch ohne eine Urkunde über die Promotion erhalten zu haben.

Die Staatsanwaltschaft konstatierte, dieses Vorbringen sei glaubhaft, da Bender ein Schreiben des Prof.Behringer vom 27.10.1940 besitze, das sich mit der Dissertation befasse. Bender sei gutgläubig der Meinung gewesen, den Doktorgrad führen zu dürfen. Überdies habe er den Grad „Dr. med.“ nur sehr selten (was soll das heißen? d.Verf.) gebraucht. Die fahrlässige unbefugte Titelführung sei aber nicht strafbar.

Auch die Schutzgeister im Kultusministerium hielten die Hand über ihn. Schon mit Schreiben vom 11.05.1977 stellte man dort fest, daß aus strafrechtlicher (!) und disziplinarischer Sicht ein Verstoß gegen beamtenrechtliche Dienstpflichten nicht festgestellt werden könne. (Ob die Frage des Anstellungsbetruges geprüft wurde, war daraus nicht zu entnehmen. Auch die Heimatstaatsanwaltschaft Benders hatte diesen Verdacht nicht aufgegriffen.)

Gegen den Einstellungsbeschluß der Staatsanwaltschaft legte die Zentralstelle am 26.08.1977 Beschwerde ein. Es sei nicht glaubhaft, daß Bender zum Rigorosum (mündliche Prüfung, welche n a c h Vorlage der schriftlichen Dissertation den Promotionsvorgang abschließt) zugelassen worden sei, b e v o r die schriftliche Arbeit abgegeben war. Außerdem habe er dem Sternreporter gegenüber erklärt, die Dissertation sei ihm von Prof. Behringer als ungenügend zurückgegeben worden. Die Staatsanwaltschaft nahm das Ermittlungsverfahren am 30.8.1977 wieder auf.

Rund sechs Wochen später, am 3.10.78, wurde das Verfahren erneut eingestellt. Der geäußerte Tatverdacht sei n i c h t mit einem für eine Anklageerhebung hinreichenden Grad an Gewißheit bestätigt worden. Der Staatsanwaltschaft war es ihrer Vorstellung nach nicht einmal gelungen aufzuklären, ob Bender den akademischen Grad eines Dr. med. nicht doch rechtmäßig erworben habe.

Mit dem Reporter Katz hatte Bender vor jenen Veröffentlichungen nach Angaben von Katz ein vierzehnstündiges dramatisches Gespräch in der Nacht vom 02./03.02.1974, in dem er seine entscheidende Führungsrolle als Repräsentant der Parapsychologie in der Bundesrepublik und darüber hinaus hervorhob. Unter Tränen wies er auf den Rückschlag hin, den die Parapsychologie erleide, wenn seine unbefugte Titelführung publik werde. („Wenn das an die Öffentlichkeit kommt, ist die Parapsychologie tot".) Bender versuchte Katz zu beeinflussen, „diese Sache" totzuschweigen, aber Katz ließ sich nicht beeinflussen. Aus Benders Verhalten und aus der Tatsache der fehlenden Promotionsurkunde wurde von der Staatsanwaltschaft nicht gefolgert, daß er sich schon v o r dem 2.2.1974 der fehlenden Berechtigung zur Führung des Dr.-Grades bewußt gewesen sei. So wie Bender stets seine Wahrheit suchte, so fand die Staatsanwaltschaft Freiburg ihre Gerechtigkeit. Ist der „genius loci" eine Funktion von psi?

Bender begann offenbar während des Gespräches vom 3.2.1974 an seiner Berechtigung zur Titelführung zu zweifeln. Er hätte von diesem Zeitpunkt an erkennen können, daß er ggf. nicht zum Führen des „Dr. med." berechtigt war. Bender bestritt später diese Einsicht gewonnen zu haben. Er hatte also den Titel weiter geführt. Die Staatsanwaltschaft erblickte nun darin „allenfalls Fahrlässigkeit". Die fahrlässige Führung eines nicht zustehenden Titels aber sei nicht strafbar.

Für eine Inanspruchnahme des Dr.-Grades durch aktives Tun ließen sich nach Meinung der Staatsanwaltschaft keine Anhaltspunkte finden. Bender hatte seine Personalangaben in den Vorlesungsverzeichnissen der Universität Freiburg und die biographischen Angaben in „Parapsychologie-Entwicklung, Ergebnisse und Probleme", 4. Auflage, 1976, weder korrigiert noch redigiert. Aus dem gleichen Grund schied eine grundsätzlich mögliche Strafbarkeit der unbefugten Titelführung durch Unterlassen aus. Bender hatte mögliche spätere Anfragen der Redaktion und verschiedener Publikationsorgane von seinem Assistenten bearbeiten lassen. Die Zentrale zur Bekämpfung der Unlauterkeit im Heilgewerbe erkannte nach diesem Einstellungsbescheid, wie sie in Zukunft zu ermitteln hatte.

Die mit dem unzulänglichen Ermittlungsergebnis der Freiburger Staatsanwaltschaft unzufriedene Unlauterkeitszentrale reichte mit Schreiben vom 7. Juni 1979 eine neue Beschwerde ein, nachdem sie die an sich der Staatsanwaltschaft obliegenden Ermittlungen selbst durchgeführt hatte.

Spitz formulierte sie ihren Protest gegen die Annahme, Bender könne den Dr.med. nur fahrlässig geführt haben. Schon an sich sei doch bei einem Hochschullehrer, solange nicht psychiatrisch relevante Symptome vorlägen, ein Grad von Intelligenz zu erwarten, der zumindest zu der Erkenntnis ausreicht, daß der eigene Doktortitel echt sei oder nicht. Der vorsätzliche Titelmißbrauch passe nach wissenschaftlicher Erkenntnis durchaus in das Bild, da erfahrungsgemäß die Führung falscher Doktortitel im Okkultismus recht häufig sei.

Die Beschwerde listete die mindestens fünf Gelegenheiten auf, bei denen Bender auch nach dem Februar 1977 den Grad des Dr. med nun in voller Kenntnis des Sachverhaltes zu Unrecht geführt hatte (z.B. in Kürschners Gelehrtenkalender, in „Who is who in Germany" u.a.O.): er hatte die Korrekturbogen dieser Veröffentlichungen selbst unterschrieben und ohne Berichtigung an die Verlage gesandt.

Daraufhin eröffnete die Staatsanwaltschaft zum dritten Mal das Verfahren und beantragte einen Strafbefehl gegen Bender in Höhe von 30 Tagessätzen à 100,-DM. Bender war inzwischen zum Dekan der Philosophie der Fakultät in Freiburg gewählt worden. Am 10.02.1980 siegte der genius loci erneut: Nach Gegenvorstellungen Benders stellte das Amtsgericht Freiburg mit nicht anfechtbarem Beschluß vom 15. Februar 1980 mit Zustimmung der Staatsanwaltschaft und Benders Verteidiger das Verfahren am 14.3.1980 wegen geringer Schuld (§ 153a Abs. 2 Strafprozeßordnung) nach Zahlung einer

Buße von 3000 DM an die Deutsche Krebshilfe ein. Bender hatte den Doktortitel 38 Jahre lang unbefugt geführt und keiner hatte etwas davon gemerkt, nicht einmal er selbst.

XI. Die dritte Promotion

1. Die sekretierte Dissertation

Aus Anlaß von Rezensionen durch Bender in seiner „Zeitschrift für Parapsychologie" (1981, 246ff) schrieb Bender über sich triumphierend:

> „Ich wurde darauf aufmerksam gemacht, daß in der hier von G. Hövelmann gewürdigten Dissertation davon die Rede ist, daß ich 30 Jahre lang unbefugt den Titel „Dr. med." geführt habe und deswegen eine Geldbuße an die Deutsche Krebshilfe zu zahlen hatte. Dazu Folgendes: nach meinem medizinischen Staatsexamen in Freiburg bei Kriegsausbruch 1939 und der darauf folgenden Notapprobation mußte ich wegen einer Erkrankung eine langwierige Kur antreten. Die mündlichen Prüfungen für die eingeleitete Promotion wurden vorgezogen, die Doktorarbeit beendete ich auf dem Krankenlager und ließ sie meinem Betreuer zukommen. Aus kriegsbedingten Ursachen trat offenbar eine Panne ein: ich erhielt keine Promotionsurkunde. Juristisch bedeutet dies, wovon ich mich inzwischen überzeugen ließ, daß das Verfahren nicht zum Abschluß gekommen war. Meine Nachforschungen nach den Unterlagen blieben erfolglos. In meiner 1941 erfolgten Ernennung zum Dozenten wurde auf Veranlassung von Prof. R., der die Ernennung betrieben hatte, der Titel Dr. med. zu dem schon früher erworbenen Dr. phil. in die Urkunde aufgenommen. Da ich den Titel Dr. med. in der Berufsausübung nicht regelmäßig führte und ihn nur in Ausnahmefällen angab, ließ ich die Sache auf sich beruhen. Es gelang den Gegnern – die Parapsychologie als „Wissenschaftskriminalität" (Prokop) betrachten – den Mangel einer Promotionsurkunde aufzudecken, Anzeige zu erstatten und mich bei jeder Gelegenheit des kriminellen Verhaltens zu bezichtigen. Statt langer Erklärungen habe ich den medizinischen Doktor noch einmal gemacht. Bei dieser Gelegenheit möge er figurieren: Prof. Dr. phil. Dr. med. Hans Bender."

Bender war erkennbar stolz über diesen Titelsieg, mit dem er als alter Herr über seine „Gegner" triumphierte. Dem on dit zufolge hatte Bender in seiner Dissertation den Poltergeistfall aus der Neuen Vahr und einen weiteren Poltergeistfall aus Freiburg beschrieben. Als ich mich 1982 schriftlich unter Angabe meines Dienstranges und mit der Postadresse Landeskriminalamt Bremen an die Bibliothek der Universität Freiburg wandte und mich dort nach der neuesten Benderschen Dissertation erkundigte, um diese im normalen Leihverkehr zwischen den deutschen Bibliotheken ausleihen zu können, ging ich davon aus, daß Bender in Freiburg zum Dr. med. promoviert habe. Dieser einfache und jeden Tag vorkommende Büro- und Verwaltungsvorgang löste eine Anfrage des Rektors der Universität an den Senator für Inneres in Bremen aus. Statt meine Frage durch die Bibliotheksverwaltung beantworten zu lassen, wollte der Rektor vom Senator für Inneres wissen, ob die erbetene Auskunft zur rechtmäßigen Erfüllung der in der Zuständigkeit des Landeskriminalamtes Bremen liegenden Aufgaben erforderlich sei! Er bezog sich dabei auf § 10 des Datenschutzgesetzes Baden-Württemberg! Ob und welche Antwort er erhielt, weiß ich nicht. Die Benderschen Schutzgeister sind eben allweg aktiv. Eine Auskunft erhielt ich durch die Bibliothek der Universität Freiburg nicht. Wer fühlte sich dort durch eine einfache Anfrage betroffen?

Auf Umwegen erfuhr ich dann, daß die Promotion nicht in Freiburg, sondern in Heidelberg bei dem Psychiater Prof. Dr. med. Müller-Küppers als „Dr.-Vater" stattgefunden habe. Der Doktorvater war Benders rund 15 Jahre jüngerer Freund, der ärztliche Direktor der Abteilung Kinder- und Jugendpsychiatrie in der Psychiatrischen Klinik der Universität Heidelberg, der auch als beratendes Redaktionsmitglied in Benders „Zeitschrift für Parapsychologie" mitarbeitet. Müller-Küppers steht allein für die Substanz der Dissertation gerade und deckt sie auch mit seinem fachlichen Ansehen, denn nach der gültigen Promotionsordnung genügt in Heidelberg für medizinische Dissertationen ausschließlich e i n betreuender Wissenschaftler. Ein Koreferent ist nicht notwendig.

Nachdem sich Bender der Promotion zum Dr. med. durch öffentlichen Hinweis gerühmt hatte und es alsbald etliche Interessenten gab, welche diese Dissertation lesen wollten, versuchte der vorsorgliche Doktorvater diese zu „sekretieren", ein einzigartiger, ungewöhnlicher Vorgang für den Umgang mit einer Dissertation. Eine solche Sekretierung entspricht in etwa der Einstufung eines amtlichen Schriftstücks als Verschlußsache der Stufe „vertraulich". Ich sollte daher, so forderte mich Müller-Küppers auf, eine Erklärung abgeben, daß ich die Familie des zweiten Poltergeistfalles nicht involvieren würde. Ich antwortete:

> „Besten Dank für Ihr Schreiben vom 2.6.1982, mit dem Sie die in der Promotionsordnung der Univerität Heidelberg nicht vorgesehene

Sekretierung begründen. Unter juristischen Gesichtspunkten sind die von Ihnen aufgeführten Gründe nicht stichhaltig. Weder eine aufgrund einer anderen Veröffentlichung ausgebliebene wissenschaftliche Diskussion noch die Zusammenhänge gegenüber der zweiten Fall-Familie können dem Ausleihen der Dissertation im Wege stehen. Ich bin der Ansicht, daß unter Berücksichtigung eines ganzen Bündels rechtlicher Gesichtspunkte die Dissertation aus sich heraus die Anonymität der Personen garantieren muß, welche durch ihr Krankenschicksal das Material für die wissenschaftliche Abhandlung lieferten. Es wäre mir ein leichtes, die von Ihnen vorgeschlagene Erklärung über das Nichtansprechen der Familie des zweiten Falles abzugeben. (Unter Beachtung der Anonymisierungsgrundsätze dürfte es gar nicht mehr möglich sein, die Familie zu nennen).

Ich halte aber aus grundsätzlichen juristischen Erwägungen es nicht für vertretbar, die von Ihnen geforderte Erklärung abzugeben und bitte Sie daher – wie bereits in meinem Schreiben vom 18.5.1982 – um Abgabe meines formulierten Antrages an den Rektor der Universität Heidelberg. Ich erwarte von dort in angemessener Zeit einen rechtsmittelfähigen Bescheid."

Auf mein Schreiben vom 18.6.1982 erhielt ich von Müller-Küppers die Dissertation. Als ich am 4.8.1982 die maschinenschriftliche Dissertation „Jugendliche zwischen Täuschung und Medialität" (124 Seiten und Ablichtungen eines Polizeiberichts und mehrerer Zeitungsberichte) zurückschickte, schrieb ich im Begleitbrief:

„Besten Dank für das leihweise Überlassen der medizinischen Dissertation von Herrn Prof. Bender. Ich darf Ihnen beiliegend eingeschrieben diese Dissertation wieder zurücksenden. Das Niveau der Dissertation entspricht dem Niveau der Parapsychologie.

Rechtlich halte ich die „Sekretierung" einer Dissertation für unzulässig. Tatsächlich verstehe ich die Bemühungen zur Geheimhaltung der Dissertation im vorliegenden Fall. Ich halte es unter verschiedenen Gesichtspunkten für unverantwortlich, wenn ein Arzt über hochintime Angelegenheiten, die seinen Patienten betreffen, öffentlich unter Namensnennung berichtet. Prof. Bender wird Ihnen nicht verschwiegen haben, daß er in der Sache Sch. lange Zeit als Arzt beauftragt und tätig war. Im übrigen wäre zwar einerseits dem Gebot der Anonymisierung im Text der Dissertation an sich Genüge geleistet; durch die (unerlaubte) Veröffentlichung aber z.B. eines Berichtes des 5. Polizeireviers vom 30.6.1965 wird durch die Namensnennung gewissermaßen der Decoder für die anonymisierte Version geliefert und der ehemalige Patient damit bloßgestellt. Dies wäre auch von der Sache her nicht notwendig gewesen.

Ich persönlich habe mich bisher mit Veröffentlichungen in der Sache Sch. zurückgehalten. Es liegen lediglich Presseberichte über ein von mir gehaltenes Referat vor. Diese Zurückhaltung geschieht mit Rücksicht auf Sch., dessen Lebensweg ich weiterhin verfolge. Ich bin z.Z. nicht bereit, das Schicksal dieses Mannes einer wissenschaftlichen Veröffentlichung zuliebe zu opfern, so wie das Herr Prof. Bender offenbar mit monomanischer Rücksichtslosigkeit tut. Haben Sie bitte auch dafür Verständnis, wenn ich zunächst Ihrer Bitte um Übersendung der schriftlichen Ausfertigung des Geständnisses des Sch. nicht entspreche. Ich werde aber Ihre Bitte nicht vergessen und im Falle der von mir immer noch geplanten Veröffentlichung vorzeitig eine Ablichtung übersenden."

2. Der früh markierte Okkultknick

Die Dissertation, die nunmehr zu den Heidelberger wissenschaftlichen und zitierfähigen Leistungen zählt, wäre auch deshalb zu verbergen gewesen, weil sich die Universität wegen dieser Dissertation möglicherweise schämen könnte. Das wäre zu begreifen.

Die Dissertation ist jedoch lesenswert, denn sie ist und bleibt ein bemerkenswertes Dokument einer Entwicklung aus den Naturwissenschaften hinaus in das Fabulöse einer irgendwann einmal geknickten Denkweise, die ihre eigene Geschichte hat. Diese Geschichte läßt sich aus zahlreichen Indikatoren erschließen.

Sehr früh hatte Bender diesen spezifischen und für ihn typischen Okkultknick unbekannter Ursache erkennen lassen, der ihm fürderhin zum Ruhm bei einer immer größer werdenden und quer durch die Fakultäten reichenden Gemeinde verhelfen sollte. Daraus mußten weder für ihn noch für seine wissenschaftliche Laufbahn Nachteile entstehen. Die Zeit des Dritten Reiches war reif für solche Seltsamheiten, die an die Stelle der Märchen der Gebrüder Grimm traten. Es kam noch viel schlimmer, denn die Sterne standen in den dreißiger Jahren günstig für staatsokkulte Vorgaben. Es sei an das geheimnisvolle, mythische Zeichen des Hakenkreuzes erinnert, unter dem schließlich – begeistert oder gezwungen – Millionen zum Kämpfen und Sterben bereit waren – und starben.

Damals erschienen die ersten Bekenntnisse aus Benders Überlegungen. Dahle[94)] berichtete über ein in Lettland lebendes geistesschwaches (imbeziles) zwölfjähriges Bauernmädchen, dessen Intelligenz der einer Fünfjährigen entsprach. Das Mädchen sollte angeblicherweise in telepathischer Beziehung zu seiner Mutter stehen. Es konnte nach Ansicht derjenigen, die glauben wollten, die Gedanken der Mutter wiedergeben und Texte lesen, welche die Mutter sah. Wenn allerdings die optischen und akustischen Kontakte (und damit das Verständigungssystem!) zwischen Mutter und Tochter unterbrochen oder geändert wurden, versagte die „Telepathie".

Eine Untersuchungskommission kam 1937 zur abschließenden Feststellung, es gäbe keinen Grund anzunehmen, daß den scheinbaren Fähigkeiten des Mädchens, nämlich „Gedanken zu lesen", etwas Paranormales oder Übernatürliches zugrunde liege. Die übereilten Vorurteile über die Fähigkeiten und Leistungen des Mädchen seien durch ungenügende Vorsicht und Kritik entstanden.

Bender hat diese Vorgänge (im Juli 1936) vier Tage lang „nachuntersucht". Die Reise nach Riga war ihm von der Deutschen Forschungsgemeinschaft bezahlt worden. Er meinte danach[95)]:

„Im Gegensatz zu den meisten übrigen Untersuchungsteilnehmern legte ich besonderen Wert auf die Einführung parapsychologischer Gesichtspunkte als heuristische Hypothese, da ich mich aufgrund großer persönlicher Erfahrung von der Existenz der Telepathie überzeugt habe und es mir der methodisch einfachste Weg zu sein schien, der angeblich telepathischen Natur des Phänomens die größtmöglichen Chancen zu geben". Und: „Solche Beobachtungen sind immer mehr oder weniger von Einstellungen abhängig, die nicht nur die Verarbeitung der Tatsachen, sondern schon die Wahrnehmung der Tatsachen beeinflussen."

Der Fall könne nicht als Paradigma echter Telepathie zitiert werden, doch müßten „unerklärliche Vorgänge durch Telepathie erklärt" werden. Es lägen „sporadische Mischphänomene" vor.

Die Grundanschauung Benders konnte daraus abgelesen, seine dann lebenslänglich beibehaltene Strategie und seine Taktiken bei Untersuchungen und Stellungnahmen erkannt werden. Die Überwertigkeit der Idee vom Okkulten gewann unübersehbar Konturen.

Offenbar reagierte niemand allergisch auf diesen Bericht und anscheinend warnte niemand Bender vor dem Weg, den er als Berufener schon begonnen hatte. Der Larver Bender bereitete damals schon die Munition seiner Entlarver vor, der „fanatischen Gegner", wie er seine späteren Kritiker nannte, des „Negativisten Schäfer", der wie andere Kritiker im „platten Rationalismus" befangen sei.

3. Ad majorem parapsychologiae gloriam

Dissertationen zu besprechen lohnt sich nur, wenn sie über den Nachweis einer normalen wissenschaftlichen Einzelleistung hinaus eine bemerkenswerte Qualität erkennen lassen, welche die menschliche Einsicht erweitern kann. Diese Voraussetzung ist in der Arbeit des approbierten Arztes, des diplomierten und habilitierten Psychologen Bender in dreifacher Weise gegeben:

Erstens sind die Gründe bemerkenswert, die den 1907 geborenen Parapsychologen veranlaßten, im Januar 1980, also im Alter von rund 73 Jahren, eine medizinische Dissertation vorzulegen, obwohl er sich doch seit 1941 als „Dr. med." bezeichnet hatte;

zweitens sollte diese Dissertation unvergessen bleiben, weil unter dem Dissertationstitel „Jugendliche zwischen Täuschung und Medialität" zwei Poltergeist- (oder „Spuk"-) Fälle beschrieben werden, welche als Beispiel für die Existenz des von den Parapsychologen eingeführten Phantasiefaktor psi angesehen werden könnten. Der Faktor psi ist nach Kornwachs, einem Schüler Benders, die „Eigenschaft einer Begabung", welche Steine, Äpfel, Tassen ohne physische Krafteinwirkung fliegen lassen kann;

drittens ist die Besprechung dieser Dissertation deshalb angebracht, weil sie Gelegenheit bietet, scheinbares Randwerk im Wissenschaftsbereich und beihelfende Faktoren zeitgeschichtlich-indikatorischen Charakters darzustellen, welche zum Erkennen der Verflochtenheit geistesfreundlicher Beziehungen zwischen Parapsychologen und Parapsychiatern wichtig sind.

Die Dissertation bietet einen Einblick in Modalitäten und Methoden, mit denen im Bereich der Parapsychologie um wissenschaftliche Testate gerungen wird. Der „Spuk" in der Neuen Vahr wurde durch Bender berühmt; nun konnte der „Spuk" umgekehrt Bender berühmt machen.

Die Dissertation umfaßt 123 maschinenschriftliche Textseiten (Literaturverzeichnis: 50 Titel). Es werden zwei „Spuk"- oder „Poltergeistfälle" aus den Jahren 1965/66 (Neue Vahr/Freiburg) und 1976 (Freiburg) behandelt, mit denen sich Bender befaßt hat. Die Anlagen (insgesamt 32 Blatt) bestehen aus einem internen Bericht des 5. Polizeireviers in Bremen, Zeitungsberichten, Fotos von Beteiligten, Zeugen, Drittpersonen, einem Bericht aus der „Zeitschrift für Parapsychologie und Grenzgebiete der Psychologie" (4/78) und einem Lebenslauf.

71 Seiten sind dem „Spuk" in der Neuen Vahr/Freiburg gewidmet, 33 Seiten dem „Spuk" in Freiburg.

In beiden Fällen liegen Geständnisse der damaligen „Spuk"-Kinder vor, die vor Polizeibeamten in Vernehmungen abgelegt wurden. In Freiburg erfolgte das Geständnis zeit- und ereignisnah vor Beamten der Kriminalpolizei im Zusammenhang mit der kriminalistischen Bearbeitung der in den Sachbeschädigungen eingebetteten Brandstiftungen, für die der Jugendliche als einziger Täter in Frage kam. Der Freiburger Jugendliche widerrief unter dem Einfluß seiner Mutter das Geständnis, nachdem er zu ihr zurückgekehrt war.

Im Spukfall Neue Vahr wurde der Jugendliche bekanntlich 1965 zum Leugnen hingeführt, bis er dann als Erwachsener zwölf Jahre später in zwei Befragungen die Wahrheit zugab.

Beide von Bender verwerteten Spukfälle sind kriminalistisch geklärt. Sie boten für den naturwissenschaftlich orientierten Kriminalisten vernehmungspsychologisch keine Besonderheiten. Bender war in beiden Fällen von der psi-Bewegtheit der Ereignisse überzeugt, wie aus seinen Schlußworten (25 Seiten) in der Dissertation ersichtlich ist. Diese Hartnäckigkeit im Beibehalten seiner Meinung zeichnete ihn aus. Sie ist charakteristisch für Bender.

Es war zu vermuten, daß die Benderschen Untersuchungen interessant sein müßten, eine Dissertation, geschrieben vom Inhaber des „einzigen Orakel-Ordinariats in Europa“ (so der „Spiegel“). Wie würde jemand mit Fremd- und Selbsttäuschungen psychologisch umgehen, der selbst unbefugt einen Dr.-Grad geführt, also ein Delikt begangen hatte, das kriminologisch in die Deliktsfamilie der täuschungs- und trickreichen Betrügereien und Urkundenfälschungen fällt?

Schon in der Einleitung geht der Verfasser von „außergewöhnlichen Vorgängen“ und „mysteriös anmutenden“ Ereignissen aus, welche die parapsychologischen Untersuchungen auslösten. Der lebenserfahrene, unvoreingenommene Betrachter freilich, der skeptisch und kritisch prüfend an die geschilderten Fakten herangeht, vermag nichts zu erkennen, was über die Dreistigkeit von erkennbaren Schabernackhandlungen durch Jugendliche hinaus bemerkenswert und auffällig sein könnte, wenn man von der Seltsamkeit des Doktoranden absieht.

In der Einleitung (7,5 Seiten) mit allgemeinen Ausführungen zum „Spuk“ als Untersuchungsgegenstand der parapsychologischen Forschung fällt die seit Jahren bekannte floskelhafte Stereotypie in Benders Formulierungen auf, welche repetierend die Dürftigkeit der Argumentation noch mehr erkennen läßt, als dies aus der einseitigen Sachschilderung heraus der Fall ist.

Es ist begreiflich, daß Bender über die Aufklärung des Falles durch den Expolterer höchst empört war. Zornig gab er seiner Entrüstung auch in der Dissertation dadurch Ausdruck, daß er nur apostrophiert vom „Geständnis“ sprach. Und er meinte definitiv: „Auf Grund der Dokumente und Tonbandprotokolle aus dem Archiv des Freiburger Instituts konnte unschwer nachgewiesen werden, daß seine Aussagen irreführend waren und nicht den Tatsachen entsprachen.“ Damit meinte er nur das Geständnis.

Bender hielt schon zu Beginn der Untersuchungen in Bremen – wie immer – psychokinetische Bewirkungen nach seinen Erfahrungen für möglich. Er hielt es für seine wissenschaftliche Verpflichtung, einem solchen Fall unter Einbeziehung der Spuk-Hypothese nachzugehen. Und so begann er in der Dissertation mit den üblichen folkloristischen Spuk-Erklärungen. Er meinte, es handele sich um „rätselhafte Vorgänge“, die „immer als unheimlich empfunden und kontrovers beurteilt“ würden. Sein Interesse fanden zwangsläufig die sogenannten „Focus“-Personen, die Medien, in deren Bereich solche Vorgänge der Psychokinese als paranormale, spontane Bewirkungen auftreten, die „keineswegs immer Täuschungen“ seien.

„Spuk“ (sogenannte RSPK-Phänomene, d.h. recurrent, spontaneous psychokinetic) beruhten nach Benders Meinung auf einer zur Zeit noch nicht erklärbaren, psychisch ausgelösten Wirkung auf körperliche Gegenstände, auf materielle Systeme.

„Solche Fälle (wie z.B. der „Spuk von Rosenheim“; d.Verf.) gaben Anlaß, das Paranormale, einschließlich des Spukes als natürliche Phänomene, die einer verborgenen Wirklichkeit angehören, zu diskutieren und die Wissenschaft als verantwortlich aufzurufen“, konstatiert Bender. Aus der Dissertation wird erkennbar, daß Bender die desoziale Entwicklung und die soziale Verwahrlosung sowie die destruktiven Neigungen des Poltergeistjungen von der Neuen Vahr kannte, aber nicht besonders gewichtete. Über das „Kind von Bremen“ sinniert er: „Der Verdacht lag nahe, daß andere Phänomene im Elternhaus ebenfalls Schabernack-Veranstaltungen des für solche Manipulationen einfalls- und trickreichen Jungen waren.
D o c h b l i e b e i n e D e u t u n g f ü r m a n c h e s o f f e n“[96].
Da war sie wieder, die alte Bender'sche These, von der er lebte.

Bender verwertete u.a. die Berichte über die Beobachtungen in der Heidelberger Klinik, aus denen er zitierte, daß der Junge phantastische Lügengeschichten über sich und sein Leben erzählt habe, danach von den Kindern ausgelacht worden sei, sich zum Einzelgänger entwickelt habe und tätlich und aggressiv geworden sei. Ein Diplompsychologe hatte u.a. berichtet, daß sich „nichts ereignete, sobald Versuche zur Feststellung telekinetischer Einflüsse unter entsprechenden technischen Sicherungsmaßnahmen unternommen werden“. Bender war also mehrfach vor leichtfertigen Spuk-Hypothesen gewarnt. Trotzdem blieb er bei seiner Überzeugung von der Realität der Spuk-Phänomene.

Allergisch reagierte er gegenüber dem Geständnis des Expolterers, das er als „pseudologistisch“ abtat, als „reine Phantasie“, als „Konfabulationen, die technisch Unmögliches behaupten“. Und er war ganz der große Weise von der Eichhalde, wenn er schrieb:

> „Es ist schwer zu begreifen, daß ein Kriminalist solche Geschichten (d. i. das Geständnis zwölf Jahre nach dem „Spuk"; d. Verf.) für bare Münze nahm und keine Anstalten machte, die Glaubwürdigkeit eines solchen Geständnisses zu überprüfen"[97].

Und weiter:

> „Sch. hat offenbar Kriminaldirektor S., der sich seit zwei Jahrzehnten um den Nachweis bemüht, daß alle Spukgeschichten sich als Schabernack erweisen, technisch durchdachte Lügengeschichten präsentiert"[100].

Und er hält fest:

> „Daß Dr. S., das in seine Entlarvungsintentionen so vorzüglich passende „Geständnis" nicht als Konfabulation erkannte, spiegelt seine Voreingenommenheit ..."

Hier dreht Bender, auf frischer Tat ertappt, den Spieß herum und ruft „Haltet den Dieb". Nicht der Parapsychologe wurde getäuscht und belogen, sondern der Kriminaldirektor, der voreingenommen war. Diese Argumentationsumkehr entspricht den bekannten Benderschen Wahrheitsdrehern.

Benders Vernehmungskünste sind – über den Spukfall Neue Vahr hinaus – heute noch darstellbar. Sie sind wohl als kläglich einzustufen. Insbesondere mußte Bender die Qualifikation zur Beurteilung dessen, was falsch und richtig in Spuksachen war, abgesprochen werden. Bender, der nicht einmal die Richtigkeit der eigenen Beobachtungen und Tatsachenfeststellungen überprüfen konnte, maßte sich gleichwohl ein Urteil über die Aussagen des Expolterers an.

In dessen Aussagen mögen störende Zusätze, glättende Bemerkungen und überflüssige Korrekturen „konfabulatorischer" Qualität enthalten sein, da es dem Expolterer darum ging, sich möglichst lückenlos zu erinnern und die Sachverhalte – insbesondere die Begründungen für seinerzeitige momentane Motive und kurzentschlossene Handlungen verständlich zu machen.

Es kommt für die Richtigkeit und Wahrheitsgemäßheit der Aussagen des Expolterers entscheidend darauf an, ob die Aussagen dieses Hauptzeugen konstant, d.h. im Kern beständig, inhaltlich wiederholt und wiederholbar sind. Diese Konstanz ist gegeben, wenn sich Sch. der Täterschaft beschuldigt, seine Handlungen aufzählt und dazu die passenden Motive logisch angibt.

Die Konstanz der Aussage wird durch Erinnerungsverluste (wie z.B. die Zuordnung von Nebenhandlungen, zeitliche Reihenfolgen, Datierungen, Häufigkeiten, Wortlaute von Gesprächen etc.), aber auch durch das nachträgliche ungenaue Ausbessern von Erinnerungsverlusten nicht geschmälert. Nach aussagepsychologischen Erfahrungen hat Sch. die Wahrheit gesagt, wenn er angibt, er habe den Spuk verursacht und wenn er erklären kann, aus welchen Motiven er handelte und wenn er sich erinnert, wie er das gemacht hat, selbst wenn er dabei gelegentlich übertreiben mag. Es tat mir leid um Bender: psi war durch den Spukfall Neue Vahr nicht zu retten.

> Benders Dissertation ging eine Diplomarbeit eines Freiburger Psychologiestudenten im Herbst 1977 voraus. Der Student Peter Gabriel hatte zum Thema „Der Fall H. Sch., eine historisch-kritische Analyse ungewöhnlicher Vorfälle in Bremen und Freiburg“ eine Systematik der Ereignisse erstellt und – so Bender – „ihren Evidenzcharakter“ bewertet. Er stützte seine Evaluation auf eine fünfstufige Bewertungsskala, welche die Psychologiestudentin Heidi Burger in ihrer Diplomarbeit 1971 zum Spukfall in Nicklheim vorgeschlagen hatte.

Nach Gabriel ist die Bewegung eines Gegenstandes, die einer nicht normalen Flugbahn folgt, mit weitaus größerer Wahrscheinlichkeit als paranormal zu bezeichnen, als die Bewegung eines Objekts, welches in seiner Bahn bekannten physikalischen Gesetzmäßigkeiten unterliegt und nur durch seine Initialbewegung als paranormal auffällt. Als „mit Sicherheit“ oder als „wahrscheinlich echt“ bezeichnete Gabriel treu und brav zur Freude seines Lehrherrn zwanzig verschiedene Phänomene (z.B. die Ereignisse am 25.6.1965 vormittags im Porzellankeller). Gabriel schließt im Brustton des von Bender Überzeugten: „Daraus folgt zwingend, daß man zugestehen muß, daß hier physikalisch zur Zeit nicht erklärbare Bewirkungen als materielles System zustandekamen, die man als Psychokinese bezeichnet“. Zitiert nach Bender.

Dieses prachtvolle Beispiel der hohen Kunst der Freiburger Psychologenschule ließe sich wahrscheinlich noch vermehren und verbreitern, würde man in den Kellern der Benderschen Komplexe nachsuchen. Solche Grabungen sollten aber den selbstkritischen Untersuchungen durch Psychologen überlassen bleiben.

Einen Mangel auf seiner Seite anerkannte Bender nur dort, wo er nicht anders kannte: „Der Schatten der mangelnden prinzipiellen Wiederholbarkeit positiver Ergebnisse liegt nicht nur auf der RSPK-Forschung, sondern auf der gesamten experimentellen Parapsychologie“[99].

Was die Freiburger Schule anzurichten vermag, zeigen die im ersten Teil beachtlichen, mit herkömmlichen Methoden erlangten Einsichten in die Persönlichkeit des Sch. Diese Untersuchungen, auf deren Ergebnis sich Bender bezieht, wurden in mindestens fünfzehn Vorgängen durch Mischo durchgeführt. Der daraus gezogene Schluß ist verblüffend: Mischo vermutet, so bestärkt sich Bender, einen Zusammenhang zwischen intensiv erlebter Frustration und der Aktivierung magisch-animistischer Einstellungen, die unter besonderen Bedingungen zu einer tatsächlichen psychokinetischen Bewirkung führen können.

Bender meint[100], die „unerklärt gebliebenen“ Destruktions-Phänomene hätten erst an jenem Tag begonnen, als Sch. erfahren habe, daß die Arbeits- und Berufstests des Bremer Arbeitsamtes auf die Unterbringung an einer anderen Arbeitsstelle zielten, die nach Wunsch der Mutter außerhalb Bremens liegen sollte. Das ist eine absolut willkürliche und durch nichts zu rechtfertigende Unterscheidung innerhalb gleichartiger, gleichwertiger und denselben Motivationen entstammenden Reaktionen des Poltergeistjungen.

Das Resultat dieser in Heidelberg honorierten wissenschaftlichen Leistung lautet also: „Spuk“ bleibt „Spuk“ und muß daher von Parapsychologen untersucht werden. Und psi ist die Bezeichnung für eine Begabung unbekannter Art, die sich im „Spuk“ zeigt. Wäre es nicht möglich, daß psi die Bezeichnung für eine mangelnde Begabung bekannter Art ist? Harsche Kritiker könnten die gesamte Dissertation als intelligent aufgemachtes, unschlüssiges Geschwafel bezeichnen. Mir selbst ist es nicht möglich, in den Benderschen Ausführungen irgendeinen naturwissenschaftlichen Nutzeffekt zu erkennen.

Hätte Bender seinen lebenslänglichen Untersuchungsansatz statt dessen in der Psychologie des Zeugenirrtums, bei der Störung von Wahrnehmungen unter dem Einfluß von Emotionen, in den psychologischen Auswirkungen überstarker Überzeugungen gewählt, er könnte vermutlich zitable wissenschaftliche Leistungen vorweisen. Hätte er auf die Zusammenhänge zwischen anlagebedingten Vorausgaben – auch von psychiatrischer Relevanz – und lebensgeschichtlich prägenden Einflüssen abgestellt und dabei die Poltergeistfälle und ihre Bewertung als Musterfälle verarbeitet, so wäre es mit dem „Spuk“ in Deutschland zu Ende gewesen, und die Poltergeistkinder würden in Zukunft adäquater eingeschätzt und sozialpsychologisch richtiger behandelt werden. Aber das konnte Bender nicht leisten.

Bender schildert in seiner Dissertation einen zweiten „Spuk“-Fall, der sich 1976 um einen vierzehnjährigen Schüler in Freiburg entwickelt hatte. Dieser Fall liefert wiederum prachtvolle Beispiele für unzugängliche Tatsachenfeststellungen, einen nachträglich nutzvoll organisierten Zeugenirrtum, Kollektivhysterie und eine Ausuferung des Schabernacks in schlichtweg kriminelle Akte (Sachbeschädigungen, zahllose versuchte Brandstiftungen, versuchte Erpressung) von einer prachtvollen Fülle, wie etwa der „Spuk vom Chiemsee“ (1946). Die psychische Konstellation und der soziale Zusammenhang, in dem der Vierzehnjährige lebte, zeigten die Typizitäten von Poltergeistfällen auf; die Strukturen der untersuchenden Psychologen, die vom Benderschen Eichhalde-Institut herbeieilten, paßten dazu. Auf die Beschreibung dieser Bedingungen, die in einer Darstellung der Täter-Opfer-Beziehungen interessant wären, soll hier verzichtet werden, weil sich „mit bemerkenswerter Gleichförmigkeit“ Ähnliches in anderen Fällen zeigt, wie Bender immer sagte.

4. Neue Physik und neue Theorien

Aus dem Freiburger Fall ist ein Umstand zitabel: So war der trunksüchtige Vater des Vierzehnjährigen wieder einmal betrunken. Da sei „ein Ei aus dem Kühlschrank gekommen“, sei an die Wand geklatscht und habe diese beschmutzt. Und als Frau G., die Mutter darüber wütend wurde und den „Geist“ beschimpfte, so berichtete sie Bender, sei ihr „aus dem geschlossenen Kühlschrank ein Ei an ihren Hals geflogen“, „zerschellt und in die Bluse gelaufen“. Die Frau beteuerte später in der Heidelberger Klinik, so etwas habe sie ihr ganzes Leben noch nicht erlebt. Sie war von der Echtheit des

Phänomens überzeugt. Diese Überzeugung hatte sie offenbar mit Bender gemeinsam.

Der nunmehr schon an einige Poltergeistschemata gewöhnte Leser wird sich fragen, wo sich im Augenblick der fliegenden Eier der Vierzehnjährige aufgehalten hatte. Als in der Wohnung verschiedene Sachen nach und nach in Brand gesetzt worden waren und sich die Gefahr eines größeren Feuers abzeichnete, wurde der Vierzehnjährige festgenommen und durch die Kriminalpolizei vernommen. Der Jugendliche war bei seiner Vernehmung wegen des Verdachts der versuchten Brandstiftung geständig: er habe die Feuerchen gelegt. Nach seiner Rückkehr in die elterliche Wohnung aber widerrief er sein Geständnis auf Geheiß seiner Mutter. In der psychologischen Exploration gab er an, was er bei der Polizei ausgesagt habe, sei „alles erdacht" gewesen. Die Polizei habe ihm „alles geglaubt". Auf die Übereinstimmung seiner Aussage mit dem Spurenbild kann Bender begreiflicherweise nicht eingehen. Bender war in seiner Dissertation der Ansicht, daß es sich bei diesem Fall in Freiburg um ein klassisches Spukphänomen gehandelt habe[101)]. Er schrieb:

> „Klassisch insofern, als die Phänomene den international beobachteten und bekannten Mustern folgten: der Beginn von außen – Türschilder etc. in der Wohnung der Großtanten, Steine, zerbrochene Fensterscheiben, Klopfen an Fensterläden in der Parterrewohnung der Familie G./K., nach Art kindlichen Unfugs mit Farbe beschmierte Wände und Gegenstände, Verschwinden und Wiederauftauchen von Objekten, massiv Destruktives, wie Brände und Zerschneiden von Kleidungsstücken, schließlich Penetrationsphänomene – die Eier aus dem geschlossenen Kühlschrank – und endlich sogar das selten berichtete Phänomen eines Apports."

Die rohen Eier aus dem Kühlschrank, die durch die geschlossene Kühlschranktür „penetrierten", hatten es Bender besonders angetan. Er berichtete:

> „Als besonders merkwürdige, spontan sich vollziehende Phänomene, die zu den „gezielten Beobachtungen" gehören, berichtet die Familie über das Herausfliegen von Eiern aus dem geschlossenen Kühlschrank und das Auftauchen von Objekten, deren Herkunft rätselhaft war."

Schon 1953 entwickelte Bender eine Penetrations-Hypothese. Zum Spukfall Neudorf schrieb er:

> „Man bedenke: Gegenstände seien (laut Zeugenaussagen) aus verschlossenen Schränken oder durch Wände hindurch transportiert worden, sie hätten sich dann warm angefühlt! Anzunehmen, dies sei haarsträubender Unsinn, liegt nahe. Da aber diese Aussagen in Spukberichten immer wiederkehren und auch von Menschen gemacht werden, die noch nie etwas vom Wesen des Spuks gehört haben, ist es notwendig, auch diese Beobachtungen zu untersuchen. Wer eine Erklärung sucht, könnte an eine Entmaterialisierung und Rückmaterialisation denken, die unter Bildung von Wärme vor sich geht."

Horribile dictu! Sieht so das Bild einer neuen transmaterialen Physik aus? Kornwachs, einer der Schüler von Bender, meinte sogar in einem Vortrag vor den fassungslosen Kriminalisten und Kriminologen der Deutschen Kriminologischen Gesellschaft vor einigen Jahren, der radioaktive Zerfall eines Natriumpräparats sei telekinetisch durch psi zu beeinflussen. Wer so etwas erzählt, erwartet Zuhörer, die an das Knusperhäuschen im Wald, an die Sterntaler und an die sieben Zwerge glauben. Damals tauchte bei den Zuhörern ein ganzes Bündel von Einwänden und Fragen auf, wie z.B.: „Wurden bei den Versuchsanordnungen alle Möglichkeiten der Täuschung, der Fehlmessung, des Irrtums ausgeschlossen? Oder haben die vorwissenschaftlichen Praktikanten der Parapsychologie leichtfertig gepsidelt? Liegt hier etwa ein Syndrom vor, das eventuell durch den Begriff „Psidiotie" umrissen werden könnte?"

An der Notwendigkeit solche Fragen zu stellen, hat sich bis heute offenbar nichts geändert. Trotzdem wird nunmehr eingeräumt, die Parapsychologie befinde sich „immer noch im Stadium der Vorwissenschaftlichkeit", wie ein anderer Bender-Anhänger (Bauer, 1978) mit entwaffnender Offenheit und gleichzeitig ungebrochenem Selbstverständnis meinte.

Die Mutter des Vierzehnjährigen lieferte Bender Material zur Entwicklung kühner paraphysikalischer Hypothesen:

> „Wir waren zu dritt in der Küche, der Andreas, die Oma und ich. Es war der Samstagmorgen, an dem laufend die Eier geflogen sind. Das war nach den Bränden im August. Wenn man in den Kühlschrank geguckt und abgezählt hatte und man später nachsah, fehlten Eier. Auf einmal macht's platsch an die Wand, an die Ecke, durch den Gang, platsch... Da habe ich so eine Wut gekriegt – wissen Sie, wenn man die Zerstörungen sieht – und habe in der Küche geschrien: „Wart nur

> ab, Dir wird's heut abend noch vergehen!" Kaum ausgesprochen, – ich stand gerade vor dem Spülding – machte es wieder platsch. Da hängt eins an der Wand, die ganze Brühe lief herunter. Der Kühlschrank war zu"[102].

Kühn betrat Bender mit seiner Dissertation erneut paraphysikalisches Neuland, das sich ihm hier andeutet, und entwarf mit mit seiner Dissertation weitere Forschungsfuturen und Subventionierungschancen für die Deutsche Forschungsgemeinschaft.

Es ging um einen naiven Erpresserbrief, der in diesem Spukfall eine Rolle spielte, als dessen Schreiber das schrifturheberische Gutachten der Kriminalpolizei eben den bereits inkriminierten Vierzehnjährigen feststellte.

Bender meinte bei der Beleuchtung dieses Teilvorgangs unter parapsychologischen Gesichtspunkten:

> „Besondere Skepsis mußte der Behauptung des Jungen begegnen, daß er den „Erpresserbrief" n i c h t geschrieben habe. Die von der Familie erbetene und von der Polizei dann veranlaßte vergleichende Untersuchung der Schrift des Briefes und der des Jungen ergab Übereinstimmungen, die aber nicht mit völliger Sicherheit auf die Urheberschaft des Jungen schließen ließen.
>
> Dazu ist zu bemerken: Wenn man den Gedanken zuläßt, daß auf unerklärliche Weise durch einen RSPK-Vorgang **ein Schriftstück produziert werden kann,** könnte auch aus einer mit der verdächtigen **Person völlig identischen Schrift nicht mit Sicherheit auf Manipulation geschlossen werden,** doch kann man hierüber zur Zeit vom Standpunkt der Parapsychologie keine Feststellungen machen, die den Anspruch auf eine wissenschaftlich begründete Aussage erheben könnten."

Aber Bender meinte, diese Möglichkeit einer psychokinetischen Materialschöpfung (gewissermaßen „Papier aus psi") zumindest als Hypothese zur Diskussion stellen zu dürfen. Bender steigerte sich in diesem Punkt auf die volle Höhe eines Doktors der Medizin Freiburger Vorprägung und Heidelberger Veredelung, als er tiefbohrend grübelte[103]:

> „Wenn man in Form eines Ermessensurteils es als sehr wahrscheinlich ansieht, daß es sich um einen echten „Spuk" mit den klassischen Mustern handelt, erhebt sich die Frage: Woher weiß das offenbar steu-

ernde Unbewußte der auslösenden Person, hier des „Jugendlichen zwischen Täuschung und Medialität“, von den sich wiederholenden Mustern des Spuks und ihrer transkulturellen Gleichförmigkeit?“

Eine Entscheidung über die Frage, ob es „Spuk“ gibt oder ob es ihn nicht gibt, ist keine Ermessenssache, wie Bender meint. Der Ausdruck „Ermessen“ wird hier fehlgebraucht. Bei einer Ermessensentscheidung sind mehrere Entscheidungen, unter denen eine auszuwählen ist, grundsätzlich richtig. Der Gedanke der Zweckmäßigkeit steht im Vordergrund. Aber selbst der Begriff des Ermessens bedeutet nicht, daß nach Belieben oder Willkür entschieden werden dürfte. Jede Ermessensentscheidung ist pflichtgebunden. Sachfremde Erwägungen sind auszuschalten, um eine Ermessensentscheidung fehlerfrei zu halten.

In Poltergeistfällen, die nur unter naturwissenschaftlichen Kriterien und logischen Grundsätzen zu untersuchen sind, ist für Ermessen kein Raum, denn es kann nur eine Entscheidung richtig sein. Diese hat sich aus den zwingenden, für alle verbindlichen und nachgewiesenen Kausalgesetzen und naturwissenschaftlichen Erkenntnissen zu ergeben. Wenn Bender überhaupt den Gedanken hegte, es sei ein „Ermessensurteil“ in Spukfällen vertretbar, so ignoriert er, daß nur eine Entscheidung richtig sein kann, und daß er in solchen Fällen nicht nach Zweckmäßigkeiten (etwa: was nützt der Parapsychologie?) entscheiden durfte.

Bender suggeriert durch die Verwendung dieses Begriffes eine naturwissenschaftliche bzw. rechtliche Seriosität. Seine Erklärung hat eine weltanschauliche Struktur. In ihr werden die Grenzen zwischen Objektivität und Subjektivität verwischt. Hier beginnt – aus welchen Gründen auch immer – eine andere Welt, die Welt der subjektiven, nicht er- und begründbaren, höchstpersönlichen Überzeugungen, die keiner objektiven Beweise bedürfen. Hier beginnt eine Betrachtungsweise, wie sie die Medizinmänner und Schamanen ältester Zeit praktizierten und wie sie sich aus dem urreligiösen Erleben ergeben kann.

Die als Konglomerat fremder Gutachten entstandene und mit wenigen eigenen Ansichten angereicherte Dissertation mag als Freundesdienst, als „Vater-Hilfe“, zu entschuldigen sein. Es mag auch zu ertragen sein, daß ihr Niveau in manchen der für den Massenalltag bestimmten Wochen- und Monatsschriften ebenso anzutreffen ist. Sie markiert aber auf keinen Fall einen wissenschaftlichen Fortschritt, noch nicht einmal einen Endpunkt, eine neue Erkenntnis oder einen schöpferischen Stillstand in der Entwicklung der Medizin, sondern einen absoluten Rückfall in die hinterste Steinzeit, in die Zeiten der Höhlenmagier von Aurignac und Cromagnon. Hier wird geglaubt und gehofft. Es werden in rührender Weise im wissenschaftlichen Jargon die Geister beschworen.

In seinen Überlegungen blieb Bender auch dann gefangen, wenn er – scheinbar – zarte Skepsis nicht gegen seine Ergebnisse, sondern nur wegen der Schwierigkeiten der Beweisbeschaffung andeutete[104)]:

> „Die Spukforschung bewegt sich noch in einer Randzone, in der die Kriterien wissenschaftlich „exakter Beweise" noch nicht zum Zuge gekommen sind. Es ist eine offene Frage, ob man das evasive Geschehen des Spuks so in den Griff bekommen kann, daß an der Evidenz einer qualitativen Dokumentation nicht mehr zu zweifeln ist. Prinzipielle Antagonisten werden sich nie überzeugen lassen und mit Personen, die im Verdacht spukauslösender Medialität stehen, so umgehen, daß sie entweder – wie bei Sch. pseudologistische Geständnisse aus Geltungssucht erhalten – oder – wie bei dem Freiburger Jugendlichen – die Einstellung provozieren: Wenn ihr mich schon für den Sündenbock haltet, werde ich euch erklären, wie ich es gemacht habe, damit ich endlich meine Ruhe bekomme."

Mit dem Begriff „prinzipielle Antagonisten", d.h. „grundsätzliche Gegenspieler", die sich nie überzeugen lassen werden, wie der missionierende Bender verständlicherweise beklagte, meinte er grundsätzlich die polizeilichen Vernehmer. Diese wurden von ihm immer auch dann „Entlarver" genannt, wenn sie aufgrund der Vernehmung und Aussage des tatverdächtigen pubertierenden Schabernackmachers und infolge der übrigen Beweisführung zu einem anderen Ergebnis kamen, als der eindeutende, vorwissende Bender.

5. Flankierende Hilfen und Argumente

Der bedauernswert hofierte Mann von der Eichhalde zeigte deutlich und über Jahrzehnte hinweg Schieflagen, welche Mitleid erheischten. Sein fehlerhaftes Denken, Wahrnehmen, Prüfen und Vermuten hätten Erbarmen erlangt, wenn er sich nicht immer wieder als parapsychologischer Publizist selbst über seinen Tod hinaus prototypisch und ohne Rücksicht auf eigene Verluste in die Öffentlichkeit gedrängt hätte.

Bender sah, was er sehen mußte und was nur Parapsychologen so sehen konnten. Daher schloß er:

> „Durch das Ergebnis der klinisch-psychologischen und psychiatrischen Untersuchung in der Jugendabteilung der Psychiatrischen Klinik der Universität Heidelberg **fand der Autor eine Unterstützung seiner Auffassung, daß die Kernphänomene bei Sch. und dem Freiburger Jungen paranormaler Art sind und als zur Zeit physikalisch nicht erklärliche Bewirkungen angesehen werden müssen, die offenbar ungewollt von dem Jugendlichen ausgehen“[105].**

Nach der Annahme seiner Dissertation durch den Leiter der Psychiatrischen Klinik in Heidelberg, MüllerKüppers, durfte Bender sich in seinen Überlegungen bestätigt fühlen, wobei vorauszusetzen ist, daß Benders Dr.-Vater die Dissertation gelesen und genehrnigt hat. Der Leser mag darüber nachgrübeln und an seiner eigenen Nüchternheit zweifeln: Rohe Eier dringen durch die geschlossene Kühlschranktür!! Welch ein wissenschaftlicher Durchbruch im Denken! Welch ein physikalisches Jahrhundertereignis! Welch ein Anlaß für weitere, förderungswürdige Untersuchungen!

Die wissenschaftliche Betreuung der Spuk-Dissertation schließt die Akzeptanz weiterer Theorienentwicklungen ein. Bender knüpfte z.B. an die Behauptung von der „Gleichförmigkeit transkultureller Spukmuster“ anhand von Spukberichten aus allen Zeiten und an allen Orten flugs eine weitere Theorie an. Die „typischen Muster“ führten ihn nicht zu der Frage, ob die einheitlichen, ähnlichen Spukberichte auf die Gleichartigkeit der Zeugengestimmtheit und auf transkulturell typische Wahrnehmungs- und Deutungsfehler von Menschen als Zeugen zurückzuführen seien. Hätte er diesen Ansatz in aller Normalität gefunden oder doch wenigstens zur Gegenkontrolle der eigenen Meinung konsequent durchgeprüft, so wäre daraus möglicherweise ein wertvoller Beitrag, vielleicht sogar eine Dissertation zur Psychologie und Psychopathologie der Zeugenleistung entstanden. Ein solcher Ansatz wäre nur möglich gewesen, wenn Bender Zweifel gehabt hätte, auch Zweifel an sich selbst und an seinen Arbeitsresultaten. Daran fehlte es ihm. Seine ihn bewundernde und verehrende Umgebung hätte eine Bendersche Selbstkritik wahrscheinlich nicht geduldet. Wie oft in solchen Fällen verwechselt die nächste Umgebung die augenscheinlich persönliche Ehrenhaftigkeit des Meinungsproduzenten mit einer Garantie für wahrheitsgemäßes Vorbringen.

Gewiß: Kalif Storch hätte in seinen Tausend-und-einen-Nächten sich so nicht ausgedrückt, wie der wissenschaft-adaptierte Bender dies in seiner Dissertation vermochte. Aus der „Gleichförmigkeit der transkulturellen Muster" schloß er eigensinnig unter Nichtbeachtung der Psychologie des Zeugenirrtums:

> „Wenn man annimmt, daß eine unbewußte Aktivität des spukauslösenden „Mediums" Veranlasser der Phänomene ist, muß man fragen, wie ein individuelles Unbewußtes von der Gleichförmigkeit der Spukmuster, die sich nicht aus physikalischen Gegebenheiten ableiten lassen, Kenntnis haben kann".

Bei solchen Überlegungen beginnen selbst die Schamanen zu stöhnen und zu zittern: Auf einem geistigen Knickweg wird neben dem mystischen „psi" auch noch eine besondere Art des Unbewußten theoretisch eingeführt, die sich im kindischen Schabernack äußert.

In loser Anlehnung an das kollektive Unbewußte nach C.G.Jung scheinen Bender „aufschlußreiche Hinweise für die Vermutung" vorzuliegen, daß eine „die individuelle Motivation übersteigende Steuerung" im Spiele sei, eine Art „anordnender Archetyp" als transindividueller Faktor[106]. Ob ihn die Anlehnung an C. G. Jung vor Kritik schützen soll? Bender ging aus von einer „D i s - p o s i t i o n d e s k o l l e k t i v e n U n b e w u ß t e n" (nach C.G.Jung), „das in bestimmten emotionalen Konditionen aktualisiert, die dreidimensionale Welt normaler Kognition und Aktion überschreiten kann und „Binnenwelt" der Persönlichkeit verbindet, **s o d a ß s i c h e i n u n b e l e b t e s O b j e k t d a n n i n B e z u g a u f d i e a u s l ö s e n d e P e r s o n a l s p s y c h i s c h g e s t e u e r t v e r h a l t e n k a n n**"[107].

Bender stützte seine frankfreien Überlegungen u.a. auf die Arbeitsergebnisse einiger von ihm zitierten Physiker, so auch auf „einen Versuch, den der Münchner Physiker H. D. Betz mit dem Berner Medium Silvio M. vornahm". Betz ist natürlich in solchen Fällen eine gute Referenz, wie der Fall „Hein Psi aus Bremerhaven" beweist.

Damit sind wir mitten in einer neuen, scheinrationalen Erklärung für alte Geister. Die „militanten Parapsychologiegegner" (Bender), bei denen sich nach der Benderschen Dialektik ein „inverser Aberglaube" zeigt und sie gegen die Parapsychologie motiviert, werden solche antiphysikalischen Glaubenssätze aus der neuen Kirche ohne Erstaunen, aber mit einem resignierenden Schmunzeln hinnehmen.

Das individuell Unbewußte kann also Kenntnis haben von Spukmustern, – die es dann nachahmt oder autogen gleichförmig produziert? Nur das „wie" ist noch unklar?

Typisch für die Spukforschung – zumindest im Falle Bender – scheint zu sein, daß am Anfang eine – aus welchen bedauernswerten Gründen auch immer – vorgefaßte märchenhaftromantische Grundanschauung steht, die zu nachlässigen oberflächlichen Recherchen und unvollständigen Tatsachenerhebungen führt. Daraus resultieren phantasievolle Schlußfolgerungen und Hypothesen – und schon sind Dissertation und Promotion möglich, sowie finanzielle Förderungen in Aussicht.

Einfache Erklärungen – und im konkreten Falle der schlichte, empirische Ermittlungsansatz bei der Person und Motivation eines Poltergeistkindes – sind dann für die Gläubigen hinter solcher für bedeutsam gehaltenen Theorien nicht mehr möglich. Bender überlegte, die „Präponderanz (d.i. das Übergewicht; d.Verf.) von Steinen im Spukgeschehen, auch als penetrierende (d.i. Mauern etc. durchdringende; d.Verf.) Objekte, die sich oft warm anfühlen", lege die „Deutung einer archaischen Form der Aggression nahe". Wieso das eigentlich? Bender sprach in diesem Zusammenhang von der „archaischen Struktur der Spukvorgänge". Das sind in einer medizinischen Dissertation unerträgliche Phantastereien, die durch die Promotion gesellschaftsfähig und standesgemäß zu werden drohen. Hätte es nicht näher gelegen zu prüfen, ob der „Poltergeistjunge" die „fliegenden Steine" auf Vorrat in der warmen Hosentasche versteckt gehalten hatte, bis er sie warf? An solche „personalen Deutungsmuster" (nach Schäfer) dachte der Parapsychologe mit bemerkenswerter Gleichförmigkeit offenbar nicht. Und das hat er mit anderen Parapsychologen von gleichem Prägemuster gemeinsam.

In den Schlußbemerkungen der Dissertation tritt die unerschütterliche Gewißheit zutage, von der Bender beherrscht wurde, mit der er offenbar –

penetrierende Roheier eingeschlossen – nicht allein stand. Auf Seite 102 zitierte er seinen Doktorvater Müller-Küppers, der sich auf den Standpunkt stellt, „daß es ein Vorurteil wäre, wenn man nicht auch paranormale Ursachen für die Entstehung von Schädigungen für möglich hielte".

Dagegen läßt sich endlos und erfolglos anargumentieren: alle Argumente werden die Träger solcher Überzeugungen nicht erreichen.

Trotz des darin gebotenen Unsinns ist diese Dissertation ein wichtiges Beweismittel, allerdings in anderer Weise, als dies Bender beabsichtigte. Sie beweist unter anderem, daß der Bundesgerichtshof in seiner Entscheidung vom 21. Februar 1978 recht hatte, als er vernünftigerweise beschloß, parapsychologische Gutachten als Beweismittel nicht zuzulassen (NJW 78, 1207).

Der Rechtsmediziner Otto Prokop ordnet die parapsychologische Methodik der Wissenschaftskriminalität zu; der Richter Wolf Wimmer bezeichnet in einer höchst lesenswerten Abhandlung die Parapsychologie als Pseudowissenschaft im klassischen Sinne[108)]. Es fragt sich, aus welchen Ursachen heraus ein Parapsychologe den blinden Mut nehmen und die dreiste Stirn haben kann, ein Leben lang einer überwertigen Idee zu folgen und dabei nahezu alle Maßstäbe einer wissenschaftlichen Arbeitsmethodik verliert, ganz zu schweigen von den Beschimpfungen, mit denen er skeptische Kritiker angreift und einen ehemaligen Patienten beleidigt[109)].

6. Der geschwätzige Arzt

In der Spuk-Dissertation hatte Bender den Namen des ehemaligen Patienten und Ex-Polterers zwar durch Abkürzung auf die Anfangsbuchstaben des Namens anonymisiert. Er hatte aber völlig überflüssigerweise einen Bericht des 5. Polizeireviers in der Neuen Vahr in Bremen abgelichtet mit allen offenen Angaben, im Anhang zur Dissertation (zusammen mit Zeitungsberichten über den Spukfall in der Neuen Vahr) veröffentlicht. Jeder Leser der Dissertation wußte nun für alle Zeiten, wer der Spukjunge war und wie er psychophysisch und charakterlich strukturiert war. Dieser ungeheuerliche Vorgang, in dem die Daten und Untersuchungsergebnisse eines Patienten ohne dessen Wissen und ohne dessen Einverständnis unter voller Namensnennung preisgegeben wurden, hatte eine Vorgeschichte, die Bender hätte warnen müssen – wenn er zur Einsicht fähig gewesen wäre.

Der am 1. September 1939 unter Kriegsbedingungen zum Arzt approbierte Bender war bekanntlich 1965/66 für einige Zeit vom Jugendamt Bremen als Arzt für Sch. bestellt worden, bis ihm dieser Auftrag aufgrund der Berichte des für Sch. amtlich bestellten Vormunds harsch entzogen wurde. Auf seine Tätigkeit als Arzt in dieser Sache hatte er sich seither in Vorträgen wiederholt berufen, um seine Vorträge über „Spukphänomene" besser unterlegen zu können und um ihnen einen größeren Grad von Glaubwürdigkeit zu verleihen. So sprach er z.B. am 5.12.1978 während eines Vortrages vor Personal der Migros-Gesellschaft in der Schweiz über das Thema „Die Parapsychologie als Wissenschaft". Unter Berufung auf seine Arzteigenschaft gab er wichtigtuerisch weiter, „was ihm eine Kollegin an der Psychiatrischen Klinik in Freiburg mitgeteilt" habe, daß nämlich der Poltergeistjunge Sch. „eine psychiatrische Diagnose" habe, er „konfabuliere".

Wegen dieser Indiskretion stellte sein ehemaliger Patient Sch. mit Schreiben vom 27.September 1979 Strafantrag wegen Bruchs der ärztlichen Schweigepflicht bei der Staatsanwaltschaft Freiburg. Dieses Verfahren wurde eingestellt (Az. 20 Js 3653/79).

Durch die Angaben in der Dissertation wurde der ehemalige Patient Sch. erneut und in weitaus größerem Umfang bloßgestellt. Am 26. September 1982 stellte Sch. Strafanzeige bei der Staatsanwaltschaft Heidelberg wegen Bruchs der ärztlichen Schweigepflicht durch Preisgabe seines Namens in einer medizinischen Dissertation und wegen Beleidigung. Als dies bekannt wurde, mußte er sich von seinem früher sehr um ihn bemühten Arzt Bender öffentlich als ein „von Schäfer gesteuerter Zombie" beleidigen lassen[110]).

Nach einer gründlichen Überprüfung des Vorgangs durch die Heidelberger Justizorgane stellte das Amtsgericht nach der Anklageerhebung im Einverständnis mit der Staatsanwaltschaft Heidelberg das Verfahren gegen Bender wegen geringer Schuld nach Zahlung einer Geldbuße von 4000 DM durch Bender an eine gemeinnützige Organisation im Februar 1983 ein.

Dem Vernehmen nach sollen nach der Reklamation durch Sch. die Personalien des Ex-Polterers in der maschinenschriftlich vervielfältigten Dissertation mit Filzstift durchgestrichen worden sein.

Müller-Küppers hielt gleichwohl die Bloßstellung des ehemaligen Patienten Sch. in der Dissertation für rechtens und weder für unseriös noch für standeswidrig, weil „das in der Dissertation beschriebene Medium" längst zu einer Person der Zeitgeschichte geworden sei. Sollte diese Meinung zur herrschenden Rechtsansicht werden, so kann ich jedem, der prominent ist oder im Verlaufe der nächsten 20 Jahre zu einer Person der Zeitgeschichte werden könnte, nur dringend empfehlen, sich in Heidelberg nicht ärztlich begutachten zu lassen: er könnte zu irgendeiner Zeit, alsbald oder später, ausgeschlachtet werden, um irgend jemandem zu einer Promotion zu verhelfen.

XII. Der Spuk am Chiemsee

1. Die „Spuk"-Geschichte

Bis 1955 hatte Bender, den man später den „Pionier im Land der Seele[111] oder auch den „Kammerjäger des Übersinnlichen"[112] nannte, auf der psi-Suche nach eigenen Angaben erst sieben Spukfälle untersucht. Einer dieser Fälle war der „Spuk am Chiemsee"[113] oder auch „Der Spuk von Traunstein" genannt, der ähnliches Aufsehen erregte, wie der „Spuk" in der Neuen Vahr zehn Jahre später. Er soll hier deshalb beispielhaft ausführlich geschildert werden, weil er die Hintergrundsachverhalte materialreich auslotet. Eine solche Materialfülle liegt in den übrigen Spukfällen meiner Materialsammlung nicht im selben Umfang vor.

Im Zuständigkeitsbereich des Kreisjugendamtes Traunstein lebte seit Sommer 1943 eine aus dem bombenbedrohten Rheinland dorthin verzogenes kinderloses Ehepaar, das 1941 das elternlose Mädchen IB mit der Absicht späterer Adoption aufgenommen hatte. Das Ehepaar zweifelte nach und nach an den Charaktereigenschaften der IB und nahm daher ein weiteres Mädchen in Pflege. Als danach der „Spuk" begann, war IB 13, das zweite Mädchen (Ditti) viereinhalb Jahre alt.

Im Juni 1946 zeigte Ditti unerklärliche Wutanfälle und wurde unsauber. Sie kotete und urinierte in Hose, Bett und Zimmer. Kothaufen lagen unter dem Kopfkissen des schließlich auf dem Zimmerboden aufgebetteten Kindes. Die Mutter berichtete als Betroffene darüber in einer von ihr verfaßten Broschüre u.a.:

> „Im August verschwanden dann auf einmal Lebensmittel dort, wo das Kind zugegen war. Es schien so, als ob das Kind alles wegnähme. Schwere verschlossene Türen, deren Schloß ich nur mit Mühe drehen konnte, waren offen, wenn die Kleine nur eine Minute allein in dem Raume war, und alles Eßbare war weg oder angebissen. Die Wurst wüst aus zerfetzter Pelle gerissen, Butter und Käse wie von einem Tier zerfressen. An diesen Rückständen befanden sich fast immer grauschwarze Haare, sehr dünn, von drei bis fünf Zentimeter Länge. Immer wieder sagte das Kind „hat Ditti tan" und triumphierend „weil ich nicht darf". – Aber da kam auf einmal die Äußerung der Kleinen: „Mutti, musse Ditti tun, sagt im Köpfchen, schnell, schnell tun, sonst bekommst Du Schläge. Dauert nicht mehr lange, Mutti, bald hört Ditti

auf." – Auf alles gütige Zureden, daß es das gar nicht gäbe, daß es etwas im Köpfchen sagte, und daß die Kleine schon jetzt aufhören könne, folgte nur ein wissendes Lächeln.

So kam der September heran. An Lebensmitteln verschwand immer mehr, auch ohne daß die Kleine zugegen war. Was nicht sofort unter Verschluß gebracht wurde, war weg. Ganze Brote verschwanden, fertige Suppen wurden ausgeschöpft und in den Ausgußeimer gegossen und der Kessel mit Wasser angefüllt! Viele Sonntagsbraten sind nicht von uns gegessen worden. Die Milch war bis zum Kochen nur mit Mühe zu halten und kaum bis zum Erkalten zu bringen. Alles an Lebensmitteln verschwand, was man nur einen Augenblick aus den Augen ließ. Aber weder mein Mann noch ich sahen, wann es geschah, und das in zwei kleinen Räumen von je 12 qm, wo sowieso immer einer dem anderen im Wege steht.

Ich ahnte damals schon voller Schrecken, daß man es überhaupt nicht sehen könne, schwieg aber allen gegenüber, weil ich ratlos war und keine Erklärung fand. Glaubte ich doch zuerst, ich würde durch Hypnose oder eine derartige Macht am Sehen gehindert. Sonderbar war es mir nur, weil ich nicht zu hypnotisieren bin...

Zu dieser Zeit wurde in schneller Folge alles viel schlimmer und unwirklicher. Die Schmutzhaufen wurden riesenhaft und die Urinlachen hatten oft die Menge eines mittelgroßen halben Eimers, so daß das Kind die Menge nie gemacht haben konnte. Ich gab daher probeweise der kleinen Ditti von Donnerstagabend bis Freitag gegen Abend nichts zu trinken. Obwohl das Bett fürchterlich beschmutzt war, standen an dem Tage drei riesige Schmutzhaufen und zehn Urinlachen in unseren kleinen Räumen! – Die Exkremente hatten die Eigenart, daß man nie roch, wo und wann sie gemacht wurden. Stand ein Schmutzhaufen (oft in Papier eingeschlagen) unter dem Sofa oder Bett, dann roch man nichts, und wenn er auch einen Tag stand, ehe er gefunden wurde. Aber rührte man den Dreck an, um ihn wegzuschaffen, gab es einen scheußlichen Gestank, der nicht wegzubringen war. Vor diesen Schmutzhaufen war man nirgends sicher, sie standen nicht nur überall auf der Erde, unter den Möbeln, sondern in den Betten, unter der Chaiselongue-Decke, auf dem elektrischen Kocher, in den Schränken usw.

Als der hinter mir auf der Kommode stehende Kessel aufgedeckt wurde, waren beide Brote stark angebissen, mit schmalem, langem Biß, wie von einem Tiermaul. – Die im Nebenzimmer stehende

Braunschweiger Streichwurst war total auseinandergerissen und aufgefressen, ebenso war der Emmentaler Käse abgebissen. Bei allem Geschilderten hat niemand seinen Platz verlassen. Alles ist von vier erwachsenen Personen zu bezeugen und ist von meinem Besuch als eidesstattliche Versicherung festgelegt.

Klein-Ditti wußte alle Begebenheiten, ohne daß das Kind dabei war. Wenn ich z.B. das Kind einen ganzen Tag ins Unterhaus zu Frau H. gab, so wußte die Kleine, was hier oben passierte. Auch wo die mir auf mysteriöse Weise abgenommenen Schlüssel versteckt waren. Nicht immer waren die Lebensmittel restlos weg, sondern lagen ganz oder als Brote zurechtgemacht unter den Möbeln, in den Betten usw. – kam ich dann herunter zu dem Kind, so sagte es gleich: „Mutti, brauchst Wurst nicht suchen, isse weg, aber Brot liegt noch unter Vatis Bett." Diese Aussagen wirkten immer etwas tranceähnlich. Gleich darauf nahm das Kind wieder den gewöhnlichen Ausdruck an. In diesen letzten Septembertagen kam IB einmal von der Schule, ich hatte das Essen für sie aufgehoben und setzte es auf den Tisch. IB aß, und ich setzte mich mit Ditti im Arm zu ihr. Da sah ich plötzlich, wie in der Wohnküche auf der Erde ein großer Schmutzhaufen entsteht. Ich war so erschrocken und entsetzt, daß ich ein kribbelndes Gefühl auf dem Rücken verspürte. Ich sagte kein Wort zu den Kindern, sondern dachte für mich, es ist ja nicht möglich, es muß ein Trugbild sein und ist vielleicht gleich wieder weg. Aber nein, der Haufen blieb, und man roch wieder nichts, obwohl es dicht neben uns war. Es war das erstemal, daß mir einwandfrei klar wurde, es muß eine böse übernatürliche Macht sein. Dann kam wieder der Gedanke, das gibt es ja gar nicht, also muß mein Verstand getrübt sein, und ich kann nicht mehr beobachten.

Frau H. sprach zuerst von der dämonischen Macht, die auch von der katholischen Kirche anerkannt würde. Frau H. sowohl wie ich sind katholisch. – Ich war über jede nur mögliche Erklärung froh, stand aber im ganzen allem verständnislos gegenüber. Frau H. brachte dann auch eine hochgeweihte Medaille, die KleinDitti umgehängt wurde. Mein Mann sowohl wie ich hatten aus Unwissenheit kein Verständnis dafür, daß das helfen könnte, aber das Wunder geschah. Das Kind veränderte sich von heute auf morgen. Es schlief sofort wieder in der Nacht und hat vom nächsten Tage an nie mehr eine Schmutzerei gemacht.

Nach wenigen Tagen schaute Ditti schon wieder besser aus und war innerhalb einer Woche wieder das fröhliche unbeschwerte Kind, das von da an wieder körperlich zunahm. Es mußte von nun an über die Vorgänge nur ganz vereinzelt etwas und sagte nach Wochen selbst zu mir: „Mutti, es sagt nichts mehr im Köpfchen, und Türen gehen auch nicht mehr auf, wenn ich davor stehe.“ Doch obwohl Ditti von dem Bann befreit war, der Spuk ging in immer schärfer werdender Form fort.

Die Kothaufen ließen an Menge nach und befanden sich vor allem nie mehr in Dittis Bett. Dafür gab es zahlreiche andere Scheußlichkeiten, z.B. zog IB im Zimmer ihren Mantel an, da war der Ärmel im Augenblick gräßlich verschneutzt. Eine gelbe zähe Schleimmasse lief darüber wie von einem kranken Tier. Ich nahm ein frisches Geschirrhandtuch heraus und als ich abtrocknen wollte, lief wieder die Schleimmasse dadurch. So wurde uns, unsichtbar wie alles, eine Flasche Petroleum über eine gerade geputzte Zimmerdecke gegossen. Ich warf IB den Aufnehmer hin, und als sie sich umdreht und danach fassen will, ist er weg. Am Abend fand er sich petroleumdurchtränkt in Frau H`s eingelegten Heringen! – Es würde viel zu weit führen, alle diese Vorgänge nur zur Hälfte aufzuführen.

Anfang Oktober, die Zeit der Tomaten und Äpfel! Beide Fruchtarten flogen bei uns nur so durch die Räume. Ohne daß man eine Bewegung wahrnehmen konnte, waren sie bald an diesem, bald an jenem Ort. Stellte ich Weihwasser auf den Schrank zwischen die Äpfel, lagen sie still.

An einem Samstagmorgen waren die Heiligenbilder der Kinder von den Wänden genommen, mit ausgedrückten Tomaten bespritzt und auf unsere Betten geworfen, die Betten selbst mit ausgedrückten Tomaten scheußlich beschmutzt. Alles Näh- und Stoffmaterial, Band und Spitzen in kleine Stücke zerschnitten, lag zusammengeballt umher. Bleistifte, Federhalter, Kämme zerbrochen. Alle Cremes und Zahnpasten in die Betten ausgedrückt, Blumentöpfe lagen zerschlagen am Boden usw.

Die Dorfbewohner, die sich das Schauspiel ansahen, riefen telefonisch den Pfarrer an, der mit einem zufällig anwesenden Kapuzinerpater hierher kam. Es war gleich zu merken, daß beide Herren uns nicht glaubten. Trotzdem sprach der Pater den Exorzismus und segnete die Kinder. Mein Mann, Frau H. und ich waren zugegen. Frau H. sagte in begreiflicher Aufregung: „Warum glaubt man uns nicht, und warum wird uns denn nicht geholfen?“ Der Herr Pater sagte fast wörtlich:

„Ich habe ja den kleinen Exorzismus gebetet, und wenn etwas an der Sache dran ist, muß es ja jetzt in Erscheinung treten.“

Als mein Mann und ich nach einer Stunde zurückkamen, fanden wir die Kinder in heller Aufregung und die Hunde verschüchtert vor. Kaum waren wir weg, so berichteten die Kinder, und sie saßen am Tisch und zeichneten, da sah die kleine Ditti eine kleine, schwarze, behaarte Gestalt in der Küche stehen. IB sah sie auch und die Hunde flüchteten in die Sofaecke. Gleich darauf stand eine zweite größere Gestalt an der Türe. Die Größe soll die eines mittelgroßen und größeren Kindes gewesen sein. Gesichtsausdruck nicht kenntlich, da bei den kleinen stummen Erscheinungen der Kopf immer gesenkt sei. Die Kinder beschreiben eine vornübergebückte Haltung und die Arme mit den Ellenbogen dicht an den Körper gezogen, krallenartige Hände, auf Füßen wie ein Geisbock stehend mit halblangem Schwanz und irgend etwas auf dem Kopf. Ich wähle bei diesen Beschreibungen immer die Ausdrucksweise der Kinder.

Hatten wir gehofft, es werde nach dem Exorzismus besser, so war das Gegenteil der Fall. Jetzt war wirklich „der Teufel los“.

Für die Folge konnte ich die Kinder keinen Augenblick allein lassen, da sie ständig von den Erscheinungen umgeben waren, wenn sie nur für Minuten allein waren. Sie haben dann Erscheinungen bis zu Mannesgröße, deren Gesicht die Kinder genau beschrieben. Die Gestalt genau wie die Kleinen, nur wäre der Kopf ein schmales Tiergesicht (die Ausdrücke der Kinder), der Mund dicht unter der Nase wie bei einem Hund. Die Nase aber leuchtete hell aus dem schwarzen behaarten Gesicht. Die Augen seien leuchtend mit Flämmchen darin, die sich bewegten. Diese großen Gestalten sprachen zu den Kindern und sagten verschieden Sachen, die die Kinder nicht wissen konnten. Auch legten ihnen die Gestalten alle möglichen Eßwaren hin, die, wenn die Kinder sie nicht nahmen (weil ich es verboten hatte), wieder verschwanden. Aber die Spuren dieser Eßwaren waren dann wirklich noch sichtbar. So hatte z.B. ein halbes Pfund Butter auf einem Glasteller gelegen, das Format konnte man genau sehen, auch noch Butterreste. Die Kinder konnten unmöglich, wenn sie eingeschlossen waren, Butter erreichen, die zur Zeit überhaupt nicht oder sehr knapp da war.

Die großen Erscheinungen sprachen zu den Kindern. Ich wiederhole einige Sätze. Zu IB: „Komme zu mir, Deine Mutter ist zu streng.“ –

„Diene mir, und es geht Dir gut.“ Zu beiden Kindern: „Ich freue mich, wenn Ihr Schimpfe bekommt.“ – „Ich gebe nicht eher Ruhe, bis IB weg ist.“ – „Ich lege Euch Butter und Semmel hin, wenn Ihr sie aber der Mutter zeigen wollt, nehme ich sie wieder weg.“

Geweihte Medaillen hatten immer nur vorübergehend Erfolg. Auch wurden die Medaillen immer verloren, abgerissen oder nicht getragen.

So war es Dezember geworden, und unsere Hausgeister wurden aggressiv. Mein Mann und ich waren in unserer kleinen Wohnung zugegen, als IB Kartoffeln schälte und plötzlich von ihrem Arm Blut tropfte. Der Unterarm war sechs bis sieben Zentimeter aufgeritzt und gleich darauf lag in IB's Nähe eine blutbefleckte Rasierklinge.

IB, die ihr ungewöhnlich langes schweres Haar in zwei Zöpfen trug, kam mit einem Korb voll Holz herein, den sie in beiden Händen trug und mir übergeben wollte. Da fiel ein Zopf, von Geisterhand in Schulterhöhe abgeschnitten, in den Korb. Mein Mann und ich standen neben dem Mädel und konnten nur zusehen, wie dies schwere Haar in einem Schnitt geräuschlos niederfiel. Wir überlegten noch, wie wir das Haar nun ordnen sollten, wollten aber zuerst zu Mittag essen. IB hielt die Schüssel, die ich einfüllte, und mein Mann wollte sie annehmen, da fiel der andere Zopf auf gleicher Höhe abgeschnitten zu Boden. Das war der Augenblick, wo mein Mann einsah, daß wir hilflos einer unsichtbaren Macht ausgesetzt waren. Zweimal wurden an diesem Tag IB noch die Haare abgeschnitten bis dicht an die Kopfhaut, trotz aller Vorsichtsmaßregeln.

Vier Wochen später wurde IB in meinem Beisein, als ich ihr die Bluse zuknöpfte, eine scheußliche Kopfwunde beigebracht. IB bückte sich plötzlich und faßte an ihr Bein (sie glaubte, es habe jemand sie ins Bein gestochen), und in ihrer gebückten Haltung schießt ein Blutstrahl aus ihrem Kopf. Das Blut floß so schrecklich über Kopf, Brust und Rücken, daß ich nur mit Mühe in dem blutdurchtränkten Haar feststellen konnte, daß ihr etwa sieben Zentimeter lang die Kopfhaut durchschnitten war. Nachdem ich das Mädel, das bis auf den Körper mit Blut durchtränkt war, verbunden und gewaschen hatte, schickte ich sie zum Arzt. Ich nahm ihr die Blutlachen auf und hatte schon zum drittenmal die Stelle trockengewischt, da lag auf dem sauberen Boden, genau an dem Tatort, eine – blutbefleckte Rasierklinge! – Der Arzt hatte IB's Wunde, die bis auf den Schädelknochen reichte, über zwei Wochen tamponieren müssen.

In der Silvesternacht war hier alles durchwühlt, der Inhalt aller Schubladen fürchterlich durcheinandergebracht und vertauscht. In der Wohnküche standen IB's einzige hohe Winterschuhe, ein geöffnetes Rasiermesser stand darin, und die Schuhe waren total zerschnitten, daß ein Schuhmacher sich äußerte: es könne nur ein Fachmann gemacht haben, dem genau bekannt sei, daß damit jedes Teil unbrauchbar sei.

Wieder waren die Heiligenbilder heruntergerissen und mit schwarzer Salbe überschmiert. Daß sich das neue Rasiermesser hier befand, wußte außer meinem Mann niemand, da er es von einer Reise ins Rheinland mitgebracht und weggelegt hatte.

Die Neuauflage für den Januar war, daß die elektrischen Kocher, es handelt sich um einen elektrischen Kocher und eine Heizplatte, ohne daß diese angeschlossen waren, kochten und glühten. Ich hatte schon bemerkt, daß das elektrische Bügeleisen ohne Verbindungsschnur heiß wurde, und hielt alle Verbindungsschnüre eingeschlossen. Trotzdem kochte im Kocher zu vielen Malen irgendeine Suppe, die von kochfertigen Suppen, Kartoffeln oder Milch, von allem, was übersehen wurde, gleich einzuschließen, hergestellt war. Die Kartoffeln waren fein darin geschnitten, und nie sah man eine Bewegung, nur, daß auf einmal der luftig kochende Topf sichtbar dastand, der gerade vorher noch auf seiner Stelle im Schrank gewesen war.

Mit einem schweren Herzen, aus dem die Bitte um Hilfe kam, bat ich mit einem Schreiben den hochwürdigen Herrn um Hilfe und legte die Durchschläge meiner Korrespondenz mit dem Ordinariat bei. Durch letztere wurde erhärtet, in welcher Not wir uns befanden und daß ich wohl nie an die für uns höchste kirchliche Stelle herangetreten wäre, wenn noch die geringste Möglichkeit einer Täuschung bestanden haben könnte.

Die Herren Prof. Dr. Bender, Freiburg i. B., und Prof. Dr. Dr. Fischer, Marburg an der Lahn, haben hier in fünftägiger Arbeit mit den modernsten Mitteln und Apparaten den Fall und die Personen geprüft; der erstere als Parapsychologe, der zweite als Psychotherapeut. Nirgends konnte ein Schwindel festgestellt werden, und der Fall wurde als solcher bejaht. Den religiösen Standpunkt erkennt die Wissenschaft nur teilweise an und versucht halbe Erklärungen auf seelischem Gebiet mit Heranziehung des Unterbewußtseins und medialer Kräfte zu finden. Tatsache aber bleibt die Anerkennung."

Der Stadtprediger in Traunstein sprach vor der katholischen Jugend gläubig über den „Spuk“. Die Rosenheimer Zeitung berichtete, dann auch die Zeitschrift „Kristall“ (1956), Neue Frankfurter Zeitschrift 1949 (24) S. 23, die Illustrierte „Das Ufer“ (1949, Heft 2) u.a.m. Der Pfarrer hielt alles für puren Schwindel und Betrug.

Die verzweifelte Frau wandte sich an das Bischöfliche Ordinariat und bat um Hilfe. Sie erhielt mehrere kleine geweihte Scheyerner Kreuze (Doppelbalkenkreuze aus dem Kloster in Scheyern bei Pfaffenhofen/Inn). Es wurde ruhig, nachdem der zuständige Pater „den besonderen Segen, verbunden mit dem Exorzismus, aus der Ferne gab“.

Nach drei Monaten Ruhe begann der „Spuk“ im Haus erneut. Frau Schrey berichtete darüber:

> „Zuerst haben wir uns alle gesträubt zu glauben, daß das Elend wieder angehen könnte. Die erste Tat war, daß unser Aschenkasten aus dem Fenster geschüttet war in Frau H.s frisches Treibkastengemüse. Aber da die Kinder in der Küche eingeschlossen waren, hätten sie es gewesen sein können. Aber gleichzeitig war der Herd so unglaublich dicht mit verbranntem Papier vollgepropft, daß es unmöglich war, daß die Kinder diese Menge verfügbar hatten. Gleichzeitig sahen wir auch die Kothaufen und Urinbäche wieder gleichmäßig auf Frau H.s und unseren Haushalt verteilt. Der Vogel mit dem verbrannten Papier wurde als Steckenpferd geritten, überall lag es herum in ganzen Ballen, unter den Betten, in jeder Zimmerecke, auf allen Treppenstufen, alles war angebrannt und angekohlt. Oft war alles voll Rauchwolken, aber nie sah man eine Flamme. Wohl brannte immer das elektrische Licht, so oft man es auch ausschaltete, und Kerzen brannten von selbst an. Die Lebensmittel verschwanden wieder und der Donnerstag-Freitag wurde wieder zu einem Höllentag wie auch in der ersten Periode. Das heißt, Donnerstag ging der Zauber schon gesteigert los, um sich Freitag auf den ganzen Tag auszudehnen. Als besondere Erfreuung fielen dann die Wassereimer von selbst um. Da wir keine Wasserleitung hier oben haben, müssen die gefüllten Eimer hier stehen. Im größten Rummel wurde an jedem Freitag einige Male ein Eimer dazwischen geschüttet. Damit man aber auch sicher wußte, von welcher Seite diese „Freundlichkeit“ geschah, war der Wassereimer, auch wenn man ihn nach Minuten aufhob, noch zur Hälfte gefüllt!“

Bender hielt sich fünf Tage in dem kleinen Dorf auf. Er untersuchte den „Spuk“ mit seinen Methoden, „mit modernsten Mitteln und Apparaten“. Er konnte nach Angaben der Pflegemutter keinen Schwindel feststellen. Bender arbeitete auch in diesem Fall mit Fotos der nachgestellten Spuk-Manifestationen, die dann in der Presse erschienen und dem flüchtigen Durchschnittsleser eine nicht gegebene Realität vorgaukelten. Bender, der von dem Poltergeistmädchen IB Handflächenabdrücke nahm und die Bewohner mit Hilfe von Dimafon-Aufnahmen interviewte, sprach in solchen Veröffentlichungen von „unerklärlichen seelischen Fähigkeiten“ und von „unbekannten Kräften“. Soweit Polizeibeamte an der Aufklärung solcher Schabernackfälle beteiligt waren, bezeichneten diese die Zeitungs- und Illustriertenberichte als „falsch, irreführend, sehr oberflächlich“.

2. Hintergründe eines „Spuks“

Am 3.5.1949 stellte das Amtsgericht Traunstein (Vormundschaftsgericht Az. XII 390/49) IB unter vorläufige Fürsorgeerziehung.

> In der Begründung hieß es, sie entwende seit langer Zeit alle für sie erreichbaren Gegenstände, so daß sie nicht allein gelassen werden könne. Angeblich schon in früheren Jahren geschlechtlich mißbraucht, gebe sie sich, sobald sie allein gelassen wird, in sehr starkem Maße der Onanie hin, wobei sie in der ganzen Wohnung Stuhl lasse.
>
> Sie sei gut, ruhig, nicht bösartig veranlagt, freundlich, zuvorkommend und hilfsbereit, jedoch nicht folgsam – direkt bockig – und im höchsten Maße verlogen. Das Gericht sah die Gefahr einer weiteren Verwahrlosung, da die Pflegeeltern nicht mit Erfolg erzieherisch auf die Jugendliche einwirken konnten.
>
> Sie wurde vom 4.5. bis 11.11.1949 in die Heil- und Pflegeanstalt Egelfing-Haar eingewiesen und blieb dort bis zum 8.7.1950. Dort stellte man bei ihr Psychopathie, Debilität, Pseudologia, Kleptomanie fest; sie sei infantil und sexuell triebhaft.
>
> Ihr Vater sei ein Trinker gewesen. Sie wurde vom Kleinkindalter an in Pflegestellen aufgezogen. Bei Familie war das die dritte Pflegestelle. Sie behauptete sexuellen Mißbrauch durch die Söhne in der zweiten Pflegestelle. Ein Jahr lang wurde sie „in einem Kloster“ unterge-

bracht. Die Schule verließ sie mit der Reife der 6. Klasse. Es heißt über sie: „Sie lügt und stiehlt, wenn man sie einen Augenblick aus den Augen läßt Eßwaren, Wein, Handtücher, Schmuck, Gebetbücher in der Kirche. Die Diebstähle werden stets raffiniert ausgeführt. Essen behält sie, die anderen Sachen verschenkt sie."

Am wohlsten fühlte sie sich in zerschlissenen, unsauberen schlampigen Sachen. In jedem Augenblick des Alleinsein masturbiere sie und habe Stuhlgang dabei (das hatte schon die Pflegemutter berichtet). Das habe sie seit dem sechsten Lebensjahr so gehalten. Im Mai 1949 hatte sie noch keine Regelblutung.

Sie kam nach Würzburg in ein anderes Heim. Sie arbeitete bis 1952 in einer Tagesstelle als Hausgehilfin. Sie galt dort als „gern auffällig, wenig umsichtig und hin und wieder auch leichtsinnig, doch ehrlich und verträglich". Nach einem Sommerbesuch wurde sie Haushaltshilfe bei einer Polizeibeamtenfamilie mit drei Kindern. Dort verschwand sie nach drei Monaten heimlich.

Sie fuhr per Anhalter zu ihrer noch lebenden leiblichen Mutter nach T. und arbeitete erst als Hausgehilfin, dann in einem guten Hotel. Dort schied sie nach kurzer Zeit wieder aus und nahm eine relativ gutbezahlte Anstellung als Bedienung in einem französischen Soldatenheim (mit freier Kost und Logis) an.

Sie galt als „äußerst schwieriger Charakter" und als „erblich belastet" (so das Jugendamt).

Die in zweiter Ehe lebende, zur Spukzeit 61 Jahre alte hypomanische Pflegemutter hatte ein lebhaftes Interesse an diesem Spuk. Sie legte eigene eidesstattliche Versicherungen vor, wie auch von Personen, die den „Spuk" selbst beobachtet haben wollen.

Aus den aufschlußreichen Angaben der Mutter ist erwähnenswert, daß sie am 1.5.1948 die IB fragte, ob sie gebeichtet habe, daß die Kothaufen von ihr seien. IB sei sehr erschrocken gewesen und habe die Koterei zugegeben: danach habe der „Spuk" aufgehört.

Die Veröffentlichungen durch die Mutter stellten sich bei der Befragung der IB als inhaltlich falsch oder übertrieben heraus: einen Blutritzer am Arm könne sich IB selbst beigebracht haben, die Verletzung am Kopf habe sich IB nicht selbst beigebracht; es sei vielmehr „ein kleiner Konflikt vorausgegangen". Der polizeiliche Vernehmer vermerkt hinsichtlich der Beschreibung der Kothaufen und Urinlachen: „Sie ergeht sich mit größter Wonne in diesen unappetitlichen Dingen".

3. Das Geständnis

Am 26.4.1955 wurde die IB von mir an ihrem Arbeitsplatz aufgesucht. In Gegenwart von zwei Zeugen erzählte sie flüssig und ohne Zögern u.a.: „Ich habe die sogenannten Spukvorfälle wissentlich und vorsätzlich gemacht. Das weiß meine Pflegemutter seit mindestens 1949; trotzdem hat sie ihre Broschüre über den Spuk veröffentlicht. Ich hätte die Angaben, die ich hier mache, schon längst gemacht, wenn ich jemals darüber gefragt worden wäre."

> „Glaublich im Sommer 1947 hat Professor Dr. Bender diese Vorgänge in Lauter untersucht. Ich wurde dabei nicht von ihm befragt.
>
> 1946 nahm Frau S. ein zweites Pflegekind (Ditti) aus München an. Von der Annahme dieses Kindes an wurde ich zurückgesetzt und fühlte mich von Frau S. benachteiligt. Sie kündigte mir damals an, sie wolle mich in ein Kloster bringen. Das war für mich eine schreckliche Enttäuschung, da ich mich schon so an die Familie gewöhnt hatte. Als Beispiel fällt mir heute ein, Ditti bekam meine schönen Kleider, während ich die alten Klamotten tragen mußte. Ditti durfte überall mit Frau S. ausgehen, während ich eingeschlossen wurde. Ditti bekam Geschenke und Post und ich nicht. Gegen diese Zurücksetzung habe ich mich innerlich aufgelehnt ohne etwas zu sagen.
>
> Dadurch daß ich zeitweise in ein Zimmer eingeschlossen wurde, konnte ich die Toilette nicht benutzen und ich mußte meine Notdurft selbst verrichten. Meinen Kot setzte ich auf ein Stück Papier und versteckte diesen unter das Bett oder in die Aschenablage des Ofens oder ich warf ihn zum Fenster raus. Das Pflegekind Ditti beteiligte sich nach einiger Zeit aus Spaß an diesem Unsinn. Weder Ditti noch ich sagten Frau S. etwas davon, wir wurden jedoch von ihr verprügelt. Wir haben auch zur gleichen Zeit in der Küche und im Schlafzimmer uriniert. Da ich immer Hunger hatte, biß ich Lebensmittel an, z.B. Wurst, Weißbrot, Butter und Zucker (meine Lieblingsspeise); Ditti

beteiligte sich später auch daran. Als Frau S. daraufhin die Lebensmittel einschloß, habe ich die Schränke aufgebrochen, wir aßen dann, was wir an Lebensmittel erwischen konnten. Wenn ganze Brote verschwanden, dann haben wir die Rinde abgeknabbert und das Weiche weggeworfen.

Es ist richtig, daß ich fertige Suppe ausgeschüttet habe, den Elektrokocher heimlich angemacht, Milch mit Wasser verdünnt, Sonntagsbraten heimlich gegessen habe usf. Ich steigerte meine Bosheiten nach und nach, weil sie nicht den erhofften Erfolg erzielten, und ich nach wie vor gegenüber Ditti benachteiligt wurde. Gleichzeitig entwickelte und festigte sich in mir ein Haßgefühl gegen Frau S.

Meine erste Regel bekam ich zwischen vierzehn und fünfzehn Jahren, wobei ich sie einmal bekam. Dann setzte meine Monatsregel für ein Jahr aus. Später habe ich keine Schwierigkeiten gehabt.

Auf den Kocher oder ins Bett haben wir keine Kothaufen gesetzt.

Wenn Haare herumlagen, so stammten diese vom Hund der Familie, dessen Fell wir stutzten.

Frau S. versprach mir immer wieder, mir eine Dauerwelle zu machen. Sie hielt ihr Versprechen nicht. Ich trug zu dieser Zeit zwei lange Zöpfe. Um nun doch zu Dauerwellen zu kommen, schnitt ich mir eines Tages im Hausflur mit einer Schere die beiden Zöpfe ab, als ich vom Holzholen kam. Die dicken festen Zöpfe durchschnitt ich nicht völlig, sondern ließ vom dritten Strang ein paar Haare stehen, die den Zopf trugen. Beim Eintreten in die Küche zeigte ich die angeschnittenen Zöpfe meiner Pflegemutter, die die restlichen Haare durchtrennte.

Meine Pflegemutter nahm von der Zeit Geister als Urheber der Vorkommnisse an, seit die Lebensmittel verschwanden. Ein typisches Ereignis ist mir noch in Erinnerung:

Frau H., die Vermieterin, hatte eines Tages geschlachtet bzw. die Eltern hatten geschlachtet. Frau H. brachte meiner Pflegemutter einen Teller mit Wurstsorten herauf. Während meine Pflegemutter mit Frau H. sprach, nahm ich blitzschnell hinter ihren Rücken den Wurstteller und schob ihn unter die Kommode. Die Aufregung war groß, und Frau S. sagte sofort, daß könnten nur die Geister gewesen sein. Sie blieb auch noch bei dieser Meinung, nachdem sie kurz darauf den Wurstteller unter der Kommode gefunden hatte. Ich wurde nicht verdächtigt. Die Geschichte mit der Kopfwunde verhält sich wie folgt: Ich hatte mich mit meiner Freundin verabredet. Frau S. jedoch verlangte von mir, ich solle meine Strümpfe waschen. Als ich mich weigerte, schlug Frau S. mir plötzlich mit einem Aluminiumschöpfer auf den Kopf. Sie war sehr wütend. Sofort strömte das Blut aus einer breiten Kopfwunde und ich mußte mich in ärztliche Behandlung begeben.

In der Silvesternacht habe ich meine alten hohen Winterschuhe zerschnitten, weil ich ein Paar neue haben wollte. Zu Weihnachten hatte ich keine bekommen. In dieser Nacht habe ich auch die Heiligenbilder mit Ichtiolsalbe angeschmiert. Frau S. war nämlich sehr fromm, zumindest gab sie äußerlich den Anschein, und das war mir zuwider.

Aus einem Kassenbuch des Herrn S. habe ich nie Seiten herausgeschnitten oder Bargeld herausgenommen. Wenn ich dieses getan hätte, würde ich die heute zugeben, da mir nichts passieren würde.

Ich habe meiner Pflegemutter nie etwas über eine Teufelserscheinung erzählt. Ich weiß wohl noch genau, daß meine Pflegemutter von Geistern und Teufeln sprach. Diese Gespräche waren jedoch ganz allgemein gehalten.

Ich erinnere mich, daß ich einmal meiner Pflegemutter erzählte, ich habe abends im Garten ein schwarzes Tier gesehen. Die Tierart konnte ich jedoch nicht erkennen.

Ich habe meiner Mutter nie etwas von Erscheinungen erzählt, daß diese mit mir gesprochen haben. Ich habe auch mit anderen Kindern nie darüber gesprochen.

Alle mir einzeln vorgehaltenen Vorkommnisse in der Wohnung habe ich aus den eingangs erwähnten Gründen vorsätzlich begangen. Durch die kleine Ditti hörte ich über die Vorwürfe meiner Pflegemutter bezüglich meines sexuellen Verhaltens. Wenn ich damals in der Entwicklungszeit eine andere als die übliche sexuelle Verhaltensweise zeigte, so ist dieser Zustand inzwischen überwunden.

Eines Tages kam ein Professor Bender aus Freiburg zu uns. Wir Kinder wurden immer weggeschickt „wenn so einer kam". Was er gemacht hat, weiß ich nicht. Bei ihm war noch ein zweiter Herr, über ihn weiß ich auch nichts Näheres."

So endete sang- und klanglos der „Spuk am Chiemsee“. Das weitere Schicksal des Spuk-Mädchen wurde nach 1955 nicht mehr beobachtet.

Immerhin ließ dieser Fall erkennen, daß bei einer direkten, persönlichen Ansprache und bei offenem Fragen mit Vorhalt – nach mehr oder weniger behutsamen Anbahnungsgesprächen („warming up“) – der Spukproduzent rund zehn Jahre nach den Ereignissen aussagebereit ist. Voraussetzung ist, daß er sich inzwischen aus seinen sozialen Bindungen, wie sie z.Zt. des Schabernacks bestanden, gelöst hat und daß er in der neuen Umgebung nicht blamiert wird. Der Zeitabstand spielt dann keine Rolle, wenn der ehemalige Jungtäter noch in seiner alten Umgebung lebt und dort als erwachsener Mensch inzwischen ein ungestörtes Ansehen genießt, das er durch ein spätes Geständnis gefährden könnte (und geschehe dies auch nur im Verhältnis zu seiner Frau oder seinen Kindern). Dann können auch vierzig Jahre Zeitabstand (wie z.B. im Falle des in der Literatur beschriebenen Falles des Spukes von Großerlach, 1916; Befragungsversuch 1956 durch Verfasser) allein nicht helfen.

XIII. Das Ende der Parapsychologie

1. Der eifernde Missionar

Das allen Religionsformen gemeinsame seelische Erleben findet sich auch in der Parapsychologie. Dort gibt es einen Zustand, in dem der „Glaube", das Fürwahrhalten, noch kein Glaube ist, sondern noch unmittelbar ergreifende, erweisliche Tatsache, wie Zucker sagt. Dadurch wird die Idee, die tragende Vorstellung und Vormeinung, als real empfunden[114)]. Kennt man dieses Tor zum Irrationalen, so läßt sich das Ergriffensein durch ein psi-Erlebnis eher nachempfinden, nämlich auf dem Wege über das Realitätsgefühl für das seltsame, unerklärliche, unfaßbare psi. Das Ergebnis aus dem Erleben dieser Realität ist der Glaube (so Zucker). Einem solchen Unfaßbaren gegenüber geht der Realitätssinn verloren und ein Glaube entsteht[115)]. Es beginnt dann die extrovertierte oder introvertierte Suche nach Erlebniswiederholungen und Glaubensbestätigungen.

Benders Lebensweg zeigt eine solche Entwicklung und extrovertierte Dynamik. Bender war seit Jahrzehnten von einem zum anderen Okkultfall unterwegs, sobald die jeweilige Okkultgeschichte ihm mehr oder weniger sensationell aufgemacht durch die Presse bekannt geworden war. Er vermutete hinter jedem Bericht vielversprechende Phänomene, mit deren Hilfe er endlich einen auch durch Dritte akzeptierten Beweis für die Existenz von psi führen könnte.

Die „schreckliche Unruhe, die ihn von einem Ort zum anderen trieb", war nach Gruber[116)] schicksalhaft. In ihrer geistigen Dimension war sie ein Charaktermerkmal, ein Wesenszug Benders. Für ihn, der ständig in Bewegung, ständig auf der Suche nach der Begegnung mit dem Jenseits im Diesseits unterwegs sein mußte, boten u.a. die Spukfälle Hoffnungsansätze, um mit deren Hilfe endlich inneren Frieden und wissenschaftliche Erfolge finden zu können.

Seine Unruhe war das „Symptom einer Sehnsucht, deren Ziel er dunkel ahnte"[117)]. Er war von dem missionarischen Eifer erfüllt, der ihn zugleich blendete: die „Integration des Irrationalen" wurde sein zentrales Anliegen[118)]. Gruber schreibt über ihn nach jahrelangen Beobachtungen, sein geistiger

Spannungsbogen habe sich stets in den nie aufgelösten, gegenläufigen Tendenzen vom Irdischen und Überirdischen, vom Empirischen und Intuitiven, von Freiheit und Vorbereitung bewegt. Seine Überzeugung wurzelte – frei von jeder Wissenschaft – tief in ihm. Er dachte „mit grimmigen Hohn an den Negativismus der vielen Superklugen, für die es solche Erscheinungen nicht gibt, wenn man sie nicht nur erlebt, sondern im wahrsten Sinne des Wortes erlitten hat," wie er einmal – ohne es zu erkennen – das ganze Drama seiner zwiespältigen „Wissenschaft" beschrieb[119)].

Er fühlte sich angerührt, erfaßt von etwas, das größer war als er selbst, als er mit der Astrologie bekannt wurde, und alles deutete für ihn an, daß es „Entsprechungen gab, die weit über das naturwissenschaftlich Faßbare hinausgingen[120)].

Was Einstein in seinen Betrachtungen zu „Religion und Wissenschaft aufgezeigt hatte, spiegelt sich in Benders Vita. „Alles was von den Menschen getan und gedacht wird, gilt der Befriedigung gefühlter Bedürfnisse, sowie der Stillung von Schmerzen. Dies muß man sich immer vor Augen halten, wenn man geistige Bewegungen und Entwicklungen verstehen will"[121)].

Der Mensch in seinem Ausgesetztsein sehnt sich nach Harmonie, nach Geborgenheit, nach Sicherheit. Was er ersehnt, findet er nur unvollkommen oder nie. Da die materielle Welt seine Wünsche nicht erfüllen kann, sucht er die Erlösung in der Religion oder im religiösen Erleben. Dabei muß jeder seinen aus Anlagen und Umwelt mitbestimmten individuellen Weg gehen. Das Erleben (nicht das bloße Kennen und Wissen) der Naturgesetze, des „Gebets" in der Formel oder der Struktur, mit Hilfe der Naturwissenschaften kann ein Weg zum Empfinden des „kosmischen Allgefühls" (Zucker) sein. Dazu gehört auch die Erkenntnis, als Mensch in den Zusammenhang aller Dinge eingebunden zu sein. Die innere Ruhe der Weisen hat in dieser Einsicht ihren Sitz, in einer Harmonie, die durch die Regeneration des im allgemeinen verloren gegangenen Urvertrauen gewonnen werden kann.

Schon als Student in Bonn hatte Bender (nach Gruber) „die endgültige Weichenstellung in seinem Leben mit solcher Inbrunst, solcher keinen Widerspruch duldenden Überzeugtheit ausgestattet, daß sie sein ganzes Leben auszufüllen imstande war".

Am Ende seines kontinuierlich sprunghaften Lebens konnte er (nach Gruber) mehr als Wissenskünstler, weniger als Wissenschaftler gelten. Er konnte auf ein buntes, wirres, ungeordnetes und ohne fachlichen Erbvertrag hinterlassenes Konglomerat an Stapelware aus okkulten Erzählungen zurückblicken, das ohne ausreichende Hypothesenbildung oder Beweisführung, d.h. ohne wissenschaftliche Durchdringung geblieben war.

Bender war, bedingt durch einen „Ursprung der Bewegung“ (Zucker), aus einer Neigung nicht definierbarer Herkunft heraus, von einem daraus resultierenden drängenden Missionseifer erfüllt. Bender hatte während seiner Studienzeit in Paris (1926) eine literarische Dimension kennengelernt, die seinem eigenen, fragmentarischen Weltverständnis eine Struktur gab. Diese Dimension offenbarte sich „in einem mit aggressiver Macht nach Befreiung drängenden religiösen Fanatismus und maßlosen erotischen Wünschen, mit ungezügelten Strebungen, die zu Mord oder Wahnsinn führen konnten“. Dieser „Dimension“, deren Inhalte und Prägekraft nicht näher definiert werden, beeindruckte und beeinflußte ihn, wie sein einfühlsamer Biograf Gruber, der ihn seit 1973 kannte, sybillinisch schreibt.

Was Bender aus seiner Dimension mitbrachte, war trotz moderner Sprache mystisch verschwommen, okkult verwaschen, voller Zeichen und Deutungen.

2. Die chiffrierten Botschaften

Die Hieroglyphen des Benderschen Lebens lassen sich trotzdem anhand seiner Arbeitsweise entziffern und in einen verständlichen, wenn auch ergänzungsbedürftigen Text umsetzen. Die Vita des in seiner Denkwelt letztlich einsamen Mannes, der das „Hereinbrechen des Außergewöhnlichen am eigenen Leibe erfahren“ hatte[122)], der immer wieder „mit dem Eifer des Erschrockenen[123)] in „höchste Aufregung geriet“[124)], wenn ihm ein Spukfall o.ä. bekannt wurde, läßt erkennen, mit welcher Inbrunst er in die von ihm so empfundene Anderwelt eintauchte[125)]. „Er war fasziniert von den Augenblicken, in denen sich die rationale Kontrollinstanz verabschiedete und er hatte gleichzeitig großen Respekt davor“, beschreibt ihn Gruber[126)], der auch von der „eigenartigen Besessenheit“ spricht, mit der Bender unbedingt einen Beweis für die Wirklichkeit des Spuks liefern wollte. Seine „zerrissene Persönlichkeit“[127] war (wie Gruber versichert) bei allen seinen Vorhaben und Veröffentlichungen nicht gewissenlos, aber doch gewissenfrei[128]. Er hoffte insgeheim auf einen „Irrtum der Vernunft“ und daß es ihm, Bender, möglich sein werde „durch einen wie auch immer gearteten Pakt mit dem Unbekannten die andere Seite zu durchdringen“. Gruber beschreibt eindrucksvoll und mitempfindend, daß Bender sich lange schon „dort heimisch fühlte, wo andere sich in der Fremde fühlten“[129].

Für Bender zeigten sich „Eindrücke des Außergewöhnlichen“ in allen Lebenslagen „als eigentümliche, chiffrierte Botschaft“. „Irgendwo gab es für „das alles“ einen gemeinsamen Nenner“[130], den Bender schließlich in dem Begriff „psi“ unterzubringen versuchte. Er erkannte nie, daß der gemeinsame Nenner seiner okkulten Erlebnisse und Orientierungen in ihm selbst lag. Auch das familiale Schicksal konnte ihn nicht warnen. Freilich geht der Biograf mit dieser Sphäre Benders behutsam und schonend um. Als Bender sich 1940, 33 Jahre alt, dem „Problem der Heirat“ mit seinem studentischen Medium, einer promovierten Lektorin in Bonn, näherte, stieß er zu seiner Bestürzung auf einen Abgrund seiner Natur, die „alle Schleusen ererbter Sorgenkomplexe öffnete“, wie er in einem Brief schrieb[131]. Ein solches Erschrecken konnte in jenen Jahren bei der Erarbeitung der unvermeidbaren „Ahnentafel“ (Abstammungsnachweise) und beim Erkennen familialer Konstitutionen, Begabungen, Eigenschaften und Erkrankungen gelegentlich aufkommen. Der Biograf Gruber erläutert diese Schlüsselerkenntnis nicht, gewinnt daraus aber wohl später die Gewißheit für deutlichere Formulierungen.

Eine kritische Antidissertation zu Benders Elaborat über den Poltergeist von Bremen-Neue Vahr zu schreiben, hätte bei Bender keine Wirkung erzeugt. Bender war nicht zu korrigieren. Er wurde immer mehr, was er war. Bender hatte sich nämlich im Laufe der Zeit „zusehends gegen Anfeindungen immunisiert. Eine gewisse abgebrühte Haltung nahm langsam von ihm Besitz“, wie sein Biograf beobachten konnte[132]. Er wurde, nachdem er für Kritik an der Parapsychologie schon immer unzugänglich war, „zunehmend kritikunfähig“[133]. Schon Zucker[134] hatte herausgestellt, es sei hoffnungslos, eine Behauptung, der letztlich und ursprünglich ein Glaube zugrunde liegt, mit dem Hinweis auf einen Irrtum zu revidieren. Benders Dissertation ist eigentlich ein Glaubensbekenntnis, ein Credo, im Chor von Glaubenszeugen.

Die jungen nachwachsenden Jünger der parapsychologischen Theologie auf den Nachtseiten der Wissenschaft, ohne den für Bender typischen Berufungsdruck und Missionsfanatismus, wurden trotz aller Verbiegungen und Verbeugungen in Richtung Eichhalde ihm gegenüber kritischer und in bescheidenem Umfang methodenbewußter, auch vorsichtiger, ohne ihre Blenden zu verlieren.

Hatte Bender früher schon kein an den Maßstäben der naturwissenschaftlichen Exaktheit angelehntes und kritisches Methodenarsenal verwendet, so schwebte er im Alter im subjektiven Raum, sein eigener Poltergeist gewissermaßen. Er produzierte, wenn überhaupt, in seiner Dissertation pseudowissenschaftlichen Schabernack in wohlgesetzten Worten, blind für selbstkritische Gegenkontrollen.

3. Der blinde Fleck und die Scheuklappen

Schon vor fünfzig Jahren, während seiner Zeit in Straßburg, hatte bei ihm „der blinde Fleck in seinem Blickfeld hinsichtlich alternativer Hypothesen auf dem Gebiet des Außergewöhnlichen bereits ein beträchtliches Ausmaß angenommen“[135)]. Er war „abhold der methodischen Exaktheit“, rückte immer stärker vom systematischen Vorgehen ab und hatte „vor lauter empirischen Prüfungen den großen Rahmen nie im Visier“[136)]. Er ließ, wie sein Biograf Gruber liebevoll meint, seine Leitgedanken und Konzepte „leichtfüßig daherkommen“ und schüttelte sie aus dem Ärmel wie aus einem Füllhorn, ein Horror für jeden auf exakte Beweise bedachten Wissenschaftler, Juristen, Kriminalisten. Gruber erwähnt „die liebenswürdige Unachtsamkeit Benders, an der so mancher zu nagen hatte“, das „kreative Chaos“[137)], die disparaten, unmethodischen Untersuchungen[139)] des großen Meisters, die „Versponnenheit in seinen Gegenstand, durch die der notwendige Kontakt zum sozial angemessenen Verhalten allzuoft verlorenging“[138)]. Bender wollte auf jeden Fall „das Phänomen“ haben[140)].

Die seltsame Arbeitsweise Benders, die aus der Sicht der Beobachter unverständlich, atypisch, kurios und verrückt schien, wird vom Biografen Gruber beschrieben als Untersuchungen isolierter Fälle nebeneinander“[141)]. „Alles geschah ohne System und Ziel[142)].“ Das wirre Vorgehen erbrachte wirre Resultate.

Bender hat nie ein zusammenfassendes Werk über die Systematik des Spuks aus der Sicht eines Psychologen oder wenigstens eines Psichologen geschrieben. Seine Einsichten über das Paranormale (was auch immer er darunter erfaßte) waren zu keiner Zeit seiner letztlich pseudowissenschaftlich Produzierungsweise das Ergebnis eines geradlinig durchgeführten Forschungsprogramms, wie sein Biograf aufzeigt[143)]. Sie waren vielmehr Einfälle nicht näher begründeter und nicht nachuntersuchter phantasievoller Hypothesen, freundlich durch Gruber formuliert als „Lichtblicke", verspielte Kreationen mit Schauderwirkung beim Publikum. Das Grundgerüst seiner Einsichten hatte er aus wenigen Fällen und Beobachtungen gezimmert[144)] – und es dabei belassen. Dabei konnte sich Bender nicht eindeutig festlegen. „Die Seinserfahrung, die Bender geprägt hatte, ließ eine verpflichtend definierte Welt nicht zu", schreibt Gruber, „paranormale und synchronistische Ereignisse waren Ausdruck dieses gelebten Realitätsempfindens, das sich nur im Sowohl-Als-Auch äußern konnte". Die Elemente seiner Missionslehre hatte er aus wenigen Vorgängen gewonnen[145)]. Trotz dieses Nullfundaments verfehlte Bender nie seinen selbstgestellten Missionsauftrag[146)]. Er war unermüdlich bestrebt, für die von ihm so gesehenen „rätselhaften" Beobachtungen und Erfahrungen nicht nur vom wissenschaftlichen Denken hergeleitete Erklärungen zu suchen. Er schien sogar ohne Zögern bereit, seine Funde und Beobachtungen naturwissenschaftlichen Untersuchungen, Überprüfungen zugängig zu machen, um dadurch endlich bei den Naturwissenschaftlern Anerkennung zu finden. Wer aber kümmerte sich um die Benderschen Signale?

Seine ungenaue Berichterstattung, seine Voreingenommenheit und die von ihm übereilt gezogenen Schlußfolgerungen sahen entsprechend aus. Bender war eben mehr Ideologe als Wissenschaftler, mehr gläubiges Kind und Märchenerzähler, als der exakte Arbeiter im Weinberg des psi. In seine Publikationen schlichen sich „manche Nachlässigkeiten" (Gruber) ein; es kam zu „gewissen Auslassungen" (Gruber). Diese Erinnerungsfälschungen erfolgten ohne Absicht, wenngleich sie ihm nicht unwillkommen sein konnten. Sie erklären sich – nach Zucker – aus einer Verselbstständigung der abergläubischen Erlebnisinhalte, die als Anteile bei illusionären Verkennungen eine wichtige Rolle spielen. Das ergreifende, nicht erklärbare abergläubig gedeutete Erlebnis ist durch nachfolgende Kritik nicht spaltbar[147)].

Mit aller Nächstenliebe schönt hier Gruber: Ausgelassen von Bender wurden stets nur die sein Erlebnisbild störenden Fakten, welche seine (an sich schon auf schwachen Füßen stehende) Beweisführung für psi behinderten.

In besonders derber Weise wurde in der Berichterstattung Benders über den „Spuk“ von Rosenheim erkennbar, daß parapsychologische Spukforscher okkultpräformierte Schabernackspezialisten sind, durch deren Beihilfe erst jugendlicher Unfug zum „Spuk“ wird.

In Rosenheim, in der Praxis des Rechtsanwaltes Sigmund Adam, war es 1967 immer nur in Gegenwart der neunzehnjährigen seit zwei Jahren als Anwaltsgehilfin-Lehrling tätigen Annemarie Schaberl zu allerhand Schabernackhandlungen gekommen, die von der abergläubischen Umgebung als „Spuk“ definiert wurden. (In der Kanzlei arbeitete noch eine neunzehnjährige Frau, eine vierzigjährige Aushilfe (seit 19.12.67) und der Bürovorsteher).

Bender berichtete in seiner Hauspostille unter der Überschrift „Der Rosenheimer Spuk – ein Fall spontaner Psychokinese“[148]: Leuchtstoffröhren „erloschen immer wieder“, nachdem sie durch unerkannte Kräfte in ihren Halterungen um 90 Grad herumgedreht worden waren; im Zimmer des Rechtsanwaltes zerschellte eine Leuchtstoffröhre am Boden; eine Leuchtstoffröhre „explodierte“ im Vorzimmer; heftige Knallerscheinungen wurden gemeldet; später zersprangen Glühbirnen.

Sicherungsautomaten sollen sich selbstständig ausgelöst haben, die Entwicklerflüssigkeit des Fotokopiergeräts sei mehrfach ausgelaufen, vier Telefonapparate des Büros läuteten gleichzeitig, Gespräche brachen zusammen, Telefonrechnungen stiegen auf ungewöhnliche Höhen, ein- oder ausgeschaltete Lampen begannen zu schwingen und zu pendeln – so berichtete Bender.

Es wurden erst durch die Revisoren der Stadtwerke, dann durch das Fernmeldetechnische Amt der Bundespost und dann die Physiker Dr. F. Karger vom Institut für Plasmaphysik in München-Garching und dem Diplomphysiker G. Zicha oszillographische Messungen durchgeführt.

Die Meßdiagramme der städtischen Spannungs- und Stromschreiber zeigten nur dann Ausschläge, wenn im Büro gearbeitet wurde. Selbst Bender meinte, daß die Ausschläge nichts mit (ursprünglich vermuteten) Anomalien der Stromversorgung zu tun hatten, sondern durch eine auf den Schreibhebel wirkende „mechanische“ Kraft entstanden sein mußte, ob nun die Geräte plombiert waren oder nicht.

Wie immer zeigten solche Meßgeräte an sich idiotensicher das auf, wozu sie konstruiert waren. Nicht mehr und nicht weniger. Erst aus der Interpretation dessen, was sie nicht zeigen können, ergeben sich weitere Schlußfolgerungen und Ermittlungsansätze.

> Es tauchte die Vermutung auf, es könne sich um „psychokinetische Einwirkungen" handeln. Die dann einsetzenden Untersuchungen der beiden Physiker ergaben: auch wenn der Messungsschreiber ausschlug, lag keine Erhöhung der Netzspannung vor. Auch die weiteren, in sich nach den Regeln der Kunst vorgenommenen Messungen erbrachten keinen Aufschluß über die Urheberkraft und so wurde der Schluß gezogen: ein Betrug sei ausgeschlossen, so meinte Bender.
>
> Die Physiker waren vorsichtiger und trafen (zum Teil) das Richtige, wenn sie in ihrem Bericht physikalische Untersuchungen des Spukfalles in Rosenheim 1967 konstatierten, daß „eine Beschreibung der Phänomene mit vorhandenen Prinzipien der Physik nicht möglich ist"[148]. Bender sah darin einen „Nachweis, daß die Schreiberausschläge psychokinetische Bewirkungen sind". Und es sei „eine neue Etappe der Spukforschung erreicht worden. Und die „zahlreichen Zeugen" unterstützten natürlich diese Ansicht.
>
> Auch Bender näherte sich gelegentlich einer normalen Sicht der Dinge, wenn er befand, die Zahl der Phänomene nehme mit der Entfernung von der auslösenden Person ab. „Das 'psi-Feld' hat seine größte Intensität in dem Raum, in dem sich das 'Medium' befindet."

Es scheint so, als dächte er über das psi-Feld hinaus nicht an die normalen Felder, auf denen ein Psychologe zuhause sein müßte. Die Realität sah etwas anders aus. Am 8.11.67 erstattete der seit 1942 in Rosenheim praktizierende RA. Sigmund Adam bei der StA Rosenheim Anzeige wegen „versuchten Betruges oder Untreue" (Az 19Js 1723/67), weil die Post Telefongespräche in Rechnung gestellt hatte, die er nicht geführt habe.

Am 17.11.68 folgte die Anzeige gegen Unbekannt wegen Sachbeschädigung und Hausfriedensbruch. Die polizeilichen Ermittlungen ergaben folgendes:

> Es wurden wiederholt Telefonate unterbrochen. Außerdem wurden zahlreiche, kostentreibende Telefonate seit Mai 1967 registriert, die man sich im Büro nicht erklären konnte. Die Telefoneinrichtung (ein

Hauptanschluß und drei Nebenstellen) wurden durch Techniker der Firma Siemens wochenlang erfolglos untersucht.

Das danach eingeschaltete Fernmeldeamt Rosenheim schloß daraufhin am 4.10.67 einen neuen Telefonanschluß mit neuen Zuleitungen (ohne Nebenanschlüsse) an, stellte ein neues Telefon auf den Tisch des Bürovorstehers und legte die alte Anlage still. Ein Gebührenzähler wurde installiert, der Gespräche nach außen registrierte, die niemand geführt haben wollte. Nach Auskunft der Bundespost war wiederholt ganz schnell hintereinander vom Büro aus die Zeitansage angerufen worden. Der Anwalt hatte angeordnet, daß jedes ausgehende Gespräch von den Büroangehörigen mit Angabe des Zählerstandes notiert werden müsse. Trotzdem wurden Gespräche angeblich immer wieder unterbrochen. Der Kanzleivorsteher erklärte, er habe das Vorrücken des Gebührenanzeigers um mehrere Einheiten beobachtet, ohne daß jemand telefoniert habe.

Die Post vertrat die Ansicht, daß die technische Ausstattung einwandfrei sei und daß Angestellte der Kanzlei die Zeitansage angewählt haben mußten. Der RA bestritt dies. Daraufhin wurde am 31.10.67 dieser Telefonapparat erneuert und gegen einen Apparat mit Zählereinrichtung und Absperrmöglichkeit ausgestauscht. Nur der Rechtsanwalt besaß den Schlüssel. Jetzt wurde nicht mehr durch den „Unbekannten" das Telefon benutzt. Da der Streit zwischen dem Anwalt und der Bundespost nicht mit dem Gebührenverzicht der Post enden wollte, erstattete der Anwalt am 8.11.67 die erwähnte Anzeige. Die drei Büroangestellten bestritten jeden der Anrufe.

Im Büro blieb es bis zum 9.11.67 ruhig. Dann erlosch am 9.11. plötzlich das Neonlicht im Büro des Rechtsanwalts nach einem Knall (die Neonröhren waren verdreht, wie abends ein Monteur herausfand). Wandteller sprangen aus ihren Halterungen und zerschellten am Boden. Die Lampen schwangen derart heftig, daß sie an der Decke anstießen und zerbrachen.

Mit Hilfe einer Zählervergleichseinrichtung, welche das Gespräch, die gewählte Telefonteilnehmernummer, den Zählerstand, die Zeiten nach fünf Sekundenabständen registrierte und auf einem Papierstreifenausdruck dokumentierte, konnte nachgewiesen werden, daß vom Telefon der Anwaltskanzlei die Zeitansage wieder und wieder (an manchen Tagen bis zu fünfundsechzig mal) angerufen wurde.
Der Anwalt wandte sich an die Öffentlichkeit. Die Zeitungen berichte-

ten, das Fernsehen machte Aufnahmen und es meldeten sich die ersten Parapsychologen. Die ermittelnden Polizeibeamten blieben skeptisch, weil von allen Beobachtern in der Kanzlei noch nie eine Bewegung der Lampen oder Bilder im Augenblick der Entstehung gesehen wurde. In fast allen Fällen war es die Angestellte Sch., welche die Anwesenden aufmerksam machte, daß Bilder und Lampen „jetzt gerade schwingen".

Der Wiener Trickexperte Albin Neumann berichtete, die Vorgänge hätten damit angefangen, daß in der Portokasse etwa 10 DM gefehlt haben, auch sei das Kassenbuch zeitweilig verschwunden. Zur Entschuldigung hieß es in der Kanzlei, das Geld werde „sich wohl dematerialisiert haben".

Die Polizei erhielt von dieser Vorgeschichte offenbar keine Kenntnis, denn sie griff diese Spur nicht auf.

Diese Geldkassette spielte auch am 17.10.68 eine Rolle. Gegen 11.30 Uhr hörte das Ehepaar F., das mit RA Adam in dessen Büro saß, einen lauten Knall: Vor der Tür des Anwaltes lag offen die Geldkassette. Das Geld lag verstreut am Boden. Nach Überzeugung der beiden Zeugen konnte die Sch. die Kasse nicht dorthin geworfen haben, denn die Schublade, in der die Kasse gestanden war, befand sich drei Meter vom Arbeitsplatz der Sch. entfernt und die Zeugen hatten in ihrer angeregten Unterhaltung gehört, daß die Sch. „ständig geschrieben" hatte. Sie berichteten am 23.1.68 dazu: „Aufgrund unserer eigenen Beobachtungen steht mit absoluter Sicherheit fest (sic; d.Verf.), daß es sich um einen völlig rätselhaften (sic; d.Verf.) Vorgang handelte, der von niemand verursacht sein konnte, weil sich nur Frl. Sch. im Raum befand, die zur gleichen Zeit des knallartigen Geräusches die Schreibmaschine bediente."

Die aufgeregte Aushilfskraft wußte zu berichten, die Schreibtischschublade sei „ohne Zutun" plötzlich aufgegangen und die Geldkassette im hohen Bogen zu Boden gefallen.

Auch die Büroaushilfskraft kam einmal in ihrer Aussage der Realität ziemlich nahe, als sie über den Vorgang einer Bildbewegung berichtete: „Ich sah, wie die Sch. plötzlich mit der Hand nach einem Bild schlug, das links von ihr an der Wand hing. Die Sch. konnte das Bild aber nicht mehr abfangen, weil sich dasselbe mehrmals um die eigene

> Achse drehte. Dabei hat die Sch. einen Schrei gemacht. Die Sch. konnte sich erst wieder langsam beruhigen. Wenn sie das Bild selbst in Bewegung gesetzt hatte, so hätte ich das gemerkt. Ungefähr eine halbe Stunde später sah ich, wie sich das gleiche Bild wieder an der Wand drehte".

Die Zeugen zeigten alle die eigenartigen Wahrnehmungseinschränkungen und Ausdeutungsbereitschaften, die für in ähnlicher Weise grundierte Menschen in solchen Spukfällen typisch sind. Dann genügt es für das weitere Aufschaukeln der Erwartungen, wenn wieder einmal aus allen drei Schreibtischen die Schubladen „von selbst herauskommen", wenn die Federdrehstühle „herunterfallen", wenn der Schreibtisch der Sch. „verrutscht". Dann kann sogar ein Schreibtisch „verrutschen", auf dem ein 38 Jahre alter Mann vollastig saß, wie er als Zeuge angab.

> Der 17.1.68 hatte schon gut angefangen, als der dreiundvierzigjährige Bürovorsteher gegen 08.00 Uhr ins Büro kam. Die Sch. war allein dort, sie war sehr aufgeregt und zeigte auf die Trümmer von vier geplatzten Neonröhren. Die Neonröhren seien ohne ihr Zutun aus den Halterungen gefallen und am Boden zersplittert. Am Nachmittag machten die weiblichen Bürokräfte den Kriminalamtmann W. darauf aufmerksam, daß ein schwerer Aktenschrank in der Kanzlei 28 cm von der Wand abgerückt worden sei. Mit einiger Kraftanstrengung konnte der Kriminalbeamte auf dem Linoleum-Bodenbelag den Schrank wieder in die ursprüngliche Position zurück schieben. Der Schrank war zwischen 13.30 und 14.30 Uhr von der Wand abgedrückt worden. Nachmittags wurde er erneut von der Wand gerückt. Zwei Kriminalbeamte mußten „mit ziemlicher Kraftanstrengung" den Schrank wieder zurückschieben.
>
> Der erfahrene Kriminalist berichtete über sein weiteres Vorgehen an diesem Nachmittag:
>
> „Ich hielt mich anschließend noch in den Räumen auf, um Beobachtungen zu machen. Nachdem Frl. Sch. von der Kanzlei aus einmal durch den Wohnungsflur zur Toilette oder zur Küche gegangen war, stellte ich fest, daß der gußeiserne Leuchter im Wohnungsflur sehr stark pendelte. Der Leuchter pendelte in Längsrichtung des Wohnungsflurs. Während ich die Beobachtung machte, kam Frl. Sch. um die Ecke zurück, sah das Pendeln und mich und blieb erschrocken stehen. Auf meine Frage, ob sie das Pendeln des Leuchters schon vorher

bemerkt habe, äußerte sie, daß dies nicht der Fall gewesen sei. Ich unterhielt mich dann mit Frau A. im Wohnungsflur und im Eßzimmer und gab dem Büropersonal gegenüber den Anschein, nicht mehr anwesend zu sein. Ich stellte mich im Speisezimmer so auf, daß ich die Lampe im Flur durch einen Türspalt beobachten konnte. Nach einiger Zeit wurde die Sch. von der Hausgehilfin R. in die Küche gerufen. Sie lief durch den Wohnungsflur unter der Lampe hindurch ohne daß sich die Lampe bewegte. Einige Minuten später lief sie wieder durch den Wohnungsflur zurück und ich sah ganz deutlich, daß sie, als sie unter der Lampe hindurchlief, dieselbe mit der rechten Hand blitzschnell in Schwingungen versetzte. Die Lampe pendelte in der Längsrichtung des Flurs nach links und rechts etwa 50 cm aus. Ich unterrichtete von meinen Beobachtungen sofort Frau A., die überrascht war. Anschließend ging ich zur Kanzlei, wo die Sch. gerade ein Telefongespräch führte. Ich ersuchte die Sch., zu mir allein in das Speisezimmer zu kommen. Dort hielt ich ihr vor, daß ich mit eigenen Augen durch den Türspalt beobachtet habe, wie sie die Lampe im Flur beim Vorbeilaufen in Schwingungen versetzte. Sie zeigte sich über meine Vorhaltungen ziemlich empört und verneinte, die Lampe berührt zu haben. Auch auf meine eingehenden Vorhaltungen, daß ich dies mit eigenen Augen beobachtet habe, blieb sie bei ihrem Standpunkt und ging entrüstet in die Kanzlei zurück.

Ich unterhielt mich mit den beiden weiblichen Angestellten dann weiter in der Kanzlei. Die Angestellte Sch. sagte dann auf einmal, daß sie sich jetzt erinnere, die Lampe im Wohnungsflur beim Gang von der Küche in die Kanzlei berührt zu haben. Sie stellte aber weiterhin in Abrede, die Lampe absichtlich in Schwingungen versetzt zu haben und will die Lampe im Vorbeilaufen nur deshalb berührt haben, um ein eventuelles Schwingen der Lampe zu verhindern."

Der Ermittlungsbeamte konstatierte trocken:

„Dies ist aber nur eine faule Ausrede, denn meiner eigenen Wahrnehmung nach hat sie die Lampe im Vorbeilaufen lautlos und blitzschnell durch Antauchen in Schwingungen versetzt."

Die Zeugen hielten es für ausgeschlossen, daß die Büroangestellten die Lampen zerschlagen haben könnten, weil die Lampen zu hoch hingen. Und andere Zeugen schworen Stein und Bein, daß die Bilder an der Wand („ein Bild drehte sich am Nagel um 360°") von keiner der Frauen in Bewegung gesetzt worden seien. („Die Bewegung der Bilder haben wir mit eigenen Augen gesehen, ohne daß Menschen in der Nähe waren".)

Als die Sch. mitte Januar 1968 aus der Kanzlei Adam ausschied, hörten alle Phänomene schlagartig auf. Auch am neuen Arbeitsplatz, einer anderen RA Kanzlei, kam es zu einigen Turbulenzen, und auch im Familienbereich. Auch verlief der weitere Lebensweg der Sch. unter psychologischen (nicht parapsychologischen) Gesichtspunkten beachtenswert.

Bender, der die Fokusperson Sch. nach Freiburg holte, veröffentlichte auch in diesem Falle zwar einige flächendeckende Spukmustertypizitäten, verschwieg aber wiederum das, was gegen seine psi-Vorstellungen sprach. Er rühmte sich zwar decorandi causa, er habe die Polizeiakten auswerten können, aber – um so schlimmer – gerade die Beobachtungen des Kriminalamtmann W. verschwieg er, Statt der Problemlösung fuhr er seine Angriffe an anderer Stelle[149)].

Sowohl in den Baseler Nachrichten vom 17.9.70 als auch in seinem Buch „Verborgene Wirklichkeit" (1973), Abschnitt 3. „Spuk" als wissenschaftliche Grenzfrage, schrieb er: „Als ich den Kronzeugen des militanten Staatsanwalts (d.i. Dr.Wolf Wimmer, Mannheim, der im Juni 1970 einen Aufsatz über „Die merkwürdige Wissenschaft der Spuk-Professoren" veröffentlicht hatte), den Kriminalisten Dr. Schäfer aufforderte, an der Untersuchung in Rosenheim teilzunehmen, warteten wir vergebens auf sein Kommen. In seinem Buch „Der Okkulttäter..." verfällt er leider auch dem Aberglauben, die um eine sachgemäße Aufklärung bemühte Parapsychologie kurzerhand als Aberglauben zu bezeichnen".

Wie ein kleiner Schlechtmacher verschweigt Bender selbst bei einer solchen Nebensache Wesentliches und er verdreht die Fakten: Ich war am 14.12.67 Regierungskriminalrat im Bundeskriminalamt, als er mich dort aufgeregt anrief, mich auf den „Spuk" von Rosenheim aufmerksam machte und meinte, es sei doch interessant für mich, einmal einen solchen „Spuk" zu erleben. Ich erklärte ihm, ich könne unmöglich sofort meine Arbeit liegen lassen und nach Rosenheim fahren. Ich werde daher nicht nach Rosenheim kommen. Meine Antwort war definitiv; es bestand kein Anlaß, auf mich angeblich zu warten. Es gab für Bender keinen Grund zu nörgeln und so zu tun, als hätten die tapferen Spukforscher von Freiburg vergebens auf den Kriminalisten gewartet, der vor den parapsychologischen Einsichten in Rosenheim feige oder bequem zurückscheute.

Die beiden Physiker, die im Falle des „Spukes“ in Rosenheim bemüht worden waren, hatten die Vorgänge unter den Gesichtspunkten ihres Faches untersucht, ohne daß Bender aus den Untersuchungsresultaten zur Selbstkritik angeregt worden wäre.

Die Physiker fanden zwar innerhalb ihres Fachbereiches keine Erklärung, stießen jedoch auf verschiedene manipulationsverdächtige Fakten. So fanden sie, daß die anomalen Ausschläge, die der Schreiber des Elektrizitätswerkes aufgezeichnet hatte, d.h. die Verwerfung der aufgezeichneten Kurven, nur durch eine mechanische Verschiebung des Papiers hervorgebracht werden konnte. In einem Falle war das Schreibpapier am Rand stark eingerissen. Sie merkten an: „Ein Betrachter, der die Vorgeschichte der Meßstreifen nicht kennt, würde zu dem Schluß kommen, daß die Ausschläge eher durch Führen der Schreibfeder mit der Hand als durch elektrische Einwirkung zustandegekommen seien“.

Die anomalen Ausschläge fanden ihre Erklärung nicht in Störungen des Stromnetzes. Der Verdacht der betrügerischen Manipulationen tauchte erneut auf, „obwohl wir systematisch alle u n s d e n k b a r e n physikalischen Ursachen dafür eliminiert ... hatten“.

Seltsame mechanische Einwirkungen hatten z.B. (von außen?) auf die Glühbirnen eingewirkt, die geplatzt seien, obwohl der Glühfaden noch intakt und nicht gebrannt hatte, die Glühbirne also außer Betrieb war. Hatte jemand mit einem Lineal dagegen geschlagen? Sicherungsautomaten lösten aus, obwohl keine Stromerhöhung vorgefallen war. Ein manuelles Erzeugen des Lampenschwingens hielten sie zwar nicht für unmöglich, aber doch für sehr unwahrscheinlich.

Nichts ereignete sich an den Wochenenden und in den Mittagspausen. Trocken stellten sie fest: „War Frl.Sch. beurlaubt, fanden sich keine Ausschläge, während paranormale Phänomene auch geschahen, als Frl. Sch. einmal an einem Samstag in der Kanzlei anwesend war“. Immerhin scheinen sie auch an „Paranormales“ geglaubt zu haben.

Die Einspannung der beiden Gutachter in die psychologische Wirkung des für sie Unerklärlichen zeigt die Bemerkung: „Es zeigt sich also, daß etwas, was bei oberflächlicher Betrachtung wie ein Lausbubenstreich anmutet, nach gründlicher Prüfung prinzipielle Probleme der Physik aufwerfen kann". Die bessere Einsicht kann „durch Umdenken und durch Aufgabe überkommener Vorstellungen" gewonnen werden. Bender war über diesen Fall begeistert und glücklich. Er bezeichnete ihn als „klassisch".

Am schönsten hat die Rosenheimer Spukgeschichte Prof. Dr. Wolfgang Büchel beschrieben und in eine Art paratheologischen Zusammenhang gebracht, wo es um psi und Wunder bis ins Neue Testament hinein gehen könnte[148)].

Durch die Selektionen entstand in den Benderschen Berichten der Eindruck der methodischen Lüge durch Wahrheitsunterdrückung. Dieser Eindruck verstellte den Blick dafür, daß der bedauernswerte Bender eigentlich nur eine Wahrheit, die romantische Wahrheit, seine Wahrheit wahrsagen konnte.

4. Die selektive Aufmerksamkeit

Auf Bender traf das zu, was Zucker zur Zwiespältigkeit der Okkultisten geschrieben hatte: Sie leben in einem Hin und Her zwischen geborgten rationalen Einsichten und den zu ihnen persönlich gehörenden irrationalen Erlebnissen. Daraus ergeben sich für sie dauernde Notwendigkeiten. Sie erhoffen in der wissenschaftlichen Anerkennung ihres Aberglaubens ihre eigene innere Anerkennung. Dabei hängt viel für sie davon ab, harmlose Unkritische unter ihren Einfluß zu bekommen – mit aller Geltungssucht, mit allem fanatischen Eifer[151)].

Bender quälte sich ab und zu in Spukfällen, erkennbar oberflächlich und ohne eigenen inneren Bezug, zur Anwendung einiger von ihm nachgeahmten und gelegentlich wie unverstanden-vordergründig praktizierten naturwissenschaftlichen Untersuchungsmethoden. Gruber spricht wiederholt von Benders „Haßliebe zur wissenschaftlichen Untersuchungsmethode"[152)]. Deutungen und Erklärungen ex coelo waren ihm mehr wert. Unverstandene Erlebnisse wurden durch seine Deutung zu höher rangierenden „Phänomenen". Die Deutung durch ihn war integrierter Standpunkt der Phänomene; der Deuter ist ohne seine Überzeugung (= Glauben) nicht zu denken.

Bender geriet immer wieder in den Verdacht der selektiven Wahrnehmung und Darstellung, wiederholt wurde er verdächtigt, wie ein unechter Okkulttäter zu lügen und zu täuschen.

Nun ist das selektierende Interesse aber das Normale. Die Aufmerksamkeit ist ein Willensakt, und das bewußte Filtern von Informationen ist grundsätzlich sinnvoll und vernünftig. Nach Freud wird allerdings die selektierende Wahrnehmung auch durch Einflüsse aus dem Unbewußten bestimmt. Das Unbewußte entzieht sich dem Zugriff der bewußten Wahl. Und hier scheint Benders Dilemma begonnen zu haben.

Wahrnehmungsdefizite sind nicht unbedingt auf Restzustände nach psychiatrisch relevanten Prozessen zurückzuführen. Sie sind auch psychologisch erklärbar. Solche Erklärungen machen erkennbar, warum Unwahrheiten nicht Lügen sein müssen. Falschberichte habe eine Entstehungsgeschichte, die lebensgeschichtlich bestimmt wird.

Die sinnliche Wahrnehmung durch den Menschen kann z.B. schon durch frühkindliche Defizite und traumatische Erlebnisse eingeschränkt werden. Der so beschränkte Mensch ist dann nicht mehr in der Lage, die Wirklichkeit real und unverstellt wahrzunehmen.

Ein lebensgeschichtlich deformiertes Bewußtsein führt zu dem von Gruber erwähnten „Blinden Fleck" und dadurch zur Ausblendung von Wahrnehmungen. Durch die reduzierte Wahrnehmung wird ein Gefühl der sicheren Überzeugung vermittelt, das nicht mehr überprüft werden muß. Die Psyche schützt sich durch ein vermindertes Bewußtsein u.a. vor seelischem Schmerz, auch vor der Angst, die aus dem Fehlen des Urvertrauens und einem verletzten Selbstwertgefühl entstehen kann. So geschützt nimmt sie dann die Angst nicht mehr wahr[153)]. Angst kann auch durch das Erleben „unerklärlicher Phänomene" (z.B. in Poltergeistfällen) verursacht, bestätigt und verstärkt werden. Die Ausblendung von Tatsachen macht die untergründige Angst erträglich. Die aus dunklen Ecken her erfolgende Erklärung des in aller Hilflosigkeit als rätselhaft und geheimnisvoll Empfundenen hilft zu überleben.

Mit der Angst drängen sich unerwünschte Gedanken und Gefühle in das Bewußtsein. Die Konzentrationsschwierigkeiten werden für den von der Angst Überfallenen mit steigender Angst immer größer. Die Angst überflutet seine Aufmerksamkeit. Die Leistungsfähigkeit leidet. In einer solchen Lage ist für den von „psi" Bedrohten nicht das Ergebnis an sich wichtig, sondern nur die von ihm ausgehende, subjektiv so wahrgenommene Drohbedeutung.
Von solchen psychischen Imprägnierungen sind in erster Linie einzelne der

vom Poltergeisttreiben vor Ort überzogenen Bürger betroffen, möglicherweise auch die zur frischen Tat hinzueilenden Parapsychologen. Eine solche Angst bleibt nicht ohne Folgen. Sie kann sich in der Umgebung des Geschehens zur Massenhysterie ausweiten, wie etliche Poltergeistfälle zeigen.

Lazarus erstellte eine Skala jener Angstfolgen, die als Irritationen oder Verleugnungen zu einer schwer auflösbaren Statik im Erkennen führen, die eine Neueinschätzung der angstvoll erlebten Ereignisse schwierig machen[154)].

Wichtig sind vor allem die Formen der Verleugnung. Statt einer späteren angstfreien Neueinschätzung treten folgende Verleugnungsarten mit Realitätsverkennungen nach Horowitz[155)] in verschiedenen Ausdrucksformen ein, als da sind

- die vermiedenen Assoziationen. Es werden die zu erwartenden und offensichtlichen Verbindungen zu dem Ereignis umgangen und kurzgeschlossen, die aus der Einbeziehung all dessen, was gesagt oder gedacht wurde, folgen würden;

- die Empfindungslosigkeit, also das scheinbare Fehlen von Gefühlen; die der Situation angemessenen Emotionen bleiben aus;

- die abgeflachte Reaktion; es tritt eine Verengung der zu erwartenden emotionalen Reaktionen ein;

- die gedämpfte Aufmerksamkeit, ein unbestimmt und unklar bleibender Bewußtseinszustand, bei dem es vermieden wird, sich klar auf Informationen, wozu auch Gedanken, Gefühle, Körperempfindungen zählen, zu konzentrieren;

- die Benommenheit, eine ungerichtete Aufmerksamkeit, welche die Wachsamkeit umnebelt und der Bedeutung von Ereignissen ausweicht;

- das reduzierte Denken, nämlich die Unfähigkeit, außer der offensichtlichen Interpretation auch noch anderen plausiblen Vorstellungen nachzugehen, so daß das Bewußtsein nur über einen stark eingeengten Flexibilitätsspielraum verfügt;

- der Gedächtnisverlust, eine Unfähigkeit, sich an Ereignisse oder bestimmte Einzelheiten davon zu erinnern, also eine selektive Amnesie bei „verräterischen“ oder bedrohlichen Tatsachen;

- die eigentliche Verleugnung, als deren Folge in Gedanken oder Worten offensichtliche Bedeutungen abgestritten werden;

- die Ausgrenzung durch Phantasieren, indem Realitäten durch phantasievolle Gedanken mit Hilfe des Nachdenkens darüber, was sein könnte oder was hätte sein können, vermieden werden.

Jede Reaktion soll eine besorgniserregende Tatsache aus dem Bewußtsein bannen. Irritation und Verleugnung sind die beiden wichtigsten Formen, die auf die Aufmerksamkeit einwirken und die Wahrnehmung beeinflussen. An dieser Stelle entstehen als Angstfolgen die folkloristisch parapsychologischen Hypothesen. Diesen wird dann eine hohe, fast als Wahrheit empfundene Wahrscheinlichkeit zugeschrieben, die durch fabulöses Weitererzählen bekräftigt wird.

Die Skala der Angstfolgen läßt vermuten, daß über die bekannte normale Zeugenschwäche des Menschen hinaus die hochemotionalisierten Teilnehmer an Poltergeistfällen als Zeugen nahezu unbrauchbar sind. Das befangene Kollektiv schließt den Parapsychologen vor Ort und im Banne des Dauerpsi voll ein. Er ist zudem der typische „Berufsblinde“ in diesen Fällen. Der einzige, der in solchen Lagen außerhalb der allgemeinen Erregungen seinen klaren Kopf behält und deshalb mit Erfolg befragt werden kann, ist der Polterer selbst.

Wird der Ex-Polterer nach Jahren einfühlsam und mit der fairen Chance zum geordneten Rückzug befragt, so nimmt der Vernehmer nicht nachträglich an der mehrheitssuggestiven affektiven Erregung des Originalgeschehens teil, denn diese Erregung ist inzwischen allgemein abgeklungen. Er nimmt distanziert und professional die Aussagen des Ex-Polterers auf und prüft deren Inhalte auf Wahrscheinlichkeit und Richtigkeit. Der spätere Vernehmer befindet sich in einer grundsätzlich distanzierteren Rolle als der hochengagierte Tiefseelenforscher im Ereignis.

Der von Frischfall zu Frischfall jagende Parapsychologe ist dagegen immer ein personaler, aktueller Bestandteil jeder noch heißen Spuk-Szene, die eigentlich durch ihn ihre Bedeutung gewinnt. Er ist affektiver „Teil-Nehmer“, weil er solche „Phänomene“ erleben möchte, ja erleben muß. Ohne „Spuk“ kann kaum ein Parapsychologe leben.

Bender, der sich der unsicheren Zeugen vor Ort meist unkritisch bediente, nahm in unwahrscheinlich hohem Maße Anteil an den „Phänomenen". Als Fokusperson anderer Art war er selbst der unzuverlässigste Zeuge und Berichterstatter, den man sich unter aussagepsychologischen Gesichtspunkten in Poltergeistfällen vorstellen durfte. Hinzukam die bei ihm eigenartig zielgerichtete Informationsverarbeitung.

Nach Goleman gehört zur mentalen Informationsverarbeitung, daß eingehende Informationen auf jeder Stufe ihrer Verarbeitung a) vom Gedächtnis überprüft und b) ihrer Bedeutung gemäß gefiltert werden. Nach Goleman[156)] findet dieser Verarbeitungsprozeß statt, noch bevor die Information selbst bewußt wird. In dieser Phase wird ein Filter wirksam, dessen Konsistenz durch biologische Vorgaben und lebensschicksalhafte Prägungen bestimmt wird. Bei entsprechender „Filterqualität" kann das Resultat in einem Verdrängen, in einer Verleugnung oder in einer Umformung der „wahrgenommenen" (so meint es der außenstehende Beobachter) Ereignisse bestehen. Manchesmal werden Erfahrungen nur teilausgeblendet. Es tritt eine „merkwürdig abgestumpfte Wirklichkeitserfahrung ein, in der die realen Fakten zwar unverändert bleiben, die dazugehörigen realitätsbildenden Gefühle allerdings fehlen"[157)].

Durch die selektive (Un)Aufmerksamkeit werden jene Elemente unter den wahrgenommenen eliminiert, die beunruhigend sein könnten. Das wird für den psi-Freund alles sein, was psi infrage stellen könnte. Psi ist die übergroße Hoffnung. Was dieser Hoffnung im Wege steht, muß als hinderlich weggeräumt werden. Das eigene Drehbuch sieht keine anderen Lösungen vor. Die Alltagspsychologie sagt, daß Hans das nimmermehr lernt, was Hänschen nicht gelernt hat. Die Erfahrung zeigt, daß dieser simple Satz prägnant Richtiges feststellt und daß er auch für die Lebensbewältigungsregeln gilt. Als Faustregel für die Bewältigung sehr früh erfahrener Bedrohungen, Schmerzen und Ängste gilt die Regel: „Wenn ich nichts tun kann, weil ich's nicht gelernt habe, um die bedrohliche Situation zu ändern, verändere ich eben meine Wahrnehmung". Diese Einstellung bei anhaltender subjektiv empfundener Gefahr wird zur Lebenshaltung, die sich in vielen Äußerungen des sozialen, beruflichen, wissenschaftlichen Lebens zeigt. Eine solche Abwehrhaltung setzt auch bei real nicht vorhandenen, jedoch als wirklich erlebten Gefahren ein. Sie wird zur starren Methodik des Erkennens der

Welt. Die Abwehr steht im Vordergrund, die Selbsttäuschung wird fortgeschrieben[158], die objektiven Tatsachen spielen eine nachrangige Rolle.

Zucker beschreibt, wie die „ehrliche Überzeugung von der Folgerichtigkeit ihrer Erkenntnisse" auch bei manchen Sonderlingen des schizoiden Typs zustande kommt. Nach den Inhalten ihres Denkens seien sie abergläubisch, nach ihrem Erleben jedoch nicht, denn sie könnten nicht anders und hatten keine Möglichkeiten, sich dessen bewußt zu werden[159].

Niemand wird mit Bestimmtheit sagen können, ob und welche Hintergründe in Benders Leben zu berücksichtigen sind, um seine Denk- und Arbeitsweise richtig verstehen und gerecht einstufen zu können. Immerhin könnte diese hier nur verkürzt beschriebenen psychologischen Erklärungen sein Verhalten und seine Beziehung zu objektiven Abläufen und Naturgesetzen einfühlbarer machen. Sie könnten verstehen lassen, warum Bender seine Wahrheit meinte, wenn er von psi und von nichts als von psi sprach und über die sonderbaren psi-Phänomene in ihren für ihn seltsamen Äußerungsformen berichtete.

5. Die „Täter" sind die andern

Bender war wie jeder Mensch nicht allein ein Problem seiner Anlagen, sondern auch ein Resultat seiner Umwelt. Die Zeit war (und ist noch) reif für akademisch-esoterische Meister. Sie sucht nach urreligiösen Kristallisationspunkten, an denen die vagabundierende Glaubensbereitschaft und die Sehnsucht der dekonfessionalisierten Menschen in der Hoffnung auf das Erlebnis des universalen Einsseins festmachen kann.

An versteckten Stellen und bei unterschiedlichen Gelegenheiten ließ sich erkennen, wie sehr Bender seine Lehre, seine Einsichten religiös verstand, obwohl er sie naturwissenschaftlich zu erklären versuchte.

Was er nie zu formulieren wagte war, daß das Wissen der Naturwissenschaften, die Kenntnis der Naturgesetze allein, offenbar nicht ausreichen, um das mythische Bedürfnis der Menschen zu stillen. Notwendig scheint eine Erlebnisweise mit allen offenen Sinnen zu sein, die offen und empfindsam für die Wahrnehmungen der urreligiösen Einbindungen des Menschen ist, auf die

Zucker immer wieder hinweist, wenn er die Abweichungen in den Aberglauben beschreibt.

Bender hat dies wohl, fachfremd und in seiner Wahrnehmungsfähigkeit beschränkt, so empfunden. Er hat den naturwissenschaftlichen Beweisweg versucht, der versagen mußte, da es um elementare Glaubensangelegenheiten ging. So entstand sein Beitrag zu einer seit über einhundert Jahren erfolglosen „neuen Wissenschaft“, eine Wissenschaft zwischen den Stühlen, die Parapsychologie zwischen den Wissenschaften.

Bender folgte auch einem innergesellschaftlichen Trend. Bender entsprach als personales Phänomen zur rechten Zeit mit der richtigen Ausstattung einer Erfüllungshoffnung für die naturwissenschaftlich Halbgebildeten und/oder religiös Halbentwurzelten. Ohne die Akklamationen durch die prädisponierte Claque und den immer größer werdenden Chor der Zeitgeister hätte sich Bender allerdings auf diesen Höhen der gesellschaftlichen und wissenschaftlichen Anerkennung nicht so lange halten können, wie dies tatsächlich der Fall war.

Diese gesellschaftlichen, sozialpsychologischen und sozialpsychiatrischen Tendenzen eines „old age“ bestehen als „new age“ weiter. Die Claque wartet auf ihre Gurus, die Deutsche Forschungsgemeinschaft auf geschickt eingekleidete Anträge zur Bewilligung von Subventionen für die Untersuchung okkulter Phänomene. Wie wäre es mit der Untersuchung der englischen Getreidefeldkreise? Oder der Ufo-Landungen in Deutschland? Warum hat Herr von Däniken noch nie eine Unterstützung zur Förderung seiner Untersuchungen durch die Deutsche Forschungsgemeinschaft erhalten?

XIV. Die Nachtseiten der Wissenschaft

1. Als Wanderer zwischen den Welten

Bender irrte auf den Nachtseiten der Wissenschaft im Gehäuse seiner unerschütterlichen Überzeugung von psi, die ihm wie alle Glaubensgewißheiten Hoffnung und Wärme gab, relativ einsam umher. Er versuchte sich dort rational zu orientieren. Es blieb beim Versuch. Er hatte für sich zwar das Tor des Rationalismus aus dem Schutzgehäuse des Überzeugungswissens heraus aufgebrochen, aber die rationale Außenwelt mit ihren Verunsicherungen und Zweifeln hätte er insoweit nur im Bann seines psi-Glaubens betreten können. So blieb er im Gehäuse und spekulierte zum Fenster heraus.

Wo er die ungeschützte Grenze der Ratio stolpernd beschritt, blieb er zwiegespalten, ein Wanderer zwischen zwei Welten, genauer gesagt zwischen zwei Denkweisen. Dort begegnete er jenen Menschen, die religiös ungenügend gesichert lebten. Vielleicht konnte er meinen, das Ausdünnen der „religiösen Illusion" (Freud) im Zeitalter des Polytheismus (Max Weber) könne durch eine Verbesserung der Wirklichkeit kompensiert werden. Glaubte er, psi hätte dazu eine Möglichkeit bieten können? Bender wußte seine subjektive Antwort.

Bender anerkannte in Grenzen die unbestreitbare zivilisatorische Macht der rationalen Wissenschaften. Neben dieser Macht aber bilden Moral, Religion und das Lebensgefühl die eigentlichen existentiellen Lebensgrundlagen des Menschen. Dort sucht und verliert sich der Mensch. „Jeder findet früher oder später seinen eigenen „Dämon", der seines Lebens Faden hält", schreibt Safranski blumig und optimistisch[160)]. Die Fokusperson Bender, getrieben von psi, fand psi. Den Begriff hatte er aus der parapsychologischen Literatur übernommen. Die Anteile einer verkappten Ersatzreligion gewann die psi-Lehre erst im Laufe der Zeit.

Die über fünfzig Jahre währende Beobachtung der Fokusperson Bender und ihrer Arbeitsmethodik gestattet heute eine fundierte, abschließende Stellungnahme zu diesen m. E. tragischen Entwicklungen. Die Expansivität der in gesellschaftlich anerkannte Verpackungen eingeschlagenen antirationalen Scheinlehren und Denkhilfen ist inzwischen so groß geworden, daß es notwendig ist, abseits des persönlichen Verständnisses und anderer Formen des Mit- und Nachempfindens auf diese Entwicklung hinzuweisen. Im Prinzip werden allerdings solche Informationen in der Öffentlichkeit nicht viel bewirken, denn die Mehrzahl der Bürger scheint nun einmal abergläubisch zu sein[161].

Angesichts der durch die Parapsychologie zum Nachteil der Naturwissenschaften fast unkenntlich gemachten Grenze zwischen beiden Weltanschauungen dürfen auch hartnäckige Grenzgänger ins Paranormale mit Auszeichnungen durch Geistesfreunde rechnen. So ist es nur konsequent, wenn Bender mit dem Bundesverdienstkreuz I. Klasse wegen seiner pfadfinderischen „Verdienste um die Parapsychologie" ausgezeichnet wurde. Der badenwürttembergische Minister für Wissenschaft und Kunst, Professor Engler, überreichte ihm am 28. März 1983 in Freiburg diese Auszeichnung. Wer so viel an der und durch die Parapsychologie gelitten hat wie Bender, sollte wenigstens durch eine solche Honorierung belohnt werden.

Als Siebzehnjähriger schon schwärmte Bender in England zum ersten Mal vom „Gläserwandern". Er wußte für sich und seinen Lebensweg bald, wie ein Berichterstatter später über ihn schrieb: „Je mehr einer Außenseiter ist, desto zielbewußter muß er die gesellschaftliche Leiter erklimmen." Diese Leiter, die Bender erstiegen hat, steht im Seelenschutt einer zerrütteten Zeit. Ihr Besteiger sprach von oben herab opportun an die Naturwissenschaften gewandt von der „gewissenlosen Wissenschaft, die in hysterischer Aktivität und voller Machthunger unseren Planeten zerstört". Das gilt natürlich nicht für die Parapsychologie, denn diese ist keine Wissenschaft, auch wenn der einzelne mit einer Untersuchung über „Spuk" promovieren kann.

Soll man der Parapsychologie dieser Beschaffenheit und Geisteshaltung ein „Randsiedlerrecht" im Verhältnis zu den Naturwissenschaften zubilligen, in dem sie „wissenschaftlich radebrechend"[162] existieren darf? Was vermag die Parapsychologie? Kann die Parapsychologie überhaupt wissenschaftliche Nachweise produzieren, wie sie dies über 100 Jahre bisher nicht vermochte?

Bender behauptete zu seiner Selbstverteidigung mehr als einmal[163], die Polemik gegen die Parapsychologie beruhe meist auf apriori-Vorurteilen. Diese Vorurteile entstünden aus einer Vorabsolutierung des physikalischen Wirklichkeitsbegriffes als Ausschlußprinzip, die Bender für sich ablehnte.

Er fand bei dem Schweizer Physiker Wolfgang Pauli Argumentationshilfe. Pauli konstatierte, es gäbe „keine apriori-Gründe gegen die Existenz einer außersinnlichen Wahrnehmung“[164], woraus Bender rasch erweiternd schloß, solche Phänomene stünden nicht in einem prinzipiellen Widerspruch zu bekannten Naturgesetzen und könnten deshalb neben diesen auftreten. Bender bezog sich auch auf den Heidelberger Physiologen Hans Schaefer[165], der meinte, die paraphysischen Phänomene verletzten kein Axiom der Physik, auch nicht die Praekognition. Die von Bender gewünschte Denk- und Argumentationsmethodik hat sich seither weiter entwickelt.

Inzwischen finden wir selbst unter den sonst nüchternen Juristen Vertreter parapsychologischer Wahrheiten, wie die Dissertation des Richters Grochtmann am Amtsgericht Rheda/Wiedenbrück zeigt[166]. Dieser meinte, Fakten könne man nicht aus der Welt schaffen, auch wenn sie durch Naturgesetze nicht erklärbar seien. Eindeutig erwiesene unerklärliche Tatsachen dürften auch rechtlich berücksichtigt werden. Er führt als Beispiel einen Mann an, der erklärte, sein vor ca. drei Jahren amputiertes Bein sei ihm wieder nachgewachsen: auch dieser Mann müsse Rechtsschutz in Anspruch nehmen dürfen gegenüber der Behauptung, er lüge.

Das unsichtbare Pilzgeflecht der Parapsychologie als geistige Bewegung reicht gefährlich weit, doch ist sein Nachweis schwierig. Die Kriminologie kennt solche Beweisschwierigkeiten seit Beccaria und Lombroso, wenn es um die Beschreibung der Kriminogenese geht.

Ähnlich schwierig ist es, den kausalen Zusammenhang zwischen den parapsychologischen Überlegungen als Jerichoposaunen und der heute zu beobachtenden Renaissance des Aberglaubens und der Revitalisierung abergläubischer Sicht- und Erlebnisweisen zu beschreiben. Solche fluidalen Zusammenhänge lassen sich nur sehr mühsam feststellen und noch schwieriger hieb- und stichfest beweisen. Trotzdem ist augenscheinlich davon auszugehen, daß die – auch massensuggestiv wirksame – parapsychologische Ersatztheologie nicht nur ein Indikator unter mehreren für eine desolate Zeittendenz ist, sondern auch wesentlichen Anteil an der Vor- und Aufbereitung alter und neuer abergläubischer Inhalte und Verhaltensweisen haben kann.

Darin aber liegt nicht die eigentliche Gefahr der Parapsychologie. Sie wirkt vielmehr unterschwellig verhängnisvoll, weil sie auf hohem linguistischem

Niveau eine antirationale Dummhaltemethode vorhält, die das logische Denken und eine prognostisch gestützte Lebensplanung verhindert. Politische Fanatiker, Glaubensträger und Hasardeure haben sich schon einmal vor 60 Jahren national-mythisch ähnlicher emotionaler Methoden bedient. Mit solchem Denken „aus dem Bauch“ könnten (und sie können es!) „starke Männer“ es eines Tages wieder versuchen, wenn soziale Lagen scheinbar nicht anders zu bereinigen sind. Skeptische, kritische Wachsamkeit, welche die Parapsychologie scheut, „wie der Teufel das Weihwasser“, wäre ein Gegenmittel gegen die massenverdummende Denk-Methodik, welche die Parapsychologie in einer elitären Kern-Anlage unterhält.

Inge Schöck, die bekannte Volkskundlerin und Spezialistin für Hexenaberglauben und dessen Randgebiete, hat die von der Parapsychologie ausgehenden Gefahren plastisch vorgeführt. Sie weist auf die Vermischung von Alltagsaberglauben, Gewinnsucht und Parapsychologie hin[167)].

Deshalb drängen die parapsychologischen „Erkenntnisse“ nach praktischer Anwendung und wirtschaftlicher Auswertung. Der Bonner Parapsychologe Dorr verkündete in der Presse die praktische Anwendung der Telekinese: durch Konzentration der medialen Potenzen werde von Mitgliedern seines Arbeitskreises ein Büro in zwei Kilometer Entfernung „durcheinander gebracht“. Durch die „Kraft der Gedanken“ zersprang ein auf dem Tisch liegendes Thermometer. Abgeordnete im Bundestag könne er „mittels gewaltiger eigener Konzentration“ zum Stottern, Menschen auf der Straße durch das fortgesetzte Denken an „Stein, Stein, Stein, Stein ...“ zum Stolpern bringen. Hellsehen empfahl er für Nachrichtendienste und dreihundert Rauschgiftsüchtige habe er schon von ihrer Sucht abgebracht[168)]. Hier sind wir also mitten im Alltagszauber. Wer fliegt demnächst telekinetisch mit dem Staubsauger auf den Blocksberg?

In solchen Beispielen, die beliebig vermehrt werden könnten, zeigen sich Folgen der Parapsychologie hinter der dialektischen Formel von der psychohygienischen Aufgabe der Parapsychologie aus der Freiburger Schule.

Wolf Wimmer, Vorsitzender Richter am Landgericht in Mannheim, hat seit Jahrzehnten unerschrocken seine Warnungen vor der Parapsychologie und ihren Produkten mit spöttischer Wachsamkeit und beißender Ironie publiziert. In einem seiner jüngsten Aufsätze[169)] geht er mit der ihm eigenen Brillanz des Ausdrucks auf die Methodik der systemimmanenten Täuschung durch Falschberichte oder Verschweigen von Tatsachen auch durch fromme ehrliche Menschen ein.

Bender hat solche Veröffentlichungen immer als Angriffe auch persönlich genommen. Er, der „mit empirischen Methoden die Raum und Zeit transzendierenden Fähigkeiten des Psychischen" feststellen wollte, sah in solchen Kritiken immer Ausfälle „gegen die Psyche, deren Bereich durch die Parapsychologie erweitert" werde. Der „antireligiöse Affekt richtet sich mit aller Wucht gegen die Psyche" klagte er öffentlich, wobei er das Abstractum Psyche mit seiner eigenen anarchisch-urreligiösen Motivation verwechselte. Mit solchen diffusen Gegenangriffen überdeckte er, daß ihn schon während seiner Studentenzeit in Paris „alle nur auf rationale und methodische Argumente fußende Kritik unsinnig erschien"[170)].

2. Der intelligent Gefoppte

Bender, der Magister der Kausalitätstäuschung[171)], produzierte, wie wir sahen, zeitlebens Fehleinschätzungen in Form der beiden Arten von Fehleinschätzungen, die möglich sind. Er konnte - vor allem in den Spukfällen - eine vorhandene sozialpsychologische oder sozialpsychiatrische Ordnung nicht erkennen und so suchte und erkannte er in den Abläufen eine Ordnung, die nicht vorhanden war[172)]. So gelangte er zu den paranormalen Erklärungen. [172)]
Bender meinte zu seinen Spukfällen, der Eindruck dränge sich (ihm?) auf, daß „intelligente Kräfte den Beobachter foppen" und gerade da ein Phaenomen hervorbrächten, wo man es nicht festhalten könne [173)]. Und er simulierte weiter:

„So gilt nun auch die Psychokinese als erwiesen; wenn auch nur ein wenig mehr als in einem Spureneffekt kann auf psychischem Wege ein mechanischer Vorgang beeinflußt werden." [174)]

Das sind markige Worte eines gläubigen, lebenslangen Beweisschuldners. Wäre es rechtlich möglich, angesichts des Unvermögens der Parapsychologie den Konkurs für sie zu beantragen, so würde die Eröffnung dieses Konkurses mangels Masse abgelehnt werden müssen.

Der Physiker Audretsch beklagt, daß in unserer Kultur mit einem „zusammengerührten Salat aus unverstandenen Zitaten aus Theologie, Psychologie, Zeitgeschichte, Oekonomie und aus den Naturwissenschaften Anspruch auf die Erklärung der Welt und Metaphysik“ erhoben wird: „Der „Entzauberung“ der Welt durch Naturwissenschaft tritt eine „Wiederverzauberung“ der Welt mit Hilfe der Schlüsselbegriffe der Wissenschaft entgegen. Die durch die Naturwissenschaften entmythologisierte Welt wird remythologisiert, aber in einer charakteristisch neuen Weise. Diese baut auf den Naturwissenschaften auf und verwendet sie als einen Steinbruch von Konzepten. Sie vertieft nicht das Verständnis der Naturwissenschaften, sondern setzt in der Öffentlichkeit neue, sie begleitende Erzählungen an die Seite. Das alles hat Konsequenzen.“ [175)]

Bender war Indikator und ein Teil dieser Bewegung zugleich, wenn er mit scheinbar rationalen Methoden untersuchte, „was gestern noch als Wunder galt“. Das tat auch der bedauernswerte Chemiker Prof. Dr. rer. nat. Ludwig Staudenmaier in seinem Buch „Magie als experimentelle Naturwissenschaft“ (1912). Er hatte seine okkulte Laufbahn wie Bender mit dem automatischen Schreiben begonnen. In einer späteren Phase sah er bei seinen Gängen durch den Englischen Garten in München Elfen und Zwerge. Dort hatte er sein Evidenzerlebnis. Er war schizophren. Bender sprach in diesem Zusammenhang von einem „Zerfall der Persönlichkeit auf hysterischer Basis“.

Der Zeitgeist meinte es gut mit Bender: er war „in“. Einer Allensbacher Umfrage aus dem Anfang der achtziger Jahre zufolge glaubten damals 18 % der repräsentativ Befragten an die Existenz von „Spuk“. Selbstbewußt, unbeirrbar und doch ein wenig vorsichtig meinte Bender:
„Mit Ausnahme der Totenerweckung und der Auferstehung Christi kann die Parapsychologie für alle von der Kirche als Wunder bezeichneten Erscheinungen eine parapsychologische Analogie nachweisen, für die weinende Madonne von Syrakus „physikalischen Medien“. Das betrifft aber in keiner Weise den religiösen Gehalt des Wunders, sondern nur die funktionale Seite [176)]“.

Es wird erkennbar, wie der seinerzeit protegierte Weg nach Straßburg und in die Ordenskanzlei des Bundespräsidenten gepflastert war und wie unter Bender Freiburg zum „locus occultus“ (Eberhard Bauer) wurde, zur Gralsburg der Schabernackforscher, die sich am Schabernack beteiligten. Solche Bemühungen erzielen Breitenwirkungen.

Die Arbeitsgruppe „Parapsychologie“ auf dem Evangelischen Kirchentag 1973 in Düsseldorf (Motto „Nicht vom Brot allein“) notierte in ihrem Arbeitspapier manche Not der verunsicherten Kirchenangehörigen, die in den darauf folgenden zwanzig Jahren in Scharen aus der Kirche austreten sollten. Sie konstatierte, daß die moderne Naturwissenschaft nicht den Weg zu Gott versperre. Sie meinte weiter, eine zweite Möglichkeit die Glaubenshindernisse zu beseitigen sei mittels der in allen Jahrhunderten und in allen Ländern auch heute noch zu beobachtenden okkulten Erscheinungen (also auch durch „Spuk“) gegeben. Jeder ehrliche Sucher sei gezwungen, „sein Weltbild durch Integrierung der unsichtbaren Wirklichkeit in sein Bewußtsein zu erweitern“. Es gelte Interesse dafür zu wecken, „da diese Paraerscheinungen Parallelen zu Berichten der Bibel geben“ 177).

Bender näherte sich solch unterschwelligen Bedürfnissen, wenn er bekannte: „So hat mein Einsatz einen missionarischen Charakter...“ und er folgte dem Gedanken, man sei sich auf der Seite der physikalischen Wissenschaft „fast ganz einig darüber, daß der Wissenstrom auf eine nichtmechanische Wirklichkeit zufließe.
In Verfolgung dieser Überlegung sehe das Weltall allmählich mehr wie ein großer Gedanke als wie eine große Maschine aus.

Er bekannte: „In dieser Leitidee verbirgt sich wohl eine mehr oder weniger säkularisierte religiöse Einstellung, zumindest nach dem „Sinn“ des „großen Gedankens“. Ich kann mir ein Bild der Wissenschaft vorstellen, das für keinen Widerspruch zur Wissenschaft von der Natur hält, was in Mythologien, Kosmologien und Religionen über Mensch und Welt ausgesagt wird. Ich habe immer versucht, psi in seiner existentiellen Bedeutung zu verstehen und diesen Aspekt in die Forschung einzubeziehen“ 178).

Die in den letzten Jahren vor den deutschen Straf- und Zivilgerichten verhandelten Okkultfälle zeigen deutlich eine dreistere Qualität der ver- und beklagten Okkulttäter als vor rund 50 Jahren. Magische Heil der düpieren ganz offen mit Hilfe der Zeitungen und des Fernsehens ihre Kunden, gewerblich auftretende Hexen und Wahrsagerinnen übernehmen gegen hohe Bezahlung das Totbeten des Ehepartners, Hellseher halten unbeanstandet in den Großstädten ihre Millionen scheffelnden Beratungsstunden ab.

In wenigen Fällen schämen sich die Betrogenen nicht nur still vor sich hin, sondern sie kämpfen vor den Zivilgerichten um die Rückerstattung ihrer Honorare. Und sie siegen auf diesem Wege regelmäßig über den unechten Okkulttäter [179)].

Parapsychologen bieten sich – organisiert oder freilaborierend – als gesellschaftliche Reinigungshilfen („Psychohygieniker") an, wie 1991 auf dem „34. Internationalen Kongreß der Parapsychologischen Gesellschaft" in Heidelberg (Teilnehmer: 150 Wissenschaftler) bestätigt wurde. Apropos Psychohygiene: Als Müller-Küppers, Heidelberg, die Schilderung des Spukfalles Neue Vahr wiederholte, sagte er abschließend: „Einige Vorgänge bleiben physikalisch unerklärbar. Wir hatten dabei ein komisches Gefühl und halten es für möglich, daß es solche Phaenomene gibt" [180)].

3. Psi was here

Am 8.11.1987 hatte sich der Ausschuß für Wissenschaft und Kunst des Landestages Baden-Württemberg mit einer Eingabe von Dr. Dr. von Lucadou, Diplomphysiker, Freiburg, zu befassen, der auf die Notwendigkeit einer (finanziell zu fördernden) verstärkten parapsychologischen Forschungsarbeit hingewiesen hatte. Der Berichterstatter Reinelt schlug Müller-Küppers, Heidelberg, als Sachverständigen in den anstehenden Fragen vor, und meinte, die Parapsychologie sei ein ernst zu nehmendes Gebiet. Der Minister selbst bezog sich sympathisierend darauf, er habe sehr viel Kontakt zu Bender gehabt und es sei unstreitig, daß die Parapsychologie eine wissenschaftliche Disziplin sei. Die Philosophische Fakultät der Universität Freiburg, bei der die Psychologie angesiedelt ist, hatte sich zuvor schon gegen zusätzliche parapsychologische Forschungen ausgesprochen.

Die Eingabe wurde als Material der Regierung überwiesen zur Erwägung, ob „die Notwendigkeit verstärkter Forschungsarbeit (auf dem Gebiet der Parapsychologie!) entsprechenden Maßnahmen zur Folge haben sollte".

Wohlwollend-staunende und naive soft stories in Ärztezeitungen [181)] popularisieren unkritisch eine Schamanenkultur, die sich dann – weitab von der ärztlichen Kunst – in parapsychologischen Kleinmeistereien pecuniae causa verdichtet. Die Rechtsmediziner stemmen sich am entschiedensten gegen die Remystifizierung der Medizin, während andere Zweige mit klingelnden Beuteln sich in vorarabischen Außenseitermethoden versuchen [182)].

Eines fügt sich zum anderen und führt zur kulturellen Depression. Von 1795 Befragten einer Wickert-Umfrage (1991) waren 38 % von der Möglichkeit einer hellseherischen Zukunftsvoraussage überzeugt. Neunundvierzig Prozent glaubten an die Existenz außerirdischer Intelligenz. Jeder Dritte war sich sicher, daß außerirdische Wesen ihre Zeichen auf der Erde hinterlassen haben.

Die Kommunikation mit Verstorbenen hielten 20 % für möglich; jeder Dritte will schon einmal einen solchen spiritistischen Kontakt aufgenommen haben. Daß es Hexen gibt, waren sich 14 % sicher und eine ebenso große Zahl glaubte „an die besondere Kraft heiliger heidnischer Orte". Von 29 % der Befragten wurden Zeitungshoroskope regelmäßig gelesen.

Inzwischen gibt es auch Parabiologen, wie sich aus der Geschichte eines „rücksichtslosen Mountain-Bikers" entnehmen läßt, der in einem von ihm durchfahrenen Wald mit tödlichen Folgen durch einen Ast vom Fahrrad geschlagen wurde. Dr. F.-K. konstatierte vor laufender Kamera: „Der Wald wehrt sich ... Dieser Abwehr werden weitere Biker zum Opfer fallen" [183)].

Parabiologen treten insoweit das Erbe der desavouierten Parapsychologie an, das auch von der Paranormologie, der Paraphysik und der transpersonalen Psychologie beansprucht wird [184)].

Der Löffelbieger und Trickkünstler Uri Geller wird inzwischen in der Okkultliteratur durch noch phantastischere Berichte überboten. Eine Hand schreibt der anderen. Tischerücken und Gläserschreiben haben sich epidemieartig verbreitet. Der Amuletthandel floriert. Der Okkultmarkt ist fast unübersehbar geworden und gesellschaftsfähig. Er kommt in den besten Familien vor.

Der parapsychologische Neusprech, gegen den kein Phrasenmäher hilft, klopft durch die stete Wiederholung von künstlichen Leerbegriffen und unbewiesenen Behauptungen auf diesem Markt eine neue Innenkopfwirklichkeit fest. Im wissenschaftlichen Kretinismus wirkt psi wie ein Weltbaum an Gewißheit, wie ein verblüffender Generator für die Leichtlesigen. Für diese Schar ist dann wie für Bender ein „Nagelregen" in einem Poltergeistfall „unerklärlich".

„Nagelregen" werden für unerklärlich gehalten wie in jenen Zeiten, als die Leute noch in „Materialbewegungen" Hexenwerk erkannten. Deshalb wurde 1782 die letzte „Hexe" in Glarus/Schweiz enthauptet. Die unschuldige Dienstmagd Anna Göldi war das Opfer eines „Spuk" (d.h. Nagel- u. Nadelregen) produzierenden Poltergeistkindes geworden, das als Täter unerkannt blieb. Die Göldi [185)] mußte sterben.

Prärationales und geschichtloses Denken bereitet die Wege des vorreligiösen Aberglaubens: Als in einer vorösterlichen Abendsendung von Radio Bremen (Sendung „Buten und binnen") Straßenpassanten gefragt wurden „Warum feiern wir Ostern?" wußte ein einziger (mit einem verlegenen Lächeln, mein Gott, war ihm das peinlich, daß er als Christ verkannt werden könnte) die richtige Antwort.

Eine sympathische Juristin, eine ehemalige CDU-Abgeordnete in Bremen, hat nach der horoskopischen Beurteilung des Gründungsdatums der Gewerkschaft der Polizei, Landesverband Bremen, im Vergleich zum Horoskop eines leitenden Beamten die Ursachen für einen Streit, den es im übrigen nie gegeben hat, zwischen Gewerkschaft und dem Beamten in den Sternen gesehen und ihre Wertung veröffentlicht. Im Wettbewerb „Jugend forscht" experimentierten Schülerinnen des Kippenberg-Gymnasium in Bremen mit der „Heilkraft von Kristallen bei kranken Pflanzen". „Die Kristalle senden positive Schwingungen aus" und selbst der Berichterstatter konnte diese Schwingungen „in seiner Hand persönlich nachfühlen: es zeigte sich ein leichtes Kribbeln und eine Erwärmung" [186)].

Der Aberglaube ist ein immer öffentlicher werdendes Stück unseres Alltags. Am 24.2.1994 berichtete die Bild-Zeitung, die sich an der Verbreitung solcher Schaudergeschichten distanzlos verdient gemacht hat, über eine Frau, die „seit 19 Jahren nichts mehr ißt". Therese selig läßt aus Konnersreuth grüßen. „Die Ärzte stehen vor einem Rätsel."

Hier wird ein Saatfeld für alle okkulte Richtungen mit und ohne die religiosa occulta im psi markiert, ebenso aber auch für alle emotional wirkenden politischen und politoiden Inhalte, denn die okkulte Denkmethode ist mit anderen Themen besetzbar.[187)]

Die „Anhänger eines unreflektierten Materialismus“, jene „Primitivmaterialisten“, wie Bender alle zu beschimpfen pflegte, die nicht seiner Lehre folgten, haben in einer immer mehr in abergläubischen Zirkeln denkenden Gesellschaft offenbar nur noch Untergrundchancen. Die Welt ist voller ad hoc-Aberglauben, der „aus dem Bauch“ gedacht wird.

Im Duell zwischen „Zufall und Betrug“ (Bender) könnte letztlich der Täuschende zwischen Psycho, psi und Pseudo gewinnen. Es kommt offenbar nur auf das geschickte Produktmanagement an. Der Schritt von der Habgier zum Betrug ist in der Wissenschaft genau so klein, wie in anderen Lebensbereichen. Broad und Nade weisen nach, daß wissenschaftliche Falschdarstellung auf nicht mehr hinausläuft, als auf eine kosmetische Verschönerung von Daten, manchmal aber auch auf glatten Betrug. Täuschung, Irrtum und Betrug sind auch dem modernen Okkultismus, der Parapsychologie durchaus nicht fremd [188)].

Die Bereitschaft zur Täuschung und zum Getäuschtwerden hat Adolf Holl in einem Interview mit Schmidtbauer formuliert, als er feststellte: „Die Produkte auf dem Markt für's außeralltägliche Wundersame zeugen von einem Bedürfnis, das so schlicht wie altertümlich ist. Das kollektive Unbewußte freut sich in seiner Seelenschicht, in der es weder Telefon noch Taschenrechner gibt.

In diesem „Es“ sind Wunder möglich und höchst erwünscht dazu. Die Ordentlichkeit, die Voraussehbarkeit und Planbarkeit im routinierten Alltagsleben, mit festen Arbeitszeiten und fixierten Luxusgewinnen rund um die Uhr, wird tagträumerisch durchkreuzt. Ein ganzes Arsenal von archetypischen Gestalten belebt die Wunderwelt der offiziell längst gebändigten Wildheit im Seelenkeller. Wer solch archaischen Fundus zu nützen versteht, instinktiv oder kalkuliert, kann gute Geschäfte machen, mit Texten und Bildern mannigfacher Art. Die erste einschlägige Produzentengruppe zieht ihren Gewinn aus der sogenannten Parapsychologie[189)].

Prokop und Wimmer fordern seit Jahrzehnten unerschüttert durch die Abwehrpapiere und Bannsprüche aus der Bender-Schule, die Schonzeit für Magie müsse vorbei sein und die Tage der Schamanen gezählt. Wie aber sollten diese Wünsche in Erfüllung gehen? Soll psi in Zukunft nicht mehr die

Methoden heiligen und den Mann? Was wird dann aus dem „Spuk" im Fußmehl der Okkultliteratur? [190].

Bender, der „Magister der Kausalitätstäuschung", produzierte zeitlebens Fehleinschätzungen, wie wir schon wissen. Er konnte in Spukfällen eine vorliegende sozialpsychologische Ordnung nicht erkennen. Er suchte und erkannte dann eine andere Ordnung, die nicht vorhanden war, die Ordnung des „Spukes", und er führte psi ein [191].

Solche Fehleinschätzungen können von Gleichgesinnten aus öffentlichen und halböffentlichen Quellen lustvoll und gern bezahlt werden. Solange trotz der angespannten Lage der öffentlichen Haushalte noch erhebliche Mittel in seltsame Untersuchungen fließen können, hat psi weiterhin seine Chance [192]. Die Bewilligenden mögen sich verunsichert fühlen, wenn sie die kryptoreligiösen Gefühle in der Parapsychologie empfinden, wenn sie den Versprechungen und Zusagen der Parapsychologen begegnen, welche revolutionäre Veränderungen im Weltbild der Wissenschaft vom Menschen in Aussicht stellen. So wie der ungefüge Glaube an geheime Kräfte in den Naturwissenschaften Jahrzehnte hindurch durch das Gerede über psi gefördert wurde, so veranlaßt das leere psi weiterhin an das, was auch immer auf dem Okkultmarkt angeboten werden mag, zu glauben. Die Menschen brauchen offenbar ihre Illusionen, für die sie auch noch zahlen müssen.

Der Fürstlich-Gothaische Rat und Amtmann, Georg Paul Hönns, Polizeirat und Richter, zitierte den Volksmund, als er am 20.12.1720 in seinem Betrugslexikon schrieb: „Der Welt Wagen und Pflug, ist nur Lug und Betrug" und er meinte dann weiter: „Wer Betrug und Täuschungen aufdeckt und entfernt, macht sich mißliebig, weil er den Menschen Illusionen nimmt." Hönn wollte mit seiner gescheiten Sammlung von Betrugstricks „den Betrügereien Abbruch tun", den „rechten Gebrauch dem Mißbrauch vorziehen, den Bürgern zur Reue und Nimmerthun ... den Betrogenen zu künftiger besseren Vorsichtigkeit". Er wollte desillusionieren und warnen.

Hönns erntete offene Feindschaft mit seinem Buch; sogar die Habsburger ließen das Buch konfiszieren und öffentlich verbrennen.

Wir werden sehen...

Fußnotenverzeichnis

1) Die juristische Dissertation über die illegale Ausübung der Heilkunde (Bonn, 1958,bei Hans von Hentig und von Weber) führte den Begriff des echten und des unechten Okkulttäters in den kriminologischen und kriminalistischen Sprachgebrauch ein. Der echte Okkulttäter ist von der Richtigkeit dessen, was er glaubt, sagt, handelt, überzeugt, während der unechte Okkulttäter den Aberglauben lediglich als Betrugsmethode benutzt.
2) Kriminalistik Verlag, Heidelberg, 1959
278 Seiten, zahlreiche Abbildungen; heute vergriffen
3) Schäfer, Okkulttäter, S.22, Fußnote 23
4) Im Editorial der von ihm herausgegebenen Zeitschrift für Parapsychologie und Grenzgebiete der Psychologie, 1959, S.1 ff. übte Bender vor allem Kritik an den „ideologischen Voraussetzungen" der Dissertation. Er schloß auf einen „affektiven Hintergrund des Verneinungsradikalismus", den er auf die Linie Schäfer-Prokop (Ost-Berlin)-Lenin-dialektischer Materialismus reduzierte, ein im politischen Klima der damaligen Bundesrepublik keineswegs laufbahnfördernder Ansatz, wenn irgendjemand Bender ernst genommen hätte.
5) Hans von Hentig, Zur Psychologie der Einzeldelikte III, Der Betrug, Mohr/Siebeck, Tübingen, 1957; ebenso: The criminal and his victim, New York, 1948
6) Schäfer, Zur Täterpersönlichkeit des Wirtschaftsstraftäters; in: Grundfragen der Wirtschaftskriminalität, Vortragsreihe des Bundeskriminalamtes, Wiesbaden, 1963, S.117 ff.
7) Das Ergebnis dieser Untersuchungen wurde veröffentlicht in Herbert Schäfer, Pfeiffer contra Barschel, Bremen, 1991; siehe hierzu ferner
Green-Meschke, Sylvia, Gegendarstellung zum Fall Barschel, Die Beschreibung eines versteckten Skandals, Böblingen, 1993
und Kalinka, Werner, Opfer Barschel, Deutschlands größte Polit-Affäre im neuen Licht, Frankfurt, 1993
8) psi ist die Bezeichnung für den vorletzten Buchstaben des griechischen Alphabets
9) Gruber, Elmar R., Suche im Grenzenlosen, Hans Bender, ein Leben für die Parapsychologie, Kiepenheuer und Witsch, Köln, 1993, S.16
10) Gruber, a.a.O., S.34
11) Gruber, a.a.O., S.260
12) Gruber, a.a.O., S.15
13) Bausinger, Hermann, Die List der Unvernunft, Stuttgarter Zeitung, 11.2.1967
14) Koestler, Arthur, Die Wurzeln des Zufalls, Scherz-Verlag, München, 1972
15) Grosse, Wolf D., Sie hegen zwischen sich den Zweifel - Zur Problematik der Parapsychologie; Badische Zeitung, 30.11.1971
16) Urteil vom 21.2.78, Az.1 StR 624/77; Parapsychologie als Beweismittel (BGH, NJW 1978, 1207f)
17) Kaufmann, Richard, Die ärgerlichen Gespenster, Deutsche Zeitung, 1.6.1973
18) „Stern" Nr.45 vom 27.10.1977, Seite 225
19) Lobsang, Rampa, Das dritte Auge, ein tibetanischer Lama erzählt, Piper, München, 1957 (3.Auflage; 20.000 Exemplare umgesetzt)
20) Rudolph, Ebermut, Die geheimnisvollen Ärzte, von Gesundbetern und Spruchheilern, Walter, Olten, 1977
21) Brednich, R.W., Die Spinne in der Yucca-Palme, Sagenhafte Geschichten von heute, Beck, München, 1991 ebend., Die Maus im Jumbo-Jet, Neue sagenhafte Geschichten von heute, Beck, München, 1991,
22) Rodewyk, Adolf, SJ., Dämonische Besessenheit, Tatsachen und Deutungen, Pattloch, 1988

23) Ein über vierhundertseitiges Gutachten über diese Hysterica, von Psychiatern im Saarland erstellt, ist leider spurlos verschwunden
24) Wolff, Dorothea, Ein bemerkenswerter Fall von Teufelsbesessenheit, Diss., Homburg, 1956
25) Koch, Kurt, Seelsorge und Okkultismus, Wüstenroth, 1953
26) Schäfer, Okkulttäter, a.a.O., S.80 ff.
27) Berichtet wurde darüber in der Illustrierten „Das Ufer", 1952, Heft 25; auch die Bild Zeitung vom 18.12.1952 berichtete
28) Wendte, H.H., Todeskilometer, Kriminalistik 1955, S.128 ff.
29) Quick, 17.12.1950, Nr.51
30) Das Schöffengericht München verurteilte am 1.10.1951 den Nachrichtensprecher wegen groben Unfugs zu einer Haftstrafe von drei Wochen. Die Strafe wurde bis zum 1.10.1953 bedingt ausgesetzt gegen die Auflage der Zahlung aller Gerichtskosten und einer Buße von 200 DM. Das Gericht rügte vor allem, daß die codewortähnliche Durchsage in einer unruhigen und schreckhaften Zeit die Bevölkerung beunruhigt und seelisch belästigt habe.
31) Die Welt, 4.12.1950, S.6
32) Alexander, Maximilian, „Die Wunder-GmbH", beginnend mit Nr.18/1972 der „Hör zu"
33) Geschäftsnummer 1.0.230/72
34) In Band 70 der Zeitschrift für Rechtsmedizin
35) Gubisch, Wilhelm, Hellseher, Scharlatane, Demagogen, Kritik an der Parapsychologie, Reinhardt, München, 1961
36) Des besseren Verständnisses wegen, werden die Namen beiden Beklagten und des Klägers im Entscheidungstext aufgeführt
37) Geschäftsnummer 16.0.134/65
38) siehe Bericht über die Arbeitstagung des BKA,
Bekämpfung von Glücks- und Falschspiel, Wiesbaden, 1955, S.195 ff.
39) Gemeinnützige Wohnungsbaugesellschaft, Vorgängerin und Rechtsnachfolgerin der Fa. „Neuen Heimat"
40) Das Gutachten der Städtischen Nervenklinik (Klinik Hohenkamp) - Abteilung für psychosomatische Medizin - Bremen, kann hier nur verkürzt zitiert werden
41) Bender, Hans, „Telepathie, Hellsehen, Psychokinese", München, 1972, „Neue Entwicklungen in der Spukforschung", (S.40 bis 67), so auch in Z.f. Parapsych. 12, 1970, S.1 bis 18 als Wiedergabe eines Referates, das er am 05.09.1969 beim 12.Kongreß der Parapsychological Association in New York hielt
42) Bender, Hans, „Das Geständnis" des Heiner Scholz, Zeitschrift für Parapsychologie und Grenzgebiete der Psychologie, 4/78 u. a. Veröffentlichungen
43) siehe Fußnote 42)
44) Az StA. Oldenburg, 24 Ls 120/75
45) Weinsheimer, Lilo, Der übersinnliche Lehrling Heiner. Wie der Parapsychologe Hans Bender von einem Jungen genarrt wurde; in: „Die Zeit" vom 12.5.1978 ferner in „Bremer Nachrichten" vom 28.4.1978, „Badische Zeitung" vom 18.5.1978 u.a.m.
46) Dr.rer.nat. Rönicke (+), Leiter der Außenstelle des Bundesumweltamtes Freiburg-Schallstadt
47) So Bender in einem Vortrag im Rahmen des MigrosKurses „Parapsychologie als Wissenschaft", am 5.12.1978 in Fribourg/Schweiz
48) Eine überaus detaillierte Berichterstattung brachte Spiegel TV am 5.2.1994, 22.30 Uhr ff.
49) Etliche Fälle wurden inzwischen auch in Deutschland bekannt; siehe Siegfried Thielbeer, Freispruch für Kindergärtner im Prozeß um Kindesmißbrauch, FAZ vom 4.2.1994, der einen Fall aus Trondheim/Norwegen beschreibt; einschlägig für Fragen der Zeugenisttums und der Beurteilung von Zeugenaussagen sind die Veröffentlichungen von Friedrich Arntzen/Else

Michaelis Arntzen, Psychologie der Zeugenaussage, Beck, München, 1983; ferner Theodor Gössweiner-Saiko, Vernehmungskunde, Leykam, Graz, 1979 und hier insbesondere der Abschnitt über „Der Lebenslauf und seine Bedeutung, seine Auswertung als Aufgabe und Programm der Vernehmung", S. 86 gg, und das Kapitel VIII, „Die Lüge und sonstige vernehmungspdychologische Imponderabilien (psychopathologische Aussage- und (Ent-)Äußerungsformen", S. 99 ff.

50) „Die Zeit" vom 16.2.1979

51) „Spiegel" Nr.10/1977, Seite 169

52) Interview mit Rainer Fabian, Die Welt, 18.03.1971

53) Kaufmann, Richard, Vom richtigen Umgang mit Gespenstern; in: FAZ vom 07.12.1974

54) Mehren, Günther, Jenseits der rechten Dinge, Stuttgarter Zeitung, 09.09.1972

55) Prof.Dr.K.Conrad, Direktor der Universitätsnervenklinik des Saarlandes, Telepathie und Hellsehen als wissenschaftliches Problem; in: „speculum", Saarlänische Studentenzeitung, November 1955, S.6 ff.

56) Die Notgemeinschaft der Dt.Wissenschaft (1920, Berlin) führte die Bezeichnung DFG zwischen 1930 - 1945.

57) Die seit 1951 bestehende Deutsche Forschungsgemeinschaft (DFG) mit Sitz in Bad Godesberg dient als gemeinnützige Einrichtung (e.V.) „der Wissenschaft in allen Zweigen". Sie berät Parlamente und Behörden in wissenschaftlichen Fragen. Ihre Mitglieder sind Universitäten und wissenschaftliche Hochschulen, die Akademien der Wissenschaften, die Max-Planck-Gesellschaft und weitere wissenschaftliche Vereinigungen. Sie erhält ihre Mittel vom Bund, anteilig von den Ländern und vom Bundesverband d. Dt. Wissenschaften.

58) Stumpff, Krücken für den Aberglauben, Neue Zeitung vom 24.1.1953

59) Neue Zeitung vom 14./15.2.1953 und 7.3.1953

60) Reiners, Ludwig, Verfasser des wegen seiner Klarheit und zwingenden Logik gegen die Sterndeuter geschriebenen und heute noch lesenswerten Buches „Steht es in den Sternen?", Paul List Verlag, München, 1957

61) Deutsche Zeitung, Nr.14/1954

62) Nämlich durch die Professoren Dr. U.Meyer-Berkhout, Dr. H.Walther, Dr. R.Sizmann, Dr. S.Skorka, Dr. G.Süßmann, Dr. H.Salecker

63) Spiegel 29/1976, S.58 f. (Forschung; Dreh dich, dreh dich)

64) Die übrigen Teilnehmer der Besprechung, nämlich Prof.Dr.H.Hassenstein, Leverkusen, und der Vertreter des Physikalischen Instituts der Universität Frankfurt, Prof.Dr.Martienssen, schienen am 28.05.76 keine Einwände erhoben zu haben.

65) Hübenthal, Herbert, Kraft durch psi? Fernsehbericht, 3.Programm, NW, 2.1.1977, 19.15 Uhr

66) Gruber, E., a.a.O., S.118

67) Gruber, E., a.a.O., S.215

68) Gruber, E., a.a.O., S.216, 179

69) Gruber, E., a.a.O., S.39

70) Gruber, E., a.a.O., S. 102 ff

71) Wulff, Wilhelm Th.H., Tierkreis und Hakenkreuz, Als Astrologe an Himmlers Hof, Bertelsmann, Gütersloh, 1968

72) Kater, Michael H., Das „Ahnenerbe" der SS 1935-1945, Studien zur Zeitgeschichte, Institut für Zeitgeschichte, Deutsche Verlagsanstalt, Stuttgart, 1974, S.16

73) Safranski, Rüdiger, Der Wille zum Glauben, FAZ, Bilder und Zeiten, 24.12.1993

78) Nach Gruber, E., a.a.O., S.210, 212, betrieb Bender eine romantische Wissenschaft

75) Gruber, a.a.O., S.15, 35, 57, 128, 152

76) Ackermann, Josef, Himmler als Ideologe, Musterschmidt, Göttingen, 1970, S.41

77) Kater, Michael H. a.a.O., S.50
78) Ackermann, Josef, a.a.O., S.49
79) Kater, Michael H., a.a.O., S.19
80) Kater, Michael H., a.a.O., S.19
81) Kater, Michael H., a.a.O., S.111
82) Kater, Michael H., a.a.O., S.57
83) Kater, Michael H., a.a.O., S.87
84) Kater, Michael H., a.a.O., S.222
85) Kater, Michael H., a.a.O., S.100
86) Kater, Michael H., a.a.O., S.220
87) Kater, Michael H., a.a.O., S.222
88) Abgedruckt bei Prokop/Wimmer, Der moderne Okkultismus, 2.Auflage, 1987, S.253
89) Gruber, E., a.a.O., S.100 ff.
90) Mitteilung der Philosophischen Fakultät der Universität Bonn vom 12.11.1985
91) Der Titel der Habilitationsschrift wird in der Urkunde mit „Kristallvisionen" angegeben. In Literaturverzeichnissen taucht diese Habilitationsschrift nicht auf. In einer späteren Bibliographie Benders lautet der Titel „Experimentelle Visionen. Ein Beitrag zum Problem der Sinnestäuschungen, des Realitätsbewußtseins und der Schluchten der Persönlichkeit", eine Thematik, in der Bender wurzelte.
92) Kater, a.a.O., S.285
93) Ich hatte seit 1957 Kenntnis von der nicht nachweisbaren Dissertation und der zweifelhaften Promotion Benders, dachte aber damals: „Soll ich dieses Bruders Hüter sein?" und hatte nichts unternommen.
94) Prof.Dr.R.Dahle, damals Direktor des psychologischen Instituts der Universität Riga, Experimentelle Untersuchungen über das „Gedankenlesen" des lettischen Mädchens Ilga K., Zeitschrift für angewandte Psychologie und Charakterkunde, 1940, S.273
95) Bender, Hans, Zur Nachuntersuchung des Falles Ilga K.; wie Fußnote 94; siehe auch kritisch: Gubisch, Wilhelm, Hellseher, Scharlatane, Demagogen, Kritik an der Parapsychologie, Reinhardt, München, 1961, S.116 ff.
96) Diss. Bender, S.23
97) Diss. Bender, S.60
98) Diss. Bender, S.61
99) Diss. Bender, S.65
100) Diss. Bender, S.69
101) Diss. Bender, S.104
102) Diss. Bender, S.92
103) Diss. Bender, S.105
104) Diss. Bender, S.104/105
105) Diss. Bender, S.106
106) Diss. Bender, S.111
107) Diss. Bender, S.111
108) Wimmer, Wolf, Okkultismus und Rechtsordnung, Archiv für Kriminologie, 1979, S.1 ff.
109) Wimmer, NJW 79, 587 f.
110) „Spiegel" vom 22.August 1983, S.84
111) dpa, 9.5.1991
112) Pfarrer Dr. Werner Thiede, Evangelische Zentralstelle für Weltanschauungsfragen, Stuttgart, Nachruf im „Materialdienst" 7/91, S.213 ff.
113) Schrey, Carola, Die Wahrheit über den Spuk am Chiemsee, Credo Verlag, Wiesbaden, 1950

114) Zucker, a.a.O., S.266
115) Zucker, a.a.O., S.272
116) Gruber, a.a.O., S.43
117) Gruber, a.a.O., S.43
118) Gruber, a.a.O., S.43
119) Gruber, a.a.O., S.66
120) Gruiber, a.a.O., S. 36
121) Einstein, Albert, Religion und Wissenschaft; in: Mein Leben, Ullstein Sachbuch (Nr.34683), Frankfurt, 1989, S.15ff
122) Gruber, a.a.O., S.19
123) Gruber, a.a.O., S.53
124) Gruber, a.a.O., S.82
125) Gruber, a.a.O., S.178
126) Gruber, a.a.O., S.199
127) Gruber, a.a.O., S.192
128) Gruber, a.a.O., S. 95
129) Gruber, a.a.O., S.95
130) Gruber, a.a.O., S.21
131) Gruber, a.a.O., S.61
132) Gruber, a.a.O., S.290
133) Gruber, a.a.O., S.288, 35
134) Gruber, a.a.O., S.300
135) Gruber, a.a.O., S.57f., 112
136) Gruber, a.a.O., S.137
137) Gruber, a.a.O., S.281
138) Gruber, a.a.O., S.128
139) Gruber, a.a.O., S.150
140) Gruber, a.a.O., S.297
141) Gruber, a.a.O., S.150
142) Gruber, a.a.O., S.152
143) Gruber, a.a.O., S.150
144) Gruber, a.a.O., S.152
145) Gruber, a.a.O., S.150
146) Gruber, a.a.O., S.43,193; Zucker (a.a.O., S.283) hat 1948 den Typ des missionierenden Okkultisten treffend beschrieben, ohne Bender zu kennen
147) Zucker, a.a.O., S.152
148) Zeitschrift für Parapsychologie und Grenzgebiete der Parapsychologie, 1968, S.104 ff.
149) Zeitschrift für Parapsychologie und Grenzgebiete der Parapsychologie, 1968, S.119 ff.
150) Büchel, Wolfgang, S.J., „Spuk" und Wunder, Stimmen der Zeit, Herder, Freiburg, 1968, S.387 ff.
151) Zucker, a.a.O., S.305
152) Gruber, a.a.O., S.35, 319
153) Goleman, Daniel, Lebenslügen, Warum wir uns immer wieder täuschen, Heyne, München, 1993
154) Lazarus, Richard, Positiv Denial: The case for not facing reality; in: Psychology today, Nov.1979, S.57
155) Nach Goleman, Daniel, a.a.O., S.73
156) Goleman, Daniel, a.a.O., S.135 f.; auf die Probleme der Rationalisierung, der Sublimierung und Verschiebung als Methoden der Beeinflussung der Wahrnehmung soll hier nicht eingegangen werden

157) Goleman, a.a.O., S.165; Goleman beschreibt auch das Grundmuster der Deformation von Aufmerksamkeit, wie es zur Paranoia führen kann, S.169

158) Zucker, a.a.O., S.300 ff.

159) so neuerdings Safranski, Rüdiger, Der Wille zum Glauben, FAZ, Bilder und Zeiten, 24.12.1993

160) Safranski, a.a.O.

161) Man prüfe einmal, wieviele Kurse für die Untersuchungen von „Wasseradern“ und „Reizstreifen“ in den Volkshochschulen (z.B. in Bremen) abgehalten werden, wo die „Kirlian“-Fotografie popularisiert wird („Jugend forscht“, Kippenberg-Gymnasium, 1994, Bremen), wieviele Fernsehsendungen sich mit Geistheilern und anderen Okkultismen ohne jede kritische Distanz befassen, in welchen kirchlichen Frauenkreisen das Umgehen mit der Zukunftsdeutung anhand von Tarot-Karten geübt wird etc. etc.

162) Zucker, a.a.O., S.275, 281

163) Bender, Hans, Bedeutung und Funktion der Grenze in der Wissenschaft, Dies Universitas, Band 6, Schulze, Freiburg, 1957/58, S.72

164) In „Dialectica“, Zeitschrift für Philosophie der Erkenntnisse (8,4,1954)

165) Telepathie und Hellsehen im Lichte der Wissenschaft, Muschau, 1952, S.577 und 611

166) Grochtmann, Harald, Unerklärliche Ereignisse, überprüfte Wunder und juristische Tatsachenfeststellungen, juristische Dissertation, Berlin, 1988

167) Schöck, Inge, schreibt in ihrer hervorragenden Untersuchung über den Hexenaberglauben der Gegenwart in Südwestdeutschland, 45.Band der Untersuchungen des Ludwig Uhland Institutes Tübingen (Hrsg. Bausinger), Tübingen, 1978, S.268 f:

„Die Beachtung, die den Ratschlägen der vielen kleinen und besonders der „Star-Astrologen“ gezollt wird, sollte nicht unterschätzt werden. Sicher tragen dazu nicht wenig die Massenmedien bei. Angesichts ihrer Eigengesetzlichkeit ergibt sich trotz unterschiedlicher Intention in der Berichterstattung (Sensation, Reportage, Aufklärung) fast immer ein „Potpourri des Gefälligen“ und eine „Verbiederung von Wirklichkeit“. Die Berichte werden reduziert zur „unverbindlichen Einfühlungs- und Seelenmassage“. Am Beispiel der Uri Geller-Show ließe sich das Potpourri des Gefälligen sehr anschaulich dokumentieren bis hin zu der Tatsache, daß solche Vorgänge Modeerscheinungen sind.

Die auffallend häufige Hereinnahme der Parapsychologie geschieht in der Absicht, einen ernsthaften Rahmen vorzuspiegeln, mit dem Effekt, daß die Irrationalismen zumindest in einen diffusen Zwischenbereich zwischen ernsthaftem und spielerischem Umgang mit ihnen gerückt werden, der dem Rezipienten ein breites Spektrum von Interpretationsmöglichkeiten offenläßt.

Bei der Zahl der Okkultgläubigen kann es als Selbsttäuschung bezeichnet werden, wenn angenommen wird, der Kommunikationsinhalt würde in der gedachten Weise ausschließlich als Spaßelement rezipiert und nicht auch partiell ernst genommen. Häufig wird dem Ernst-Nehmen schon allein dadurch Vorschub geleistet, daß die Kommentare fast stereotyp in den Satz münden: „Es kann etwas daran sein.“ Indem die Medien – unter dem Zwang, einer halb abgestumpften und halb begierigen Leserschaft immer neue Sensationen zu vermitteln – immer wieder einmal bei Hexengeschichten der verschiedensten Art landen, schaffen sie doch ein Potential von Vorstellungen, die in einer schwierigen Konfliktsituation sehr wohl aktiviert werden können.“

An anderer Stelle schreibt sie: „Die Parapsychologen ihrerseits haben die „positive Kritik des Aberglaubens“ zu ihrem Aufklärungsprogramm erhoben. Dadurch soll jenem Blockierungseffekt entgegengewirkt werden, den eine überheblich wirkende 'rationalistische' Aufklärung erzielt, Bender geht es um die Verhütung eines abergläubischen Mißbrauchs der parapsychischen Phänomene und um ihre Herauslösung aus dem abergläubischen Dunstkreis. Die bisher gängige Erklärung der zum Forschungsgegenstand der Parapsychologie avancierten Phänomene durch die Wirkung teuflisch-dämonischer, spiritistischer und magischer Kräfte soll abgelöst werden durch eine von den Parapsychologen erarbeitete wissenschaftliche Theorie, die allerdings bis jetzt über das Stadium einer hypothetischen Annahme nicht hinausgekommen ist. Die Umpolung in der Phänomenerklärung ist hauptsächlich auf den kognitiven Bereich ausgerichtet. In diesem Bereich können sich jedoch die in der Alltagskultur zahlreich vorhandenen „Symbolkonserven" als Störfaktoren für eine Informationsbrechung hervortun, die statt zu einem Abbau zu einer Verfestigung des Aberglaubens führen kann.

Die breite Welle der Popularisierung von Parapsychologischem, die weitgehend von kommerziellen Vermittlungsagenturen getragen wird, hat allein schon durch eine grob verfälschte Informationsreduktion antiaufklärerische Wirkung. Ein gutes Beispiel bietet der Werbetext zu einem suggestiv aufgemachten Buch über die angeblich mögliche „Selbsthilfe durch psi". Die behelfsmäßige Zentralkategorie psi der akademischen Parapsychologie verkommt eindeutig zur magischen Kraftformel, die in irrationaler Weise eingesetzt wird. Sie erreicht damit die gleiche Ebene und Dimension wie magische Praktiken. Außersinnliche Wahrnehmung ermöglicht – so versichert es der Werbetext – die Erfüllung der „Herzenswünsche (und noch mehr)".

Die Befürchtungen und Vorwürfe der Kritiker der Parapsychologie sind von daher zu einem guten Teil berechtigt. Sie sollten für die Parapsychologie Anlaß zu einer ernsthaften Überprüfung der Rezeptionswirkung sein."

168) Nitschke, Eberhard, Wie man Abgeordnete zum Stottern bringt, „Die Welt" vom 12.2.1974

169) Wimmer, Wolf, Schwindel mit religiösen Wunderglauben, Zur Geschichte der Pia Fraus; in: Hans Binder (Hrsg.), Macht und Ohnmacht des Aberglaubens, Magie-Wissenschaft, Pseudo-Wissenschaft, Pähl, 1992, (Festschrift für Otto Prokop), S.15 ff.

170) Gruber, a.a.O., S.35, erläutert Benders Grundansicht: „Vielleicht waren nicht alle Dinge der Wirklichkeit dazu angetan, in die Ordnungsrahmen menschlicher Erfindung zu passen. Sie deshalb als Parias der Realität zu behandeln, war widersinnig und würde uns für immer davon abhalten, Natur und Aufbau der Wirklichkeit in ihrer ganzen Fülle zu verstehen."

171) So Ron Amundso, Der hunderteste Affe; in: Gerow von Randow, (Hg.), Mein paranormales Fahrrad und andere Anlässe zur Skepsis Rowohlt, 1993, S. 37 ff

172) Susan Blackmore, Psychische Illusionen; in: G. von Randow, siehe FN .171, S. 131

173) Ähnlich W. von Ludadou, Der flüchtige Spuk, 1983; hierzu auch Hans Bender, Spuk, Täuschungen und Tatsachen; in: Psi, was verbrigt sich dahinter? (Hg. Bauer und von Ludadou), Bd. 1150, Herderbücherei, Freiburg, 1984

173) Hans Bender, Parapsychologie, ihre Ergebnisse und Probleme, Schünemann, Bremen, 1954 (Neuauflage 1970), in Band 20/4 D der Schriften der Wittheit zu Bremen, S. 54

174) wie FN 173, S. 11

175) Jürgen Audretsch, Physiker als Hüter der letzten Geheimnisse, Nebel statt Aufklärung bei den Naturwissenschaften: So entstehen Mythen, FAZ v.15.3.1994, S. 13

176) in „Ärztezeitung" vom 30. 10. 1984, S. 25

177) zitiert nach Gerhard Adler, Es gibt Dinge zwischen Himmel und Erde, Parapsychologie, Okkultismus, Religion, Knecht, Frankfurt/M., 1976, S. 148 ff. Auf S. 43 räsoniert er durchaus im Benderschen Sinne: „In der Bundesrepublik haben sich insbesondere einige Berufskriminalisten mit einem nahezu pathologischen Kritizismus hervorgetan."

178) Spektrum der Parapsychologie, Festschrift zum 75. Geburtstag von Hans Bender, Eberhard Bauer und Walter von Ludadou (Hg.), Aurum .., Freiburg, 1983; Bender im Gespräch mit Mischo, S. 15 ff.

179) MDR 55, Ziffer 404; 53, 317 LVG Hannover: astrologische Beratungsverträge sind auf das Erbringen einer unmöglichen Leistung gerichtet; der Bundesfinanzhof hat – vor Jahren schon – entschieden, daß das Entgelt für die Beratungen durch Wirtschaftsastrologen – auch für Betriebshoroskope – steuerlich als Betriebsausgaben nicht absetzbar sind.

180) Rhein-Neckar-Zeitung, Heidelberg, v. 9.8.1991

181) z. B. der Beitrag „Parapsychologie, Glänzende Geschäfte mit dem Übersinnlichen“, in: Der Kassenarzt, 6/91 S. 14–26

182) Irmgard Oepen (Hg.), Unkonventionelle medizinische Verfahren, Gustav Fischer, Stuttgart, 1993

183) Sendung „Aktuelle Stunde“ des WDR vom 20. 3. 1994

184) siehe hierzu Andreas Resch (H g.), Aspekte der Paranormologie, Die Welt des Außergewöhnlichen, Imago Mundi, Bd. 13, Resch Verlag, Innsbruck, 1992

185) Wolf Wimmer, Zum Gedenken an Anna Göldi, Die letzte Hinrichtung einer Hexe in Europa, JZ, 1982, S. 551 ff

186) Bericht im Weser Kurier v. 2. 3. 1994, „Pflanzen mit Kristallen geheilt“

187) Eine sehr gute, umfassende Bestandsaufnahme des Aberglaubens bringt Hans Jürgen Ruppert in „Okkulte Strömungen heute“ im Materialdienst der Evangelischen Zentralstelle für Weltanschauungsfragen, Heft 12/90, S. 377 ff., sowie in seinem Buch „Okkultismus, Geisterwelt oder neuer Weltgeist?“, Edition Coprint, Wiesbaden, 1990

188) siehe hierzu W. Broad/N.Nade, Betrug und Täuschung in der Wissenschaft, Birkhäuser, Basel, 1984, S. 84; auch Rainer Flöhl, Wissenschaftler betrügen häufiger als vermutet, FAZ vom 19. 1. 1994

189) Auch der Beitrag von Klaus Rainer Röhl, Die Generation der Hypochonder, Die Welt vom 19. 2. 1994, gehört zu dieser Bestandsaufnahme. Der Text wird durch eine ätzend-kritische Karikatur von Klaus Böhle ergänzt.

190) Otto Prokop/Wolf Wimmer, Wünschelrute, Erdstrahlen und Radiaesthesie, 3. Aufl., Enke, Stuttgart, 1985, S. 180; weitaus ausführlicher und mit zahlreichen Fällen belegt Prokop und Wimmer, Der moderne Okkultismus, Parapsychologie und Paramedizin, Gustav Fischer, Stuttgart, 1987

191) nach Ron Amundso, Der hundertste Affe; in: Gerow von Randow (Hg.), Mein paranormales Fahrrad und andere Anlässe zur Skepsis, Rowohlt, 1993, S. 37 ff.; ferner Susan Blackmore, Psychische Illusionen; in: Randow, s. Fußnote 192), S. 131; ähnlich auch W. von Lucadou, Der flüchtige Spuk; auch: Hans Bender, Spuk, Täuschungen und Tatsachen, in: Psi, was verbirgt sich dahinter? Bd. 1150, Herderbücherei, Freiburg, 1984.

192) Gerald Eberlein, Schulwissenschaft, Parawissenschaft, Pseudowissenschaft, Wissenschaftliche Verlagsgesellschaft, Stuttgart 1991, mit einer kritischen Beschreibung des Zustandes des Okkultismus Ende des XX. Jahrhunderts. Darin beschreibt Horst Löb (im Kapitel „Erdstrahlen und Wünschelrute“, S. 23 ff) die zweijährige Untersuchung der Wünschelrutenausschläge durch die Physiker Betz, München, und König. Die Untersuchungen wurden aufgrund der Unterstützung durch hochrangige einflußreiche Prominenz durch das Ministerium für Forschung und Technologie mit über 400.000,– DM gefördert.

Übersicht über die bisher erschienenen Bände:

Band 1, Vergewaltigungen, brosch., 150 Seiten, 1985, – vergriffen –

Band 2 (1), Brandkriminalistik, brosch., 157 Seiten, 9 Fotos, 1986, – vergriffen –

Band 2 (2), Brände und Betriebsunfälle, brosch., 187 Seiten, 6 Fotos, zahlreiche graphische Darstellungen, 1986, – vergriffen –

Band 2 (3), Brandursache Elektrizität, brosch., 188 Seiten, zahlreiche graphische Darstellungen, 1988, 17,00 DM, ISBN 9-925730-10-9

Band 2 (4), Brandstiftung als Wirtschaftsdelikt, brosch., 213 Seiten, graphische Darstellungen und Bilder, 1990, – vergriffen –

Band 3 (1), Im Vorfeld des Terrorismus – Gruppen und Masse –, brosch., 86 Seiten, 4 Bilder, 10,00 DM, ISBN 3-925730-04-4

Band 3 (2), Im Vorfeld des Terrorismus – Angst und Gewalt – brosch., 87 Seiten, 4 Bilder, 10,00 DM, ISBN 3-925730-05-2

Band 3 (3), Im Vorfeld des Terrorismus – Militante Gewalt – brosch., 96 Seiten, 4 Fotos, 2 Karikaturen, 1987, 10,00 DM, ISBN 3-925730-06-0

Band 4 (1), Präventive Sicherheitstaktiken gegen Wohnungseinbrecher, brosch., 181 Seiten, zahlreiche Tabellen, 1988, 17,00 DM, ISBN 3-925730-11-7

Band 4 (2), Einbruchdiebstahl und Tatverdacht, brosch., 216 Seiten, 1990, 17,00 DM, ISBN 3-925730-14-1

Band 5 (1), Gewalttätige Sexualtäter und Verbalerotiker, brosch., 176 Seiten, 1992, 23,20 DM, ISBN 3-925730-17-6

Sonderband I, Das Mißtrauen gegen vergewaltigte Frauen, brosch., 175 Seiten, 1985, – vergriffen –

Sonderband II, Abrechnungsmanipulationen bei ärztlichen Honoraren und Arzneimittelabgaben, brosch., 194 Seiten, 1988, 38,– DM, ISBN 3-925730-09-5

Sonderband III, Mehr als sieben Stunden, Ein Beitrag zur Geschichte der Kriminalpolizei, brosch., 246 Seiten, 1989, 37,– DM, ISBN 3-925730-12-5

Peter Bartenbach, Zwischen Baum und Borke, Gedichte (eines Sozialarbeiters), brosch., 72 Seiten, 1987, 15,– DM, ISBN 3-925730-08-7

Herbert Schäfert/Hans Frei, Bobingen, Beiträge zur Heimatgeschichte, geb., 322 Seiten, zahlreiche Abbildungen, 1990, 37,80 DM, ISBN 3-925730-15-X

Herbert Schäfer, Pfeiffer contra Barschel, Zur Anatomie einer Beweisführung, brosch., 181 Seiten, 1991, 28,20 DM, ISBN 3-925730-16-8

Herbert Schäfer, Poltergeister und Professoren, Über den Zustand der Parapsychologie, 305 Seiten, 1994, 33,– DM, ISBN 3-925730-18-4

FACHSCHRIFTENVERLAG
Dr. jur. HERBERT SCHÄFER
VIOLENSTR. 13/II – POSTFACH 10 19 66,
28195 BREMEN
TELEFON 04 21 - 32 35 92
TELEFAX 0421 - 3379681